|光明社科文库|

当代经济发展改革研究

郭志仪◎著

光明日报出版社

图书在版编目（CIP）数据

当代经济发展改革研究 / 郭志仪著． -- 北京：光明日报出版社，2022.6
ISBN 978-7-5194-6649-7

Ⅰ.①当… Ⅱ.①郭… Ⅲ.①中国经济—经济改革—文集②中国经济—经济发展—文集 Ⅳ.①F121-53 ②F124-53

中国版本图书馆 CIP 数据核字（2022）第 095674 号

当代经济发展改革研究
DANGDAI JINGJI FAZHAN GAIGE YANJIU

著　　者：郭志仪	
责任编辑：郭玫君	责任校对：阮书平
封面设计：中联华文	责任印制：曹　净

出版发行：光明日报出版社
地　　址：北京市西城区永安路 106 号，100050
电　　话：010-63169890（咨询），010-63131930（邮购）
传　　真：010-63131930
网　　址：http://book.gmw.cn
E - mail：gmrbcbs@gmw.cn
法律顾问：北京市兰台律师事务所龚柳方律师

印　　刷：三河市华东印刷有限公司
装　　订：三河市华东印刷有限公司
本书如有破损、缺页、装订错误，请与本社联系调换，电话：010-63131930

开　　本：170mm×240mm			
字　　数：377 千字		印　张：21	
版　　次：2023 年 1 月第 1 版		印　次：2023 年 1 月第 1 次印刷	
书　　号：ISBN 978-7-5194-6649-7			
定　　价：98.00 元			

版权所有　翻印必究

前　言

收集在这里的论文，是我在大学从事教学和研究工作40多年的部分成果。我在兰州大学从事经济学的教学和研究，写作和发表论文开始于20世纪80年代初期。那时，刚刚改革开放，大学的教学和科研，也和国家各条战线一样，迎来了一个前所未有的新时期。本科的教学内容在坚持四项基本原则的基础上，不断探索改进，增加了许多新的内容，我所承担的《世界经济》这门课程就是新增加的。当时，教育部专门组织编写了统一教材，我也曾参加了教材的编写和讨论。我由于从事《世界经济》这门课程的教学，在备课和教学的过程中，便遇到了许多问题，特别是对于发达国家的许多经济问题产生了浓厚的兴趣。于是利用一切可利用的时间，带着这些问题，跑图书馆，钻资料室，查阅资料，做详细的笔记，总想把这些问题都搞清楚。经过一两年的努力，再翻翻自己的笔记，我惊喜地发现，自己对许多问题的认识，有了很大的提高，甚至有时和那些发表的论文有截然不同的看法，这就产生了自己写作和发表论文的内在冲动。那时候的高校教师，学校并没有发表论文的硬性规定，当时比较重视教学，对教学抓得比较紧，而研究和发表论文，并没有具体的规定。尽管如此，当时不论是教研室还是系里，对于年轻教师的教学科研都还是比较支持的，鼓励年轻人钻研业务。正是在这样宽松的氛围下，加上自己个人的兴趣和爱好这种内在的动力，我对探索复杂的社会经济现象产生了浓厚的兴趣，也先后发表了上百篇研究论文。

在教学的过程中遇到和产生问题时，我总会带着问题去深入研究，把研究的结果写成论文，经过反复推敲和修改，向杂志投稿发表，这几乎就成为我最初写作和发表论文的经典模式。正是这种把教学和科研、论文深入结合的模式，我的教学效果一直得到同学们的肯定。

写作和发表论文，既是探讨问题进行学术研究的一种手段，也是描述学术研究成果，进行学术交流的一种工具。20世纪80年代初期开始的努力，使我在相当一段时期每年都能够发表大大小小近10篇论文，而这些论文的发表，也给我带来了意想不到的收获。

记得是1983年，我花费两年多时间收集资料和写作的一篇关于《美国劳动生产率增长速度为什么下降》的论文，在中国社会科学院世界经济与政治研究所主办的《世界经济》杂志上以重点文章的形式在1983年第1期发表以后，引起了OECD（经济合作与发展组织）的关注。他们很快就和我建立了联系，而且从巴黎和东京的资料中心给我寄来了大量的资料。这些资料在当时是非常宝贵的，因为当时的资料都是纸质出版物，没有现在的网络资料可以利用。同时由于经费紧张，很多单位没有能力定购原版的外文资料，我们很少能够看到最新的研究成果。这些资料给我提供了及时且丰富的发达国家经济发展的最新动态和研究成果，也使我进一步强化了对于发表论文进行学术交流的兴趣。

另外一件事情是发表论文帮助我申请到了教育部首次设立的社科青年基金项目。那是1987年，教育部首次设立社科青年基金项目。因为前期研究成果比较突出，我申请的项目得以顺利通过。由于是教育部首次设立的基金项目，当时学校和教育部都很重视。教育部社科司专门派人到学校和初步入选项目的负责人座谈，了解情况，学校购买机票让我们参加教育部组织的项目答辩会。我记得当时答辩会的负责人是中国人民大学的宋涛和复旦大学的蒋学模教授。这两位教授当时是经济学界的泰斗级人物，素有"北宋南蒋"之称。首次的基金项目每项资助8000元，这个数字在今天看来微不足道，然而在当时那可是天文数字，因为我们当时的工资每月不足百元。

还有一件事对我影响也比较大，那就是1988年晋升副教授。在20世纪80年代中期，高校的职称晋升已经恢复，但是由于惯性，各学校基本上是"论资排辈"，先给老教师解决职称问题。因为"文化大革命"期间，学校一切正常工作停止，很多老教师的职称都没有解决，所以"论资排辈"，大家也都认可，习以为常。但是我们的新校长在这一年实行了许多改革，包括职称评定的改革。在这一次职称评定中，学校在提职的总名额中拿出10个副高职的名额，在教学和科研比较突出的中青年教师中进行选拔。学校让教学、科研和人事部门专门研究，制定了一个包括教学、科研和外语等全面考核的比较科学、详细的量化指标方案，在向全校征求意见以后公布，让所有认为自己符合条件的人都来申报。记得当时申报的有上百人，经过考核领导小组审核以后排出前30名进入外语考试。这次外语考试是学校第一次认认真真对教师的一次外语考试，分为英语、俄语和日语三个语种。考试不允许带字典，试卷分为两部分：一是基础部分，占50%；二是译文，分为文科和理科两种试卷，各自要翻译一篇专业性论文。通过外语考试，把绝大多数申报者淘汰，最后只剩下12名申报者通过，进入论文送审阶段。而论文送审又有两人没有通过，这样就只剩下10人进入学校职称评定委员会——高评会。这样，我就在同一批年轻人中脱颖而出，成为当时比较年轻的副教授之一（由于"文化大革命"，耽误了很多人的职称晋升，当时晋升副教授的人年龄都比较大）。

学校的这一系列改革措施，极大地调动了教师进行科研、发表论文的积极性，促使教学科研登上了一个新的台阶。

这里选编的论文，我大体上把它分为三个部分：第一，世界经济的发展及其对我国的启示；第二，人口与发展：理论与现实；第三，发展战略与模式。这些论文和我的工作经历直接相关，如前所述，第一部分主要是在20世纪80年代从事《世界经济》教学与研究所发表的论文。而从20世纪80年代末开始，我虽然没有脱离教学工作，但是，主要的精力是在当时的"兰州大学西北开发综合研究所"承担常务副所长，负责这个研究所的全面工作。

兰州大学西北开发综合研究所是改革开放初期，由胡之德校长亲自提议成立的跨学科的研究所，其宗旨是利用综合性大学的优势，组织校内外不同学科的研究人员，按照课题灵活组合，对于西北开发过程中的社会经济问题进行多学科综合研究。研究所由胡之德亲自任所长，经济系教授、我的老师魏世恩担任常务副所长。研究所成立初期只有三个固定编制，即常务副所长、办公室主任和一个科研秘书。其他研究人员都是学校各个系、所的教师（包括其他学校的教师和研究人员）兼任。这个研究所是按照新的机制组建的，具有开放、包容、联合、高效的特点，利用校内外的资源，把不同学科、不同研究人员组成专项课题组，对西北开发中的大量问题进行专项攻关。研究所成立以来，承担了许多重要课题，组织出版了许多有关西北开发方面的资料专辑，在当时开发西北的热潮中，不仅在高校也在全国都产生了重要影响。在魏世恩老师调走以后，我在这个所负责日常工作。1995年学校又任命我为"兰州大学西北人口研究所"所长。因为接触的研究任务都和西北、西部有关系，所以，从20世纪90年代初期开始，我的研究课题和发表的论文方向就基本上是以西部和西北为主。这就是我在此论文选集中后面两个部分主要研究西部和西北的人口、社会经济发展和发展战略、发展模式的原因。

我所在的兰州大学是教育部设在西北地区的唯一一所综合性研究型大学。学校所处的地理位置，研究内容主要以西部和西北为主，我认为这是经济学、人口学等社会科学的必然选择。这些学科如果脱离当地的社会经济实践，不能为当地的社会经济发展服务，那就是无源之水，无本之木。正因为如此，我的研究都密切关注西部、西北地区的社会经济和人口发展。围绕西部、西北的社会经济问题，我主持和承担过包括国家攻关计划、国家社会科学基金、教育部社会科学基金等在内的国家和部省级课题近20项，也为地方政府写过不少研究咨询报告。后来，兰州大学还提出了"做西部文章，创国内一流"的口号，鼓励教师为地方社会经济发展服务。

选编在这里的相当一部分论文和人口有关，这主要有两个方面的原因，首先是个人的兴趣。我在教学科研的初期遇到的很多问题都和人口有关，我觉得离开了人口，社会经济问题便无从谈起。因此，从马克思的两种生产理论到马尔萨斯的人口原理，从坎南和桑德斯的适度人口理论到罗马俱乐部的研究报告《增长的极限》，都引起了我极大的兴趣，对这些理论也进行过比较深入的研究。所以从20世纪80年代初期开始，人口问题一直是我研究的一个重要方面，也发表了不少有关人口的论文。其次，也许是学校也关注到我对人口问题的研究兴趣，1995年，学校任命我为"兰州大学西北人口研究所"所长，这里的工作进一步把我研究人口问题的兴趣直接变成了我的日常工作。所以，从这里选编的论文可以看出，对人口问题的关注伴随着我科研的全部过程。

把自己的论文经过选择，出版一本论文选集，本来不是我的本意。我认为这些论文已经发表，而且现在纸质出版物已经被电子出版物代替，在今天网络如此发达的情况下，年轻人不怎么看纸质出版物。但是不断有朋友劝我出版自己的论文集，在这样的情况下，经过认真选择，把一部分论文编辑出版，算是对朋友，也是对自己的一个交代吧！

2020年12月25日于中心城度假小院

目 录
CONTENTS

第一部分　世界经济的发展及其对我国的启示

美国劳动生产率增长速度的下降及主要原因 …………………………… 3
战后主要资本主义国家劳动生产率的变化 ……………………………… 9
20世纪80年代美国劳动生产率的变化及其发展趋势 ………………… 20
战后世界能源问题初探 …………………………………………………… 26
"石油危机"的影响及石油市场的动向 ………………………………… 36
加拿大的经济发展与资源开发——兼论加拿大资源开发对我国西部
　开发的启示 ……………………………………………………………… 47
美国经济重心的西移与我国的西北开发 ………………………………… 58
用多种指标来衡量社会经济的发展——关于MPS、SNA和PQLI的评介
　…………………………………………………………………………… 67

第二部分　人口与发展：理论与现实

战后世界人口发展的特点 ………………………………………………… 81
发展中国家的人口问题及其影响 ………………………………………… 86
我国地区发展差距的人口因素分析 ……………………………………… 90
人口因素对西北地区经济发展的影响分析 ……………………………… 96
香港的经济发展与移民 …………………………………………………… 102

加快西北开发的人口学因素分析 ·················· 116
毛泽东的人口思想与我国20世纪五六十年代的人口政策反思 ·················· 118
用科学发展观指导西北地区的人口与发展 ·················· 129
灾后重建：人口、资源、环境方面的考量 ·················· 141
主体功能区的划分与人口的合理分布 ·················· 144
改革开放三十年的甘肃人口发展：成就、问题与建议 ·················· 151
按照主体功能区规划，引导人口合理流动与分布 ·················· 157

第三部分　发展战略与模式

我国西部地区产业结构分析 ·················· 169
关于我国经济布局的历史思考 ·················· 178
振兴骨干企业，繁荣丝绸之路 ·················· 190
第二亚欧大陆桥与中国"沿桥经济带"发展战略 ·················· 200
附录："第二亚欧大陆桥发展协作系统国际研讨会"观点综述 ·················· 210
市场经济条件下东西部关系的重新认识与思考 ·················· 215
贫困实质的理论分析与中国的反贫困斗争 ·················· 222
香港回归与其经济发展 ·················· 229
"中华经济"的腾飞与大陆中西部地区的发展 ·················· 238
西部大开发要注重无形资源开发和软件建设 ·················· 247
西部地区的区域发展与生态环境的制约——以甘肃省"两西地区"为例
·················· 252
我国工业化过程中的区域发展模式比较 ·················· 261
我国城市化滞后的制度因素分析 ·················· 270
城市化的潮流与我国的社会主义城市化道路 ·················· 282
甘肃省促进人口发展功能区形成的政策研究 ·················· 290
兰州市城关区人口与社会经济发展研究 ·················· 309

第一部分 01

世界经济的发展及其对我国的启示

美国劳动生产率增长速度的下降及主要原因

美国的劳动生产率同其经济地位相适应,在发达资本主义国家中,长期处于领先地位,至今它仍然是世界上劳动生产率最高的国家。但20世纪60年代中期以来,美国的劳动生产率增长速度却在不断下降,这已在美国国内引起了广泛的关注和不安。1977年总统经济顾问委员会给总统的经济报告中指出:"这种减缓是近年来最重要的经济问题之一,低增长的劳动生产率会给美国整个国民经济带来严重后果。"本文就美国劳动生产率增长速度的下降及其主要原因做初步的分析。

(一)

据美国研究生产率问题的权威乔治华盛顿大学的约翰·肯德里克整理的历史资料,从1800年开始,美国的劳动生产率年平均增长速度如下:按每个工人的平均产值计算的劳动生产,1800—1855年为0.5%,1855—1890年为1.1%,1890—1919年为2.0%,1919—1948年为2.4%。此后,按每个劳动者每小时产量计算的私营经济(不包括政府、家庭和非营利性组织)的劳动生产率平均每年增长速度是:1948—1965年为3.2%、1965—1973年为2.1%、1973—1977年为1.1%,而1977—1980年,美国的劳动生产率增长的年率下降到0.3%。[1]

据统计,1950—1978年,美国包括农业、采掘业、建筑业、制造业、交通业、运输业、公用事业、商业、财政金融和不动产业以及服务业等十个行业中,除交通业1973—1978年劳动生产率比1965—1973年有较大增长外,其余行业劳动生产率的增长速度,从1965年开始,都在下降,1973年以后急剧下降,其中采掘业和公用事业的下降幅度特别大,前者1950—1965年劳动生产率平均每年增长4.2%,1965—1973年每年只增长2%,而1973—1978年反而下降了4.1%,后者在同期劳动生产率的年平均增长速度分别为6.2%、4.0%和-1.4%(详见

表1)。

表1　1950—1978年美国各行业劳动生产率增长情况表（年平均增长率%）

	1950—1965年	1965—1973年	1973—1978年
农业	5.2	5.3	1.8
采掘业	4.2	2.0	-4.1
建筑业	2.9	-2.3	-0.9
制造业	3.0	2.4	1.6
交通业	5.4	4.7	6.1
运输业	3.2	2.9	0.8
公用事业	6.2	4.0	-1.4
商业	2.7	2.9	0.4
金融保险和不动产业	2.4	0.5	1.4
服务业	1.6	1.9	0.2

资料来源：《美国国会记录》1979年第109期。

美国的制造业在国民经济中有着举足轻重的作用，而它的劳动生产率增长速度也在下降，平均每年增长率1948—1965年为3.2%，1965—1973年为2.4%，1973—1978年只有1.6%。在制造业的52个行业中，1965—1973年只有12个行业的劳动生产率增长速度高于1948—1965年的年平均增长速度，其余都低于前一时期，而1973—1978年，在这52个行业中，就有9个行业的劳动生产率出现了负增长。

（二）

20世纪60年代中期以来，美国劳动生产率之所以增长缓慢并呈下降趋势，是因为各种矛盾互相作用，主要有如下三个方面。

第一，企业固定资本投资的增长速度下降，工厂和设备趋于老化，导致劳动生产率增长速度下降。

固定资本投资是扩大生产力，提高劳动生产率的最重要因素之一。战后20多年中，科技革命的推动，新技术、新工艺不断地被运用于生产实践，美国固定资本投资一直保持在较高水平上，因而促进了各种基本工业生产的不断发展和劳动生产率的迅速提高。20世纪60年代中期以来，特别是从1973年以后，固定资本的投资水平开始下降，如1965—1973年，美国工业企业固定资本投资的年增长率为4.4%，而1973—1976年的年平均增长率降为1.9%；1947—1968年，资本对劳动力之比，以每年3%的比率在递增，而1968年以来，这个比率下降为1%。里根入主白宫以来，力图通过减税来刺激投资，但近两年来的事实却与里根的愿望相反。据美国商务部统计，1981年企业固定资本投资在扣除通货膨胀因素后，仅增长0.3%，而估计1982年反而会在扣除通货膨胀后减少1%。同时，20世纪70年代以来，固定资本的投资大部分投在非生产领域，即使是投在生产领域中，也偏向于设备和相对来讲是短期项目，而不是基础设施和相对的较长期项目。如在基础工业中的投资，主要用于更新设备、控制污染和开发新能源方面，很少用于添置成套设备以增加生产能力上。据麦克劳·西尔公司1976年11月的一份报告，美国的固定资本中有20%是20年前设置的，其中16%是在现代技术条件下绝对不能使用的。不符合现代技术要求的固定资本，在炼钢业中占30%，汽车业中占25%，电机业中占13%，仪器制造业中占16%，造船业和铁路运输业中占50%。美国总统里根在一次主要的经济问题演说中也承认，"过了时的生产设备和制造程序阻碍了工业，特别是钢铁工业和汽车工业的生产现代化"[2]。

第二，美国在科技领域的优势地位日益削弱，科研经费的支出比例不断减少，因而科技对劳动生产率的推动作用逐渐减少。

战后20多年中，在美国发生了第三次科学技术革命，新的科技成果的不断出现和在生产中的运用，必然大大推动劳动生产率的提高。美国商务部1977年的一份报告认为，1929—1969年，美国的经济增长有45%来自技术的进步。然而近年来，美国科技发展的步伐已经放慢。尽管总的来说美国的技术仍然处于世界领先地位，但钢铁、汽车、纺织等工业的技术优势，已经转移到日本和联邦德国等国。美国科技发展的减缓，一方面是由于战后的科技革命已经达到了一定的水平，不可能再像前一时期那样突飞猛进地发展，但主要原因还在于美国用于科研方面的经费支出比例逐年减少，以至影响了科研的发展速度。据介绍，"美国科学研究与发展"的经费支出，1955年为101.37亿美元，占国民生产总值的1.55%，1960年为197.49亿美元，占2.68%，1965年为270.33亿美元，占2.92%，1970年为285.1亿美元，占2.65%，1975年为269.11亿美元，占2.26%[3]。在1981年度的财政预算中，整个联邦政府的研制经费为380多亿美元，占国民生产总值的比重不到1.5%。上述数字清楚地表明，科研经费在国民生产总值中所占的比重在1965年以前是逐步增加的，之后便逐步减少。根据上述资料，我们还可以得出，1965年的科研经费比1960年增加了38.9%，而1970年只比1965年增加了5.5%，1975年比1970年反而下降了5.4%，1981年的绝对额虽比1975年增加了10多亿美元，但增加幅度只有3%左右。科研经费开支在国民生产总值中的比例以及增长速度，基本上与劳动生产率统计数字一致，如在20世纪50年代下半期，科研经费大量增加，20世纪60年代上半期的劳动生产率就有比较突出的增长。反之，从20世纪60年代下半期后，科研经费的增长速度趋于下降，劳动生产率的增长也随之减缓并开始下降。美国普林斯顿大学经济系主任B. G. 马尔基尔认为，"新的投资和研究开发支出可以称为生产力增长的发动机"[4]，近年来，这台发动机的推动力在逐渐缩小，因而劳动生产率的增长速度也必然减缓。

第三，20世纪70年代以来，非生产领域的就业人数急剧增加，劳动力的构成发生了很大变化，使整个社会的劳动生产率增长速度有所降低。

战后，整个社会经济的迅速发展和物质生产领域劳动生产率的迅速提高，以及物质生活资料的丰富，使第三产业在国民经济中的地位日益突出。据统计，美国第三产业的就业人数已由1870年的25.1%增加到目前的70%左右。劳动力向第三产业的大量转移，以及第三产业的发展，对社会劳动生产率的作用是双重的。从长远来看，它对劳动生产率的提高起着促进作用，因为政府可以通过改进教育和科研手段，提高业务、生产知识和经营管理水平。从短期来看，大量劳动力转移到非生产领域，使得这些部门的资本有机构成进一步降低，必然对这一时期内整个社会的劳动生产率的增长起相反作用。美国新创造的就业机会主要集中在服务业和零售业，以及州和地方政府部门，这都属于第三产业。1979年，在非农业私人经济的就业人口中有43%在零售，服务业和零售业1973—1980年夏天所创造的就业机会，占同期美国整个私人经济新创造就业机会的70%以上[5]。据统计，1950—1978年美国商品生产部门的就业人数共增加了380万人，而第三产业的就业人数增加了2340万人，其中1970—1978年，前者增加了180万人，而后者增加了980万人[6]。这就意味着，1950—1978年，第三产业新增加就业人数的42.3%是1970—1978年增加的。在这短短的七八年间，大量新的就业人员涌入第三产业，一方面使得整个社会的资本与劳动力之比下降，另一方面大量非熟练的、未经锻炼的新工人就业，对技术熟练程度和劳动纪律也发生了影响，进而影响了整个社会劳动生产率的增长。

值得指出的是，第三产业的迅速发展，是社会生产力发展到一定阶段的必然趋势，战后在所有发达资本主义国家，劳动力向第三产业的大量转移都比较明显，但是第三产业的就业人数在整个社会就业人数中的比重美国是最高的，如美国1977年的比重为69.8%，日本（1975年）为52%，法国超过50%，其他国家在40%以下。所以，劳动力向非生产领域的大量转移，虽然对所有发达资本主义国家的社会劳动生产率都发生了影响，但影响的程度不一样。美国第三产业所占的比重大，尤其是在20世纪70年代占的比重更大，所以对劳动生产率的影响，特别是对20世纪70年代的劳动生产率的影响，就比较突出。

此外，还有一些因素对劳动生产率的增长也起重要作用，如石油价格的上涨。据经济合作与发展组织的估计，石油价格每上涨10%，消费物价就要上涨0.5%~0.75%，国民生产总值就要减少0.3%（美国减少0.27%，其他发达国家减少0.35%）。美国国内有些人还认为政府对经济的某些干预措施，如为对付环境污染和劳动保护等而制定的规章制度、税收条例等也严重地阻碍了劳动生产率的增长。我们认为，尽管美国政府的一些规章制度使一部分经费开支转到非生产领域，如环境保护、安全措施等方面，使得单纯局限于某一时期的劳动生产率增长速度受到影响，但这是维持其资本再生产正常进行的必要保证，从长远来看，对提高劳动生产率是利大于弊的。因而把美国劳动生产率增长速度下降的主要原因归结于政府的某些规章制度似乎不能成立。

（三）

美国劳动生产率增长速度缓慢并出现下降趋势，已引起了美国政府和经济界的极大不安，美国国会参众两院联合经济委员会认为，劳动生产率增长缓慢是美国经济灾难的根源。大通·曼哈顿银行经理威拉德·C·布彻也指出，近10年来，美国劳动生产率增长率在现代工业国家中是最低的，如果这种趋势继续下去，不到20世纪末，美国就会成为二等的工业国。他呼吁美国人在灾难性的劳动生产率的危险面前惊醒过来。但是美国劳动生产率增长速度的下降是资本主义基本矛盾加深的一种表现，因此这种下降的趋势在今后10年中仍然会继续下去。这是因为整个20世纪80年代西方经济还难以摆脱"滞胀"局面，美国经济也将仍然在"滞胀"中徘徊。20世纪80年代固定资本投资不会有大的浪潮，科技领域的优势地位会继续削弱，科技对劳动生产率的推动作用会继续减少，所以影响劳动生产率增长的主要因素仍然存在。

不过，在20世纪80年代，影响劳动生产率增长的一些因素可能得到改善，如石油价格虽然仍将会保持在较高水平上，但不会出现像20世纪70年代那样的暴涨。同时美国正在进行能源结构的调整，逐渐减少石油的消费量，这样，今后石油价格对劳动生产率乃至整个国民经济的影响,将逐渐缩小。劳动力向第三产业的转移,也不会像20世纪70年代那样迅速,因为20世纪80年代整个社会的就业人数要比20世纪70年代少,并且在六十、七十年代进入劳动力市场的青年也逐渐掌握技术,得到锻炼,因而对提高劳动生产率有一定积极作用。另外,美国政府在环保、安全措施方面的费用,一方面不会再有大量增加,同时在20世纪60—70年代间的支出会在20世纪80年代进一步发挥作用。因而,美国劳动生产率的增长速度,在20世纪80年代虽仍然是缓慢的,但比20世纪70年代会有所提高。

参考文献

[1] [美] 里斯特·琴罗:"美国经济的第三条道路",发表于英国《经济学家》周刊,1982年1月23—29日。

[2] [美]《纽约书评》1981年2月。

[3] [美]《美国统计摘要》1976年。

[4] [美]《哈佛商业评论》1979年5—6月。

[5] [美] 埃马·罗思柴尔德:"里根与美国现实",发表于《纽约书评》杂志1981年2月号。

[6] [美]《每月评论》1979年6月。

本文曾在1983年第1期《世界经济》杂志上发表。

战后主要资本主义国家劳动生产率的变化

劳动生产率的水平，是衡量社会生产力发展程度的一个首要标志，社会生产力的发展程度越高，劳动生产率的水平也必然越高。资本主义社会比以往任何社会时期都创造了人类历史上前所未有的社会生产力，其劳动生产率水平也是以往的任何社会时期所无法比拟的，而且资本主义社会的发展趋势，是进一步提高劳动生产率。马克思曾经指出，资本主义社会的"历史使命是无所顾虑地按照几何级数推动人类劳动的生产率的发展"[1]。

在社会主义和资本主义两种经济体系并存和斗争的历史时期，社会主义经济体系要最终战胜资本主义经济体系，就必然要有比资本主义更高的劳动生产率。

列宁指出："劳动生产率，归根到底是保证新社会制度胜利的最重要最主要的东西。资本主义造成了在农奴制度下所没有过的劳动生产率。资本主义可以被彻底战胜，而且一定会被彻底战胜，因为社会主义能造成新的高得多的劳动生产率"[2]。

第二次世界大战以后，在新的历史条件下，追求剩余价值的内在动力和竞争的外在压力进一步加剧，迫使垄断资产阶级进一步改进技术，提高劳动生产率。战后的第三次科学技术革命，也为劳动生产率的进一步提高创造了条件。正因为如此，战后30多年来，各主要资本主义国家的劳动生产率有了很大提高，经济的发展有很大一部分是依靠提高劳动生产率，即提高经济效益而获得的。然而，在主要资本主义国家中，劳动生产率的增长呈现出很大的差别，同时在一个国家的各个部门之间，劳动生产率的增长也很不一样。研究战后主要资本主义国家劳动生产率的变化，可作为我国在新的历史时期，全面提高经济效益，加速社会主义现代化建设的借鉴。

（一）

第二次世界大战以后，各主要资本主义国家都经历了经济恢复或调整、高速度发展和"滞胀"这样几个不同的发展时期。在这样几个不同的发展时期中，他们经历了几次经济危机和再生产周期，尽管工业生产和整个国民经济的发展有很大变化，但是劳动生产率的提高对经济发展的作用在各个时期都是很大的。

我们以工业为例，以1950年的工业生产和劳动生产率为100，那么1975年的工业生产和劳动生产率指数，美国分别为262和220，日本为1741和525，联邦德国为449和293，法国为362和285，英国为186和188，意大利为514和384。

这就是说，在战后25年的发展过程中，英国的工业生产的发展基本上是劳动生产率提高的结果，美国、法国、意大利和联邦德国也主要是劳动生产率提高的结果。日本虽然劳动生产率增长比其他所有国家都快，但由于其他因素，整个工业生产增长得更快，劳动生产率的作用相对较小，却也相当可观。

为了更清楚地说明劳动生产率的提高对工业生产发展的作用，我们用七个主要资本主义国家制造业生产、职工、工时和劳动生产率变化的统计数字做一比较（见表1）。

表1　1953—1973年主要资本主义国家制造业生产、职工、工时和劳动生产率的变化（%）

国家	生产年平均增长率	职工人数年平均增减率	每个职工劳动时间年平均增减率	投放总工时年平均增减率	劳动生产率年平均增减率[1]
美国	4.4	0.7	0	0.7	3.7
日本	13.2	5.3	0.7	4.5	8.3
联邦德国[2]	6.7	1.7	-0.6	1.1	5.5
英国	3.3	0.5	-0.6	-1.0	4.4
法国[2][3]	6.2	0.7	-0.1	0.6	5.6
意大利	7.2	1.8	-0.3	1.5	5.6
加拿大	5.2	1.1	-0.2	0.9	4.2

[1] 每人每小时产量。

②指工业。
③1955—1973年数字。

资料来源：《世界经济》第三册，第10页，人民出版社，1981年。

从表1的统计数字中，我们可以十分清楚地看出，从1953—1973年的20年中，七国的制造业职工人数，除日本外，年平均增长率都不大，英国最低，为0.5%，美国和法国都不到1%，联邦德国和意大利稍高，也不到2%。每个职工的劳动时间的年平均增长率，除日本增加0.7%、美国没有增长外，其余国家都呈下降趋势，即劳动时间都在减少。

投放总工时的年平均增长率，除日本外，都在1.5%以下，英国甚至下降了1%。职工总人数和投放总工时都增长不大，而劳动时间不仅没有增加而且有所减少，这就十分清楚，劳动生产率的提高对各国制造业生产的发展起了决定性的作用。

这里我们仅以制造业为例，是因为制造业在各国的国民经济中有着举足轻重的地位，当然劳动生产率的提高，绝不仅仅限于制造业，它对各行各业的发展都起作用。

分析战后主要资本主义国家劳动生产率的增长，可以看出如下几个较显著的特点。

首先，各主要资本主义国家劳动生产率增长速度不平衡。

如上所述，战后主要资本主义国家的劳动生产率都有很大提高，然而各国劳动生产率的增长速度却有很大差别。下面可以用制造业1960—1973年劳动生产率的国际指数表来说明（见表2）。从表2可以看出，1960—1973年，制造业的劳动生产率，以1967年为基期作前后对比，日本增长最快，从52.6%上升到179%，比原来提高2.4倍；其次是法国、联邦德国和意大利，均提高一倍多。美国、英国和加拿大增长较慢，分别为52%、63%和76%。各国之间，增长速度相差悬殊。

1973年以来，各主要资本主义国家都普遍陷入"滞胀"的困难境地，劳动生产率的增长速度明显降低，然而降低的幅度也有很大差别，如1973—1980年，制造业的人均产量，日本增长了40%，法国增长了30%，联邦德国和意大利增长了25%，美国和加拿大增长了20%，英国只增长了6%[3]。

1950—1979年，制造业劳动生产率的年平均增长速度，日本为8.5%，意大利为6%，联邦德国为5.7%，法国为5.2%，加拿大为3.9%，英国为2.7%，美国为2.4%。

表2　1960—1973年劳动生产率的国际指数（制造业工人每小时产值，1967年=100）

年份	美国	加拿大	日本	英国	法国	联邦德国	意大利
1960	78.8	75.5	52.6	76.8	68.7	66.4	65.1
1961	80.6	79.6	59.3	77.4	71.9	70.0	67.4
1962	84.3	83.9	61.9	79.3	75.2	74.4	74.1
1963	90.1	87.1	67.1	83.6	79.9	78.4	76.5
1964	94.8	90.9	75.9	89.7	83.7	84.5	81.5
1965	98.1	94.4	79.1	92.4	88.5	90.4	91.6
1966	99.6	97.2	87.1	95.7	94.7	94.0	96.0
1967	100.0	100.0	100.0	100.0	100.0	100.0	100.0
1968	103.6	107.3	112.6	106.7	111.4	107.6	108.4
1969	105.0	113.3	130.0	108.1	115.4	113.8	112.2
1970	104.5	114.7	146.5	108.6	121.2	116.1	117.8
1971	110.3	122.8	150.5	112.9	128.5	121.4	123.5
1972	116.0	128.1	161.0	121.2	136.8	128.7	132.9
1973	119.1	133.4	179.0	126.3	143.7	136.6	147.8

资料来源：美国劳工部。本文转引自［美］B.G.马尔基尔："生产率——头条新闻后面的问题"，《哈佛商业评论》1979年5—6月。

从劳动生产率的实际水平来看，美国目前是世界上劳动生产率水平最高的国家，但是它的劳动生产率的增长速度并不快，同20世纪50年代和20世纪60年代相比，其增长速度还在不断下降，如按每个劳动者每小时产量计算的私营经济的劳动生产率，1948—1965年，平均每年增长3.2%，1965—1973年，平均每年增长2.1%，而1973—1977年平均年增长率下降到1.1%，1977—1980年更下降到只有0.3%。英国的劳动生产率水平，在20世纪50年代仅次于美国，20世纪50年代末期被联邦德国所超过，目前已经远远地落在其他主要资本主义国家的后面。据英国全国经济和社会研究所（The National Institute of Economic and Social Researeh）估计，1981年，制造业的每小时产量，美国是英国的2.5倍以上，联邦德国制造业的劳动生产率是英国的2倍以上，而意大利的劳动生产率也超过英国65%[4]。

与英国、美国劳动生产率增长的相对缓慢相反，日本、意大利、联邦德国等国的劳动生产率增长速度很快，特别是日本，从1950—1975年的25年中，工业生产的劳动生产率提高七倍多，其中制造业的劳动生产率年平均增长速度1955—1960年为9.2%，1960—1965年为7.6%，1965—1970年为13.1%，1970—1974年为8.9%。劳动生产率的增长速度，不仅远远超过其他主要资本主义国家，而且在资本主义发展的历史上是前所未有的。联邦德国、法国和意大利等国的劳动生产率也大大快于英美两国。

1973年以来，各国的劳动生产率增长速度都明显下降，但是日本劳动生产率的增长速度仍然是美国的两倍，是英国的六倍多。法国、联邦德国、意大利等国的增长速度都比英、美快得多。

从劳动生产率的这种不平衡发展可以看出，在战前实力较雄厚且在战争中发了财的美国和在战争中经济损失较小的英国劳动生产率的增长速度相对缓慢，而在战争中遭到严重破坏的日本、联邦德国、意大利以及法国的劳动生产率增长速度反而很快。这是从国际比较的角度来看。

其次，从其国内情况来看，各部门之间的劳动生产率的增长也存在着很大差别。

第一，新兴工业部门的劳动生产率增长速度快，而一些较老的传统工业部门的劳动生产率增长较慢。第二次世界大战以后，科学技术革命的深入发展，在主要资本主义国家出现了一系列新兴工业，像电子工业、高分子化学工业等。这些新兴工业部门由于技术先进，机械化、自动化水平高，劳动生产率也高。同时，新兴工业产品利润高、销路广、产品的升级换代速度快，竞争激烈，因此垄断资产阶级便不断提高技术水平，改进设备，因而使得新兴工业部门的劳动生产率水平不断提高。以化学工业为例，按1970年的固定价格计算，美国目前每人平均年产值为6万多美元，日本也在3.7万美元以上，联邦德国为3万多美元，达到了很高的程度。战后高分子化工，如塑料、合成树脂、合成纤维、合成橡胶等十倍、数十倍的增长。像电子工业、高分子化学工业这些新兴工业部门，不仅本身的劳动生产率水平高，发展速度快，同时对整个工业乃至国民经济的各个部门都发生重大影响，大大提高了国民经济各部门的劳动生产率水平。与新兴工业部门的迅速发展和劳动生产率水平的迅速提高相反，一些传统的工业部门的劳动生产率水平相对较低，其增长速度也较为缓慢。比如曾在资本主义经济发展中起过重大作用的轻工业，特别是棉纺、毛纺等工业，工艺落后，技术水平低，劳动生产率的增长水平也低。石油、天然气的兴起，能源结构的变化，采煤业劳动生产率的增长一度也曾较低，特别是在20世纪70年代以前。在美国，建筑业的劳动生产率增长速度也低于其他部门。如在1950—1965年平均每年增长2.9%，而从1965年以后，不仅没有增长，反而在下降，1965—1973年为-2.3%，1973—1978年为-0.9%。

第二，生产部门的劳动生产率增长速度快，而非生产部门的劳动生产率增长速度低。以美国为例，1950—1965年，在生产部门中，农业的劳动生产率平均每年增长5.2%，采掘业平均每年增长4.2%，制造业的增长率为3.0%。而同期，在非生产部门中，服务业的劳动生产率平均每年仅增长1.6%，金融保险和不动产业的年度增长率为2.4%，商业的劳动生产率平均每年增长2.7%，都低于生产部门的劳动生产率增长速度。

（二）

战后，劳动生产率的增长在主要资本主义国家的不平衡以及在同一个国家的各个部门中的差别，主要有以下几个原因。

首先，它是资本主义经济、政治发展不平衡规律发生作用的必然结果。第二次世界大战，是帝国主义各国为了重新瓜分世界而发动的战争。战争的结果，改变了各主要帝国主义国家的经济、政治地位，使资本主义阵营的格局发生了很大变化，德、意、日作为战败国，其国民经济遭到了彻底破坏。以日本为例，战争中45%的国民财富丧失，40%的城市建筑遭到破坏。在工业方面，40%以上的设备遭到不同程度的破坏，幸存下来的设备也极为陈旧，机床总数的50%～60%已不能再用，发电设备的40%以上使用年限超过20年。法国虽然是战胜国，但是，国民经济遭受的破坏相当严重，从1940—1944年，法国因战争而死亡了140万人，工业设备上的损失大约相当于1938年国民收入的两倍，农业、交通运输都受到严重的摧残。据统计，战争期间，法国所受的经济损失高达48930亿旧法郎（按1945年价格计算）。

国民经济的严重破坏，使这些国家的经济恢复遇到很大困难。然而在经过一段艰难的恢复时期之后，从20世纪50年代下半期开始，先后进入迅速发展时期。战争的严重破坏，虽然给经济的恢复带来困难，但是它使这些国家在重新恢复和发展的过程中，可以完全撇开旧的企业和设备的负担，把企业建立在最新技术基础上，这就必然使这些国家的劳动生产率水平迅速提高。与此相反，英国在战争中受到的损失较小，美国不仅没有损失，而且在战争中发了财。在战后相当的一段时期中，同上述几个国家相比，它们的经济实力较强，美国更具有绝对优势，劳动生产率的水平也高。然而，正是由于这种优势，它的设备更新速度和运用新技术的能力都受到一定的限制。因而一方面运用新技术，发展新兴工业，另一方面也必须继续经营大量设备较陈旧，技术水平较低的原有企业。这样，由于旧设备的拖累，其劳动生产率的增长速度，同把企业完全建立在最新技术基础上的日本、联邦德国等国相比，具有很大差距。

其次，劳动生产率增长速度的差别，是科学技术革命的不平衡发展造成的。第二次世界大战以后，以电子计算机、高分子化工、原子能、宇航等为标志的科学技术革命，在主要资本主义国家先后发生并且得到推广。第三次科学技术革命对主要资本主义国家的经济发展都有很大的推动作用，然而，科技革命在各国发生的时间、条件、原来的科技水平和劳动生产率水平以及各国运用科学技术的能力有很大差别，因此，它在各国经济发展中的作用，也不可能完全一样。美国的科技水平和劳动生产率水平都比较高，因此，虽然大多数科技成果是首先在美国发生并得到运用的，但是它也是主要的和最早的技术输出国。而日本、联邦德国等国，虽然同美国相比，战后初期科技水平的差距很大，但是它们都可以大量地利用国外（主要是美国）的先进技术，吸收世界上已经达到的最先进科技成果。以日本为例，从1950—1975年的25年中，日本共引进国外先进技术25777项，占世界第一位。其中20世纪50年代平均每年引进23项，20世纪60年代平均每年引进1090项，20世纪70年代上半期平均每年引进2091项。

积极地大规模地引进国外先进技术，便大大缩短了这些国家同美国技术水平的差距，迅速地提高了劳动生产率。据统计，日本广采世界各国技术之长，在1955—1970年的15年中，就集中了全世界用半个世纪开发的几乎全部先进技术，运用科技对经济发展的推动作用达到了很高的水平，因而劳动生产率的增长速度必然会大大高于科技水平和劳动生产率的起点都比较高，并且大量输出技术的美国。

在同一国家内部，科技革命对整个经济的发展都具有相当大的推动作用，但是，各部门的情况很不一样，因而这种作用同样存在着很大的差别。首先，一批新兴工业部门是由科技革命直接引起的，属于技术密集型工业，因而其劳动生产率水平不仅一开始就比较高，而且随着最新技术的不断运用，劳动生产率的增长速度很快。与此相比，一些传统工业部门，虽然通过技术改革、设备更新，劳动生产率水平有了一定程度的提高，但是劳动生产率的水平无法同新兴工业部门相比，其增长速度也相对缓慢。

科技革命对生产部门和非生产部门的劳动生产率所起的作用也不一样。在生产部门，资本有机构成比较高，而科技革命导致大量先进设备和新的原料、材料的出现，加快了设备更新的速度，这就必然进一步提高了劳动生产率的水平。在非生产部门，资本有机构成较低，运用新技术和设备更新的程度相对有限，因而劳动生产率的增长必然低于生产部门。

最后，劳动生产率增长速度的差别，与经济结构的变化有很大关系。战后，随着科学技术革命的不断发展，经济结构发生了很大变化。

其一，新兴工业的地位上升，传统工业的地位下降。与科技革命关系最密切的机器制造业与化学工业，增长速度很快，据统计1955—1978年，年平均增长速度分别为5.1%和7.3%，在工业生产中的比重，机器制造业从31.3%上升到36.7%，而化学工业从9.0%上升到13.9%。这两个部门的迅速发展，从而使整个重工业的增长速度加快，在工业生产中的地位迅速提高，由1955年的54.9%上升到1978年的59.9%。与此相反，传统工业的增长速度低，在工业生产中的比重在不断下降。如采煤业，1955—1978年，年度增长率不仅没有上升，反而下降1.5%，在工业生产中的比重由2.7%下降到0.8%。在同一时期，冶金工业的比重从8.5%下降到6.2%，轻工业从31.5%下降到27.7%。几乎所有传统工业的比重都是下降的。

其二，"第三产业"—非生产部门的地位上升，而"第一、第二产业"—生产部门的地位下降。以美国为例，1950—1977年，农业在国民收入所占的比重，由7.5%下降到2.9%，工业由35.5%下降到29.7%，而包括服务业、金融业、商业和政府部门在内的第三产业的比重由44.9%提高到55.4%。

与这种经济结构的变化相适应，劳动力的构成发生了很大变化，美国第三产业的就业人数，已由1950年全国就业人数的43.4%上升到目前的70%左右。1955—1978年，美国的商品生产部门的就业人数增加380万，而非生产部门的就业人数却增加2340万。据统计，目前，第三产业的就业人数占整个就业人口的比重，英国约为58%、法国为54%、联邦德国为49%、日本为53%左右。

劳动力构成的变化，必然引起各部门之间劳动生产率的变化。这是因为，一方面它引起资本与劳动力之比例的改变，使资本有机构成发生变化，另一方面对于在较短时期内大量吸收新的劳动力就业的部门，对其劳动熟练程度和劳动纪律也发生影响。战后，第三产业的发展和就业人数的增加，是整个社会经济发展和生产部门劳动生产率提高的必然结果。而劳动力向第三产业的转移也必然使它的劳动生产率的增长速度进一步受到影响。美国和英国的第三产业就业人数比重大，也是影响其劳动生产率增长缓慢的诸多因素中的一个。

（三）

劳动生产率的增长速度，直接关系到一个国家的商品竞争能力以及整个经济地位。战后主要资本主义国家劳动生产率的变化，已经引起了各国政府的普遍关注。美国和英国是两个劳动生产率增长最慢的国家，英国全国经济和社会研究所在其季刊评论中指出，英国的劳动生产率远远落后于它的竞争对手，劳动生产率处于工业国家的最底层。美国劳动生产率增长速度的下降，大大地降低了其商品在国际市场上的竞争能力，进一步削弱了它在资本主义世界的经济地位。劳动生产率增长的不平衡，日本、联邦德国、法国以及其他一些资本主义国家的劳动生产率增长较快，这就不断地缩小了同美国的劳动生产率的差距。这种发展趋势不能不引起美国朝野人士的极大震惊，他们惊呼，美国劳动生产率的情况，同20世纪70年代初期英国的情况完全一样，它会使美国成为第二等的工业国。美国官方也承认，劳动生产率增长缓慢是美国经济灾难的根源。《基督教科学箴言报》经济记者在《美国的劳动生产率》的评论中指出，美国劳动生产率的下降"不仅影响工业，而且使它们所处的有利地位正在被日益增加的国外的高效率的企业所吞没，最终也会一点一点地在消费者的笔记本上消失"[5]。

由于上述原因，加快劳动生产率的增长速度，已经成为美国政府所要解决的最重要的经济问题之一。从上届卡特政府提出的"再工业化"战略到现任里根总统的"经济复兴计划"，都以增加投资、提高劳动生产率的增长、增强产品的竞争能力，以维护美国的经济优势为主要目标。为了促进劳动生产率的增长，美国政府和私人企业都采取了一系列措施。1981年11月，美国总统里根宣布，建立一个由经济学家、经理和劳工代表共同组成的全国劳动生产率咨询委员会，集中研究劳动生产率问题。在具体政策上，如实行新的折旧政策，加速设备的更新速度，加强企业的科研和试验设计活动，增加各方面的费用开支。政府还公布法令，鼓励公司为制造和生产新产品而增加研究和试验费用。据报道，数以百计的企业经理也正在为提高本企业的劳动生产率，加快其发展速度而努力。美国的垄断资本力图加快劳动生产率的增长速度，在20世纪80年代重新在世界资本主义的生产和出口中占据领先地位。

与此同时，几乎在所有主要资本主义国家都号召"国民经济现代化"，用这个新的经济战略口号，代替了从战后一直到20世纪70年代初期处于重要地位的"经济增长战略"，把经济发展转向提高科学技术水平和提高经济效益方面。

主要资本主义国家为提高劳动生产率所做的努力，在一定程度上会改善目前各国劳动生产率的状况。在经济形势开始好转以及在新的科技革命的推动下，已初见成效。根据美国劳工部1984年1月30日公布的资料，美国企业的劳动生产率在1983年比1982年提高3.1%。尽管1982年非农业企业的劳动生产率下降了0.1%，因而起点较低，但这是1976年经济回升以来的最大增长幅度。

特别值得我们注意的是，目前正在谈论的新的世界技术革命将对劳动生产率发生深远的影响。如前所述，发达资本主义国家在"滞胀"的凄风苦雨中，掀起了目前技术革新的高潮，把技术开发作为经济发展的生命线。这使得微电子技术、激光、光导纤维通讯、遗传信息、替代能源、海洋科学、生态系统农业等新的科学技术崭露头角，有人预计会在20世纪90年代实现新的突破。新的科学技术革命必将推动劳动生产率的迅速提高，特别是电子技术的发展、迅速推广和普及，已经或正在成为现代化工业以及国民经济各部门、各行业提高劳动生产率的最有效的途径。例如在西方一些主要资本主义国家，目前一个新的国际性的"自动化生产系统"市场正在以意想不到的速度飞快地发展。世界上一些最大的公司，像美国通用电气公司、国际商用机器公司、威斯汀豪斯公司，英国通用电气公司和联邦德国西门子公司等，正在激烈角逐，展开争夺市场的热潮。其中有的已经从"生产自动化系统"所产生的成本—效益中获得巨大利益。据国际有关专家估计，在今后十年，西欧、北美各国用于"自动化生产系统"的投资将超过1000亿美元，其中发展最快的将是"CAD—CAM系统"（计算机辅助设计—计算机辅助制造系统）和"机器人"。"CAD—CAM系统"由于成本较低，体积较小和便于安装，能够和"机器人"一起，建立高度复杂的自动化系统。新技术的诞生可以使绝大多数生产进入高度自动化阶段，即使是生产批量很小的产品，也能实现高度自动化生产。不仅如此，以微电子技术为中心的新的产业革命更会使工业结构本身发生根本的变化，那种以钢铁、汽车、机械制造和采矿业等为主体的、使用大量能源的，吐出大量废料和污染物的所谓"大烟囱工业"（Smokestack industry）将被新兴的计算机、生物工程、空间工业、海洋工业这些低能耗、低消耗、低污染和高效益、高技术的工业所代替；同时，由于计算机进入办公室和家庭以及一切商业和服务性行业，这必然会大大提高非生产部门——第三产业的劳动生产率。总之，新的"产业革命"会使整个社会的劳动生产率发生巨大变化。

值得指出，我们从生产力的角度、从科技革命的发展趋势来看，主要资本主义国家劳动生产率的迅速提高有其客观的基础。但资本主义基本矛盾的深化及资本主义经济规律发生作用的结果，使劳动生产率迅速提高的趋势不能得到充分的实现。因此，在今后一定时期内，各国劳动生产率的不平衡发展以及劳动生产率的增长速度出现下降的趋势，仍是不可避免的，而且任何努力也不会改变资本主义基本矛盾加深所产生的这种总的趋势。

分析战后主要资本主义国家劳动生产率的变化，可以看出造成劳动生产率变化的诸多因素中，科技革命是最主要的和起决定性作用的因素。"他山之石，可以攻玉",在我国以提高经济效益为前提,加速社会主义现代化建设的过程中,积极、合理地引进国外先进技术,迅速提高我国的劳动生产率水平,极为重要。特别是面临着新的产业革命的挑战,我们必须尽快地进入世界科技发展的前沿,不能老是跟在别人后面走。为了迎接挑战,集中力量,认真研究我国目前的整个科技水平和现状,分析相对优势、中等水平和薄弱环节,制定相应的规划。从目前我国的实际情况出发,一方面要集中资金和力量于优势部门和地区,以世界最新科技水平为起点,迅速进入世界科技水平的先进行列,并争取在20世纪末、21世纪初期能够大量出口技术;另一方面,必须用先进技术特别是电子计算机装备和改造国民经济各部门、各地区,提高劳动生产率,为国民经济的全面、迅速发展,为从整体上赶超世界先进水平打好基础。

参考文献:

[1] 马克思:《资本论》,《马克思恩格斯全集》第25卷,第202页。

[2] 列宁:"伟大的创举",《列宁选集》第4卷,第16页。

[3] [英]《泰晤士报》,1982年10月20日。

[4] [英]《金融时报》,1982年8月20日。

[5] [美]《基督教科学箴言报》1982年10月6日。

本文曾在1984年第3期《兰州大学学报》(社会科学版)上发表。

20世纪80年代美国劳动生产率的变化及其发展趋势

20世纪60年代中期以来，美国劳动生产率的增长速度一直呈下降趋势，1973年以后更为严重。在某些年份，例如1974、1979、1980和1982年，美国劳动生产率甚至出现绝对下降。1983年，美国的劳动生产率却出现了1976年以来的最大增长。这种新的变化，对于近十年来一直为劳动生产率问题担忧的美国政府和经济界人士，可以说是莫大的鼓舞。有人据此认为，美国劳动生产率会出现持续的高速增长。一些经济学家也认为，由于技术的刺激、熟练的劳动力以及劳资的合作，使生产率能够持续增长到20世纪90年代[1]。如何看待美国劳动生产率的这种新变化，它的发展趋势如何，笔者想谈谈自己的看法。

（一）

按照美国官方提供的数字，第二次世界大战后，特别是从20世纪60年代以来，按工时计算（即每个劳动者每小时产量，它是按不变价格计算的国内生产总值与所消耗的人时数之比）的美国劳动生产率的增长速度，可见表1。

从表1中可以看出，美国劳动生产率的增长速度，在20世纪60年代上半期，总的趋势是不断上升的，从1965年开始，虽然有些年份的增长速度也相当可观，但总的趋势是下降的。就非农业的私营经济部门来看，在20世纪60年代，大多数年份（6年）的增长速度超过3%，而进入20世纪70年代以来，只有3年的增长速度超过3%。1967—1982年，劳动生产率的增长处于最困难的阶段。在此期间，非农业部门的劳动生产率增长的最高速度为3.7%（1972年），有5年的生产率水平是绝对下降的。与上述情况相适应，劳动生产率的年平均增长速度，也处于急剧下降的状态，如1948—1965年，年平均增长率为3.2%，1966—1973年为2.4%，而1974—1982年平均只为0.6%。

如果对20世纪70年代的劳动生产率增长速度进行国际比较，可以看出，美国处于相当不利的地位。因为在这 10 年中，日本的生产率增长 145%，法国增长 77%，联邦德国增长 75%，而美国仅增长 20%[2]。

造成美国劳动生产率增长速度长期呈下降趋势的原因是多方面的。

第一，企业固定资本投资的增长速度下降，企业设备趋于老化，导致劳动生产率增长速度下降。第二，用于科研与发展的费用支出相对减少，使科技对劳动生产率的推动作用逐渐减弱。第三，劳动力的构成发生变化，使整个社会的劳动生产率增长速度有所降低。

与 20 世纪 70 年代特别是 20 世纪 70 年代中期以来，劳动生产率的增长速度下降、有时甚至是绝对下降相比，1983 年，美国劳动生产率的增长有了迅速的恢复。这种恢复能否改变长期下降的趋势，它是持续增长的开端，还是仅仅同以前某些年份一样是属于周期性的增长呢?

表 1　1960 年以来美国劳动生产率的增长速度（%）

年份	包括农业在内的私营经济	非农业的私营经济	加工工业
1960	1.5	0.8	0.7
1961	3.4	3.0	2.7
1962	3.9	3.6	4.3
1963	3.8	3.3	7.2
1964	4.3	3.9	4.8
1965	3.6	3.1	3.1
1966	3.1	2.4	1.1
1967	2.3	1.9	0.0
1968	3.5	3.4	3.5
1969	0.2	-0.3	1.7
1970	0.9	0.4	-0.2
1971	3.6	3.4	6.1
1972	3.5	3.7	5.0
1973	2.6	2.5	5.4
1974	-2.4	-2.5	-2.4
1975	2.2	2.0	-2.9
1976	3.3	3.3	4.4
1977	2.4	2.2	2.5
1978	0.6	0.6	0.9
1979	-0.1	-1.3	0.7
1980	-0.8	-0.9	0.2
1981	1.8	1.4	2.8
1982	-0.1	-0.1	-1.2
1983	2.6	3.1	

（二）

根据美国劳工部的统计，1983年，美国非农业的私营经济部门的劳动生产率增长3.1%，是1976年以来的最大增长[3]。1984年前两个季度按年率计算的增长率，分别为2.9%、5.5%，但是在第三季度增长突然中止，全年增长率大约不到3%。

1983年，美国劳动生产率的迅速增长，在美国国内引起了相当大的震动，有人认为"这是20世纪80年代最好的经济消息""生产率的趋势使人们有充分的理由满怀希望"[4]。尽管劳动生产率出现了1976年以来的最大增长，但是我们认为没有理由可以过分乐观。

第一，这次劳动生产率的迅速恢复和增长是在起点较低的情况下出现的。美国经济自1979年初至1982年底，基本上处于经济危机之中。因此，劳动生产率处于低速增长甚至绝对下降的状况，如非农业的私营经济部门的劳动生产率，1978年仅增长0.6%，1979年和1980年连续下降，分别为-1.3%和-0.9%，1981年虽有增长，但也只有1.4%，而1982年又下降0.1%。所以，1983年劳动生产率的迅速增长，是在连续5年的低速增长和绝对下降、起点很低的情况下发生的。

第二，这次劳动生产率的迅速增长带有明显的周期性。美国经济从1979年初即进入一次新的经济危机，中间虽有起伏，但始终未达到危机前的最高点。从1983年初开始，美国经济全面复苏，设备开工率普遍增加。但是在生产回升的初期，企业主一般不愿大量增雇工人，而是让现有工人拼命生产，这就使得在开始回升的一段时期内，按工时计算的劳动生产率迅速上升。1983年前三个季度的情况正是这样，而在第四季度劳动生产率的增长速度就已显著放慢，仅为1%。1984年前两个季度虽然有较大幅度的增长，但在第三季度增长突然停止。1985年劳动生产率的增长速度明显下降，有的季度劳动生产率不仅没有增长，反而下降了，这是三年来最严重的情况。

上述迹象表明，1983年，美国劳动生产率的增长，周期性的因素是非常明显的。这种情况在过去的统计数字中，也同样可以看到。例如，在1969年10月至1970年11月之间，美国经历了战后第五次经济危机，1971年经济开始全面复苏，劳动生产率在这一年增长3.4%（1970年为0.4%），1972年又增长

3.7%。1974年初至1975年4月，美国经历了战后最严重的第六次经济危机，1976年经济复苏，非农业的私营经济部门劳动生产率就增长3.3%。

所以，仅以1983年劳动生产率的迅速增长就断言美国劳动生产率会持续高速增长，显然是不妥当的。

（三）

尽管1983年美国劳动生产率的迅速增长，基本上是属于恢复性质的。然而，这并不是说，美国劳动生产率还会像20世纪70年代那样徘徊不前。笔者认为，以1983年劳动生产率的恢复增长为起点，在20世纪80年代剩下的时间里，美国劳动生产率的状况同20世纪70年代下半期和20世纪80年代初期相比，会有所改善。

第一，随着经济形势的好转，企业固定资本投资有了迅速地增加。根据美国商务部的报告，美国非农业经济部门新厂房设备的投资1981年减少0.1%，1982年减少5.5%，1983年减少3.5%，而1984年企业在新的工厂和设备上的投资达到了创纪录的水平，平均增长15.3%，超过了年初所预计增长的9.4%。有些部门投资的增长幅度特别大，如汽车行业增加30%以上，电机制造业增加20%以上。这就是说，这次经济回升后的第二年，企业固定资本的投资超过了1950年以来的各次经济回升后的投资增长幅度。1985年固定资本投资继续增长，虽然增幅小于上年。

固定资本投资迅速增加，意味着固定资本的更新规模迅速扩大，这一方面必然引起对生产资料的大规模需求，进而促使对消费资料需求的扩大，促进整个经济的恢复和发展。另一方面固定资本的更新，意味着最新技术和设备的采用，必然大大提高劳动生产率。

第二，美国用于科学研究与试制方面的经费支出大量增加，对经济的技术改造在不断加强。战后在相当长的一段时期内，美国在科学研究与发展方面的费用支出，保持在相当高的水平上，而且在20世纪60年代中期以前，用于科学研究与发展方面的经费支出在国民生产总值中的比重一直处于不断上升的趋势。如1955年，科研与发展方面的费用支出占国民生产总值的1.55%，1960年上升为2.68%，1965年达到2.92%。随后便不断下降，1970年为2.65%，1975年为2.26%。从费用支出的绝对额来看，1965年比1960年增加38.9%，而1970年只比1965年增加5.5%，1975年反而比1970年减少5.4%，1981年的支出也只比1975年增加3%左右。科研与试制的经费支出比例的减少，是造成劳动生产率增长速度下降的一个重要原因。

然而，在最近几年，美国用于科研与发展方面的经费迅速增加，1984年已占国民生产总值的2.7%左右。与此同时，美国政府不断鼓励和加强企业的科研和试验设计活动，对经济的技术改造大大加强。这表现在：其一，在所有的经济领域推广微处理机和微电脑，这两种技术设备正成为生产自动化的越来越重要的组成部分。其二，扩大工业机器人的应用范围（据预测到1990年，机器人的数量将增加到10万台）。在各种生产阶段应用机器人将使劳动生产率大为提高。其三，使通信系统电视化和计算机化。其四，大规模实现办公室工作自动化，提高职员的劳动资本装备率。

研究与试制费用的大量增加，有助于加强美国在先进技术方面的优势，保持在发展新一代高端科技和以此为基础的高技术工业方面的领先地位，促进劳动生产率的进一步提高。

第三，第三产业向集约化迅速发展，也有助于劳动生产率的提高。战后第三产业的迅速发展，劳动力向第三产业大量转移，使这些部门的资本有机构成进一步降低，特别是在20世纪70年代，新创造就业机会70%集中在第三产业，对这一时期按工时计算的整个社会的劳动生产率的增长速度下降有一定影响。然而，进入20世纪80年代以来，特别是近几年，第三产业正在由粗放化向集约化迅速发展，有些部门，例如交通运输、邮电、批发商业、金融和一些修理部门已经进入了集约化生产阶段。其他部门，如卫生保健、食品、零售商业等也在向集约化方向发展。这些部门不仅广泛地利用最新技术设备，而且在劳动组织和管理方面也采用工业化方法。这就使得原来劳动生产率比较低的第三产业能够不断提高劳动生产率，从而促进整个社会的劳动生产率的提高。

第四，劳动力的增长速度放慢，同时，20世纪六七十年代进入劳动力市场的工人技术熟练程度不断得到提高，这也有助于劳动生产率的提高。第二次世界大战以后一直到20世纪50年代初期，美国人口出生率迅速上升，被称为"婴儿热"的一代人在20世纪60年代末、70年代初逐步进入劳动力市场，一方面使劳动资本装备率下降，另一方面大量新的人员就业，也影响到技术熟练程度和劳动纪律。这些都不利于整个社会劳动生产率的增长。20世纪60年代中期以来，美国人口出生率显著降低，因而在20世纪80年代，劳动大军的增长速度已经放慢，新增就业人数减少。同时，20世纪六七十年代进入劳动力市场的一代人已经成长起来，这有助于劳动生产率的进一步改善。此外，美国政府和企业把加快劳动生产率的增长速度，作为所要解决的最重要的经济问题之一。

从卡特政府提出的"再工业化"战略到里根政府的"经济复兴计划",都以增加投资,提高劳动生产率的增长,增强产品的竞争能力,以维护美国的经济优势为主要目标。1981年底,美国建立了一个由经济学家、经理和劳工代表共同组成的"全国生产率咨询委员会",集中研究劳动生产率问题。在具体政策上,如实行新的折旧政策,加快设备的更新速度,增加开发新技术的研究与试制经费,改进组织管理措施等。另外,能源价格的下降、通货膨胀率降低,也都有助于劳动生产率的进一步改善。

特别值得提出的是,美国的"星球大战"计划,是以研制激光武器和超高速电子计算机为主体的。随着激光技术的突破和超高性能的新一代电子计算机的研制、发展,及其在商业性生产中得到推广,必然会对整个经济产生巨大影响,使劳动生产率状况得到改善和提高。

总之,20世纪80年代下半期,美国劳动生产率的状况同1977—1982年间相比,会得到一定程度的改善,将会逐步摆脱20世纪70年代下半期以来劳动生产率那种徘徊不前甚至下降的局面。但是,持续高速增长的前景仍然暗淡。因为从目前情况来看,美国经济还没有完全摆脱"滞胀"的困难局面,高利率和巨额赤字限制了经济的进一步发展。经济发展的形势已经表明,对劳动生产率的增长,不可过分乐观。1984年9月份,美国工业生产出现了1982年11月份以来的首次下降,1985年经济增长率仅为2.2%,远远低于1984年增长6.6%的速度。这就可以看出,1983年以来的迅速恢复和增长的势头已大大减弱,在今后一段时期,美国经济即使不马上出现衰退,也只能是低速增长。

整个经济是一种低速增长的趋势,因而劳动生产率的增长速度尽管同20世纪70年代下半期以来相比,会有一定程度的改善,但不可能是持续的高速增长。

参考文献

[1] 参见[美]《商业周刊》1984年2月13日文章"生产率的恢复"。

[2] 郭志仪:"美国劳动生产率增长速度的下降及主要原因",《世界经济》1983年第1期。

[3] 美国劳工部1984年1月30日发布的数字为3.1%,1984年10月29日发布的数字为3.5%,可能为修订数,这是1972年以来的最大增长。

[4] [美]《新闻周刊》1984年2月6日文章:"生产率出人意外的上升"。

本文曾在1986年第7期《世界经济》杂志上发表。

战后世界能源问题初探

在人类历史上，随着社会生产力的不断发展，人们对于能源的开发和利用，经历了三个不同的发展时期，即：第一代能源——原始燃料时期，资本主义以前的整个人类历史都属于这一时期。第二代能源——煤炭时期，这一时期从工业革命开始到第二次世界大战之前，煤炭一直在世界能源结构中占据主要地位。第三代能源——石油、天然气时期，从第二次世界大战以后、特别是从20世纪50年代末期以来，主要资本主义国家都先后完成了从以煤炭为主要能源到以石油为主要能源的转换，石油、天然气后来居上，作为第三代能源在世界能源结构中占据主要地位。本文只就当代能源（第三代能源）的形势，能源的消费、生产及其市场变化做一初步分析。

一、第二次世界大战后世界能源消费的增长及其结构变化

第二次世界大战以后，世界初级能源的消费及其结构都发生了很大的变化，表1详细地列举了从1960—1979年世界各地区的初级能源消费情况。从这个统计资料中，我们可以看出，1960—1979年的世界初级能源消费中，有以下四个显著的特点。

第一，能源总消费量在迅速增加。1960年，世界初级能源总消费为27.97亿吨石油当量，到1973年，增加到58.98亿吨石油当量，1979年更增加到了69.6亿吨石油当量。20年间增加了1.5倍。

第二，固体燃料——煤的比重不断下降，而其他燃料的比重在不断上升，石油、天然气在整个能源消费中占据主要地位。如固体燃料（主要是煤）的比重从1960年47.6%下降到1979年的28.4%，石油和天然气的比重从50.3%上升到63.4%，居主要地位。水力和核能的比重虽然也在上升，但目前所占比重很小。

第三，发达资本主义国家的能源消费量比发展中国家的能源消费量增长快得多。如从1960—1979年，经济合作与发展组织的初级能源消费量增加1倍以

第一部分 世界经济的发展及其对我国的启示

表 1 世界初级能源消费（百万吨石油当量）[1]

国家或者地区	1960 石油	1960 天然气	1960 固体燃料	1960 水力	1960 核能	1960 合计	%[2]	1973 石油	1973 天然气	1973 固体燃料	1973 水力和核能	1973 合计	%[2]	1979 石油	1979 天然气	1979 固体燃料	1979 水力	1979 核能	1979 合计	%[2]
美国	452	314	254	13	—	1033	36.9	818	572	340	97	1827	31.0	863	499	384	80	72	1898	27.2
加拿大	40	10	14	8	—	72	2.6	84	42	16	50	192	0.3	90	49	22	54	8	223	3.2
西欧	183	11	353	19	—	566	20.2	749	130	270	109	1258	21.3	726	185	264	108	41	1326	19.1
日本	28	1	40	5	—	74	2.6	269	5	62	20	356	6.0	265	22	59	20	15	381	5.5
澳大利亚、新西兰	12	—	18	1	—	31	1.1	35	4	25	5	69	1.2	38	8	29	9	0	85	1.2
整个 OECD	715	336	679	46	—	1776	63.5	1955	753	713	281	3529	59.8	1892	763	758	271	136	3913	56.2
拉丁美洲	42	13	3	1	—	59	2.1	164	36	59	28	287	4.9	212	44	16	47	1	319	4.6
中东	95	11	72	4	—	182	6.5	65	22	2	1	90	1.5	75	30	—	1	0	106	1.5
非洲								47	3	51	7	108	1.8	63	9	58	12	—	143	2.1
南亚								33	8	56	9	106	1.7	37	6	75	11	1	129	1.8
东南亚								78	4	57	6	145	2.4	117	8	48	9	1	183	2.6
合计	852	360	754	51	—	2017	72.1	2342	826	938	332	4265	72.1	2486	861	954	352	140	4793	68.9
苏联	147	48	5876	57	—	780	27.9	318	200	362	45	920	15.6	441	307	342	45	12	1148	16.5
东欧								77	39	246	5	367	6.2	101	61	270	5	4	442	6.3
中国[3]								38	4	292	6	340	5.9	91	67	410	9	—	577	8.3
总计	999	408	1332	57	—	2797	100.0	2775	1069	1838	383	5898	100.0	3120	197	12977	412	156	6960	100.0
百分比	35.7	14.6	47.6	2.1	—	100.0	—	45.7	17.7	30.3	6.3	100.0	—	44.8	18.6	28.4	5.9	2.2	100.0	—

①资料来源：BP—世界石油工业统计评论，本文转引自［英］《农业经济学杂志》1981年9月。
②指在世界初级能源消费中所占比重。
③原表把我国和苏联、东欧列入一栏，为了保持资料的完整，引用时还照原表列出。同时在原表中我国的资料不够准确，单另引用，应以我国统计数据为准。

上，其中日本从1960年的0.74亿吨石油当量增加到1979年的3.81亿吨，增加4倍多，加拿大从0.72亿吨增加到2.33亿吨，增加2.2倍，西欧在20年中增加1.3倍，美国原来的起点较高，也增加83%。而在同一时期，亚非拉发展中国家的初级能源消费量由8.39亿吨石油当量增加到8.8亿吨石油当量，只增加5%。

第四，石油和天然气的消费主要集中在工业发达国家。1979年，经济合作与发展组织的石油消费量为19.82亿吨，占世界石油总消费量的64%，如果加上苏联的石油消费，工业发达国家的石油消费占世界总消费量的近80%，而亚非拉发展中国家（不包括我国）的石油消费仅占世界总消费的15%左右，还不到美国消费量的一半。

战后世界能源消费的这些特点，说明了一个简单的事实，即能源消费量与经济发展水平是高度一致的，一方面随着社会生产的不断发展，能源消费总量必然不断增加（尽管存在能源利用率这样一个主要属于技术水平的问题，但这一总的趋势是必然的）。另一方面，经济越发达，技术水平越高，利用新的能源的程度也会越高。

战后，发达资本主义国家能源消费量的迅速增加以及新的能源——石油、天然气取代煤炭成为主要能源，其原因固然是多方面的，但最根本的还是战后的第三次科学技术革命，促进了社会生产的迅速发展，引起了生产技术的巨大变革，这不仅增加了能源的需求，同时也为石油和天然气的勘探、开发和利用创造了条件。可见，石油和天然气取代煤炭成为第三代能源，是战后第三次科技革命的结果，同时，这种能源的转换又必然促进科技的发展以及整个社会生产——工业、农业、交通运输、国防等各行各业的发展。正因为如此，所以目前在主要工业化国家，对石油的依赖程度都很高（在整个能源消费中，1979年石油所占的比重，日本为70%，西欧为54%，其中法国为63%，联邦德国为58%，意大利为68%，英国为45%，美国也在45%左右）。

二、第二次世界大战后世界石油生产的增长及其地区分布

石油在整个能源消费中所占比重的不断增长，是石油生产不断增加的必然结果，然而石油消费需求的不断增加又是推动石油生产发展的根本原因。

表2列举了1973年以来的世界石油生产情况以及地区分布。依据这个统计资料，我们可以看出，世界石油生产最多的国家是苏联，1979年产油5.86亿吨（1980年超过6亿吨），其次为沙特阿拉伯（4.68亿吨）、美国（4.23亿吨）。年产超过1亿吨的国家还有伊拉克（1.69亿吨）、伊朗（1.55亿吨）、委内瑞拉（1.25亿吨）、尼日利亚（1.14亿吨）、科威特（1.14亿吨）和中国，利比亚也

表2 1973—1979年世界石油生产（单位：百万吨）

国家或地区	1973	1974	1975	1976	1977	1978	1979
OPEC	1794.4	1477.4	1309.8	1495.4	1522.3	1495.6	1554.0
阿布扎比☆	64.0	69.6	69.2	82.7	83.7	69.7	70.2
迪拜☆	10.9	11.8	12.5	15.7	15.9	18.0	17.6
卡塔尔	28.1	25.5	21.8	24.3	17.4	23.4	24.6
科威特	136.1	112.2	89.1	95.4	84.7	97.0	114.1
沙特阿拉伯	361.7	405.0	336.7	415.5	445.7	409.8	468.3
利比亚	107.9	73.5	73.4	94.9	102.1	95.2	99.6
伊朗	289.1	297.1	263.8	293	281.4	260.4	155.6
伊拉克	96.9	91.2	110.5	107.5	107.1	127.6	169.3
印度尼西亚	65.3	68.8	64.8	78	84.2	81.0	78.8
阿尔及利亚	52.8	48.6	46.7	52.3	49.3	57.2	56.4
加蓬	7.3	8.7	9.7	10.7	11.2	10.8	10.2
尼日利亚	101.3	111.2	88.1	102.1	107.1	95.1	114.2
委内瑞拉	165.9	146.7	115.6	114.0	113.5	115.4	125.4
厄瓜多尔	10.1	7.5	7.9	9.3	9.0	10.0	10.5
美国	453.2	434.4	415.9	404.1	410.4	432.4	423.7
加拿大	88.7	83.3	71.2	65.7	67.7	74.4	86.0
墨西哥	22.9	27.2	34.7	41.4	49.3	66.0	80.5
西欧	18.2	18.9	26.5	42.6	66.1	89.6	115.9
埃及	8.1	7.1	11.3	16.3	22.4	24.2	25.5
苏联	429.0	458.9	490.8	519.7	546.0	572.5	586.0
中国	50.0	60.0	80.0	87.5	90.0	104.1	106.1
其他社会主义国家	19.7	20.1	20.3	20	20.1	21.0	20.0
世界总计	2757.5	2759.6	2633.5	2867.4	2963.6	3095.4	3221.7

1. 资料来源：同表1。
2. ☆属阿拉伯联合酋长国，原表中未列沙迦的数字，该国1975、1976和1977年分别产油为1.91、1.8和1.37百万吨。

接近1亿吨。另外，阿拉伯联合酋长国、墨西哥、印度尼西亚、阿尔及利亚、加拿大以及北欧的英国和挪威，年产量都在5千万吨以上。然而包括美国、整个西欧、加拿大以及苏联在内的工业发达国家的总产量还不到世界总产量的

40%，而包括中国在内的所有发展中国家的产量占世界总产量的60%以上，其中石油输出国组织占世界总产量的47%，而波斯湾沿岸各国的产量占世界总产量的33%。

可见，世界石油生产的地理分布是极不平衡的。石油生产主要集中在发展中国家，而石油消费却主要集中在工业发达国家。这种生产与消费的地理分布上的矛盾，便造成了工业发达国家大量进口石油的局面。

三、世界石油生产与消费地理分布的不平衡及世界石油市场的演变

综上所述，我们可以看出，石油生产主要集中在发展中国家，然而石油消费主要集中在美国、西欧、日本和苏联四个国家和地区。在这四个主要石油消费国家和地区中，石油的供求状况除苏联能够满足本身和东欧国家的需要之外，其他三个国家和地区都需要大量进口，方能满足其需要。如西欧（主要是英国和挪威）平均日产250万桶，但整个西欧每天需消费1480万桶。因此，84%（1230万桶）需要进口。美国是世界上最大的石油生产国之一，1979年产油4.23亿吨，平均日产1070万桶，但其消费量为每天1870万桶，因此，每天尚短缺46%（800万桶）。日本每天消费560万桶，100%依靠进口。

工业发达国家进口的石油，主要来自石油输出国组织，特别是波斯湾各国。根据美国能源部的统计，1979年，经济合作与发展组织的24个成员国每天从石油输出国组织进口石油2740万桶，其中西欧、日本、美国三大消费地区每天从波斯湾进口为1460万桶。西欧每天进口为800万桶，占其进口总量的63%，日本为410万桶，占其进口总量的73%，美国为250万桶，占其进口总量的31%。

战后30多年来，世界石油市场形势经历过三个阶段的变化。

第一，第二次世界大战结束到20世纪70年代初期，是发展中国家石油输出国为工业发达国家提供廉价石油的时期。在这一时期，石油的生产、销售都控制在西方石油跨国公司，他们极力压低发展中国家的原油价格，因而石油的实际价格是下降的。如在1945年，中东地区每桶石油为1.05美元，到1970年，每桶增加到1.8美元，增加71%，然而在扣除通货膨胀和美元贬值的因素之后，实际价格不仅没有上升，反而下降约50%，石油价格远远低于同等热值的煤炭价格。廉价的石油成为工业发达国家经济迅速发展的基本条件之一，而产油的发展中国家在这一时期所遭受的剥削程度最为严重。

第二，1973年到20世纪80年代初，为石油输出国组织原油价格大幅度上涨时期，也是西方各国所谓两次"石油危机"时期。1975年第四次中东战争之后，世界石油生产与销售进入一个大转折时期，石油输出国组织先后以强行接

管、实行国有化和参股等形式,控制了国内的生产和销售大权。在中东战争期间,阿拉伯国家联合斗争,对以美国为首的工业发达国家实行禁运,并在国内实行减产和大幅度提价措施。1974年,每桶原油的价格提高到11.65美元,是1970年的11.5倍。石油禁运以及价格大幅度提高,对于大量进口石油的工业发达国家来说,是一个严重的打击。在"石油危机"的冲击下,使处于1974—1975年经济危机中的工业发达国家经济形势更加恶化。在这次经济危机之后,工业发达经济一直没有明显的高涨,长期陷于"滞胀"的困境。

1978年底,石油输出国组织成员国、世界第二大石油出口国伊朗政局动荡,不久又爆发了两伊战争,两国石油生产迅速下降,世界石油市场石油供应突然减少,石油供不应求的矛盾再次突出。石油输出国组织又调整原油价格,使其再一次大幅度上升。1978年,每桶油价为13美元左右,到1979年上升至22美元,1980年底更上升到32美元以上。据经济合作与发展组织估计,石油价格每上涨10%,国民生产总值就要减少0.3%,消费物价就要上涨0.5%~0.75%。美国仅1975年由于进口石油涨价,就使国民生产总值减少5%,达到630亿美元。西欧国家1980年进口石油量比1973年减少1亿吨,但支出费用却比1973年增加950亿美元。总之,两次石油大幅度提价,使石油输出国组织成员国的收入增加,同时加重了陷于"滞胀"困境中的工业发达国家的经济负担。

第三,1981年3月以来,世界石油市场出现供过于求的现象,因而石油价格趋于下降。世界石油市场出现这种新的情况,是由以下原因造成的。

首先,从供给方面来看,世界石油供给有所增加,这有两方面的因素,一方面,出现了一批新的产油国,其产量和出口量都有大幅度增加。如英国和挪威的北海油田,近年来产量不断上升,由1973年的日产50万桶增加到1981年的日产400万桶左右,墨西哥的石油产量也接近1亿吨(1980年为9800万吨,比上一年增加34.2%)。另外,阿根廷、埃及的产量也都有大量增加。与此同时,石油输出国组织中的最大产油国沙特阿拉伯也增加了供应量。沙特阿拉伯是世界最大产油国之一,年产量仅次于苏联而居世界第二位。据西方估计,1979年,沙特阿拉伯的探明储量占世界总储量的25%以上,产量占世界总产量的14.7%,占石油输出国组织的30.2%。沙特阿拉伯的日产能力已达到1200万桶。石油输出国组织实行联合行动以来,其宣布的最高限额为日产850万桶,而两伊战争以来,沙特阿拉伯两次把日产量提高到1000万桶以上,这必然增加了世界石油市场上的供应量,这是一方面。另一方面,西方石油公司大量抛售库存,也增加了石油供应。20世纪70年代末20世纪80年代初,由于海湾局势动荡,为了应付突发事件,西方石油公司以及国际能源机构曾大量抢购石油,增加储备，之后又开始以每天 200 万~400 万桶的数量向世界市场抛售，企图迫使石油输出国组织降低油价，这就增加了世界石油市场的供应量。

其次，从需求方面来看，目前对石油的需求量有所减少。这也有两方面的原因，一方面，工业发达国家经济形势恶化，能源需求减少。1979 年以来，西方各国经济形势普遍恶化，先后进入了一次新的经济危机，工业生产大幅度下降，对石油的需求减少。另一方面，自第一次"石油危机"之后，西方各国普遍开始节油并进行能源替代活动，这在进入 20 世纪 80 年代以后，已有一定效果，因而对石油的需求进一步减少。据统计，国际能源机构的 21 个成员国进口石油 1980 年比 1979 年减少 7.5%。同年，美国的石油消费量减少 8%，进口减少 20%。1981 年，工业发达国家石油消费共减少 5%，其中美国减少 21%。

供给增加，需求减少，必然会出现供过于求的状况。

值得我们研究的是，目前这种供过于求的状况能否持续下去，石油作为主要能源的前景究竟如何？

我们已经从供给和需求两个方面分析了目前造成石油供过于求的原因，这两个方面其中一个方面的变化，都会引起整个供求关系的变化。

首先，从供给方面来看，今后石油产量不可能有大幅度增长。这是因为探明储量在不断减少，新探明储量与开采量不成比例。据有关资料介绍，战后初期到 20 世纪 60 年代，是世界石油发现的"黄金时期"，每年大约新发现 230 亿桶储量。世界上主要石油产地都是在这一时期发现的。但在 20 世纪 70 年代，每年新发现石油储量已显著减少，大约每年为 140 亿桶。1960—1970 年的 10 年，储量和产量的增长速度分别是 112.1%和 114.3%，基本一致。而在 1970—1981 年间，分别为 16.7%和 25.7%，不仅增长速度都大大下降，而且下降速度也不一致。有人估计，世界石油的可采储量在 30 年内将消耗殆尽，尽管我们不同意"资源枯竭"的悲观论调，但在一定技术条件下，可采储量必定还是有一定限度的。正因为如此，许多石油生产国已经开始限量生产，以保护资源。所以，在今后没有取得技术上的巨大突破，以发现和开采新的石油资源之前，石油产量不会进一步增加，而会逐步减少。

其次，从需求方面来看，尽管西方各国采取一切办法进行节油和能源转换，但要在短期内在很大程度上取代石油还不可能。同时，随着资本主义经济走出危机，进一步复苏和发展，对石油的需求量也会增加。所以，石油供过于求的状况不会持续下去。在今后一定时期内，石油供求关系会相对稳定，这是因为一方面目前的石油产量还会保持一段时间，另一方面，总的来看，对石油的需求不会像 20 世纪六七十年代那样激增，因而在没有出现突发事件的情况下，石油价格不会暴涨，但石油价格的缓慢上升仍然是有可能的。总之，我们认为，在今后一段时期内，石油的供求关系将处于相对稳定状态。

四、西方国家节约能源及改变能源结构的措施

鉴于两次"石油危机"的冲击以及石油的发展前景不容乐观，世界各国，特别是工业发达国家正在采取积极措施，节约能源使用并降低能源消费中石油所占的比重。这些措施突出地表现在如下几个方面。

首先，把节约能源作为能源政策的重点。

一般来讲，由于技术水平较高，工业发达国家的能源利用率也比较高。然而资本主义制度本身限制了其能源的合理利用，造成大量浪费。所以，工业发达国家在一定限度内节能的潜力是很大的。西方各国为了减少能源，特别是石油的消费，都把节能作为能源政策的重点。前欧洲共同体执行委员会主席詹金斯曾明确指出，从短期来看，节约能源必须是欧洲共同体政策的基石。1979年6月，欧洲共同体首脑会议做出决定，要求各成员国节约能源消费，使能源增长率低于经济增长率，规定经济每增1%，能源消费只能增长0.7%。美国是世界上能源消费最多的国家，其能源消费量占世界总消费量的27.6%，人均能耗达到12.4吨标准煤，为世界平均数的6倍。然而，最近几年，美国的节能运动也取得了一定的效果。美国在节能方面的具体措施有如下四点。

第一，制定节能政策法。美国政府在1978年颁布了节能政策法，把节约能源用法律的形式肯定下来并给予保证。

第二，制定统一的能耗标准。1978年，制定了小汽车的耗油标准，要求新出厂的小汽车必须符合这一标准，同时规定了汽车在高速公路上的行驶速度不得超过88km/h（这是在高速公路上的最经济行车速度）。1980年，颁布了新建住宅能耗标准，所有新建住宅不得超过这一标准。另外，能源部还对电冰箱、空调器、热水器等四种能耗较大的民用器具规定了能源效率标准。

第三，利用经济手段，促进节能。如对小汽车超过耗油标准的征收汽油浪费税，而对改造现有住宅、采取节能措施的住宅，可予以免税或减税待遇，并用提供补贴的办法促进现有住宅的节能改造。在工业方面，通过调整能源价格、税收优惠等经济手段，促进节能改造，杜绝浪费。

第四，大力发展公共交通工具，如公共汽车、地铁、通勤电车等，并且鼓励合伙乘小汽车上下班，以减少汽油消耗。另外，还加强对节能技术的研究。

这些措施对节能以及减少石油的消费起到了一定的效果。

其次，重新重视对煤炭的开发和利用。

煤炭是世界上最丰富的能源资源。据世界能源会议估计，世界煤炭储量约12万亿吨，是石油储量的6.3倍，根据目前的技术水平，其中可采储量约为6370亿吨，以目前年产26亿吨计算，可开采245年。同时，煤炭的分布比石油广泛得多，一些工业发达国家都有相当数量的煤炭储藏。然而，由于战后石油、天然气的开发和利用，煤炭在能源消费中的地位逐渐下降。石油的冲击，使各国政府重新开始重视煤炭的开发和利用。比如目前一些工业发达国家都在加强对煤炭的开发，增加产量。1980年6月，英国、加拿大、法国、日本、美国、联邦德国、意大利等七国领导人在威尼斯首脑会议上做出决定，保证在今后的10年中，把这些国家的煤炭产量提高一倍。再如增加煤炭在能源结构中的比重，把烧油设备改为烧煤。如法国准备在10年中把工业用煤增加5倍，到20世纪80年代中期，把煤炭在能源消费中的比重由18%提高到23%～25%，电厂全部改用烧煤。美国曾要求把107家烧油电厂立即改为烧煤。对改烧煤的电厂给予积极鼓励并从经济上进行扶持，国会还通过法案，为今后十年代替石油的改造提供数百亿美元的资金。日本一方面在增加国内产量，另一方面扩大煤炭进口，准备在1985年使煤炭在能源消费中的比重达到16.1%，到2000年时达到33%。

与此同时，西方各国正在加强对煤炭利用的技术研究。美国1978年的煤炭科研预算达到8.5亿美元，68%用于煤炭利用研究，超过开采投资。英国、美国、加拿大、比利时和联邦德国等国都在进行煤炭的气化研究，生产与天然气发热量相同的合成天然气以及低发热量的煤气。英国在研究较难开采的厚煤层中进行直接气化的地下气化。联邦德国已研制成功煤炭液化技术，由煤炭提炼合成石油，美国也已举办由政府和私人企业合办的大型液化企业，日本也在加强煤炭液化和气化的实用研究。

最后，加强对新的能源的开发和利用研究。

目前，西方各国都在加强对核能、水力、太阳能、地热、海洋热能等方面的开发、利用和研究。美国是世界上核能利用最多的国家，目前有70多座核电站，总装机容量为6082万千瓦，占总发电量的13%。日本1980年的能源结构中，核能占5.2%，预计到2030年提高到31%。另外，法国、英国、联邦德国、加拿大和苏联都有相当数量的核电站。据统计，1981年，世界上有23个国家和地区有核电站。国际原子能机构预测，到2000年，核电会增长9～15倍。另外，世界上有十几个国家已建成地热电站，有许多国家建成风力电站。太阳能的利用也有很大进展。水力发电更是许多国家开发和利用的重点，目前有些国家的水力资源利用程度很高，如瑞士、法国在95%以上，意大利、联邦德国也在30%以上。总之，目前世界各国、特别是工业发达国家都非常重视对最新能源的开发、利用和研究。

为了实现在 20 世纪末工农业总产值翻两番的伟大战略目标,能源的开发和利用已经被确定为我国经济发展的战略重点之一,能源建设的成效直接关系到我国社会主义现代化建设事业的发展。我国能源政策的重点是提高能源利用效率,在能源工业建设中,开发和节约并重,近期必须把节约能源放在优先地位。从世界能源形势及其发展前景、各国的能源政策以及我国的实际情况来看,坚持这一方针,是保证能源这个战略重点的关键。

参考文献

［1］［英］大卫·皮尔斯:"到 2000 年时的世界能源需求与原油价格",载英国《农业经济学杂志》1981 年 9 号 341—354 页。

［2］温柏森:"八十年代的世界石油供应问题",《世界经济》1981 年第 4 期。

［3］吴德烈:"综观煤炭与世界能源",《世界经济》1981 年第 4 期。

［4］王庆一:"美国的能源政策",《世界经济》1981 年第 4 期。

［5］〔苏〕尤·叶尔绍夫:"能源危机与帝国主义政策",见《世界经济译丛》1981 年第 8 期。

［6］金平:"世界石油市场形势",《世界经济》1982 年第 7 期。

［7］陈悠久:"沙特阿拉伯的石油供应政策与石油输出国组织",《世界经济》1982 年第 4 期。

本文曾在 1983 年第 3 期《兰州大学学报》(社会科学版)上发表。

"石油危机"的影响及石油市场的动向

第二次世界大战以后，世界经济的发展，特别是工业发达国家经济的发展，与世界石油市场形势有着密切的联系。以1973年第四次中东战争和1979年初伊朗危机为导火线的两次"石油危机"，使世界石油市场形势发生了战略性的转折，也在一定程度上改变了世界经济的格局，对整个世界经济产生了巨大的影响。

对于如何看待"石油危机"，以"石油危机"为表现形式的世界石油市场形势的重大转折发生的原因、它对工业发达国家经济的影响，特别是当前世界石油市场的动向如何，笔者谈谈自己的看法。

（一）

1973年底以来，"石油危机"震撼了世界，经过工业发达国家的大肆渲染，更是"谈虎色变"，"石油危机"被进一步看作全球性的资源危机，这显然是模糊了"石油危机"的实质。

笔者认为，所谓"石油危机"，不过是世界石油市场供需的矛盾和石油价格的大幅度上涨，它是战后世界经济和政治形势发展到一定阶段的必然产物。

第二次世界大战以后，整个世界经济出现了迅速的发展，工业发达国家的经济经历了20世纪50年代和20世纪60年代高速增长的所谓"黄金时期"。随着世界经济的迅速发展，能源的消费量在急剧增加。据统计，1960年世界一次能源总消费量为27.97亿吨石油当量，到1973年增加到了58.98亿吨石油当量，1979年达到了69.6亿吨石油当量，20年间增加1.5倍。从1951—1975年的20多年中，能源消费量每年以4.8%的速度在递增，按人口平均的消费量，在上述期间的增长率为2.9%，而1925—1950年的增长率仅为1%。

在能源消费量急剧增加的同时，能源的结构也发生了很大的变化，传统燃料的比重在不断下降，而石油和天然气的比重在不断上升，如煤的比重从1960年的47.6%下降到1979年的28.4%，而石油和天然气的比重从50.3%上升到63.4%。

对不同的能源消费，随着经济发展水平，在不同的国家存在着很大的差别。石油和天然气的消费主要集中在工业发达国家，但是石油生产的60%是集中在发展中国家的。其中石油输出国组织占世界总产量的47%，而波斯湾沿岸各国的产量占世界总产量的33%。

上述情况，造成了工业发达的西方国家大量进口石油的局面。西方国家进口的石油主要来自石油输出国组织，特别是波斯湾各国。根据美国能源部的统计，1979年，经济合作与发展组织的24个成员国每天从石油输出国组织进口石油2740万桶，其中西欧、日本、美国三大消费地区每天从波斯湾进口1460万桶，西欧的进口量为800万桶，占其进口总量的63%；美国为250万桶，为全部进口石油的31%；日本为410万桶，占进口总量的73%。[1]

综上所述，我们可以看出，世界石油生产和石油消费的地理分布是极不平衡的，这种不平衡便是产生以石油供需矛盾和石油价格大幅度上涨为内容的"石油危机"的客观条件。

尽管如此，但在20世纪70年代以前，并没有发生"石油危机"，这是因为在20世纪70年代之前，世界石油资源的勘探、生产、加工、运输和销售的各个环节都基本上控制在西方一些大的西方石油公司手中，他们控制着世界石油市场形势。被西方国家称为"七姐妹"（包括五家美国石油公司：埃克森、德士古、海湾、莫比尔和加利福尼亚美孚石油公司，两家欧洲石油公司：英荷壳牌石油公司、英国石油公司）的七家最大的国际石油垄断组织在20世纪50年代之前，几乎控制着整个资本主义世界的石油产业，20世纪60年代控制着除北美、苏联和我国以外的世界石油产量的82%、炼油工业的65%、石油贸易的62%。20世纪70年代初（1972年），这七家石油公司再加上法国石油公司（有人称之为"八姐妹"）控制着世界原油开采的65%、亚非拉地区原油开采的76.3%、中东地区原油开采的87%。

西方石油公司利用其对世界石油的垄断地位，极力压低石油标价，残酷地掠夺第三世界产油国，如在1945年，中东地区每桶石油为1.05美元，到1970年，每桶增加到1.8美元，提价71%，然而在扣除通货膨胀和美元贬值的因素之后，实际价格不仅没有上升，反而下降约50%。[2]发展中国家的原油开采成本低，中东地区更是如此。这些国家的工资水平低，只相当于美国的10%~20%，而且劳动时间往往超过10个小时，再加上油层浅、储量大等有利的开采条件，因此原油开采成本只有美国的3%~10%。1972年，一桶原油的成本只有0.20美元，而在消费市场上售价为12.5美元，成本所占不到1.61%，石油生产国的收入每桶仅为1.6美元，只占销售价格的12%，成本和产油国的收入加起来还不到石油销售价格的15%，绝大部分销售收入流进了西方石油公司的腰包。

正是通过这种方式，西方石油垄断资本积聚了巨额的财富。1974年，在资本主义世界最大的10家工业公司中，"七姐妹"依次占据第一、二、五、六、七、八、十位，它们当年的资产总额高达1320亿美元，超过工业发达国家官方储备的总和——1199亿美元。在到1972年为止的半个多世纪中，它们从中东地区掠夺的石油估计达到83.73亿吨，按1980年美元计价，约合2000亿美元。廉价的石油成为工业发达国家经济迅速发展的基本条件之一，而产油的发展中国家在这一时期遭受的剥削程度最为严重。

帝国主义的掠夺激起了第三世界产油国的不断反抗，他们以各种形式同西方石油公司展开斗争，然而这些斗争在20世纪60年代之前，没有取得重大进展。1960年9月，石油输出国组织成立，标志着第三世界产油国同西方石油公司的斗争进入了一个新的阶段。但是，直至1973年的第四次中东战争，第三世界产油国仍然没有能够从根本上改变西方石油公司控制世界石油产业的局面。1973年第四次中东战争，使世界石油生产和销售进入一个重大的转折时期。石油输出国组织先后以强行接管、实行国有化和参股等形式，控制了国内的石油生产和销售大权。在中东战争期间，阿拉伯国家联合行动，对以美国为首的西方国家实行禁运，并大幅度提高石油价格，导致了第一次"石油危机"。

1978年底至1979年初，世界第二个石油出口大国——伊朗政局动荡，石油生产受到了严重影响。由于伊朗的石油生产从日产近60万桶下降到1979年的平均日产30多万桶，有时甚至不到10万桶，一度曾经停止出口。世界石油市场上少了近30万桶的石油供应，出现了供不应求的紧张局面，再加上西方各国政府和石油公司在现货市场争购石油进行储备，触发了第二次"石油危机"。

由此可以看出，尽管两次"石油危机"发生的直接原因不同，但它既不是世界性的资源危机，也不是某个国家或组织的主观意志，而是世界石油市场供需矛盾尖锐化的必然结果，是世界石油生产和消费地理分布不平衡以及世界经济政治形势发展到一定阶段的必然产物。

（二）

以"石油危机"为标志的世界石油市场形势的战略性转折，在一定程度上改变了世界经济的格局，对整个世界经济产生了巨大的影响。工业发达国家是石油的主要消费者，对石油的依赖程度大，因而"石油危机"对其的影响也必然更加深刻。然而，这种影响并不是单一的，而是体现在两个方面。从一定时期来说，石油供不应求和油价的不断上涨，使经济发展速度降低，加剧了通货膨胀，使国际收支状况恶化，从而在一定程度上加重了20世纪70年代以来主要资本主义国家经济的"滞胀"局面。但是从长远来看，"石油危机"提出了一个新的课题，迫使工业发达国家在更加广阔的范围内进行一场新的能源技术革命，进而促进新的能源工业得到迅速发展，推动整个产业结构的调整和改革，从而使整个经济有可能出现新的发展。

具体来说，"石油危机"在一定时期内对工业发达国家经济产生的不利影响，可以从以下四个方面看出来。

第一，"石油危机"在一定程度上加剧了生产和消费的矛盾，限制了工业生产的发展。

在现代工业中，石油不仅是主要的燃料，而且也是主要的原料，石油供不应求和大幅度涨价必然使许多商品的成本提高，尽管提高的幅度是随着使用石油的程度而有所不同的，但是成本提高必然会降低工业产品的销售能力，从而使生产与消费的矛盾进一步激化。从两次"石油危机"的时间上可看出其发生同战后资本主义世界最严重的两次经济危机有密切的相关性。1973年10月爆发了第四次中东战争，其后阿拉伯国家运用石油武器，对以美国为首的亲以色列的西方国家实行石油禁运并大幅度提价，导致了第一次"石油危机"。美国的工业生产随即在1973年12月出现大幅度下降，开始了战后第六次经济危机。西欧和日本虽然经济危机出现的较迟，但于1974年也都先后进入了经济危机。

如前所述，从1978年底开始的伊朗危机是第二次"石油危机"的导火线，而美国的工业生产指数在1979年3月达到顶点后，4月份即开始下降（美国的工业生产指数，以1967年为100，1979年3月为153，从4月份开始下降，其后虽有曲折，但始终没有达到1979年3月份的水平）。其中小汽车的生产指数在1978年底达到高点之后，逐步下降。钢铁生产指数也在1978年底达到顶点后，1979年初即曲折下降，这几乎与"石油危机"是同期发生的。

"石油危机"与经济危机这种时间上的一致性，并不是巧合，而是有一定必然性的。因为当"石油危机"爆发时，首先会影响到那些能源消耗较高的部门的生产，如汽车、钢铁以及电力、化工等，而这些部门是主要的工业部门，特别是汽车、钢铁，被称为工业的支柱，这些部门生产的下降，必然会波及整个工业生产，促使矛盾激化，导致已经成熟的经济危机的爆发。

马克思在分析经济危机时早就指出，当一个发达资本主义国家所需原料主要依靠进口的时候，国外市场上原料价格的涨落，会直接影响到这个国家经济周期的运动。当原料价格下降时，会促进繁荣阶段的活动。危机发生后出现这种情况时，走出危机也比较容易。相反，原料价格提高或供应减少都会加重危机，例如19世纪印度的粮荒和美国南北战争时棉花歉收所引起的棉价上涨，都曾经使当时英国的市场缩小，使经济危机更加激化。[3]

马克思对当时英国经济周期运动分析所得出的这一论断同样适用当代发达资本主义国家的情况。

第二，"石油危机"对不断发展的通货膨胀起到了火上加油的作用，加剧了通货膨胀的严重性。

第二次世界大战以后，工业发达国家都普遍推行凯恩斯主义的赤字财政政策和廉价的货币政策，企图以此来消除经济危机和失业，刺激经济的发展。但是事与愿违，这不仅没有也不可能消除经济危机和失业，反而导致物价的持续上涨。进入20世纪70年代以来，通货膨胀更像瘟疫一样席卷了整个资本主义世界。1970—1979年，工业发达国家的消费物价指数扶摇直上，难以控制。如将1970年的物价指数定为100的话，1979年，英国为206.1，意大利为201.2，法国为121.1，日本为119。尽管"石油危机"不是造成通货膨胀的根本原因，但是它在一定时期，在一定程度上加剧了通货膨胀，这是不容置疑的。石油短缺与大幅度涨价使商品成本上升，导致消费物价指数上升，而石油输出国组织为了弥补进口商品提价和美元贬值受到的损失，进一步提高石油价格，这在一定程度上造成了成本与物价的交替上升，加剧了通货膨胀的严重性。

第三，"石油危机"使工业发达国家进口石油费用增加，国际收支状况恶化。

石油涨价使工业发达国家进口石油的费用急剧增加，如美国1975年仅因进口石油涨价，国民生产总值就减少了5%（630亿美元），西欧国家1980年进口的石油比1973年少1亿吨，但支出费用却比1973年增加950亿美元。日本能源构成中75%是石油，而石油几乎100%依靠进口。石油价格的上涨，进口石油费用的增加，几乎吞噬了日本出口收入的50%。进口石油费用急剧增加，必然会导致国际收支状况的恶化。据经济合作与发展组织估计，1979年，该组织的24个成员国的国际收支逆差约为30亿美元，比1978年增加3倍。就连20世纪60年代以来一直保持着顺差的日本、联邦德国，1979年都转为逆差，日本的逆差约为10亿美元，联邦德国的逆差约为47亿美元。

第四，"石油危机"加剧了西方金融货币市场的动荡局面，使西方金融货币市场风暴迭起，危机频繁。

"石油危机"也必然影响到工业发达国家的货币金融市场，这种影响表现在两个方面，其一，由于"石油危机"加剧了通货膨胀，西方各国汇率不断变动，引起了货币金融市场的动荡；其二，由于石油大幅度提价，石油输出国收入不断增加，产油国把石油收入，即石油美元用于加快发展本国经济，向工业工业发达国家大量订购成套设备以及本国经济发展所需要的许多工业制成品和原料，这就使石油美元回流。但是20世纪70年代下半期以来，特别是第二次"石油危机"发生以后，产油国普遍降低了现代化建设的速度，对工业发达国家的设备需求减少，石油美元的回流不能顺利实现，大量石油美元滞留在产油国（1979年估计为2300亿美元），在西方货币金融市场上横冲直撞，要么抢购黄金，要么抢购硬通货，加剧了国际黄金价格的暴涨和各国汇率的频繁变动。

总之，"石油危机"严重地打击了主要资本主义国家的经济，使陷于"滞胀"困境中的西方经济更加困难。但是，必须指出，"石油危机"对工业发达国家经济的打击，首先是因为长期以来工业发达国家的经济是建立在掠夺第三世界产油国的廉价石油的基础上的，廉价的石油推动了工业发达国家经济的迅速发展。石油价格长期被压在极低的水平上，第三世界产油国遭受着极为严重的剥削，所以，石油价格在一定范围内的大幅度上涨，不仅是合理的，也是完全应该的，况且工业发达国家又通过商品和资本输出转嫁"石油危机"所造成的损失。

纵观战后世界石油市场形势，可以看出，它与工业发达国家的经济形势是逆向发展的。从战后初期到20世纪70年代初期，为廉价石油时代，而这一时期，是资本主义国家对经济进行调整、恢复以及迅速发展的时期。从1973年底到20世纪80年代初期，为两次"石油危机"时期，工业发达国家经济都普遍陷入"滞胀"而难以自拔。从1981年初开始，石油市场出现了供过于求的现象，石油价格也趋于疲软，工业发达国家经济从1983年初即开始复苏。这正如马克思所指出的那样，石油作为重要的燃料和工业原料，对资本主义的再生产周期发生着重要的影响。我们认为，西方有些学者把20世纪70年代以来资本主义经济的"滞胀"完全归结为"石油危机"，是没有根据的，但是我们也不同意那种认为"石油危机"同资本主义经济周期运动完全无关的说法，因为事实已经做出了最好的回答。

（三）

1981年3月以来，世界石油市场形势出现了新的变化，出现了自"石油危机"以来从未有过的供过于求的状况，致使石油价格趋于下跌。

面对这种新的形势，工业发达国家中很多人认为，石油价格会持续下跌，石油输出国组织即将崩溃。在我国，专家们普遍认为，供过于求是暂时的现象，石油价格是稳中看涨的，这是因为造成石油供过于求的主要原因是工业发达国家正处在经济危机之中，对石油的需求大大减少。因此，一旦经济复苏、需求增加，供过于求的状况即可消除。

随着时间的推移，石油价格也不可能像工业发达国家所期望的那样持续下跌，石油输出国组织虽然面临着困难，但在相当程度上仍然支配着世界石油市场。但是与此同时值得我们研究的是，从1983年初，工业发达国家经济已先后开始复苏，而石油供过于求的状况并没有完全消除，甚至两伊战争的升级也未曾使石油价格上涨，相反，石油输出国组织两次降低了油价。这种新的情况，不能不引起国内外有关人士的普遍关注。

从1981年初到目前，世界石油市场的供求关系有时也相对稳定甚至使油价坚挺，但总的特点是供过于求，油价基本上是稳中看跌的。1983年3月，石油输出国组织将基准油价降低至每桶29美元，在维持不到两年之后，1985年1月底又降至每桶28美元。[4]

显然，造成石油价格疲软的原因是多方面的，我们认为，其主要原因有以下几个方面。

首先，就供给来看，出现了新的情况，使石油供给不断增加。

①石油输出国组织以外的产油国产量不断增加。1973年以来，除石油输出国组织之外，生产石油的国家和地区从40多个增加到目前的60多个。1982年，这些国家和地区的原油产量第一次超过了石油输出国组织的总产量。1983年石油输出国组织的总产量为9亿多吨，而非石油输出国组织的产油国总产量为18.5亿吨，超过石油输出国组织一倍多。据英国《石油经济学家》杂志估计，1984年石油输出国组织的总产量为9.05亿吨，而其他产油国的总产量为19.12亿吨。

石油输出国组织 1973 年的总产量曾经超过 15 亿吨，而目前仅 9 亿吨，其在世界石油生产中所占的比重也由原来的 53% 下降到 31%。在石油输出国组织总产量不断下降的同时，其他产油国的总产量不断增加，特别是英国、挪威、墨西哥、埃及等国，它们的总产量和出口量都大幅度增加。

②在石油输出国组织内部，由于限制生产，一方面生产能力严重过剩，另一方面一些成员国的财政经济状况恶化，国际收支逆差严重，负债累累。例如，两伊战争导致伊朗和伊拉克的财政经济状况进一步恶化，伊拉克仅向沙特阿拉伯的借债额就达到了 20 亿美元。委内瑞拉、印度尼西亚和尼日利亚到 1983 年的外债已分别为 340 亿、270 亿和 140 亿美元。甚至被工业发达国家称之为 "超级石油输出国" 的沙特阿拉伯，1983—1984 年的预算也出现了 105 亿美元的赤字，沙特阿拉伯政府不得不大量削减开支。1984 年大约有 1400 家公司要求政府提供紧急财政援助。沙特阿拉伯迫于大幅度削减石油出口造成的压力，已开始动用其外汇储备来支付进口费用。

总之，对于石油输出国组织来说，过去那种因石油美元大量增加而任意花钱的时代已经结束。一些成员国为了解决财政经济的困境，不得不增加生产。因此，石油输出国组织内部虽有定额限制，但超定额生产的情况普遍存在。

其次，从需求方面看，以下几个原因限制了石油需求的增加。

①工业发达国家产业结构的调整、节能以及替代能源的发展，限制了需求的增加。"石油危机" 严重地打击了工业发达国家的经济，同时由于供需矛盾和石油生产与消费分布的极不平衡，工业发达国家对中东地区特别是波斯湾石油的严重依赖，"石油危机" 再次发生的客观条件依然存在，被称为 "世界石油宝库" 的波斯湾地区风云多变，政治形势动荡不已，"石油宝库" 又是 "石油火药桶"。工业发达国家为了摆脱受制于石油的这种困境，从第一次 "石油危机" 之后，便开始着手进行经济结构的调整和制定减少石油消耗的措施。第二次 "石油危机" 之后，更加快了这种调整、节约和替代能源的步伐。进入 20 世纪 80 年代以来，工业发达国家的这些措施已初见成效，逐步形成了节能型的产业结构。根据国际能源机构的统计，其 21 个成员国 1980 年进口石油比 1979 年减少 7.5%，同年，美国石油消费减少 8%，进口量减少 20%。1981 年，工业发达国家石油消费共减少 5%，其中美国减少 21%。1982 年日本进口石油比 1981 年减少 9.9%，年进口量是 1970 年以来的最低点。1983 年第一季度，经济合作与发展组织的石油消费从 1982 年的 3.93 亿吨下降到 3.64 亿吨，减少了 7.4%，石油进口减少了 17.5%。由于工业发达国家已经形成了节能型产业结构，即使在

经济回升过程中，其石油消费的增长速度也远远比过去低。

②西方经济从 1983 年初即开始复苏，但恢复不平衡，美国回升较早且幅度较大，而西欧国家恢复较晚且较为乏力，这也限制了石油需求的进一步增加。

③美元升值也在一定程度上限制了石油需求的增加。近几年，美元不断升值，造成其他国家汇率的频繁变动，而石油是以美元计价的，这必然使石油消费国的进口石油费用增加，在一定程度上限制了石油消费需求的增加。

最后，世界石油市场上的易货贸易以及其他变相降价，也加剧了石油价格的下降。

据报道，1984 年 7 月，沙特阿拉伯曾以 3400 万桶原油换取波音 747 飞机 10 架。同年 10 月，阿联酋以 1500 万桶原油换取法国的军用飞机 18 架。伊朗政府不断用原油换取苏联的武器，估计每天要用 6 万桶原油，此外，每天还用大约 3 万桶原油换取南斯拉夫的一般商品。其他的如新西兰的羊肉、日本的建筑机械，也都是用石油换来的。伊拉克也用类似的方式进口巴西的牛肉、意大利的船舶、斯里兰卡的红茶。利比亚为偿还意大利的借款，每天提供 4 万桶原油。卡塔尔用原油换取石油基地的建筑材料和设备。这种易货贸易一方面是在石油输出国组织规定的生产定额以外进行的，因而增加了石油的供应量，另一方面又不受基准油价的限制，低价成交，这对维持石油官价产生了压力。与此同时，石油贸易中还出现了其他变相降价的情况，这必然对油价造成很大冲击。这是近年来石油输出国组织两次降低油价的直接的和主要的原因。

值得指出的是，油价下跌，是有其客观必然性的，因为两次"石油危机"使石油价格猛涨，远远超过了它所能负担的界限。由于价值规律的作用，开采石油风靡世界，造成石油生产能力和产量的不断增加。与此同时，过高的油价造成了大量消费石油的工业发达国家产业结构的调整和替代能源的迅速研制和开发，限制了石油需求的增加。在石油需求不振而供给增加的情况下，必然出现供过于求的现象而使油价下跌。

那么，油价会不会进一步下降呢？我们认为，从长远来看，油价不可能大幅度下降。原因有如下三点：

第一，尽管工业发达国家的产业结构调整、节能和替代能源的措施会进一步取得成效，但这不会改变在今后一二十年中石油作为主要能源的总趋势。根据国际能源机构的预测，20 世纪 80 年代下半期，资本主义世界的石油消费量会持续增加，从目前的每天不到 5000 万桶增加到 1990 年的 5000 万~5600 万桶，而到 2000 年时，为每天 5500 万~6400 万桶。

第二，石油生产虽然在不断发展，但从长远来看，石油产量的增加相对有限。从储量上讲，探明储量在不断减少，新探明储量与开采量不成比例，新的油区勘探、开采条件越来越困难，成本也越来越高。

第三，石油输出国组织以外的产油国的石油产量目前虽然在不断增加，但其前景未必乐观。一些老油区的产量开始下降，有些主要产油国又开始限量生产，以保护资源。例如，世界最大的石油生产国苏联的产量基本上停滞不前甚至略有下降，英国北海油田的产量已接近高峰，估计1985年之后产量会逐渐下降。据英国《金融时报》透露，北海油田的日产量到1990年时，将从目前的230万桶下降到160万~180万桶，墨西哥虽有一定的增产能力，但受到了国内资源保护的强大政治压力的限制。

但是，从近期来看，油价还有可能下降。造成油价可能下降的因素有以下三个。

其一，石油输出国组织以外的产油国产量近期内还在继续增加。

其二，石油输出国组织成员国财政经济困难重重，石油生产能力又严重过剩，因此，很难进一步限制生产。

其三，随着工业发达国家的经济普遍回升和发展，石油需求会有所增加，但由于节能型产业结构的形成，增长幅度会大为降低。

综上所述，我们认为，从长远来看，石油价格将逐渐趋向稳定，但在近几年内，石油供过于求的局面还难以完全消除，因此，石油价格有可能进一步下跌。

我国目前的石油产量居世界第六位，1984年的产量为1.14亿吨，占世界石油总产量的9.4%。目前我国每年都有一定数量的石油出口，尽管在世界石油市场上所占的比重不大，但它是我国外汇收入的一项重要来源。世界石油市场形势的变化，将直接影响到我国的石油出口和外汇收入。

由于世界石油生产和石油出口主要集中在发展中国家，特别是石油输出国组织成员国，所以，要保持石油价格的相对稳定，关键在于石油输出国组织乃至整个第三世界的石油输出国团结一致减产稳价。我国已经明确表示，愿意在稳定油价上同石油输出国组织进行积极合作，这对于我国、对于石油输出国组织以及整个世界经济都是有益的。

参考文献

[1] 温柏森："八十年代的世界石油供应问题"，见《世界经济》1981年第4期。

［2］金平："世界石油市场形势",《世界经济》1982年第7期。

［3］马克思:《资本论》,《马克思恩格斯全集》第25卷:"价格变动的影响"。

［4］［美］《基督教科学箴言报》1985年2月2日文章:"OPEC Price cut: West may benefit third world loses out"。

本文曾在1985年第3期《兰州大学学报》(社会科学版)上发表。

加拿大的经济发展与资源开发
——兼论加拿大资源开发对我国西部开发的启示

位于北美大陆最北部的"枫叶之国"加拿大，是世界上最年轻的，也是最发达的工业化国家之一。根据有关国际组织提供的资料，这个人口只有2700万的"小国"，1993年的国内生产总值和出口贸易均居工业化国家的前列，人均国内生产总值在主要工业化国家中仅次于美国、德国和日本。作为发达国家，加拿大的经济发展有其特殊性，资源开发与出口在加拿大国民经济中占有特殊的地位。本文试图分析资源开发在加拿大经济中的特殊作用及其对我国西部开发的启示。

（一）

加拿大是一个年轻的资本主义国家，但加拿大也是目前最发达的工业化国家之一。加拿大辽阔的国土、丰富的自然资源，具有发展经济的优越条件。雄厚的实力和发达的工业水平，证明加拿大人民无愧于这片深情的土地。从表1可以看出，1993年加拿大的出口贸易总额达到1450亿美元，占世界出口贸易总额的3.9%，居世界第七位；按购买力平价法计算的国内生产总值达到5420亿美元，人均国内生产总值为19494美元，分别居主要工业化国家的第七位和第四位。

一个世纪以来，加拿大的经济结构发生了很大的变化，建国初期，第一产业——农业是国民经济的主要部门，产值占总产值的近一半，到1946年，农业中的种植业已经下降到12.2%，到1984年，进一步下降为2.8%。在同一时期，第二产业——工业先从20%多上升到30.3%，后下降为23%，而第三产业——流通和服务业则从36%上升到51%，到20世纪80年代中期进一步上升为68.5%。

表 1 按出口贸易排序的世界主要国家和地区经济比较（1993）

国家或地区	面积（万平方千米）①	人口（百万）②	出口贸易③ 总额（亿美元）	出口贸易③ 占世界的%	出口贸易③ 名次	进口贸易③ 总额（亿美元）	进口贸易③ 占世界的%	进口贸易③ 名次	国内生产总值（亿美元）④	人均国内生产总值（美元）	GNP增长率	外汇储备（亿美元）⑤
美国	937.3	250.0	4630	12.6	1	6030	15.9	1	57960	22595	2.8	644
德国	35.7	79.5	3620	9.9	2	3270	8.7	2	16190	20165	-2.0	682
日本	37.8	123.5	3610	9.8	3	2410	6.3	3	24530	19624	2.0	983
法国	55.2	56.4	2090	5.7	4	2010	5.3	5	10790	18765	-1.0	340
英国	24.5	57.4	1830	5.0	5	2100	5.5	4	9390	16242	1.9	381
意大利	30.1	57.4	1680	4.6	6	1470	4.5	6	9950	17193	-0.9	262
加拿大	997.6	26.5	1450	3.9	7	1390	3.7	8	5420	19494	3.5	117
中国香港	0.1	5.8	135⑥	3.7	8	1430	3.8	7	1150	19446	5.1	290
荷兰	3.7	14.9	1340	3.6	9	1260	3.3	9	—	—	—	—
比利时/卢森堡			1160	3.1	10	1180	3.1	10	—	—	—	—
中国内地	956.1	1133.7	920	2.5	11	1040	2.7	11	—	—	—	462.9⑥
中国台湾		42.8	850	2.3	12	770	2.0	15	2050	9830	6.2	849
韩国	9.9		820	2.2	13	840	2.2	13	3830	8694	6.5	188

续表

国家或地区	面积（万平方千米）①	人口（百万）②	出口贸易③ 总额（亿美元）	出口贸易③ 占世界的%	出口贸易③ 名次	进口贸易③ 总额（亿美元）	进口贸易③ 占世界的%	进口贸易③ 名次	国内生产总值（亿美元）④	人均国内生产总值（美元）	GNP增长率	外汇储备（亿美元）⑤
新加坡	0.1	3.0	740	2.0	14	850	2.2	12	520	16674	9.2	437
西班牙	50.5	39.0	630	1.7	16	820	2.2	14	3000	16930	3.4	110
澳大利亚	768.7	17.1	430	1.2	20	450	1.2	20	8300	5193	-0.9	226
巴西	851.2	150.4	390	1.1	23	—	—	—	8250	5613	-15.0	12
俄罗斯	1707.5	148.0	380	1.0	24	—	—	—				

①②资料引自《1992年世界发展报告》，数字为1990年数。
③资料原载 GATT《世界贸易年度报告》，本表转引自《经济日报》1994年4月6日。
④数据按购买力评价法计算，原载《亚洲周刊》1994年1月12日，本表转引自《经济日报》1994年2月8日。
⑤不包括基金。
⑥数字为1992年数。

农业虽然在整个加拿大国民经济中所占比重不大，但加拿大的农业却是世界上最发达的农业之一。按人口平均的粮食产量和奶类产量超过美国，每年都有大量的农产品需要出口，农产品的出口额约占其出口总额的8%，其中小麦产量的75%供出口，其出口总量仅次于美国，是世界第二大小麦出口国。加拿大的农业如此发达，主要原因是农业的现代化使农业劳动生产率很高，每个农业劳动力可供养60个人左右，是目前世界上农业劳动生产率最高的国家之一。同时，耕地面积大，平均每人约为20000平方米左右，仅次于澳大利亚居世界第二。农业生产的专业化、社会化，农业中广泛应用科学技术和政府的积极支持，都推动了农业的发展。

加拿大的工业主要是纸浆及造纸、汽车制造、采矿业以及石油、天然气等能源工业。加拿大的新闻纸和纸浆的产量和出口量均居世界第一位，造纸工业供应的新闻纸约占世界需要量的33%。发达的造纸工业根基于它丰富的森林资源。加拿大国土的一半是林地，其中可供采伐的森林面积有200多万平方千米，相当于其国土的25%，加拿大历来是世界最大的林产品出口国。汽车工业是加拿大制造业中最重要的部门之一，1991年的产量为168万辆，居世界第八位。除了造纸和汽车工业以外，飞机制造、石油化工、钢铁、电子、机械等都是重要的工业部门。围绕自然资源的开发和利用发展起来的采矿和初加工是加拿大的重要工业部门，矿产品的产量仅次于美国和苏联。加拿大生产的主要矿产品有60多种，其中有许多居世界领先地位，譬如铀和锌的产量居世界首位，钾碱、钛、镍、硫、石棉和石膏的产量为世界第二，镉、铝、金和白金为世界第三，铜、铅和钴为世界第四，银产量居世界第五位等。加拿大也有极其丰富的能源资源，是世界重要的能源生产国之一。

加拿大发达的第三产业为国民经济的社会化、现代化提供了可靠的保证，目前，第三产业对国民经济的推动力达到0.65左右。

与其他工业发达国家相比，加拿大的经济有几个显著的特点。

首先，外国资本在国民经济的重要部门中都占有相当大的比重。加拿大是世界上接受外国资本最多的国家之一，其主要经济部门都被外国资本所渗透。20世纪60年代末期，加拿大议会的一个特别调查小组曾向联邦政府提出一份报告，根据这份报告中提供的数字，制造业的57%、采矿业的70%、石油和天然气的80%都控制在外国资本手中。这份报告曾引起了加拿大朝野的极大关注，特鲁多政府于20世纪70年代成立了外国投资审查局以便限制外国资本，但

1985年马尔罗尼政府又放松了这种限制，并把外国投资局改名为加拿大投资局。所以，直至今日，加拿大经济在很大程度上依附于外国资本和国外市场的局面还没有得到根本的改变。

其次，加拿大工业布局高度集中，受自然条件的限制，地区之间的经济发展水平悬殊。加拿大在行政区划上分为10个省2个地区，但全国制造业的80%以上集中在安大略和魁北克两省。安大略的制造业占加拿大整个制造业的50%以上，其中交通设备及汽车制造业占有很大比重，其他如食品加工、金属冶炼、金属加工、电气产品、化工、纸浆和纸张等都很发达。魁北克的制造业占加拿大整个制造业的25%以上。该省的轻工业相当发达，特别是纺织和服装在加拿大享有盛誉，食品加工、造纸工业也占有很大比重。在这两个省内，制造业最集中的地区又是东南部的圣芳伦斯河谷和五大湖下游地区，这一地区众多的工业部门构成了全国最大的制造工业中心。

加拿大矿藏丰富，分布广，全国各地都在进行勘探和开采，但矿产量最集中的是阿尔伯达、安大略、不列颠哥伦比亚、魁北克和萨斯喀彻温。由于受地理环境和气候条件的影响，加拿大的农业生产也局限在南部地区。经济发展的地区差异造成了人口分布的不平衡，而人口分布的不平衡又加剧了地区之间的发展差距。加拿大80%以上的人口集中在魁北克、安大略、阿尔伯达和不列颠哥伦比亚四个省份，其中安大略的人口约占全国的36%，魁北克占26%，两省加起来占全国人口的62%，就业人数占全国的64%，而面积占全国40%的盲空地区和西北地区，人口仅占全国的0.3%，就业人数占全国的0.28%（见表2），表2所列数字虽然为1986年统计数，但目前总的情况没有太大变化。

最后，资源开发和初级产品的生产和出口在国民经济中占有重要地位。一般来讲，工业化国家最突出的特点是工业制成品在生产和出口中占据绝对优势，而进口则为大量的原材料、燃料和初级产品。加拿大由于特殊的历史和自然条件，资源的开发和初级产品的生产与出口一直在国民经济中占据重要地位，直到20世纪80年代中期，加拿大出口产品中55%以上仍然是初级产品，而进口中制成品的比重高达66%，这种出口产品结构类似于发展中国家。以初级产品为主的出口受世界市场的影响很大，特别是加拿大70%左右的贸易是同美国进行的，这就决定了加拿大对世界市场，特别是对美国市场的敏感性。

表2 加拿大各地区（省）经济比较（1986）

地区（省）	国内生产总值（亿加元）	人均收入（加元）	就业人数 万人	占全国的（%）	人口占全国的（%）	周平均工资（加元）
纽芬兰	55	9810	12.72	1.38	4个地区合计8.9	408.10
爱德华岛	12	10450	3.10	0.33		348.30
新斯科舍	100	12364	25.89	2.82		390.30
新不伦瑞克	72	10703	19.50	2.12		399.93
魁北克	914.40	13850	207.47	22.60	26.0	420.25
安大略	1621	17133	380.17	41.42	36.0	439.79
曼尼托巴	157	13582	36.59	3.98	4个地区合计28.8	402.16
萨斯喀彻温	174	13780	27.84	3.03		402.16
阿尔伯达	576	14628	86.12	9.38		448.99
不列颠哥伦比亚	466	14492	95.67	10.42		443.84
育空地区	——	——	0.87	0.09	2个地区合计0.3	507.20
西北地区	——	——	1.82	0.19		581.65
全国合计	——	——	917.78	100.00	100.00	430.94

资料来源：根据张崇鼎：《中国——加拿大贸易必读》提供的数据计算，四川大学出版社，1990。

（二）

工业化的历史研究表明，发达国家的工业化一般经历了以下三个阶段：

第一，工业化的过程首先是从轻工业起步的，当发展到一定程度之后，工业由轻工业为主向以重工业为主推进，开始了所谓"重工业化"的过程。

第二，在"重工业化"的过程中，工业结构首先是以原材料工业为中心，当工业化程度进一步提高时，就以原材料、燃料等初级产品为中心的发展转向以加工工业、组装工业为中心的发展演进，即进入"高加工度化"阶段。

第三，在"高加工度化"阶段中，技术密集化的趋势日益明显，各工业部门日益采用高技术、新技术,科学技术越来越成为工业资源中最重要的部分,而自然资源的作用相对淡化,不仅制成品在工业生产和出口中占据日益重要的地位,而且制成品的技术含量也日益提高。

然而,加拿大的工业化过程与上述有所不同。加拿大的工业化过程乃至整个经济史,实际上是在不断开发某些自然资源、并通过将这些资源和初级产品输出到国际市场来推动其他经济活动,从而使其经济得到不断发展的过程。在历史上,鱼、毛皮、木材、小麦、矿产品、纸浆纸张、石油和天然气等,一直都是加拿大的大宗出口产品。可以说,加拿大的经济发展史,就是一部资源开发利用和初级产品生产及出口的历史。因为正是这些产品的生产和出口,促进了交通运输等基础设施的发展和完善,形成了地区专业化部门,并建立了为这些地区专业化部门配套服务的其他部门。总之,这些大宗产品的生产和出口带动了这些部门的发展,这些部门的发展又形成了地区专业化生产,同时,通过前后向联系和最终需求联系辐射到国民经济的各部门和其他地区,促进了国民经济的发展。

对于加拿大的这种特殊的发展模式,经济学家们曾给予理论上的概括,称之为"大宗产品出口理论"。加拿大经济学家哈罗德·因尼斯、沃金斯,美国经济学家道格拉斯·诺思、凯夫和霍尔顿等都用这种理论研究区域经济的发展。沃金斯等人认为,"大宗产品出口理论"不是一般的经济增长理论,而是一种具有特殊性的理论,它适用的基本前提是:①该地区拥有丰富的自然资源优势而人口相对稀少;②以某些自然资源为基础的初级产品的大量出口,作为经济发展的先行部门,带动其他部门的发展和决定这些部门的发展速度;③具有根据市场变化进行自我调整的能力;④这种地区的经济发展没有遵循从自然经济到工业社会市场经济的一般过程,而是一开始就从市场经济起步。

根据这种分析,"大宗产品出口理论"虽然产生于北美大陆拥有丰富资源而又未经充分开发的人口稀少地区,但对于具有类似条件的地区事实上也是适用的。

首先,资源优势能否变成经济优势,尽管要取决于多种条件,但是随着经济的发展,资源的相对稀缺性,使具有丰富自然资源优势的地区要么已经得到开发,要么正在或者终将得到开发,资源优势终将会在地区经济发展中发挥作用。

其次,随着这一地区某些具有优势的自然资源的大规模开发,必然会建立起一系列为之配套的产业部门,形成这一地区的主导产业部门并带动整个地区经济的发展。

最后，在市场经济条件下，形成大宗产品出口，因能够提供较高的收益而引起要素的进一步流入，将促进资源的进一步开发和地区经济的发展。在国内市场与国际市场完全接轨的情况下，即在国内外市场已经形成统一市场的条件下，为国内市场提供大宗产品，应该说也能起到同样的作用。现在的问题是具有丰富的资源而又没有得到充分开发的地区，如何吸引生产要素的流入形成大宗产品的出口或内销产品？综观历史的发展，具有资源优势的地区或国家，要想使资源得到大规模的开发，形成大宗产品供应市场，必须具备三个基本前提：①市场对这些资源的需求潜力很大，这种需求潜力又能保证这些产品维持较高的价格而使投资者获得较高的收益；②这些资源开发的技术问题已经得到解决，也就是说新技术能够保证这些产品的生产和供应；③交通运输条件能够保证产品及时供应市场和资源大规模的开发所需要的一切物资设备。

总之，只有在上述条件下，生产要素才会大量流入，大规模的开发以及与之相配套的前后向部门才能得到较快发展。

（三）

改革开放15年来，中国经济突飞猛进的发展，为世界各国所赞赏。然而，我们所面临的新的问题之一是：东西部之间的差距在急剧扩大，加快西部地区的发展，不仅是西部各族人民所关心的热点问题，也是全国乃至国外舆论界所关注的事关中国经济整体发展的焦点问题之一。20世纪80年代以来，中国经济的起飞，始发于东南沿海发达地区，它们为中国经济实现第一个翻番的战略目标，做出了决定性的贡献。20世纪90年代中国要实现第二个翻番的战略目标，仍然在很大程度上取决于东南沿海发达地区的状况。然而，中国要在21世纪中叶达到世界中等发达国家的水平，单靠东南沿海发达地区是远远不够的，可以说，中国第三步战略目标的实现，在很大程度上恐怕要取决于中国西部地区的开发和发展程度。不能设想，一个将要进入世界中等发达程度的中国，可以长期建立在国内东西部经济发展差距不断扩大的基础之上。

为加快西部地区的发展，理论界从不同角度提出了许多宝贵的理论对策和实施方案。我们认为，加拿大经济发展中的资源开发所起的独特作用以及国外理论界的"大宗产品出口理论"，对我国西部的发展能够提供许多有益的启示。

第一，我国西部地区虽然没有像加拿大那样通过大宗产品的出口推动整个经济的发展，但丰富的自然资源优势是国民经济进一步发展的物质基础和可靠保证。西部的能源、矿产资源和原材料工业，过去、现在和将来都在国民经济中发挥着极为重要的作用。在市场经济规则正常发挥作用的前提下，满足国内市场的需要，同样能够带动地区经济的发展。而我国西部地区资源开发中的问题是在计划经济体制下长期的国家计划调整，违背客观经济规律，使西部地区的利益双重流失，形不成自我调节机制，不能吸引东部发达地区的资金、技术参与资源开发和产品的初加工。因此，在社会主义市场经济体制逐步建立和完善的情况下，必须按照市场规律。在国家宏观调控下，让大量使用能源、原材料的发达地区参与资源开发，使得资源与加工地区利益分享，协作发展，形成新的资源与加工格局。

第二，正如"大宗产品出口理论"的地区发展一样，西部地区不能依赖内在的自我积累开发出大量的资源和初级产品，而要依赖开放的国际市场，可以通过大规模引进国外资金、技术，一方面改善现有的交通通信等基础设施，另一方面有计划地改造和建立现代化的采掘和加工工业，最终形成大宗产品，满足国内外市场的需要。近几年，封闭的大西北已成为国内外投资的热点，仅1993年，外商对大西北的投资超过100亿美元。这充分说明，对西部地区的资源开发，对国内外都是有很大吸引力的。

第三，西部地区在产业结构调整过程中，应围绕优势资源的开发确定主导产业，并围绕这些主导产业发展前后向部门，在比较利益的基础上形成地区专业化生产。在我国的区域经济发展过程中，改革开放以前，由于强调建立独立完整的地方工业体系，每个地区产业行行俱全，产品样样都有，不可避免地出现结构的趋同化。进入20世纪80年代，由于缺乏健全的市场机制和扭曲的价格导向，各地区竞相发展高附加值的相同的加工工业，造成结构趋同化的问题以不同的形式进一步发展。这样使许多行业部门达不到社会化大生产所要求的起点规模，形不成专业化分工的协作体系，造成分工效益和规模效益双重损失，存量资金利用率和增量资金产出率双重下降。借鉴"大宗产品出口理论"，西部地区围绕资源开发确定主导产业，发展前后向部门，形成地区专业化生产，不仅对西部地区本身的发展，而且对整个国民经济都具有重要意义。

第四，还值得提出的是，加拿大由于特殊的自然条件，各地区之间虽然整体的经济实力和发展差距很大，但个人的收入差距却与各地区的经济实力相反，条件越差、经济越落后的地方工资却越高（见表3）。

表3　加拿大各地区周平均工资比较

地区	绝对数（加元）	相对数（%）	地区	绝对数（加元）	相对数（%）
西北地区	581.65	134.97	纽芬兰	408.10	94.69
盲空地区	507.20	117.69	曼尼托巴	402.16	93.32
阿尔伯达	448.99	104.18	萨斯喀彻温	402.16	93.32
不列颠哥伦比亚	443.84	102.99	新不伦瑞克	399.93	92.80
安大略	439.79	102.05	新斯科舍	390.30	90.56
魁北克	420.25	97.51	爱德华岛	348.30	80.82
全国	430.94	100.00			

资料来源：同表2。

从表3可以看出，总体经济水平最低的西北地区和盲空地区，平均工资水平却最高，而经济最发达的安大略和魁北克，前者略超过全国的平均水平，而后者还低于全国平均水平2.5%。另外，加拿大统计署最近进行的一项研究结果表明，该国靠近北极，在小科沃利斯岛上一个名叫"北极星"的铅锌矿区的居民收入高居全国之首，平均年收入约合66086美元，这已接近世界首屈一指的富人圈——好莱坞的年平均收入水平（76300美元）。

考虑到加拿大的周平均工资是按所有就业者计算的，我国没有相对应的统计数字来进行比较，但我国西部地区的人均实际收入显然与东部地区有很大差距，这就造成大量人才由西部流向东部，出现所谓"孔雀东南飞"的现象。不设法提高西部地区人均实际收入的水平，特别是知识分子、科技人员的收入水平，对西部地区的开发和建设将会产生深远的影响。

参考文献

[1] Muriel Armstrong：《The Canadian Economy and ils Problems》，Prenticl-Hall Canada inc.，Scarborough，Ontario，1988。

[2] 张崇鼎：《中国——加拿大贸易必读》，四川大学出版社（1990）。

[3] 张树基：《枫叶之国——加拿大》，中国广播电视出版社（1992）。

[4] 赵德寅等著：《加拿大经济论丛》，武汉大学出版社（1991）。

[5] 世界银行《1992 年世界发展报告》，中国财政经济出版社（1992）。

[6] 郭志仪："关于我国经济布局的历史思考"，《兰州大学学报》（社会科学版），1992 年第 1 期。

本文曾在 1996 年第 2 期《兰州大学学报》（社会科学版）上发表。

美国经济重心的西移与我国的西北开发

第二次世界大战以后,特别是从20世纪六七十年代以来,美国的经济重心正在西移。原来经济发展比较落后的西部和南部地区,现在经济发展相当迅速;而原来工业比较发达,经济实力相当雄厚的东北部老工业区,现在发展却相对缓慢,经济重心逐步向西、南部,特别是西部转移。美国经济重心的西移,尽管有其特殊的原因,但从根本上来讲,它是社会生产力发展的必然趋势。本文试就美国西部经济发展中带有规律性的问题加以研究,以期对我国开发大西北,做好未来经济建设重点的转移有所裨益。

(一)

美国的西部开发是一个漫长的历史过程,它是伴随着领土的扩张而不断进行的。1776年美国建立的时候,只有东部大西洋沿岸的13个州,从18世纪80年代开始,美国从印第安人手中逐步夺取了阿巴拉契亚山与密西西比河之间的大片土地。19世纪初,乘欧洲各国混战和拉丁美洲人民反对西班牙的独立运动的机会,兼并了英、法和西班牙在美国西部的殖民地。19世纪三四十年代,又吞并了墨西哥的近一半领土。到19世纪中叶,美国已经把边界扩展到了太平洋沿岸,形成了今天美国本土48个州的版图。

随着领土的扩张,美国西部广阔的土地、丰富的自然资源,吸引了大批的移民,而大批的外国移民,又加速了美国西部的开发。特别是19世纪50年代开始的"淘金热",一度曾唤起过人们对西部的无限憧憬,大大加速了对西部的开发进程。

美国对西部的开发,对美国经济的发展产生过重大的影响,也被一些国家当作开发落后地区的成功的典型而加以宣扬。然而,值得注意的是,直到第二次世界大战之前,西部经济仍然远远落后于东北部老工业区,美国经济发展在地理分布上的不平衡状态没有得到根本的改变，西部仍然被人们看作为落后的象征。可以说，列宁在1915年对美国的划分——工业化的北部，奴隶制的南部和垦殖的西部，仍然适用于第二次世界大战前的美国。

在第二次世界大战期间，美国发了战争财，经济实力急剧膨胀，同时，在战时和战后，新的科学技术革命在美国首先发生并迅速推广，引起了美国经济结构的不断变化，传统的"大烟囱工业"逐渐向新兴工业、高技术工业过渡，而新兴工业、高技术工业的基地，由于历史演变的结果，恰恰位于美国的西部和南部，特别是濒临太平洋的加利福尼亚州。

美国经济重心的西移，从20世纪60年代开始已初具端倪，20世纪70年代逐渐明朗，其主要表现在以下四点。

第一，产业结构的重心逐渐西移。新的科技革命的推动，新兴工业、高技术工业迅速发展，在经济结构中的比重越来越大，而新兴工业、高技术工业主要集中在西部和南部。目前，美国西部太平洋沿岸的5个州（加利福尼亚、华盛顿、俄勒冈、阿拉斯加和夏威夷州）的新兴工业、高技术工业在全国具有举足轻重的地位，它集中了美国宇航工业就业人员的40%，仪表工业的33.3%。在这5个州中，加利福尼亚州是经济实力最强的州，其新兴工业、高技术工业，特别是与军工有关的高技术工业，如飞机工业、电子工业、航天工业、通信设备等都居全国首位。

第二，经济重心的西移表现在对外贸易的重心逐步西移。长期以来，东北部工业集中而且发达，因此，东部大西洋沿岸一直是美国对外贸易的集中地和主要通道。但是，从20世纪60年代以来，情况逐渐发生了变化，西部太平洋沿岸在对外贸易中的地位日益突出，太平洋沿岸的5个州越来越成为美国对外贸易的重要通道。美国对亚洲、太平洋地区和拉丁美洲地区的绝大部分贸易都经过这里。据初步统计，西部5个州在美国对外贸易总额中所占的比重，1960年为12.4%，1980年上升为20.3%，总额接近1000亿美元。其中出口比重从12.7%上升到20%，进口由11.9%上升到19.7%。

第三，由经济重心的变化所引起并反映经济重心变化的人口重心也在西移。西部和南部工业生产发展迅速，提供了越来越多的就业机会，这同东北部老工业区生产发展已达到饱和状态，就业越来越困难形成了鲜明的对比。从制造业的就业人数来看，20世纪60年代，西部和南部分别增长21%和41.9%，东北部不仅没有增加，反而减少了1.8%。20世纪70年代，西部和南部制造业人数增长了25%，而东北部地区的制造业不仅相对就业人数明显下降，而且绝对就业人数也下降了。从整个人口来看，1980年的人口普查表明，在20世纪70年代，东北部和中西部的人口增长基本接近停止，而西部和南部的人口增长却很快。如在这10年中，西部山区各州的人口增加了37.1%，太平洋沿岸各州的人口增加了19.8%，南部地区增加了22.4%，而中西部和东北部分别只增长0.2%和3.9%。在20世纪70年代人口增长最快的10个州中，除佛罗里达和德克萨斯这两个南部的"阳光带"州以外，其余均在西部。

第四，经济重心的西移，表现在国际上，美国把资本和商品输出的重点由传统的西欧市场转向亚洲太平洋地区。第二次世界大战，使西欧国家普遍遭受战火的摧残，战争给这些国家造成了严重的创伤。战后，恢复和重建需要大量的物资和资金。正是在这样的情况下，战后初期成为资本主义世界霸主的美国，趁机占领了西欧市场。直到20世纪60年代，西欧地区一直是美国资本输出和商品输出的主要场所，但从20世纪70年代以来，西欧国家经济发展速度大大减缓，许多经济指标也逐步落后于美国和日本，市场容量日益缩小。与此相反，在亚洲太平洋地区，经济发展速度颇为可观。从发达国家的日本、澳大利亚和新西兰来看，三国的国内生产总值，1950年占世界总产值的7%，而到1980年上升到20%左右。仅日本的国内生产总值已相当于美国的一半，等于英、法两国的总和。从发展中国家来看，亚洲太平洋地区的发展中国家经济增长相当迅速，超过了其他发展中国家和地区。与这种经济发展形势相适应，美国把资本和商品输出的重点逐步转向亚洲太平洋地区。据初步统计，美国对亚太地区的私人投资，1980年比1967年增加了4倍，总额从44亿美元增加到222亿美元。

美国在国际上把投资和商品输出的重点由西欧转向亚洲太平洋地区，这与国内经济重心的西移是相辅相成的，国际经济重心的转移，既是国内经济重心西移的原因，又是它的结果。

（二）

战后，特别是从20世纪60年代以来，美国经济重心逐步西移，是由多种原因造成的，主要原因有以下四个方面。

第一，东北部是一个发展了100多年的传统工业集中的老工业区，到20世纪四五十年代，已经"厂满为患"，大小工厂遍布城乡各地，插足之地所剩无几。同时，有限的资源已被工业的巨大发展所吞噬，资源缺乏的问题日益严重。在资本主义条件下，工业企业的地理配置是受价值规律支配的，哪里最能赚钱，并取得最大限度的利润，哪里便是设厂的理想之地。在东北部老工业区投资条件严重恶化的同时，在西部和南部地区却具有广阔的空间地域，丰富的自然资源和廉价的劳动力。于是，西部和南部，特别是西部便成为资本投资的主要场所，生产力也只能在西部和南部得到进一步发展。

第二，战后新的科技革命首先在美国发生并得到推广，引起了一系列新兴工业的出现和发展，如原子能工业、半导体器件和电子计算机工业、宇航工业、激光工业、精密仪器仪表工业等新兴工业蓬勃兴起。这些新兴工业的市场广阔，发展潜力巨大，同时这些新兴工业、高技术工业技术先进，劳动生产率高，利润率高，因而，不仅自身的资本积累速度很快，而且对其所在地区和部门的资本具有强大的吸引力。而在工业中占统治地位的传统工业，如冶金、机械制造、交通运输等，虽然也分享了科技革命的成果，逐步用新技术进行改造，取得了相当的发展，但在整个工业中的地位却江河日下，不断衰落。

西部和南部具有发展新兴工业的理想条件，新兴工业、高技术工业主要是在西部和南部得到迅速发展的。因此，新兴工业的崛起与传统工业的相对衰落表现在地理布局上，恰恰是西部的崛起与东北部老工业区的衰落。

第三，战后美国已经出现过7次经济危机，特别是20世纪60年代以来，经济危机不仅频繁，而且深化。经济危机对于各部门各行业虽然都有影响，但影响的程度是大不一样的。传统工业生产能力严重过剩，市场容量日益缩小，受到经济危机的影响比较严重。与此相比较，新兴工业、高技术工业市场广阔，产品更新换代的速度快，因此，受到经济危机的影响相对比较小，有的部门甚至不受影响。这样，经济危机，特别是20世纪60年代以来不断出现的经济危机，对传统工业集中的东北部老工业区的打击就比较严重，而对新兴工业、高技术工业集中的西部地区影响较小，这在一定程度上造成和促进了经济重心的转移。

第四，美国联邦政府和西部各州地方政府采取的一系列措施，有利于西部经济的发展。美国西部经济的迅速发展，从根本上讲，是生产力发展到一定阶段的必然结果。然而，美国联邦政府和西部各州地方政府所采取的一系列措施，对加速西部经济的发展，起了很大的促进作用。例如，加利福尼亚州在历史上一直是美国的农业地带，19世纪中期出现了"淘金热"，后来又发现了石油，大大加速了该州的经济发展。但更主要的是在第二次世界大战期间和战后，该州建立了大批尖端军事工业，如飞机、导弹、宇航工业、电子信息工业等。这些军事工业主要是联邦政府通过军事拨款建立的。仅战争开始时，联邦政府在该州的国防开支就达到350亿美元。战后，加利福尼亚州在美国国防部军事订货中一直居各州首位。联邦政府在加利福尼亚州和西部（还有南部）一些州中花费的预算支出所占比重相当大。这在很大程度上解决了西部经济发展中的资金问题。

西部各州地方政府也从税收、劳工法、生活待遇和工作环境、基础设施等方面，为西部经济的发展创造了良好的条件，吸引了大批的资本、劳动力，特别是科技人员，加速了西部经济的迅速发展。

造成美国经济重心西移的原因还有很多，如西部丰富的自然资源，发达的农牧业，濒临太平洋具有优良的港口，以及发达的陆地和空中交通运输，沿海一些地区优美的环境、宜人的气候等。但是，从根本上来讲，它是生产力进一步发展的必然结果，因为这些优越的条件只有当生产力发展到一定程度并能够利用的时候，它才能发挥巨大的作用。战后美国联邦政府和西部地方政府采取了一系列措施来适应生产力的这种进一步发展，加速了西部经济的发展进程，使经济重心逐步向西转移。

（三）

长期以来，我国生产力发展很不平衡，形成了目前经济发展水平不同的三个梯度区域，即经济发达区，主要是东南沿海地区；经济次发达区，主要是内地中部一些省份；经济落后地区，包括整个西北在内的边远地区。我国的国情同美国存在很大差异，社会制度、政治历史条件根本不同于美国，但是从一定的角度来看，我国目前这种生产力的不平衡发展同第二次世界大战前的美国有着非常相似的地方。

第一，工业高度集中在东北和东南沿海一些地区，例如包括上海、苏州、无锡、常州、南通、杭州、嘉兴、宁波、绍兴等10个市在内的上海经济区，工农业总产值占全国的15%，集中全国冶金工业的20%左右，化工的27%，机械的30%，纺织工业的38%左右，造船的50%以上。上海市1984年的工业总产值占全国的10.9%，总额为766.5亿元；辽宁省1984年的工农业总产值577.7亿元，占全国的8.2%。

第二，东南沿海和内地一些地区，由于工业过分集中，已经"厂满为患"，人口密度过高，生活空间狭小，资源日益枯竭，环境污染日益严重，生产力的进一步发展受到限制。以上海为例，全市面积5800平方千米，而人口达到1205万。全国工业行业160个，上海就有145个，这正如有的同志所指出的，以"弹丸之地"，搞全面发展，使得一些优势产业不能发挥优势，而一些非优势产业却占用了大量资源,结构臃肿,空间饱和,技术装备老化的现象十分突出。上海经济区内的整个环境问题也日益突出;辽宁省的煤炭资源已趋于枯竭,由原来的煤炭调出省变成重点调入省,每年需调入煤炭3000万吨左右。对这些地区的发展产生了严重影响。

第三,我国西部具有广阔的地域空间,丰富的自然资源,但是由于生产力发展水平低,潜在的优势没有得到发挥。据初步统计,西北五省区有土地面积309.6万平方千米,占全国土地面积的32.2%,人口约7200万,仅占全国人口的6.9%。可耕地面积占全国的12%以上,人均耕地面积大大超过全国平均数。全国五大牧区有三个在西北,可利用草原面积1万亿平方米,占全国的44%。水力资源蕴藏量达8417万千瓦,其中可开发的为4200多万千瓦,是全国水电资源的"富矿"。煤炭保有储量1635亿吨,占全国的22%,探明石油储量占全国的14.4%。

西北的矿产资源种类繁多,品位较高,许多矿产资源的储量据全国首位,如甘肃金昌市的镍和铂的储量在全国是独一无二的,而且是伴生铜、金、银等21种元素的多种矿产资源,是国内罕见的一大宝库。青海柴达木盆地集中了镁、石棉,各种盐类等多种矿物资源。甘肃和新疆的铬铁矿、陕西的钼矿和汞、宁夏的石膏、新疆的云母等的储量均居全国首位。

目前,西北五省区的经济发展水平还很低,1984年工业总产值只占全国的4.8%,总额为335亿元,还不到上海市的一半。其他许多经济指标也都低于全国平均水平。特别值得注意的是,西北五省区固定资产投资规模和工农业生产的发展速度不仅大大低于经济发达地区,也低于经济欠发达的许多省区。例如,1984年,上海市的全民所有制单位固定资产投资额为69亿元,辽宁省为34.3亿元,北京市(1983年数)和天津市的固定资产投资也分别为38.5亿元和40.89亿元,而西北的宁夏仅为4.84亿,青海也只有10亿,新疆为18.8亿,甘肃为20亿,最多的陕西也不过为28.07亿元。

就工业生产的发展速度来看,1984年,全国平均为14%,而西北五省区的新疆、青海、甘肃、宁夏和陕西分别为11.9%、13.7%、11.2%、13.9%和11.9%,都低于全国平均水平。这种状况,意味着西北地区与内地和沿海的发展差距将进一步扩大。

在经济发达地区投资,从眼前来看,能取得比落后地区更多的收益;但是从长远来看,从总体上来看,它进一步加剧了资源与加工工业的不平衡,加剧了整个经济发展的不平衡状态,加重了交通运输的负担,加剧了工业集中地区的一系列负担,从而使长期效益和社会效益大大降低。

第二次世界大战初期和战后，美国政府通过巨额军事拨款，建立强大的军事工业，逐步把经济发展的重点向西部转移，这从生产力发展的角度来看，值得我们借鉴。我国的西部，特别是西北地区，同美国的西部相比，在地理、气候和其他自然条件方面，存在着很大差别，但是空间地域广阔，自然资源丰富，生产力可以在西部地区得到进一步发展，这同美国的情况是完全一致的。因此，我们说，我国经济技术的重点向西部转移，是生产力发展的必然趋势，也是我国社会主义现代化建设的必然要求。

开发和建设我国西北，应该遵循一个基本原则，那就是"因地制宜，扬长避短"。从这一基本原则出发，我们认为，西北的开发和建设，应该从以下四个不同的层次进行。

第一，要发挥西北草原的优势，尽快把西北建设成为现代化的牧业基地。这主要利用现有的草场，适当提高放牧、防疫、屠宰等环节的科学技术水平，提高牧民的科学文化素质和生活现代化的水平，增加畜产品产量，进一步增强畜产品加工、保管、运输的能力。同时发展新的草场，全面提高畜牧业现代化的水平。在重点发展畜牧业的同时，也要使林业和农业得到尽快发展。

第二，用先进技术改造现有企业的技术水平，增强产品竞争能力。发挥西北的资源优势，进一步扩建化工、有色金属冶炼等基础工业，对已经开采和利用的矿产资源搞深加工，尽可能减少资源的直接输出。

第三，加快基础设施和交通运输建设，为我国重点经济建设的全面转移做好准备。西北地区地处我国边缘地带，交通落后，消息闭塞，基础设施落后，这是西北经济发展的重要障碍。为了改变这种局面，就必须加快发展包括铁路、公路和航空在内的基础设施建设和交通运输业的发展。除了铁路以外，货运的重点应以扩建公路（包括高速公路）和发展大吨位的卡车运输为主；客运要大力发展空运，以节省时间和提高效率。同时，要重点发展通讯，提高邮政、银行的效率，以及大力发展其他第三产业，适应现代社会对信息、效率和时间的要求，为经济建设重点的转移做好准备。

第四，有选择的发展新兴工业、高技术工业，把西北经济的发展建立在技术较高的起点上。目前，对于西北经济的发展有不同的看法，有人认为，西北地区技术力量薄弱，经济水平低，所以应该由沿海先进地区率先掌握世界先进技术，然后将这些先进技术按梯度逐步向"中间技术"地带、"传统技术"地带转移，即先进技术首先在沿海运用和发展，然后转移到内地，最后才在边缘落后地区，即西北地区应用和发展。也有人认为，西北应发挥资源优势，重点发展高耗能工业。而我们知道，高耗能产业一般是劳动密集型和资金密集型产业，而非技术密集型产业。

这些人都从不同角度提出了一些有价值的观点，但是这些观点和认识有一定的局限性，因为这些观点建立在一个共同的出发点上，即西北地区的相对落后是无法改变的。

美国以及世界其他国家经济建设的实践已经证明，落后地区的发展不仅一般可以改变自己的落后面貌，而且可以超过发达地区，使原来的落后地区变为相对先进的地区。关于高耗能工业，从世界范围、特别是从发达国家来看，"大烟囱工业"已经日益衰落，被人们称为"夕阳工业"。如果我们在20世纪80年代的今天，世界已经进入高技术的时代，研究西北经济发展战略时，仍着眼于传统技术，"夕阳工业"，那就完全脱离了时代的要求，西北地区落后的面貌难以从根本上改变。

我们认为，西北地区必须发挥资源优势，但是对资源的利用必须摆脱传统技术、"大烟囱工业"的束缚，而要以高技术为主。如煤炭，传统上主要作为固体燃料使用，而现代技术是以在产地进行液化、气化、坑口发电和建立化工厂，进行高技术，深化利用为主。因此，西部经济的发展，必须有选择地建立新兴工业、高技术工业，把西北经济的发展建立在高技术的起点上，况且西北已经出现了在国内外都具有先进水平的高技术产业。

开发西北、建设西北，要解决资金、技术和人才问题，必须通过中央和地方的共同努力。从西北各省区来说，要努力发展生产，搞活经济，增加积累。要从税收、工资、生活和工作等方面创造良好的条件，不仅要充分发挥现有资金、技术和人才的作用，而且要吸引全国各地、甚至国外的资金、技术和人才为开发西北、建设西北服务。

从中央来讲，要增加对西北的投资，对西北各省区在税收、对外经济交往、知识分子待遇等方面，给予更多权限，实行一些特殊政策。

西北经济的发展程度，关系到我国社会主义现代化建设的进程，关系到我国能否尽快成为一个社会主义的现代化强国。因此，开发西北、建设西北，把西北作为重点经济建设的地区之一，在我国经济建设中具有重要的战略意义。开发西北、建设西北，我们不仅可以从美国西部经济发展过程中以及其他国家和地区的发展中得到有益的启示，而且也可以吸取一些教训。如战后美国经济的发展，虽然改变了原来地区间发展不平衡的状态，但西部本身的工业布局仍然不尽合理。强大的军事工业使工业乃至整个经济畸形发展。同时西部的环境问题也日益严重。

鉴于这种历史的教训，在我国西北的开发中，必须认真考虑生产力的合理布局和尽早防治环境污染问题。

本文曾在1986年《西北开发探索文集》（第二集），四川科学技术出版社发表。

用多种指标来衡量社会经济的发展
——关于 MPS、SNA 和 PQLI 的评介[①]

随着社会生产力的不断发展，必然引起社会经济生活的不断变化。为了从整体上把握这种变化的态势，人们建立了社会经济统计指标体系。目前，世界各国用来反映社会经济全貌的经济统计指标体系有两种：一是物质产品平衡体系（MPS），我国、苏联和东欧各国均采用这种体系；二是国民经济核算体系（SNA），资本主义国家和大多数发展中国家均采用该体系。

不同的指标体系，一方面反映人们对社会经济生活的不同认识，另一方面，也反映在不同的经济发展时期，人们需要从不同的角度去观察和研究社会经济生活。然而，任何一个综合性的统计指标，都不可避免地有其短处，MPS 和 SNA 也毫不例外。近几年，MPS 中的工农业总产值指标受到了广泛的批评，有人认为只有用 SNA 中的国民生产总值（GNP）这个指标来取代工农业总产值，才比较合适。但是在国外，SNA 中的 GNP、特别是作为比较各国社会经济发展水平的人均 GNP，同样受到了人们的责难。为了弥补 GNP 的缺陷，有人提出用物质生活质量指数（PQLI），来衡量一个国家的社会经济成就。

MPS 中的工农业总产值指标，SNA 中的 GNP 指标，到底有何长处和短处，PQLI 又是一个什么样的指标，本文想做粗略的评介。

（一）

众所周知，MPS 是根据马克思再生产理论建立起来的。而马克思再生产理

---

① MPS 为 System of Material Product Balances，物质产品平衡体系的缩写。
SNA 为 System of National Accounts，国民经济核算体系的缩写。
PQLI 为 Thr Physical Quality of Life index，物质生活质量指教的缩写。

论首先认为,社会生产分为物质生产和非物质生产两个大的部门,物质资料是由物质生产部门生产出来的,因而,只有物质生产部门的劳动才是生产性劳动,生产性劳动的成果才进行价值量和使用价值量的统计。其次,再生产理论把社会总产品从实物形式上分为生产资料和消费资料,从价值形式上分为 C、V 和 M 三个部分,其中 C 是已消耗的生产资料的转移价值,V 是劳务成本,即由劳动者的必要劳动创造的,作为劳动报酬归劳动者个人所得的那部分价值,M 是用于积累和扩大再生产的那部分价值,它是由劳动者的剩余劳动创造的、归社会所有的那部分价值。

MPS 中的社会总产值,就是指一个国家在一定时期内(通常为一年)所生产的全部物质资料价值的总和,即 C+V+M。从社会总产值中扣除补偿消耗的生产资料价值部分 C,就是当年的国民收入。在我国,长期以来,把工农业总产值作为衡量社会经济发展水平的首要的、甚至是唯一的指标。1983 年,国家统计局才第一次公布我国历年社会总产值的数字。我国社会总产值的统计,包括农业、工业、建筑业、运输邮电业和商业五个部门,其中工农业总产值占的比重最大。

以 1983 年为例,我国社会总产值的构成是:农业占 28.2%,工业占 55.1%,建筑业占 9.4%,运输邮电业占 2.8%,商业占 4.5%。国民收入在社会总产值中占 42.28%。MPS 中的这两个指标,对社会的生产给了一个十分准确的"定义",前者只用工农业总产值来衡量社会经济的发展,反映出人们对这样一个基本事实的无可置疑的重视,即物质资料的生产是人类社会存在和发展的基础,用工农业总产值指标,也能反映出一定时期内一个国家生产活动的规模和结果,反映出物质产品总量的变化。但是,工农业总产值指标也确实存在着很大的局限性,这表现在以下两点。

第一,工农业总产值指标由于计算中间产品,原材料价值被多次统计,包含着大量的重复计算。这种重复计算,从整个社会的角度来看,使经济发展速度包含大量水分,从企业来看,生产资料转移多的部门,生产成果就大,劳动生产率也高,而企业为了增加产值,只要增加原材料,特别是价格昂贵的原材料的使用,或者增加使用从别的企业购进的零部件,甚至把一个大厂划分为几个小厂,在产品数量、规格、品种和质量都变化不大的情况下,使产值大量增加。

第二,工农业总产值尽管在整个社会经济活动中,占有相当重要的地位,但它只能反映工农业产品产量的增长,即主要的物质资料的增长,而不能反映包括建筑业、交通运输业、邮电通讯业和商业在内的全部物质生产部门的发展变化，更不能反映金融、科技、教育、文化卫生和各种服务事业的发展变化。

目前，我国开始采用社会总产值指标，它较全面地反映了物质生产部门的活动，但是不能把非物质生产部门的活动反映出来。使用 MPS 中工农业总产值这个指标的局限性，在一个国家经济发展水平还比较低、生产力还较落后的情况下，并不十分突出。因为在这个时期，整个社会所重视和强调的是物质产品的增加，人们首先要解决的是温饱问题。但是，随着社会生产力的发展，经济水平的提高，再以工农业总产值作为衡量社会经济发展水平的首要的、唯一的指标，便会产生严重问题。

首先，使得生产单位乃至整个社会片面追求产值和速度，而忽视经济效益的提高，致使生产发展速度很高，经济效益很差，人民生活水平得不到应有的改善。

其次，只强调工农业生产的发展，而忽视其他物质生产部门和整个第三产业的发展，必然导致国民经济各部门的比例严重失调，使物质生产部门中的建筑业、交通运输业、邮电通讯业和商业落后于工农业生产的发展，整个第三产业不仅没有被放在应有的地位给予相应的发展，而被作为非生产部门加以限制。这种情况最终必然会影响到工农业生产的发展，形成一定程度的恶性循环。

（二）

SNA 是以资产阶级经济理论为基础的。资产阶级经济理论认为，劳动、资本和土地是生产的三个要素，而凡是生产要素都创造收入，服务（或称劳务）也属于生产性劳动，认为经过市场的服务收入，大多是生产性收入。从这种理论出发，资产阶级统计认为，一个国家的所有部门在一定时期（季、年）内生产的以货币表示的全部物品和服务，构成 GNP。GNP 被资本主义国家看作是综合反映一个国家经济活动的最概括最重要的指标。GNP 尽管以资产阶级经济理论为依据，但它在一定程度上，确实也反映出人们对社会经济生活的共同认识，是有其合理性的。在这里，我们至少可以指出两点，它能弥补工农业总产值指标的不足。

一是 GNP 采用了最终产品的价值，即最终产值这一指标，避免了工农业总产值指标中关于中间产品的重复计算问题。最终产品，是指在一定时期内（通常为一年）生产的可供个人和社会最终使用或消费的产品，用货币表示的一定时期内社会最终实际使用的产品和劳务的总和，就是最终产值。用最终产值可以避免工农业总产值指标中多次重复计算的中间产品价值。从这一点来讲，GNP 较能准确地反映出一个国家经济发展水平和满足社会和人民的物质文化需要的程度。

二是 GNP 不仅统计物质生产部门，并且把非物质生产部门，即第三产业也包括在内，而第三产业中的绝大部分行业，如金融、保险、科技、教育、文化卫生、旅游、饭店、环境保护等等，是随着一个国家经济发展水平的提高而不断发展的。社会经济发展水平越高，第三产业的作用越显得重要。从这一点讲，GNP 的统计，较工农业总产值（也比社会总产值）全面地衡量了社会经济的发展水平。正是 GNP 有这些长处，因而它被世界上上百个国家所采用，作为最主要的综合性指标，来衡量社会经济的发展。近年来，苏联也在其计划统计体制上强调反映最终成果，以减少对国民经济没有实际用途的中间产品的计算。我国已经决定在"七五"计划期间同时并列工农业总产值和 GNP 两个指标，来衡量我国社会经济的发展，这是改革我国社会经济统计指标的重要反映。

但是，值得我们重视的是，GNP 并不是一个万能的指标，它同样有其不可克服的弱点。

第一，GNP 赖以建立的经济理论从根本上混淆了生产部门和非生产部门、生产劳动和非生产劳动的区别，把一切活动都看成生产性活动，这显然是荒谬的。而这种荒谬性，正是其阶级偏见所反映的。马克思早就批判过，这种资本创造利润，土地产生地租，劳动带来工资的"三位一体"的公式，是符合统治阶级的利益的，因为它宣布统治阶级的收入源泉具有自然的必然性和永恒的合理性。①

第二，GNP 使用最终产值，避免了中间产品价值的重复计算，但在统计服务收入时，实际上是把再分配的次数所产生的结果，也作为社会最终产品和劳务计入 GNP，结果出现了另一种形式的重复计算。假定某个资本家用其利润中的 100 元雇佣一名女佣人，女佣用这 100 元交了房租，房主又用这 100 元雇了一个家庭教师，家庭教师用这 100 元交了医疗费……这样，这 100 元钱最后变成 300 元、400 元、500 元……计入 GNP。这就是说，用这种方法，再分配的次数越多，GNP 也就越多。上述这个问题还不是最主要的，因为从另一个角度来看，社会再分配的次数是由社会分工程度决定的，分工程度越高，一般地讲，再分配的次数也就越多。主要的问题在于资本主义社会中，有些服务性活动，例如

---

① 马克思《资本论》第 3 卷，《马克思恩格斯全集》第 25 卷，人民出版社，1974 年版第 939 页。

赌场、妓院、保镖等，纯粹是社会的"赘瘤"，是资本主义腐朽性的表现，但却把它们作为第三产业的一部分计入GNP，给予合法的和不应有的地位加以肯定，尽管它们所占的比重不大，但毕竟是一个根本性的弊端。

第三，计入GNP的有些项目，具有很大的随意性。如前所述，在SNA中，认为凡是经过市场而取得的收入，大多应计入GNP。这样，同属家务劳动的女佣的工资被计入GNP，而家庭主妇的工作以及围绕家庭所进行的"亲自动手"的活动不予计入。但是有些未经过市场的项目，如所谓"臆测收入"① 也计入GNP。可见，GNP的概念和某些项目的实际统计是自相矛盾的。

第四，用GNP进行国际比较时，由于受到汇率的影响和比较方法的限制，存在着不可克服的局限性。长期以来，人均GNP作为比较各国社会经济发展水平的唯一指标，被人们普遍采用。世界银行每年在进行这种比较时，是把当地的价格按官方汇率换算成美元，但是，汇率的变动，对用美元表示的人均收入有很大影响。例如，官方估算的阿根廷1955年的人均收入为6437比索，在该年的大部分时间内，官方汇率为每美元兑换7.5比索，这意味着该年阿根廷的人均收入为858美元。在1955年底，官方把比索贬值为每美元兑换18比索，按贬值后的汇率，人均收入为358美元，而自由市场汇率为每美元兑换40比索。这就是说，人均收入只有161美元。显然，以同一个国家同一时期的经济水平为目标，由于汇率的影响，会得出截然不同的结果。

在进行国际比较时，还存在着用什么方法进行比较的问题。世界银行采用并已被广泛应用的是官方汇率法，而联合国还采用购买力平价法。两种方法得出的结果也是不一样的。我们引用世界银行的资料图表（见表1），就可以清楚地看出来。

表1 关于10个国家在1970年和1975年相对收入的两种估计（美国=100）

国家	1970			1975		
	(1) 购买力平均法	(2) 官方汇率法	(1) 对 (2) 的比例	(3) 购买力平均法	(4) 官方汇率法	(3) 对 (4) 的比例
美国	100	100	1.00	100	100	1.00
法国	75	76.32	0.98	77.50	83.59	0.93

---

① 臆测性收入，即根据主观判断认为应该得到的收入。如自有自用的房屋，认为如果不用钱去买房子或盖房子，而把钱用来投资或存银行，肯定会得到收入。所以自有自用的房屋也应该得到收入。根据《美国现代商业概览》1974年第7期透露的数字，20世纪70年代以来，美国每年臆测租金的收入就超过150亿美元。

续表

国家	1970 (1)购买力平均法	1970 (2)官方汇率法	1970 (1)对(2)的比例	1975 (3)购买力平均法	1975 (4)官方汇率法	1975 (3)对(4)的比例
联邦德国	74.70	91.92	0.81	76.52	93.73	0.81
日本	61.50	54.68	1.12	66.85	62.47	1.07
英国	60.30	52.03	1.16	63.13	53.15	1.19
意大利	45.80	39.66	1.15	46.68	39.42	1.18
匈牙利	40.30	27.53	1.46	52.65	30.25	1.74
哥伦比亚	15.90	7.21	2.21	18.46	8.12	2.27
印度	7.12	2.02	3.52	6.93	1.99	3.45
肯尼亚	5.72	2.98	1.92	5.72	3.12	1.83

资料来源：World Bank Atlas, 1977, p.31。

再用绝对数来看，1975年，美国的人均收入为7120美元，根据官方汇率法，印度的实际人均收入，世界银行估算为140美元。但是用购买力平价法计算，该年印度的实际人均收入约为490美元，为前数的三倍半，并且使美国和印度之间的比例从50∶1变为14∶1。又如，根据官方汇率法，1975年，肯尼亚的人均GNP为220美元，而印度为140美元，然而根据购买力平价法，前者为407美元，后者为490美元。

从上面的例子可以看出，用GNP进行国际比较时，由于比较方法的不同，会产生不同的结果。一般来说，购买力平价法比官方汇率法较准确，但是由于使用购买力平价法，所需要建立的资料基础花费的时间和费用很大，存在着一些难以解决的技术问题，世界银行、联合国和其他机构普遍使用官方汇率法。官方汇率法因受到汇率的影响，不仅不能准确地反映一个国家一定时期的经济发展水平，而且夸大较发达国家和较不发达国家之间的差距。世界银行根据官方汇率法计算的人均GNP，把世界上100个国家分为最富、富裕、中等、贫穷和最穷五类，仅仅是一个一般趋势的大致标准，没有更多的实际意义。

（三）

综上所述，GNP 虽然有其长处，被世界上大多数国家所采用，但它也存在着严重的缺陷，特别是用来进行国际比较时，世界银行也承认，它只能提供一个国家经济发展趋势的大致标准。

GNP 作为衡量社会经济发展水平的一个综合性指标，没有要求它衡量以下这些问题。

1. 一个国家总的发展水平较高，但其经济成果在各部门之间、各社会阶层之间以何种方式分配，它是强调军事力量的增长，还是强调改善人民生活的经济部门的增长？

2. 在一定时期内，一个国家平均的个人可支配的收入有很大的增长，但这种增长在不同的阶层中的分配如何？社会最贫穷的阶层的收入是否增加，增加多少还是下降？

3. 一个国家的 GNP 增加不多甚至没有增加，但可以某些社会改革，使生活过得较好。

总之，GNP 不能衡量经济发展成就对社会各个方面所产生的实际作用，不能准确地反映一个国家占人口绝大多数的劳动人民的生活状况。经济学家们认为，人们普遍关心的是满足基本需要。什么是基本需要呢？1976 年世界就业会议上通过的"行动准则和计划宣言"，对满足基本需要的问题进行了探讨，认为基本需要包括两个方面的内容，第一，需要充分的食物、住房、衣着以及某些家用设备和家具；第二，需要社会提供普遍的服务，像卫生的饮水，清洁的环境，公共运输、保健、教育和文化设施等。

基本需要并不是仅仅作为维持生活的最低需要，而是和一个国家总的经济和社会发展水平相联系的，是和国家的独立、个人和人民的尊严，以及他们能够自由地安排他们的命运联系在一起的。

这就是说，一个国家的社会经济发展成就，包含着更深刻的含义，除了 GNP 以外，必须有一个综合性的指标，来反映这个国家的真正的更深入一层的社会经济发展成就。而这个指标必须符合下面几个原则：

它必须尽可能地反映全人类的发展，而不仅仅反映一种发展模式。

它必须衡量实际的成果，而不是一般的衡量总的投入和产出。

它必须能够确切地反映社会成就的分配。

它必须结构简单和易于理解。

它必须适宜于进行国际比较。

在各种组织，例如联合国委员会，联合国社会发展研究所和经济合作与发展组织曾用过的上百个指标中，经济学家们经过筛选，认为只有三个指标符合上述的全部要求，这三个指标就是婴儿死亡率、预期寿命和基本识字率。

首先，这三个指标对任何一个国家都适用。因为任何一个国家、任何一个地方，不管这个国家是资本主义还是社会主义，也不管是在城市还是在农村，人们都希望婴儿能够更多的成活，人们也能够活得更长寿，识字的人更多。同时，这几个指标不存在难以解决的估价问题。

其次，一个国家可以执行一种更符合本国实际的政策，来满足社会大多数人的基本需要。而这三个指标都反映了社会经济发展的实际成果，而不是总的投入和产出。

最后，这三个指标能够普遍反映社会成果的分配。人均 GNP 只是一个算术平均数，它并不能说明一个国家实际收入的分配情况。一个国家的收入可以十分均等的分配，也可以集中在少数人手中。例如 1000 美元的人均收入可能有以下各种分配形式（见表2）：

表2　人均1000美元可以有以下不同的分配形式

人口分层	人口比例（%）	甲方案（收入所占比例）	乙方案（收入所占比例）	丙方案（收入所占比例）	丁方案（收入所占比例）
最富阶层	20	80	50	30	20
富裕阶层	20	10	30	25	20
中等阶层	20	6	10	20	20
贫穷阶层	20	3	6	15	20
最穷的阶层	20	1	4	10	20

在上述三个指标中，婴儿死亡率的降低和识字率的提高，意味着大多数人的收入增加，生活水平提高。平均预期寿命的提高，也不可能只是富人活得更长，因为预期寿命有一个上限，如果富人已达到这一上限，就不会再增加。因此，这只能说明广大人民活得更长寿。

同时这三个指标比较简单和清楚，数字比较容易收集，而且也适宜进行国际比较，不存在难以解决的技术问题。这三个指标就是在 M·D·莫里斯（Morris）博士指导下，由美国海外发展委员会制定的衡量社会经济成就的一种新的综合性指标——PQLI中所选定的。

PQLI最早出现在美国海外发展委员会的年度评价"美国和世界发展：1977年议事日程"。1979年，在华盛顿出版了M·D·莫里斯博士的专门研究《衡量世界上穷人状况的指标：物质生活质量指数》。PQLI是把一岁时的预期寿命、婴儿死亡率和识字率加起来所得到的一个综合性指标。

根据莫里斯博士的统计，20世纪70年代初，按地区罗列的150个国家的人均GNP、PQLI和组分指标（根据人口加权）如表3。从表3可以看出，世界各地区的平均PQLI依次为北美94，欧洲92，大洋洲85，拉美71，亚洲58，非洲32。世界平均值为65。这些数字虽然同各地区的人均GNP也存在着相同的趋势，但实际差别是很大的。如非洲国家在整体上就可以看出，人均GNP标度上的名次要比在PQLI标度上的名次高得多。北美的发达国家和地区中的人均GNP为6980美元，PQLI为94，而北欧的人均GNP为4401美元，PQLI为95，反而高于北美。

总之，PQLI作为一种正在研究和探索中的综合性指标，已经引起了人们的广泛兴趣。如果把它作为一种指标，来衡量一个国家社会经济的发展，是有很大的实际意义的，当然它不能也不应该完全代替GNP。

表3 不同国家的物质生活质量指数比较

地区	国家（个）	总人口（百万）	人均GNP（美元）	物质生活质量指数	一岁时预期寿命（岁）	婴儿死亡率（‰）	识字率（%）
非洲	49	375.4	368	32	53.1	152	23.7
北非	6	91.8	486	41	59.1	128	23.5
西非	16	108.5	292	24	49.3	175	19.6
东非	15	107.0	211	31	52.2	152	20.8
中非	4	42.8	258	27	49.3	165	22.9
南部非洲	4	25.3	1121	52	57.5	117	56.1
中东	15	111.9	1351	49	60.2	120	40.7
亚洲	20	2025.2	455	58	60.7	87	52.6

续表

地区		国家（个）	总人口（百万）	人均GNP（美元）	物质生活质量指数	一岁时预期寿命（岁）	婴儿死亡率（‰）	识字率（%）
南亚		6	757.7	131	41	55.8	124	31.2
东南亚		9	302.6	252	55	57.2	115	65.3
东亚		5	964.8	749	75	65.8	49	65.7
拉美		31	302.8	929	71	65.8	76	72.2
	中美	7	72.7	898	70	65.0	69	69.8
	加勒比海	12	25.4	847	73	66.9	63	69.3
	热带南美	9	167.4	884	70	65.0	84	69.4
	温带南美	3	37.4	1245	83	70.3	63	91.5
大洋洲		5	19.4	4436	85	69.2	35	88.3
欧洲		28	714.7	3374	92	71.2	23	97.2
	北欧	7	80.9	4401	95	72.5	14	99.0
	西欧	7	150.3	6050	94	71.9	16	98.0
	东欧	7	353.5	2400	91	70.3	27	99.5
	南欧	7	130.0	2290	89	71.9	25	88.7
北美		2	231.3	6980	94	72.3	16	99.4
全世界		150	3780.7	1476	65	63.1	77	62.5

资料来源：M·D·Morris. Measuring the Condition of the world's poor the physical quality of life index (Washington, D·C,: Overseas DeveIopment Council, Pergamon Press, 1979)。

本文作为评介性的文章，集中地介绍了有关这方面的最新研究成果，拟在说明随着社会经济的发展，统计指标也应作相应的发展和变革，以便较为确切地反映社会经济的发展成就，并从统计的角度促进社会经济的全面发展。但是，任何一个综合性指标，都有其长处，也有其短处。到目前为止，人们所采用的各种指标中，还没有一种是完美无缺的。我国统计指标的改革方向，只能是吸收各种指标的长处，用多种指标、从不同的角度去衡量社会经济的发展。

参考文献

[1] 联合国经济和社会事务部统计处:《国民经济核算体系与国民经济平衡衡表体系的比较》,中译本,中国财经出版社,1981年版。

[2] 联合国经济和社会事务部统计处:《国民经济核算体系》,中译本,中国财经出版社,1982年版。

[3] M·D·Morris. Measuring the Condition of the world's poor the physical quality of life index (Washington, D·C, Overseas DeveIopment Council, Pergamon Press, 1979)。

[4] 桑炳彦:"国民经济总产值、国民收入和国民生产总值指标的比较",《世界经济》1982年第11期。

[5] 陈申申:"经济机制转变与统计指标改革",《世界经济导报》1985年11月25日。

本文曾在1986年第4期《兰州大学学报》(社会科学版)上发表。

第二部分 02

人口与发展：理论与现实

战后世界人口发展的特点

1981年，世界人口为44.92亿，其中亚洲最多，为26.8亿，占世界总人口近60%；其次欧洲为6.8亿，美洲为6.2亿（北美为2.54亿，拉丁美洲为3.66亿），非洲为4.86亿，大洋洲最少为0.23亿。亚非拉发展中地区的人口占世界人口近75%。人口问题已经成为影响当代整个世界经济的一个不可忽视的重要因素。工业发达国家有人把发展中国家迅速增长的人口问题称为"人口爆炸"，而把西方工业发达国家人口再生产的不断缩小称为"人口危机"，尽管这些提法不一定准确，但是它也反映当代人口问题的尖锐性和复杂性。本文的目的是想就战后世界人口发展的特点做一初步探讨。

世界人口发展的历史表明，在原始社会，当人类以狩猎和采集果实为生的时候，世界人口从未超过1000万，一直到1800年，世界人口才达到10亿，这大约经历了数百万年的漫长历史。然而仅过了130年，即到1930年，世界人口就达到了20亿，而在1960年增加到第三个10亿时，仅用了30年。1975年增加到第四个10亿时，仅仅用了15年。战后从1950年到1981年的30多年中，世界人口就增加了18.79亿，这比从1800—1950年的150年所增加的人口多近4亿。

战后，特别是从1950年以来，世界人口发展的突出特点是"一快一轻"，即人口增长的速度快、年龄构成轻。

首先，人口自然增长率快。从20世纪50年代开始到20世纪60年代中期，人口自然增长率一直在上升，如1950—1955年年平均增长1.77%，1955—1960年为1.95%，1960—1965年为1.99%。此后年度增长率虽略有下降，但仍然保持在1.8%以上，高于20世纪50年代上半期的增长率。

造成战后人口自然增长率不断上升的直接原因是高的出生率和低的死亡率。根据联合国的统计，1950—1955年世界平均的出生率为35.6‰，1955—1960年为35.7‰，1960—1965年为34.4‰，1965—1970年为32.2‰，1970—1975年为30.7‰。虽然从20世纪60年代以来，出生率略有下降，但是仍超过30‰。而战后的死亡率却在不断下降，上述各期间分别为 18.5‰、16.3‰、14.6‰、13.3‰、12.2‰。高出生率和低死亡率，必然导致高的人口自然增长率。同时，由于目前的人口基数相当大，所以，即使自然增长率低于 1.8%，每年仍然会增加 8000 万左右人口，如果按 1.5% 的较低增长率计算，到 2000 年，世界人口总数也会达到 62 亿。

其次，年龄构成发生了很大变化。在 1981 年的世界人口中，15 岁以下的儿童占总数的 35%，而 64 岁以上的老年人仅占 6%，属于年轻型的人口结构。"一快一轻"，是战后世界人口发展的重要特点。

但是，我们应该考虑的是，发展中国家和地区的人口在世界人口中所占的比重在 70% 以上，因此，上述的特点在一定程度上是侧重反映了发展中国家和地区的人口发展特点，工业发达国家和地区的人口发展尽管也同上述特点相联系，如战后初期的人口增长率上升，但在某些方面，却有着截然不同的趋势。

发展中国家和地区的人口年度自然增长率，1900—1950 年为 0.9%，20 世纪 50 年代初期猛增到 2.0%，1960—1965 年达到高峰为 2.4%。1950—1975 年，发展中国家的人口增加了约 12.6 亿，增加 75% 左右，而同期工业发达国家仅增加了 2.6 亿，增加 36%。联合国人口基金执行主任萨拉斯曾指出，在 20 世纪剩下的 20 年里，世界人口还会增加 20 亿，其中，90% 以上将出生在发展中国家，到 2000 年，仅发展中国家的人口就会达到 20 世纪 50 年代世界人口的两倍。在年龄构成中，1981 年发展中国家（不包括我国）的人口中，15 岁以下的儿童占 42%，而 64 岁以上的老年人仅占 3%。因此，战后发展中国家人口发展的突出特点是增长速度快，在世界人口中所占的比重越来越大，而年龄构成特别轻。但是，发展中国家的情况也不完全一样，可以分为以下四种类型。

第一种类型是：高出生率、高死亡率和较高的人口自然增长率，非洲属于这一类型。1979 年，非洲的出生率是 46‰（世界平均为 28‰），约有 33.3% 的非洲国家的出生率在 48‰~51‰，是世界上出生率最高的地区。非洲的死亡率为 17‰（世界平均为 11‰）。在 55 个非洲国家中，包括吉布提、埃塞俄比亚、马里、毛里塔尼亚、上沃尔特、尼日尔、乍得等国在内的 15 个国家的死亡率超过 20‰，是世界上死亡率最高的地区。虽然非洲的死亡率很高，但出生率更高，非洲的人口自然增长率也比较高，1979 年为 2.9%，比世界平均的增长率 1.7% 高得多，也比中美洲以外的世界任何地区都高（亚洲为 1.8%，拉丁美洲为 2.3%，北美为 0.7%，欧洲为 0.4%，大洋洲为 1.3%）。

第二种类型是：高出生率、低死亡率和高的人口自然增长率，中美洲属于这一类型。1979 年中美洲的出生率为 41‰，低于非洲的 46‰（洪都拉斯、尼加拉瓜的出生率同非洲相同，甚至高于非洲的平均数），但是中美洲的死亡率不仅低于世界平均水平，甚至比北美的 9‰ 还低，为 7‰。因而人口的净增长率为 3.4%，是世界上最高的。

第三种类型是：接近世界平均水平的出生率、死亡率和人口增长率，亚洲这个世界人口的"巨人"便属于这一类型。1981 年，亚洲的人口出生率为 29‰，死亡率为 11‰，人口自然增长率为 1.8%，这同世界平均水平 28‰、11‰ 和 1.7% 基本一致。但是亚洲的情况也很不相同，西南亚、东南亚出生率为 38‰，死亡率为 13‰，自然增长率为 2.5%，而东亚则分别为 18‰、6‰ 和 1.2%，高低悬殊，相差一倍左右。

第四种类型是：低出生率、低死亡率和较低的人口自然增长率，有少数发展中国家的人口发展接近工业发达国家的人口发展，属于低出生率、低死亡率和较低的人口自然增长率。如亚洲的新加坡、加勒比海地区的巴巴多斯、古巴、马提尼克等。1981 年，新加坡的人口出生率为 17‰，死亡率为 5‰，人口自然增长率为 1.2%。巴巴多斯等三个国家的出生率、死亡率和人口自然增长率分别在 16‰、7‰ 和 0.9% 左右。不过这在发展中国家为极少数。

与上述各种类型相适应，在年龄构成方面，非洲最年轻，15 岁以下的儿童占总人口的 44%，64 岁以上的老年人仅占 3%；拉丁美洲次之，分别为 40% 和 4%；亚洲为 37% 和 4%。整个亚非拉发展中国家和地区的人口年龄构成都比较年轻，15 岁以下的儿童所占的比重超过世界平均水平，而老年人所占的比重低于世界平均水平。像非洲这样年轻的人口构成，其"供养比"是 47∶53。这意味着每 100 个劳动者要抚养 89 个人。这种情况在少数非洲国家中更为严重，如有 9 个非洲国家 15 岁以下的儿童占人口总数的 47%~49%，在这些国家中，受赡养的人口实际上超过了成年人口，这将会给经济发展带来沉重的负担。

发展中国家的年轻型人口结构，意味着将来人口数会持续高速增长，因为结婚的人数大量增加，进入生育期的妇女人数持续增加。对此，许多发展中国家的政府已经认识到人口问题的严重性，绝大多数国家已经或者正在采取家庭生育计划和其他人口控制措施（截至 1980 年，有 59 个发展中国家实行降低或稳定人口出生率的政策，有 21 个国家已认识到他们的出生率太高），许多国家的人口控制措施卓有成效，由于出生率下降，从 20 世纪 60 年代下半期以来，特别是进入 20 世纪 70 年代以后，人口自然增长率开始下降。发展中国家出生率下降的趋势，不仅出现在新加坡、哥斯达黎加、毛里求斯和斯里兰卡这样人口较少的国家，同时也出现在印度尼西亚、菲律宾、土耳其这些人口较多的国家。而且发展中国家出生率下降的速度比 19 世纪工业发达国家还快。因此，也不能笼统地说发展中国家的人口问题就是"人口爆炸",要具体分析不同国家和地区的不同情况。

在世界人口发展的历史过程中,工业发达国家的人口增长曾经是比较快的,如1850—1900年,欧洲人口的年度增长率为0.8%,北美为2.3%,这高于同期亚洲和非洲的人口增长速度,后者分别为0.3%和0.4%。此后,工业发达国家的人口增长速度逐渐减缓。第二次世界大战后,工业发达国家都出现过生育高峰的所谓"婴儿热"时期,年度出生率曾高达30‰以上,妇女的生育率也很高,这导致在战后初期,工业发达国家的人口急剧增加,在20世纪60年代以前,年度增长率曾保持在1.3%以上。从20世纪60年代开始,出生率开始下降,人口自然增长率也不断下降。1981年,工业发达国家平均的人口出生率为16‰,死亡率为9‰,人口自然增长率为0.6%,远远低于世界平均水平。同时,从年龄构成来看,15岁以下的儿童占24%,而64岁以上的老年人占11%,属于"老年型人口"。但工业发达国家的人口发展也不完全一样,从人口自然增长率下降的趋势来看,又分为以下两种类型。

一类是人口自然增长率虽然在不断下降,但还在零以上,即人口的绝对数还在增加,大多数工业发达国家均属此类。如美国从1949年的年度增长率1.4%下降到1981年的0.7%,日本从1949年的2.1%下降到1981年的0.8%,法国从1948年的0.7%下降到1981年的0.4%。另外,比利时、挪威、荷兰等国也基本如此。

另一类是人口自然增长率已经下降到零,甚至出现负增长的国家,即人口的绝对数没有增加或在减少的国家。这类国家全部在欧洲,如联邦德国,其人口自然增长率从1972年开始一直是负数,1972年为-0.15%,1973年为-0.26%,1979—1981年均为-0.2%,是世界上人口减少最多的国家。民主德国1976年人口自然增长率降到-0.24%,1980—1981年均为0度增长。奥地利1976年开始出现负增长,1980—1981年均为-0.1%。卢森堡1976年为-0.2%,1980—1981年均为0度增长。摩纳哥1974年为-0.4%。意大利、英国都出现过负增长,近年来虽略有回升,但幅度很小。

工业发达国家的人口自然增长率不断下降的根本原因是社会经济发展导致生育意愿发生改变,因而造成:

1. 出生率低

工业发达国家的平均出生率比发展中国家低一半左右,比世界平均水平也低很多。许多国家的出生率低到接近死亡率,有的甚至低于死亡率,前者如丹麦、瑞典、英国等,后者如联邦德国、奥地利、卢森堡等。出生率越接近死亡率或低于死亡率，人口自然增长率自然会不断下降。

2. 人口再生产周期长

工业发达国家和发展中国家的妇女结婚年龄相差很远，许多发展中国家的妇女在20岁以前就结婚，非洲绝大多数妇女的结婚年龄在13~18岁，而工业发达国家的妇女结婚年龄一般在25岁以上，晚婚晚育越来越普遍，同时工业发达国家妇女的生育率也远远低于发展中国家的妇女（前者一般为2~3人，后者则为5~6人），这必然使其人口再生产周期延长，人口自然增长率不断下降。

随着人口自然增长率不断下降，人口老化的问题也日益突出。目前工业发达国家平均的预期寿命已高达71岁。一般认为，64岁以上的老年人占人口7%以上，即属于"老年型人口"，而1981年，工业发达国家此类人口已占总人口的11%。如果用衡量人口老化程度的指标"老龄化率"（即64岁以上人口数与15岁以下人口数的百分比）来看，1950年，工业发达国家人口老龄化率为27%，到1980年为46.3%（1980年发展中国家为9.8%），人口老化的程度日益加深。工业发达国家的人口老化也带来了一系列问题，如由于老年人已失去劳动能力，供养人口增加，社会福利负担加重，劳动力减少、质量下降甚至兵源不足等。

综上所述，我们可以看出，在整个世界人口迅速增长过程中，工业发达国家和地区与发展中国家和地区的差别是很大的，这主要是二者目前所处的发展阶段不同。工业发达国家和地区的人口加速增长的洪流是从19世纪下半期开始一直延续到20世纪中期，目前已处于退却状态。发展中国家和地区人口的迅速增长是在战后，特别是从20世纪50年代开始才突然爆发的，至今仍在继续发展。根据西方人口学家提出的人口转变理论，人口发展大体上要经历以下三个阶段。

第一，起始阶段：由于生活条件差，死亡率很高，为弥补婴儿高死亡率而产生了高出生率。随着生活条件的改善和对疾病的控制，死亡率开始下降，但出生率仍然很高，人口增长率也不断提高。

第二，转变阶段：人口增长率仍然比较高，但人口出生率稳步下降。

第三，低增长阶段：人口增长率非常低或等于0的阶段。

如果按照这样的阶段划分，目前大多数发展中国家的人口发展仍然处在起始阶段，特别像非洲、南亚的一些国家更是如此。而工业发达国家的人口发展正在接近或者已经达到第三个阶段。由于上述所处的发展阶段不同，当前的世界人口问题在工业发达国家和地区与发展中国家和地区有着完全不同的表现形式。

本文曾在1982年第4期《西北人口》杂志上发表。

发展中国家的人口问题及其影响

目前世界人口已接近 48 亿，而且每年还以 1.7%的速度在继续增长，即每年增加 7800 万人。其中，90%以上是在发展中国家。因此，发展中国家的人口问题，正如世界银行行长克劳森所指出的"是一个极为重要和相当迫切的问题"。

历史上，亚非拉地区所固有的丰富资源，在长期遭受帝国主义、殖民主义掠夺和剥削的情况下，曾成为发达国家经济迅速发展的基础。帝国主义、殖民主义掠夺和剥削的烙印，也深深地印在亚非拉发展中国家的人口问题上，致使他们生活贫困、文盲充斥、失业成堆，人口再生产的规模一度低于发达的资本主义国家。但是，从 20 世纪 50 年代以来，情况发生了很大变化。第三世界绝大多数国家政治上获得了独立，民族经济有了较快发展，医疗卫生条件有了显著改善，尽管生育率仍保持在较高的水平上，但死亡率有了大幅度下降，这样，人口的自然增长率迅速提高。20 世纪 50 年代以来，发展中国家的人口增长有以下三个突出特点。

第一，人口增长速度特别快。据统计，发展中国家的人口增长速度，1900—1950 年平均为 0.9%，20 世纪 50 年代初期猛增到 2%，1960—1965 年达到高峰，为 2.4%。1950—1975 年，发展中国家的人口增加了大约 12.6 亿，增加 75%左右，而同期发达的资本主义国家的人口仅增加 2.6 亿，增加 36%。在发展中国家和地区，增长最快的是非洲，其年度增长率 1930—1950 年稳定在 1.5%的水平上，1950—1960 年上升到 2.3%，1960—1969 年为 2.4%，1970—1975 年为 2.6%，1976—1979 年为 2.7%。进入 20 世纪 80 年代，一直高达 2.9%。1984 年，非洲有 19 个国家的人口年度增长率超过 3%，肯尼亚的人口增长率为 4%。拉美和亚洲的人口年度自然增长率也高于世界平均水平（拉美为 2.4%，亚洲为 1.8%，而世界平均水平为 1.7%，发达国家为 0.6%）。

第二，年龄构成特别轻。发展中国家人口迅速增加的结果，必然使人口的年龄构成年轻化。1984 年，发展中国家和地区（不包括我国）的人口中，15 岁以下的儿童占40%，64岁以上的老年人口占总人口的4%，这不仅与工业发达的资本主义国家有很大差别（工业发达的资本主义国家的上述数字分别为23%和12%），而与世界平均水平也有相当差别（世界平均水平为35%和6%）。可见，发展中国家的人口构成属于"年轻型的人口结构"。

最后，城市人口增加的特别快。战后，城市人口的迅速增加，使城市化问题在发展中国家特别突出。这表现在以下两点。

1. 城市人口的增长速度很快

据统计，目前世界平均城市人口占总人口的比重在40%左右，总数达到19亿，是1950年的2.5倍。战后30多年中，世界城市人口以每年3%的速度在增长，而发展中国家的增长速度是平均每年为4%，这远远高于工业发达的资本主义国家，后者每年仅增加1.7%。因此，1950年到1984年，发展中国家的城市人口由2.6亿猛增到了11.4亿左右，而工业发达的资本主义国家由4.6亿增加到8.4亿，前者增加了三倍多，而后者增加却不到一倍。

2. 城市人口过分集中在大城市

在城市化的进程中，工业发达的资本主义国家目前的趋向是大城市的人口已达到饱和状态，并已出现倒流，即人口由大城市向外流出，有人称之为"逆城市化"。据美国1980年的人口普查，在20世纪70年代，美国50个大城市的人口减少4%，而50个中等城市的人口增加了5%，50个小城市的人口增加了11%。与此相反，在发展中国家，大城市却发展得很快。1950年，世界上15个最大的城市中，只有4个在发展中国家，但到1975年，这个数字上升到7个。1980年，人口在500万以上的26个城市中，有16个在发展中国家。估计到2000年，500万人口以上的大城市有60个，而其中有45个在发展中国家。在非洲，大城市特别是首都城市的人口增加非常快，如在亚的斯亚贝巴、内罗比、蒙罗维亚、拉各斯和金沙萨，每6~10年，人口就增加一倍。金沙萨和拉各斯这两个非洲人口最多的城市，1950—1975年人口年度增长率分别高达9.7%和8.1%。大城市集中了这些国家城市人口的1/3以上。

总之，目前工业发达的资本主义国家的城市化浪潮已经接近饱和状态，而发展中国家的城市化方兴未艾，其势头之猛、速度之快，远远超过工业发达的资本主义国家。

发展中国家人口的迅速增加，必然给其经济发展带来一系列问题和影响。据世界银行《1979年世界发展报告》，按1975年固定价格计算，发展中国家在20世纪60年代和20世纪70年代的国内生产总值年平均增长率分别为5.9%和5.2%，超过发达国家的4.9%和3.4%，但是人均产值的增长率，发展中国家分别为 3.4% 和 2.8%，不仅远远低于其国内生产总值增长率，而且低于或接近发达国家的 3.8% 和 2.7%。更加严重的是非洲的一些低收入国家，在 20 世纪 70 年代人均产值增长率只有 0.2%，基本上维持着原来的水平，其原因就在于这些国家 20 世纪 70 年代的人口增长率接近 3%，为同期发达国家的四倍。这种情况，使得发展中国家独立之后所取得的经济发展成就，并没有在人均产值上显示出来，同发达国家相比，在人均产值上的差距不仅没有缩小，反而在扩大。显然，发展中国家人口的过分增加对经济发展已经造成巨大的压力。

劳动力供过于求，失业人口大量增加，是其显著的标志之一。劳动力的增长同人口的增长基本上是一致的，只不过两者有一定的时间差（大约为 15 年）。也就是说，人口大量增加到一定时间后，必然使劳动力也大量增加。根据国际劳工组织 1980 年的一项公报估计，全世界劳动力每年增长 1.8%，而发展中国家每年增长 2.5%，而且这个数字还在不断提高，今后在发展中国家需要就业的人数将以每年 3.9% 的速度递增。据国际劳工组织估计，发展中国家每安置一个人就业，需要投资 6250 美元。照此估计，1980 年要投资 1630 亿美元，1990 年要投资 2310 亿美元，2000 年要投资 3250 亿美元，才能解决失业问题，这显然是不可能的。劳动力供过于求，必然使失业人口大量增加。目前发展中国家的失业人数比发达国家高出 20 多倍。这造成了一系列的社会问题，使政治经济问题日趋尖锐。

食品生产赶不上人口增加，粮食问题日益严重是其第二个显著的标志。粮食占发展中国家居民全部摄食量的 80% 以上。从整体上看，发展中国家的粮食产量是增加的，如 1955—1980 年，总产量由 3.77 亿吨增加到 7.75 亿吨，平均每年增长 2.9%，而同期，人均产量仅增长 0.48%，其中 1970—1980 年的增长率仅为 0.08%，1975—1980 年间不仅没有增加，反而下降 2.3%。据 128 个发展中国家的统计，粮食增长率低于人口增长率的，在 20 世纪 60 年代就有 56 个国家，20 世纪 70 年代增加到了 69 个国家。由于对粮食的需求大于供给，发展中国家已由战前的粮食净出口地区变成净进口地区。20 世纪 60 年代初，发展中国家平均每年进口粮食 2000 万吨，20 世纪 70 年代初达到 5000 万吨，1981—1982 年已达到 9000 万吨。进口粮食的费用 1961—1965 年平均每年 29.2 亿美元，1976—1978 年为 125.5 亿美元，而 1979 年进口粮食费用高达 150 亿美元。这已经成为许多发展中国家的沉重负担。

供养人口增加，经济负担加重是其第三个问题。发展中国家的人口构成特别年轻，使得供养人口的比例很大。"供养比"是衡量经济发展中人口增长趋势的一个重要指数。发展中国家的"供养比"远远高于发达国家，前者为 82，后者为50~60。也就是说，在发展中国家每100个劳动者要抚养82个人。发展中国家的年轻型人口结构，意味着这些国家还必须在学校、医疗设施和其他改善生活水平方面花费大量的物力、财力，这就限制了生产性投资的进一步增加，加重了这些国家的经济负担。

城市问题日益严重是其第四个突出的问题。发展中国家的城市人口在短时间内迅速增加，这就造成了一系列相当严重的城市问题。

①城市失业人口大量增加，如肯尼亚、哥伦比亚、菲律宾、斯里兰卡等不同国家中，城市失业率为20%左右。

②使经济发展不平衡的状况进一步加剧。

经济发展的不平衡是人口流动的主要原因，而人口的流动又反过来加剧了这种不平衡。这种情况在非洲一些国家特别明显，如塞内加尔首都达喀尔1970年约有60万人口，却拥有全国82%的制造业；在肯尼亚48%的人口集中在内罗比，在埃塞俄比亚48%的医生、59%的护士和31%的病床集中在首都亚的斯亚贝巴。

③造成城市住房、交通、教育、医疗等方面的紧张和环境的恶化。

总之，发展中国家的人口过分增长对经济发展造成了巨大的压力。但是，应该指出，发展中国家经济问题的根本原因并不是人口问题。西方有些人把发展中国家的人口迅速增长渲染成像原子弹、氢弹式的"人口爆炸"，把经济问题的根源归结到人口问题，这显然不符合实际。目前大多数发展中国家已经认识到人口问题的迫切性，开始或正在开始采取有效措施以控制人口增长，他们已经开始了一场与其自身的生产进行斗争的伟大战役。

本文曾在1986年第1期《西北人口》杂志上发表。

我国地区发展差距的人口因素分析

改革开放以来,我国各地区的社会经济水平上升到了一个新的发展阶段,然而,在建立社会主义市场经济体制的转折过程中,地区之间的发展差距急剧扩大,已经成为新的发展阶段中国内外关注的重大问题。本文拟就地区发展差距的人口因素做一初步分析。

(一)

根据统计数字,我国目前三大地带[①]的基本状况如表1。表1的数字只是部分静态地反映了目前地区之间的差距,而这种差距从动态的角度来看,是在历史的基础上急剧扩大的,而且还在进一步拉大,这表现在以下五点。

表1 我国三大地带一些指标在全国的比重(1993)

地区	面积(%)	人口(%)	工业总产值(%)	人均国民收入相当于全国平均水平(%)
东部	13.73	41.10	61.25	108.00
中部	30.10	35.60	24.13	96.30
西部	56.17	23.30	15.62	72.50

资料来源:根据《1993年中国统计年鉴》的数据计算。

1. 增长速度的差距

从1980—1991年GNP的年平均增长速度来看,东、中、西部之比为1.13:1.03:1,东部明显高于中、西部。我国现有的经济结构决定了GNP的近一半

---

① 本文所指东部为京、津、沪三个直辖市和沿海的9个省区,西部包括西南、西北9省区,其余为中部。

是来自第二产业，而其中绝大部分的增加值又来自制造业。1985—1990年制造业的增长速度更突出地表现了东、中、西部增长速度的差距：1.39∶1.05∶1。从1993年的发展势头看，地区发展不平衡的格局还在加剧。以工业生产为例，东、中、西部工业生产分别增长28%、14.5%和13.6%，东部的增长速度超过中部接近一倍，而超过西部一倍多，三个地带增长速度的格局进一步变为2.02∶1.07∶1。同年，东部占全部工业生产增量的70%以上。

2. GNP的地区构成差距

速度差距的积累导致了GNP在各地区的比重发生相应变化。1980年，东、中、西部GNP的比重分别为52.2%、31.3%和16.5%，而到1991年，则变为55.8%、29.3%和14.9%，而同期三个地带的人口比重基本没有变化。1985年，东部地区工业总产值占全国的60.3%，1990年提高到62.7%，而西部地区则从12.75%下降到11.91%。

3. 居民收入的差距

1980年五个收入最高的省市与五个收入最低省区农民人均收入之比为1.98∶1，到1991年，则扩大为2.88∶1。东西部农民人均纯收入之比也从1980年的1.39∶1扩大为1991年的1.71∶1。

4. 社会综合发展水平的差距

根据中国社会科学院社会学所《社会指标》课题组提供的信息，1992年我国各地区社会发展水平处在前十位的省市，除黑龙江和吉林这两个中部省份以外，全部为东部省市；而处在后十位的省区有六个在西部。更为重要的是，在动态比较中，东部的大多数省市综合发展水平的位次在前移，而西部大多数省区的位次却在后移，甚至在一年当中，江苏、广东等省区位次能前移2位，而甘肃、新疆则后移1位。

5. 固定资产投资增长的差距

1982—1991年，东、中、西部的固定资产投资年平均增长分别为19.69%、16.15%和18.18%，1991年固定资产投资完成额中，61.46%是在东部地区。1993年三个地带国有单位固定资产投资增长速度分别为：东部77.2%，中部48.3%，西部46.4%；在全部投资增加额中，东部占了约70%。在全国的加速发展中，中西部地区投资增长速度低于东部，预示着与东部地区的发展差距将进一步超常拉大，且对这些地区的未来发展产生重大影响。

（二）

我国东西部之间发展差距进一步扩大，其原因是多方面的，有历史的、自然条件的，也有政策、体制和深层机制方面的，这里我们主要分析人口因素对地区发展差距的影响。

首先，一个地区的经济发展，没有足够的人口，特别是充足的、熟练的、合格的劳动力，是绝对不行的，劳动力本身就是生产力中的决定性因素。人口数量也是决定市场大小的重要条件之一。但是，人口数量超过了一定条件下经济发展的需要，就会阻碍经济的发展。我们从以下三个方面来分析我国地区人口数量与地区经济发展的关系。

1. 我国各地区人口综合经济密度比较

衡量各地区人口数量与经济发展水平之间的关系，可采用人口综合经济密度的指标来做比较，其公式是：$D=P/I$。公式中 D 为人口综合经济密度，用人/万元来表示，P 为人口数量，I 为国民收入（见表2）。

表2 我国三个地带人口综合经济密度比较

地区	人口（万人）	国民收入（亿元）	人口综合经济密度（％）
东部	48127	16520.33	2.91
中部	41736	5588.03	7.46
西部	26667	3088.69	8.63

资料来源：根据《1994年中国统计年鉴》和《1993年中国统计年鉴》的数字计算，1994年年鉴为1992年国民收入数，1993年鉴为1992年人口数。

从表2中可以看出，中西部人口综合经济密度分别是东部的2.56倍和2.96倍，如果以东部的密度为标准，那么，显然中西部就呈现出人口相对过剩的趋势。

2. 我国各地区出生率的比较

人口出生率的高低，既是社会经济发展的结果，又是影响社会经济发展的原因，不同的出生率，标志着人口再生产的不同阶段或同一阶段的不同发展时期。根据有关资料，1992年，全国平均的人口出生率为16.87‰，东部为13.71‰，中部为18.07‰，西部为19.82‰。同全国平均人口出生率进行比较，则东部低3.16‰，中西部分别高出1.2‰和2.95‰。如果以东部为基准，则东、中、西部平均人口出生率之比为1∶1.32∶1.45。

3. 我国各地区少年儿童抚养系数比较

少年儿童抚养系数与出生率密切相关，但出生率只反映一个单独时点（1年）人口出生的状况，而抚养系数则反映一定期（14年）内人口出生的状况。因此，抚养系数更能反映社会的负担程度。据有关资料分析，1990年全国平均少年儿童的抚养系数为0.4109，而东、中、西部分别为0.3732、0.4337和0.4353。以全国平均水平为基础比较，东部低9.17%，中西部则分别高出5.55%和5.94%，三个地带的抚养系数之比为1∶1.16∶1.17，与出生率一样，也呈现出东低西高的格局。

从上述的比较中可以看出，中西部地区，特别是西部地区的人口数量相对较多。每年新增加的收入中，相当一大部分要用来满足新增加人口的基本需要，这就影响了人均收入水平的提高。据粗略计算，在东西部的人均收入差距中，仅抚养系数造成的影响在90~100元，占整个收入差距的20%左右。同时由于西部地区恩格尔系数高，收入中绝大部分用来解决吃饭问题，整个消费水平难以提高，市场难以扩大，直接影响了社会经济的发展。

其次，一个国家、一个地区的发展，人口的质量（人口素质）很关键。人口素质可以从多方面去衡量，如身体素质、思想素质和文化科学素质，而受教育的程度是可以综合反映人口素质，特别是文化科学素质和思想素质的基本的标准。根据有关资料分析，在未受过正规初等教育的15岁及15岁以上的人口中，文盲或半文盲所占的比重，全国为16.3%，东、中、西部分别为13%、15%和22.7%。这就是说三个地带同全国的平均水平相比，分别是79.7%、92%和139.3%；而以东部为基准，三个地带的比例分别为1∶1.15∶1.75。受过正规高等教育的人口比例和文盲半文盲的比例，东西部正好相反，东部受过高等教育的人口比例是西部的1.54倍，是中部的1.5倍，而文盲半文盲，西部比东部高出75%。

研究成果表明，在我国农村，农民的收入水平与其文化水平呈正相关关系，文化水平越高，收入也就越高。文盲半文盲和具有中等文化程度的农民两者的收入差距之比，已经由1985年的1∶1.45扩大到目前的1∶1.7左右。总之，在社会经济发展水平日益提高的情况下，受教育程度的高低，决定人口素质的高低，而人口素质的高低，直接影响到地区社会经济的发展水平，西北地区人口素质较低是导致地区发展差距进一步扩大的重要原因之一。

（三）

众所周知，我国东西部之间社会经济的发展差距，是自然生态条件、经济、政治长期发展的结果，是多种因素综合作用的必然反映。中华人民共和国成立以来，差距由强制性地缩小（主要是国家从宏观上实施均衡发展战略）到改革开放以来的急剧扩大，是"公平"与"效率"目标选择重心变化的必然结果，是在低层次下的"公平"目标向"效率"目标的转变。因为在一个国家经济起飞的初期阶段，区域不平衡发展是解决有效供给不足，实现经济快速增长的必要条件。但是，地区发展之间的差距，必须控制在一定的限度，即各区域发展要在总体效率优先的前提下兼顾公平，保持各区域的相对平衡发展。平衡度则应"以不影响或很少影响国民经济的发展与增长为上限，以不发达地区的可承受度及不发生社会和民族矛盾为下限"。从目前的情况来看，西部地区的经济发展、人口数量、人口质量之间存在着某种程度上的恶性循环。

如图所示，在这种恶性循环中存在着三个关键：其一是经济发展水平。因为经济不发展，人均收入水平就低，收入水平低，用于教育的投资就少，受教育程度就低。其二是受教育程度。受教育程度低，人均收入水平低，对地区发展贡献就小，地区经济难以发展。同时，受教育程度低，很难接受到科学的避孕知识，出生率就高，人口数量多。其三是人口数量。人口数量多，收入水平就低，受教育的程度就低。因此，缩小东西部之间发展差距拉大的幅度，必须从以下三个方面同时入手。

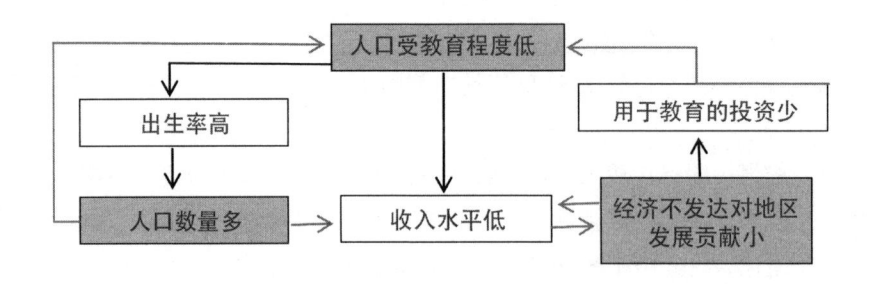

第一，想尽一切办法提高西部地区人口受教育的水平。可以利用社会投资，但在经济不发达的西部地区，这部分投入毕竟有限，因此，各级政府必须增加教育投资，特别是中央政府的投资。在财力有限的情况下，各级政府、社会、

个人都要把教育放在最优先的地位来考虑。在改善学历教育的同时，要利用各种形式，普及和提高成年人口的文化科学素质。

第二，严格控制人口数量。根据前面的分析，人口数量因素对地区差距的影响也占相当比重。西部地区的人口数量控制存在着较大的难度，因为西部是我国贫困人口和少数民族人口集中的地区。因此，西部地区的人口数量控制更需要综合治理，在确实帮助解决农民实际困难的基础上，加大人口控制力度，也可以考虑适当调整民族地区的人口政策，以利于这些地方的脱贫致富和尽快发展。

第三，最大限度地发展经济。经济发展除人口因素以外，有其自身的规律性，西部地区必须根据自己的实际，扬长补短，充分利用资源优势，提高技术水平，调整企业结构，建立起面对两个市场（国内、国外）的大宗产品和支柱产业，形成资源、环境、人口协调发展的局面，为逐步缩小地区差距创造条件。

本文曾在1996年第6期《社科纵横》杂志上发表。

人口因素对西北地区经济发展的影响分析

西北地区的面积占全国的 31.62%，目前的人口占全国的 7.06%，国内生产总值占全国的 4.98%，工业产值占全国的 3.29%，农业产值占全国的 5.87%，粮食产量占全国的 5.85%。西北地区的人均国内生产总值只相当于全国平均水平的 70%。从人均国内生产总值分省区来看，除新疆超过全国平均水平之外，甘肃只相当于全国平均水平的 50.58%，陕西为 64.7%，宁夏为 70.8%，青海为 77.6%。农民人均纯收入，西北五省区分别相当于全国平均水平的 59.27%（甘肃）、65.9%（陕西）、71%（宁夏）、71.2%（青海）和 77.54%（新疆）。西北地区经济发展的相对落后，有其历史、经济、社会等多方面的原因，本文从"两种生产"的相互作用这一基本原理出发分析西北地区的人口因素对经济发展的影响。

（一）

从宏观角度来看西北地区的人口经济问题，突出的有以下三点。

第一，出生率仍然较高，人口增长速度相对较快。就总的情况来看，在总人口不断增长的情况下，人口增长呈现出很大的地区差异。目前，人口出生率和自然增长率都在下降，但地区差异较大。根据最新数据推算，全国（不包括港澳台地区，下同）人口出生率为 17.7‰，低于全国平均水平的省区市有 17 个：沪、京、津、鲁、辽、浙、苏、闽、冀、湘、吉、黑、豫、皖、晋、川、陕。高于全国平均水平的省区有 13 个，其中有 7 个在西部（宁、甘、新、云、青、黔、藏），西北地区除陕西之外，都远远高于全国平均水平，分别为青海 22.06‰、新疆和甘肃 20.82‰、宁夏 19.67‰。

出生率的差别导致人口自然增长率的差别。1994 年全国平均的自然增长率约为 11.21‰，低于全国自然增长率水平的省区市有 17 个，它们是沪、鲁、京、津、辽、浙、苏、冀、闽、湘、吉、豫、黑、皖、晋、川、陕，而高于全国平均水平的 13 个省区中有 7 个在西部（藏、青、黔、甘、云、宁、新），总的趋势与出生率一致。不仅如此，各地区之间的增长差别也很大，上海1993年就进入负增长，1994年为-1.2‰，山东、北京分别为3.02‰和3.2‰，天津为4.75‰，已经进入低增长行列，而西北五省区分别是青海15.24‰、甘肃13.98‰、新疆13.39‰、宁夏13.65‰、陕西10.99‰。

第二，文盲率高，人口素质较差。人口素质可以从多方面去衡量，如身体素质、思想素质和文化科学素质，而受教育的程度是可以综合反映人口素质，特别是文化科学素质的最客观的标准。根据第四次人口普查的主要数据，全国文盲率平均为15.88%，西北地区平均为20.41%，比全国平均水平高4.53%。其中甘肃为27.93%，青海为27.70%，宁夏为22.06%，陕西为17.62%，只有新疆低于全国平均水平，为12.75%。就整个西北地区而言，与占全国7%的人口相比，文盲占了全国的9%。与此形成鲜明对比的是，东部和中部一些省市的文盲率远远低于全国平均水平，如广东为10.45%、吉林为10.49%、广西为10.61%、黑龙江为10.87%、上海为10.04%、天津为8.92%、北京为8.70%。

第三，人口产业结构相对落后。人口产业结构既是经济结构变化的结果，又是进一步推动经济结构变化的动因之一。中国人口产业结构经过45年的演变，1994年三次产业的人口比重分别为：第一产业54.3%，第二产业22.7%，第三产业23.0%。而西北地区的人口产业结构如表1。

表1 人口产业结构比较表（%）

国家或地区		第一产业	第二产业	第三产业
中国部分省区市	陕西	60.4	19.1	20.4
	甘肃	59.0	17.7	23.3
	青海	60.0	17.9	22.1
	宁夏	59.9	19.2	20.9
	新疆	57.1	18.8	24.2
	辽宁	31.2	38.5	30.3
	黑龙江	36.9	35.2	28.0
	吉林	46.1	27.4	26.5
	广东	41.0	28.1	30.9
	江苏	43.2	33.3	23.6
	浙江	44.4	30.8	24.8
	福建	51.3	23.9	24.7

续表

	国家或地区	第一产业	第二产业	第三产业
	全国	54.3	22.7	23.0
部分发达国家	美国	2.7	24.3	73.0
	英国	2.2	27.1	70.7
	德国	3.5	39.3	57.2
	法国	5.0	27.6	67.4
	日本	5.9	34.2	59.9
	加拿大	4.4	22.1	73.5
	意大利	8.1	31.7	60.2

资料来源：《1995年中国统计年鉴》，中国为1994年数据，美国、英国、法国、日本、加拿大为1993年数据，德国、意大利为1992年数据。

表1的数据给我们展现的图景是，在20世纪90年代初期，最发达的7个资本主义国家，平均的人口产业结构大约为：4.5∶29.5∶66，而我国为54.3∶22.7∶23。可以看出，我国目前整个人口产业结构尚处在工业化的初期阶段，农业劳动力所占比重较大，人口产业结构与发达国家的差距悬殊。同时，就我国各地区的情况来看，较发达地区第一产业的比重相对较低，第二产业和第三产业的比重较高，而西北地区的人口产业结构不仅落后于较发达地区，也落后于全国平均水平。如果考虑在就业人口总量中，行政机关单位人员在第三产业中占有较大比重，人口产业结构的相对落后就更为明显。

（二）

根据上述分析，西北地区的人口因素对经济的直接或间接的影响表现为以下三点。

第一，出生率较高，人口增长速度较快，加重了经济负担，降低了人均收入，限制了地区的经济发展。由出生率和自然增长率的差异导致的直接结果是少儿负担系数的差异，而少儿负担系数更能反映社会负担程度。根据统计资料，目前我国平均少儿负担系数为40.03%，而西北地区5个省区均高于全国平均水平，分别是陕西42.6%、甘肃41.99%、青海46.99%、宁夏49.51%、新疆 57.56%。

衡量人口数量与经济的关系，特别是经济负担的程度，我们还可以用人口综合经济密度这一指标，其公式是：$D=P/G$，公式中 D 为人口综合经济密度，用人/万元来表示，即每万元负担的人口数；P 为人口数量；G 为国内生产总值（国内生产总值）。D 值越小，说明该地区每万元负担的人口数量越少，经济实力越强。1994 年全国平均的 D 值为 2.66，低于全国平均水平的有 13 个省市，基本上都集中于东、中部较发达地区。西北地区的 D 值平均为 3.77，其中陕西 4.11，甘肃 5.26，青海 3.43，宁夏 3.76，均高于全国平均水平，只有新疆（2.42）略低于全国平均水平。可见，西北地区的经济负担比起东部一些省份要重得多，如广东和辽宁的 D 值为 1.57，江苏为 1.73，浙江为 1.61，还不到西北地区的 50%。可见，与西北地区地广人稀、人口自然密度小相反，人口综合经济密度，即经济负担却很高。

人均收入水平是反映人口数量与经济发展关系的另一个综合指标，除以上已经指出的农民人均纯收入的巨大差距以外，西北地区城镇居民平均每人全年实际收入也远低于东部较发达地区，低于全国的平均水平。1994 年，广东省城镇居民平均每人全年实际收入为 6377.71 元，浙江为 5069.57 元，分别是全国平均水平（3502.31 元）的 1.82 倍和 1.44 倍，而西北地区的甘肃（2659.37 元）只有广东的 41.6%，全国平均的 75.9%；陕西（2685.7 元）为广东的 42.1%，全国平均的 76.68%；青海分别为 44.1% 和 80.31%；宁夏分别为 46.86% 和 85.3%；新疆分别为 49.93% 和 90.92%。由于每年经济增长的相当一部分要用来满足新增人口的需要，必然降低人均收入水平，加重经济负担。而人均收入水平低，恩格尔系数高，一方面，使购买力难以提高，市场难以扩大；另一方面，又难以实行自我积累，必然限制地区经济的发展。

第二，人口素质差，既影响个人的收入，也影响地区的发展。世界各国的发展经验证明，经济实力的比较和竞争，表现为科技的竞争，实质是人才的竞争。对一个地区来说，同样也是如此。如前所述，西北地区的文盲半文盲率比东部一些省份高出一倍多，比全国平均水平也高出 4.53%。

第三，劳动力大量滞留在第一产业，限制了国民经济的迅速发展。随着经济的发展，农产品需求的收入弹性趋于下降，对农产品的需求相对减少，农业在国民经济中的相对比重必然下降。因此，农业劳动力也必然不断向第二、三产业转移。发达的工业和社会服务业，吸纳了大量的劳动力。因此，经济越发展，社会越发达，人口产业结构的表现必然是第一产业的比重越来越小，而第二、三产业，特别是第三产业的比重就越来越大。西北地区人口产业结构的相对落后,既是经济不发达的结果,又是经济不发达的重要原因。

(三)

早在17世纪,经济学鼻祖威廉·配第就发现,世界各国的国民收入水平的差异,与其产业结构的不同密切相关。他的研究发现,在大部分人口从事制造业和商业的荷兰,其人均国民收入要比当时欧洲大陆其他国家高得多。同时,在英国,从事不同产业的人,其收入水平也不相同,从事运输业的船员的收入是从事农业的农民收入的4倍。这种产业间相对收入的差距,会导致劳动力从低收入产业向高收入产业流动。科林·克拉克在配第发现的基础上,根据费希尔提出的三次产业的理论,对产业结构演进趋势进行了系统考察。克拉克的研究表明:随着经济的发展,人均国民收入水平的提高,劳动力首先由第一次产业向第二次产业转移;当人均国民收入水平进一步提高时,劳动力便向第三次产业转移。这一产业结构演进的基本趋势,被称为"配第—克拉克定理"。

根据"配第—克拉克定理",西北地区的相对落后,同大量的劳动力滞留在第一产业直接相关。如何让大量的农业劳动力从农村走出去,推动人口产业结构和整个产业结构的转变?

首先,要从教育上想办法,要想尽一切办法提高西北地区人口受教育水平。西北地区有许多农村孩子通过努力学习走出大山的例子,比如甘肃省会宁县这个贫困的地方,却出了不少博士,被人们传为佳话。但是这毕竟是个案,不能代表和改变所有落后的西北地区农村的现实。而现实可行的办法是增加教育投资,改善办学条件,普遍提高农村地区的教育水平。因此,各级政府必须增加教育投资,特别是中央政府的投资。同时可以利用社会投资,弥补政府投资的不足。各级政府、社会、个人都要把发展教育放在最优先的地位来考虑,因为这是涉及地区持续发展的根本大计。在改善学历教育的同时,要利用各种条件和形式,提高成年人口的文化科学素质和劳动技能。当人们有了知识,有了技能的时候,便可以走出大山,离开土地,走入城市,去从事二、三产业。这也就为二、三产业的发展,提供充分的劳动力准备了条件。

其次,要从经济结构上想办法,优化调整产业结构,发展二、三产业。虽然经济发展有其自身的规律,但是如果政府这只"有形的手"不发挥引导作用,任产业结构自行演变,将是一个非常漫长的历史过程。落后地区由于惯性思维和路径依赖,往往把农业和资源性产业看得过重,同时由于资金和技术限制,产业结构长期得不到优化调整。各级政府必须根据地区的实际情况，扬长补短，在充分利用资源优势的前提下，提高技术含量，优化调整产业结构，积极发展二、三产业，促进人口产业结构的转变。

最后，要考虑土地经营制度的调整，扩大土地经营规模，提高农业集约化和产业化水平。因为只有农业实现一定程度的集约化和产业化，才能出现大量剩余劳动力，农民才有可能脱离农业，走向二、三产业，最终实现人口产业结构的转变。

本文曾在1997年第2期《经济管理研究》杂志上发表，收入论文选集时略有修改。

香港的经济发展与移民

香港在历经百年沧桑之后,即将回归祖国。香港不仅以其骄人的经济业绩在世界经济舞台上占有重要地位,而且在政治上,以改革开放的总设计师邓小平同志提出的"一国两制"的形式回归祖国,更引起举世关注。1996 年 10 月,笔者利用去中国台北参加学术会议途经香港之机,考察和了解了香港的经济发展和人口概况,现将香港的经济发展和移民问题做一初步探讨。

一、以国际金融中心和世界贸易中心为标志的发达的经济

位于广东珠江口东侧的香港(包括香港岛、九龙半岛和新界)①,面积为 1075 平方千米②,现有人口 630 万。香港这块中国历史的宝地,今天已经成为世界东方的明珠,特别是在金融、贸易、资讯、航运及旅游方面,取得了举世瞩目的发展成就,成为世界重要的金融、贸易、航运及旅游中心。

首先,就金融方面来看,香港是世界重要的国际金融中心。截至 1994 年 3 月底,香港共有 171 家外资银行、156 家外资银行办事处,拥有 5520 亿美元的外币资产。国际上最大的 100 家银行中有 80 家在香港开业。1993 年在香港安排银团贷款共 314 宗,合同金额 247 亿美元,远远超过新加坡的 187 宗、90.8 亿美元和东京的 37 宗、46.3 亿美元的水平。1994 年 12 月香港离岸金融市场的交易量为 7061 亿美元,仅次于同期伦敦(11596 亿美元)和东京(7262 亿美元),

---

① 鸦片战争,英帝国利用坚船利炮轰开了中国闭关锁国的大门,1842 年 8 月强迫清政府签订了屈辱的《南京条约》,侵占了香港岛。1860 年第二次鸦片战争之后,又通过不平等条约侵占了九龙半岛南端尖沙咀一带。1894 年,中日甲午战争之后,帝国主义掀起瓜分中国的狂潮,英国又强迫清政府于 1898 年 6 月签订了《拓展香港界址专条》,租借了整个九龙半岛和附属大小岛屿(现通称新界)。英方提出租借期为 100 年,清政府谈判代表要求英方让步,最后定为 99 年,从 1898 年 6 月至 1997 年 6 月。如果从 1842 年《南京条约》英国侵占香港岛算起,至今已有 155 年。

② 由于填海造地,香港的面积在逐年增加,地图出版社 1983 年 9 月第 5 版中国地图册注明香港的面积为 1061.8 平方千米,1075 平方千米是截至 1993 年的数字。

超过新加坡（4163亿美元）。另外，国际结算银行1995年的调查显示，1995年香港外汇市场每一工作日的净成交量为900亿美元，仅次于英国（4650亿美元）、美国（2440美元）、日本（1610美元）和新加坡（1050亿美元），位居全球第五位。按照1993年底的市值计算，香港的股市市值达3850亿美元，仅次于美国（52240亿美元）、日本（30000亿美元）、英国（11520亿美元）、德国（4630亿美元）和法国（4560亿美元），位居第六位。

香港也一直是与伦敦、纽约、苏黎世并列的全球四大黄金市场。就综合金融实力来看，目前香港已为世界排名第四的国际金融中心，在回归祖国以后，由于以世界增长最快的内地市场为腹地，其金融实力将进一步得到加强，作为国际金融中心的地位将进一步上升。

其次，就贸易方面来看，香港一直是东西方贸易的枢纽，随着中国内地实行开放政策及亚太地区经济的蓬勃发展，香港所充当的贸易中转站的角色日趋重要。目前，香港不仅成为亚太地区重要的贸易中心，而且已经跃升为全球第八大贸易区（见表1）。

表1 1995年主要国家和地区贸易额排名表（前20名）（单位：10亿美元）

名次	国家或地区	总额	占世界的%	名次	出口	占世界的%	名次	进口	占世界的%
1	美国	1353.8	14.4	1	583.0	12.4	1	770.8	16.3
2	德国	987.8	10.5	2	523.7	11.2	2	464.1	9.8
3	日本	779.0	8.3	3	442.9	9.5	3	336.1	7.1
4	法国	565.6	6.0	4	284.8	6.1	4	280.8	5.9
5	英国	495.8	5.3	5	234.4	5.0	5	261.5	5.5
6	意大利	430.8	4.6	6	230.4	4.9	6	200.3	4.2
7	中国香港	369.9	3.9	9	173.9	3.7	7	196.2	4.1
8	加拿大	355.5	3.8	7	191.1	4.1	8	164.4	3.5
9	荷兰	335.6	3.6	8	177.6	3.8	9	157.9	3.3
10	比利时/卢森堡	321.5	3.4	10	168.2	3.6	10	153.4	3.2
11	中国内地	280.9	3.0	11	148.8	3.2	12	132.1	2.8
12	韩国	260.2	2.8	12	125.1	2.7	11	135.1	2.9
13	新加坡	242.8	2.6	13	118.3	2.5	13	124.5	2.6

续表

名次	国家或地区	总额	占世界的%	名次	出口	占世界的%	名次	进口	占世界的%
14	中国台湾	215.0	2.3	14	112.0	2.4	15	104.0	2.2
15	西班牙	203.0	2.2	15	89.6	1.9	14	113.4	2.4
16	瑞士	161.7	1.7	16	81.6	1.7	16	80.2	1.7
17	墨西哥	152.0	1.6	17	79.5	1.7	18	72.5	1.5
18	马来西亚	150.8	1.6	19	73.8	1.6	17	77.0	1.6
19	瑞典	139.1	1.5	18	77.4	1.7	20	61.6	1.3
20	奥地利	124.0	1.3	20	57.6	1.2	19	66.4	1.4

资料来源：《世界贸易组织年度报告》，根据《经济日报》1996年3月29日摘发的资料计算整理。

在过去的10年中，香港的对外贸易额增长了五倍多。从表1可以看出，1995年，香港对外贸易总额为371.4亿美元，占世界贸易总额的7.2%，其中出口为173.8亿美元，占世界出口的3.5%，进口为197.6亿美元，占世界进口的3.7%，这三项分别位居世界第八、第九和第七位。在进口中有70%又转口输往其他国家和地区。目前，香港共有11万家贸易公司，对外贸易范围覆盖全球220个国家和地区，世界上有972家跨国公司把他们的亚太地区总部设在香港，处理在亚太地区的业务。

与国际金融中心和世界贸易中心相联系，香港也是"购物天堂"和旅游中心。目前，与旅游业相关的商业、饭店、旅馆等第三产业相当发达，在国内生产总值中占有重要地位。如1993年，国内生产总值为8976亿港币，其中商业、饭店、旅馆为2191.2亿港币，占国内生产总值的24.41%，而包括金融、保险、不动产和产业服务、社团和个人服务以及运输、通讯在内的整个第三产业占71.3%。发达的资讯是香港能够成为世界金融、贸易中心的基础，是其具有竞争力的基本条件。

另外，香港的制造业尽管在国内生产总值中所占份额不大（10%左右），但制造业也相当发达，特别是纺织、钟表、成衣、电子等。目前，香港有4600多家纺织厂，雇员达8.9万人，占全港劳动人口的8%，1995年出口值为137亿美元，仅次于德国，稳居全球第二。钟表生产、配件厂商2000多家，出口额仅次于瑞士，位居全球第二。成衣生产厂家6500多个，雇员达17万人，在整个香港的出口中，仅次于电子，位居第二。

二、香港与内地经济的互补与联动

香港经济的繁荣和发展，有其特殊的原因，例如得天独厚的地理位置，自由贸易和外汇制度，符合国际惯例的法律制度等，但香港面向世界，背靠内地，长期得到祖国的大力支持，是其经济发展的关键因素之一。中华人民共和国成立以来，国家按照"长期打算，充分利用"的方针，对香港予以大力支持。早在1962年，内地正处在三年自然灾害以后的初步恢复过程中，在经济十分困难的情况下，周总理就下令每天开三趟快车，供应香港鲜肉、活鱼、蔬菜、水果。三趟快车即使在"文革"期间也未中断。据统计，至1997年3月，三趟快车累计运送的活猪已达8700多万头，活牛520多万头。这两种肉类占香港市场供应量的98%以上。此外，内地每年还供应香港市场5万多吨鲜蛋、6万多吨冻肉、数十万只活鸡鸭、几十万吨新鲜蔬菜以及大量的粮油食品和水产品。目前香港市场66.7%的鲜活冷冻食品、50%的蔬菜是由内地供应的。为了解决香港居民的生活用水，广东省从1964年2月开始，修建6道拦河坝，加固两大水库，新建8座抽水站，新挖扩80多千米河道和架设80多千米高压线，将东江水提高50余米，引入深圳水库再输到香港。30多年来，内地向香港供水达80多亿立方米，有效地解决了香港居民的用水问题。广东大亚湾核电站和我国最大的海洋天然气田——崖城13-1气田已经开始向香港供电供气。

内地廉价的劳动力和土地资源为香港产业向内地转移提供了优越的条件，目前已有80%以上的港商把生产线北迁至内地，特别是珠江三角洲一带，仅这里就有3万多家港资企业，有5万多名香港技术和管理人员在这些工厂工作，而雇用内地员工约400万人，相当于香港本地制造业从业人员的6倍。"前店后厂"已成为这些企业的普遍形式。

可以说，没有内地的支持，没有内地的发展，就不会有香港今天这样骄人的业绩。同样，香港对内地的发展，也至关重要。

首先，香港是我国内地引进外资的主要来源和对外贸易的主要地区。据外经贸部统计，我国从1979年至1995年，实际利用外商直接投资累计为1249.13亿美元，而港澳（主要是香港）地区就占64.44%（见表2）。从1985年起，香港即为我国第一贸易地区（进口第一，出口第二，总额第一）。其次，香港是我国内地走向世界的重要桥梁和了解世界的重要窗口。香港作为国际化的大都市，作为亚太地区最大的金融、贸易中心，同世界市场保持着同步发展的步伐，内地可以通过香港掌握世界市场的动态，通过香港走向世界。正因为如此，内地许多企事业单位已在香港设立机构，进行了大量投资。

表2　主要国家和地区在我国的直接投资（1979—1995年累计）

名次	国家或地区	件数	合同金额（亿美元）	比重（%）	平均合同金额（亿美元）	实际金额（亿美元）	比重（%）	实现比例（%）
1	港、澳	157636	2413.76	66.44	153	805.47	64.48	33.37
2	中国台湾	31780	293.90	8.19	92	114.27	9.15	38.89
3	美国	19723	282.53	7.81	143	108.51	8.69	38.41
4	日本	13249	212.51	5.85	160	105.06	8.41	49.44
5	新加坡	5842	172.83	4.76	296	39.23	1.81	22.70
6	韩国	6221	67.39	1.85	108	22.59	1.81	33.52
7	英国	1472	92.62	2.55	629	22.06	1.77	23.82
8	德国	1244	44.10	1.21	355	11.92	0.95	27.03
9	法国	957	18.37	0.51	192	10.84	0.87	59.01
10	泰国	2132	35.19	0.84	165	9.18	0.73	26.10
	合计	240256	3633.20	100.00	153	1249.13	100.00	36.71

资料来源：根据外经贸部公布的有关资料计算整理，名次按实际金额排序。

目前，中资机构在香港已具有相当实力。如在金融领域，有中国银行等13家银行集团，其实力仅次于汇丰银行集团排名第二；在公用事业方面，中信集团持有香港电讯、国泰、港航等航空事业及第二海底隧道；华润集团掌握着大老山隧道的股份，航运业（海洋）则有招商局在香港的集团投资；零售百货亦有华润集团的国货公司与超市，其规模仅次于日资与港资排名第三；房地产方面的投资占整个中资在香港投资的45%；在股市，香港有40多家上市公司被中资公司收购，而中资上市公司在香港近60家，股市市值约占香港股市总值的6%。另外，除国务院各部门在香港设有代表机构43个外，各省区市有驻港机构66个（见表3），这些驻港机构均以企业形式出现，再加上相当数量的企业在香港的投资，整个中资的实力在香港经济中举足轻重。据香港工业署的调查，目前内地在香港制造业方面的投资已超过日本，仅次于美国，排名第二。

综上所述，可以看出，香港与内地经济上的互补与联动，既为香港的繁荣与发展创造了条件，也推动了内地的开放与发展。

第二部分 人口与发展：理论与现实

表3 我国各有关单位驻香港机构一览表

机构名称	隶属单位或省市	机构名称	隶属单位或省市
亚洲贸易公司	外交部	中国新技术创业国际有限公司	国家科委
中安经济财会咨询公司	财政部	中国海外建筑工程有限公司	建设部
港源水利电子有限公司	能源部	中国铁路服务（香港）有限公司	铁道部
环能贸易有限公司	能源部	中土工程（香港）有限公司	铁道部
中国水利电力对外公司（香港地区）	机电部	招商局集团有限公司	交通部
华电有限公司	机电部	中国港湾工程有限公司	交通部
华胜昌机械企业有限公司	轻工部	卫科有限公司	航空航天部
穗华企业开发有限公司	轻工部	中国冶金建设公司（香港地区）	冶金部
天利国际经贸有限公司	轻纺工业部	南华国际工程有限公司	冶金部
恒天投资有限公司	商业部	香港建亚通讯实业有限公司	邮电部
华鹰有限公司	外经贸部	中国银行港澳管理处	中国人民银行
华润集团有限公司	外经贸部	中国保险港澳管理处	中国人民保险公司
航天科技国际集团有限公司	外经贸部	香港中旅（集团）有限公司	侨务办公室
香港康贸发展有限公司	外经贸部	中国航空	民航局
中国国际旅行社有限公司	国家旅游局	中成建材国际有限公司	国家建材局
科恒实业有限公司	中科院	中国光大集团有限公司（香港）有限公司	光大公司
中机电脑有限公司	外经贸部	中国国际信托（香港）有限公司	中国国际信托有限公司
原能工业有限公司	核工业总公司	中国建筑工程总公司（香港地区）	中国建筑工程总公司
华联船舶有限公司	中国船舶工业总公司	天利国际经贸有限公司	中国烟草工业总公司
京港人才交流中心有限公司	中国国际人才交流协会	中国检验有限公司	国家商检局
中国国际贸促会驻港代表处	中国国际贸促会	津联有限公司	天津

续表

机构名称	隶属单位或省市	机构名称	隶属单位或省市
中国专利代理(香港)有限公司	中国国际贸促会	香港深南贸易有限公司	南京
中国法律服务(香港)有限公司	中国国际贸促会	中吉公司	吉林
中国技术转让(香港)有限公司	中国国际贸促会	内蒙古兴源(香港)有限公司	内蒙古
京泰实业有限公司	北京	津联有限公司	天津
上海实业有限公司	上海	香港深南贸易有限公司	南京
香港滨港咨询开发有限公司	黑龙江	中吉公司	吉林
中辽有限公司	辽宁	内蒙古兴源(香港)有限公司	内蒙古
宏え实业有限公司	辽宁	豫港企业有限公司	河南
千恒有限公司	山东	燕山发展有限公司	河北
华鲁有限公司	陕西	香港桓山有限公司	山西
香港骊山有限公司	四川	陇港有限公司	甘肃
嘉陵有限公司	湖南	宜丰实业有限公司	湖北
三湘有限公司	江苏	华赣有限公司	江西
钟山有限公司	安徽	富春有限公司	浙江
江海国际贸易有限公司	广东	华闽(集团)有限公司	福建
粤海企业(集团)有限公司	云南	桂江实业有限公司	广西
云港有限公司	宁夏	贵达贸易有限公司	贵州
嘉川发展有限公司	西藏	海湖贸易有限公司	青海
中国西藏珠穆朗玛贸易有限公司	深圳	新疆开发有限公司	新疆
深业(集团)有限公司		珠海国际有限公司	珠海

续表

机构名称	隶属单位或省市	机构名称	隶属单位或省市
龙兴实业有限公司	汕头	兴厦有限公司	厦门
越秀企业有限公司	广州	日普集团有限公司	江门
樵海贸易有限公司	南海	昆利发展有限公司	
金海岸企业有限公司	北海	五邑发展有限公司	
华榕有限公司	福州	江昌实业有限公司	
大连国际发展有限公司	大连	海岳有限公司	秦皇岛
华青发展有限公司	青岛	芝兴有限公司	烟台
振南发展有限公司	南通	宁兴开发有限公司	宁波
雁荡有限公司	温州	沈港有限公司	沈阳
融迪有限公司	西安	安鹏有限公司	武汉
渝丰国际有限公司	重庆	国利发展有限公司	哈尔滨
华海有限公司	海南	东兴运输有限公司	东莞
三角洲实业有限公司	佛山	全顺实业有限公司	顺德
勤昌发展有限公司		侨柏有限公司	梧州
胜阳实业发展有限公司	三明	向荣发展有限公司	肇庆
松景投资有限公司	肇庆	会阳香港有限公司	

资料来源：香港台北贸易中心，中资企业研究小组，本文引自陈明璋："两岸与香港经贸交流的现状与展望"，《海峡两岸和港澳产业合作研讨会论文集》，1996年10月，中国台北。

三、香港的人口概况与移民

人口是社会经济发展的关键因素之一，香港作为国际化的大都市，保持相当的人口增长、合理的人口结构和高素质的劳动力，是其具备竞争力的基本条件。表4列出了香港人口变动的基本状况，从这些资料中可以看出香港人口变化的主要特点。

第一，香港的人口早在1941年就已达到160万，但由于日本占领，大多数华籍居民为逃避战乱而返回内地，香港的人口锐减到1945年的60万。日本投降之后的一年内，这些华籍居民又回到香港，1946年，香港人口就恢复到了160万，1950年大约增加至200万。1950年以后，以年均4.6%的速度递增，到1961年达到313万。1961—1991年的30年间，其总的人口增长速度是下降的，但20世纪70年代后期，增长率有短暂的急速回升（因大量移民所致），20世纪90年代上半期，年增长率又逐渐回升（见表4）。

第二，随着经济的发展，香港人口的自然增长率是不断下降的（从1961年的2.89%降到1994年的0.69%，下降2.2%），总和生育率在20世纪80年代初期已降到了更替水平以下，成为世界上生育水平最低的地区之一。但从统计数字可以看出，自然增长率的逐年下降并没有导致人口增长率的同比例下降，这说明移民在香港的人口增长中起着举足轻重的作用。从表4增长成分一栏中可以看出，不同时段移民在人口增长中虽然有不同的比重，但总的来看，移民是香港人口增长的重要因素，除20世纪80年代（7.9%）和20世纪60年代（13.2%）以外，移民所占比重都在33.3%以上。在20世纪90年代的人口增长中，移民占了主导地位，1994—1995年更达到66.7%以上。

第三，内地是香港移民的主要来源地区，其比重在25%~66.7%。香港在历史上就有大量移民的传统，特别是对内地的移民来说，香港就像一个"滤水池"，许多人从内地流入香港，在此"沉淀"一段时间，又流到世界各地。从表5可以看出，自20世纪80年代下半期以来，虽然内地移民所占的比重在下降，但绝对数却在不断增加，从1986年的2.7万增加到1995年的4.59万，10年间增加70%。据香港浸会大学社会学系邵一鸣教授介绍，经过中国政府和香港协商规定，20世纪80年代初期，内地移民到港的限额为每日75人，从1993年11月增加到每日105人，而1995年7月又增加到每日150人。按这一数字推算，1996年有5.5万内地居民移居香港（这一数字不包括用其他身份来港居住者，如英籍世系、内地来港经商和工作者、一些原香港居民移民内地后又返回香港居住者）。

表 4 香港人口概况表

年份	人口数（万人）	年增长率（%）	年自然增长率（%）	总和生育率	平均预期寿命 男	平均预期寿命 女	时间段	增长成分 自增（%）	增长成分 净迁移（%）
1941	160	—	—	—	—	—			
1945	60	—	—	—	—	—			
1946	160	—	—	—	—	—			
1950	200	—	—	—	—	—			
1961	312.9	—	2.9	—	—	—	1951—1961	63.4	36.6
1971	393.6	2.3	1.4	3.5	67.8	75.3	1961—1971	86.8	13.2
1976	440.2	2.1	1.2	2.5	69.6	76.2	1971—1981	52.5	47.5
1981	510.9	3.3	1.2	1.9	72.3	78.5	1981—1991	92.1	7.9
1986	549.5	1.5	0.8	1.3	74.1	79.6	1990—1991	57.3	42.7
1991	582.2	1.2	0.7	1.2	75.1	80.6	1991—1992	51.0	49.0
1992	590.2	1.4	0.7	1.3	74.8	80.5	1992—1993	35.1	64.9
1993	601.9	2.0	0.7	1.2	75.2	80.7	1993—1994	33.2	66.8
1994	614.9	2.1	0.7	1.2	75.8	81.2	1994—1995	24.1	75.9
1995	630.7	2.6	—	—	—	—			

资料来源：1941—1950 年为估计数；1961—1986 年为普查数（参见 Census and Statistics Department Hong Kong Population Census Main Report）；1991—1995 年末自香港年报。

从 20 世纪 40 年代末开始，由内地到香港的移民出现过两次高潮：第一次是 1949 年至 1950 年春，由于边界是开放的，从广东、福建、上海和其他商业城市移居香港的人约 75 万。由于数量太大，香港政府于 1950 年 5 月关闭边界，实行移民配额限制，同时内地实行户籍制度，限制流动，移民也减少了。第二次是在 20 世纪 70 年代，内地放宽出境限制，移民又大量增加，同时非法入境者亦大量增加，香港开始实行"抵垒政策"，但这一政策只在颁布后的几年中发挥了作用，随着内地改革开放，"抵垒政策"在 20 世纪 70 年代末期即失去了作用。仅 1978—1980 年的三年中，就约有 40 万移民由内地进入香港，其中有一半是非法入境。据邵一鸣教授的统计，由内地到香港的移民，20 世纪 50 年代和 20 世纪 60 年代共 50 多万，20 世纪 70 年代为 50 多万，20 世纪 80 年代大约有 30 万，20 世纪 90 年代上半期为 17 万，根据配额计算，整个 20 世纪 90 年代为 40 多万。

第四，外籍移民占有一定的比例。这里需要首先说明的是：①外籍移民是指出生在香港和内地以外的移民；②香港政府所公布的人口数字中，除永久居民以外，还包括在香港工作暂时居留的人士。因此，这部分人也被统计作为移民。

表5　1986—1995 年香港移民估计数

年份	净迁入（万人）	估计迁出人数（万人）	估计迁入人数（万人）	内地移民 数目（万人）	内地移民 占迁入比重（%）	外籍家庭佣工 数目	外籍家庭佣工 占迁入比重（%）
1986	1.92	1.90	3.82	2.70	70.80	0.48	12.60
1987	0.63	3.00	3.63	2.71	74.90	0.82	22.70
1988	0.81	4.00	4.81	2.63	54.90	0.83	17.30
1989	1.24	4.20	5.44	2.72	50.10	1.28	23.60
1990	-1.57	6.20	4.63	2.79	60.40	1.23	26.70
1991	2.89	6.00	8.89	2.67	30.10	1.42	16.10
1992	3.73	6.60	10.33	2.84	27.50	1.65	16.00
1993	7.65	5.30	12.95	3.29	25.40	1.94	15.00
1994	8.63	6.20	14.83	3.82	25.80	2.07	14.00
1995	12.06	4.31	16.37	4.59	28.10	1.56	9.60
合计	37.99	47.71	85.70	30.81	36.00	13.32	15.50

资料来源：净迁入数来自 Ronald Sheldon（ed.）Emigration from Hong Kong, Hong Kong The Chinese Universiyty Press, 1995；《香港年报》；《明报》；香港人民入境事务处等。

在香港的外籍移民包括以下两种。

(1) 外籍专业人员（包括技术人员、行政人员和管理人员）

一般来说，这类人员中只要具备对香港有价值而香港本地又缺乏的技能、知识或经验，对社会经济的发展能做出贡献，都比较容易获准前往香港，并可携带家属。

(2) 外籍家庭佣工和劳工

现代化大都市的快节奏、高效率和竞争压力，使香港人大量使用家庭佣工，并于1975年对输入、管理外籍家庭佣工进行立法。外籍家庭佣工由20世纪70年代每年平均5000人增加到1995年的15.7万人，大部分外籍佣工来自东南亚国家，如菲律宾、泰国、印度尼西亚、马来西亚等，而主要是菲律宾。1995年的外籍佣工84%来自菲律宾。同时，由于香港缺乏普通劳工，从1989年开始输入外籍劳工，当年输入2300名，以后逐年有所增加，到1995年达到1.2万名。这些人同专业人员不同，一方面全是单身，另一方面合同期满必须离开香港。

据统计，从1986年到1995年的10年中，香港的外籍人员由不到17万增加到了近42万，其中增幅最大的是菲律宾、加拿大、日本和泰国（见表6）。

第五，移居外国的香港人开始回流。20世纪80年代移居外国的香港人，在20世纪90年代开始回流。据香港特区政府估计，1994年以前10年移民外国的香港人中至少有12%已返回香港，根据有关数字推算在6万以上。这部分人回港时可用他们的香港身份证作为旅游证件，所以很难做出准确的统计，估计实际回流数字远超过此。回流的主要原因有三个：①移居地经济形势欠佳，收入低，失业率高，工作待遇不如香港；②对香港回归后的前途有信心，充满希望；③在国外取得居留权或国籍，来去自由。

香港是目前世界上最有竞争力的地区之一，而移民为香港的繁荣和发展做出了巨大的贡献。早在20世纪50年代初的朝鲜战争时期，在美国的操纵下，联合国对我国实行经济封锁和禁运，这对以转口贸易为主的香港经济是一次毁灭性的打击。为了生存和发展，开始转而发展工业，但长期以转口贸易为基础的香港，一无资金，二无技术，三无工业发展所需要的劳动力和管理人员。正是内地移民带来了资金、技术和管理经验，填补了劳动力的空白，为香港经济的转型做出了贡献。20世纪90年代以来，随着经济的进一步发展，专业技术人员供给不足，从1994年开始，香港决定从内地输入专业技术人才。根据香港人民入境事务处提供的数字，每年发出的工作签证在不断增加。

表6 1986—1995年居住在香港的外籍人士（单位：万人）

国家/年份	1986	1987	1988	1989	1990	1991	1992	1993	1994	1995	1985—1995增长（倍）
菲律宾	3.68	3.91	4.38	5.14	6.12	7.20	8.38	9.92	11.55	12.83	2.49
加拿大	0.81	0.91	1.00	1.15	1.30	1.50	1.75	2.04	2.47	2.82	2.48
日本	0.75	0.85	0.88	1.00	1.06	1.10	1.23	1.40	1.76	2.15	1.87
泰国	0.99	1.01	1.11	1.26	1.43	1.70	1.95	2.15	2.38	2.55	1.58
澳大利亚	0.84	0.88	0.98	1.07	1.20	1.30	1.48	1.67	1.87	2.05	1.44
美国	1.40	1.47	1.63	1.77	1.93	2.10	2.35	2.61	2.99	3.26	1.33
英国	1.60	1.41	1.44	1.61	1.64	1.60	1.84	2.03	2.37	2.67	0.67
马来西亚	1.01	1.02	1.06	1.14	1.17	1.20	1.26	1.30	1.38	1.42	0.41
印度	1.53	1.58	1.62	1.66	1.70	1.80	1.80	1.87	1.95	2.09	0.37
葡萄牙	0.78	—	0.81	0.87	—	—	—	—	—	—	—
巴基斯坦	—	0.77	—	—	0.85	0.90	—	—	—	—	—
印尼	—	—	—	—	—	—	1.10	1.47	1.97	2.59	—
合计	16.84	17.22	18.63	20.69	22.76	25.12	28.33	32.07	36.85	41.54	1.47

资料来源：香港人民入境事务处。

150多年前，香港的被割让，写进了中国近代史屈辱的一页。然而，1997年7月1日香港的回归，是中国繁荣富强的象征和结果。正如撒切尔夫人在回忆录中所说的，香港的谈判不是也不可能是英国的胜利，因为我们同对手相比力量悬殊。香港以"一国两制"的模式回归祖国，体现了邓小平同志高度的智慧和非凡的胆略。小平同志生前曾深情地表示，香港回归祖国之后，他要亲自到那里去看一看。现在，离回归只有100多天时间，而小平同志却与世长辞。夙愿虽未偿，遗志必实现。香港以"一国两制"模式的回归，以及回归后的稳定发展和繁荣，为祖国的完全统一奠定了基础，也为国际上处理同类问题开创了先例。

本文曾在1997年第2期《西北人口》杂志上发表。

加快西北开发的人口学因素分析

江泽民同志指出，在发展社会主义市场经济的条件下，加快开发西北地区，要有新思路。西北地区曾经是我国"一五""二五"以及"三线建设"时期的重要工业基地之一，曾在中华人民共和国的工业史上有过辉煌的一页。然而，随着改革开放和市场经济体制的建立，在自然条件、区位劣势、传统体制以及以能源、原材料工业为主导的经济结构的束缚下，西北地区与东部地区的发展差距日益拉大。显然，沿用传统的发展战略与发展思路，不仅不会缩小发展差距，反而将进一步拉大发展差距，最终会影响国家的全局发展。在市场经济条件下，要加快西北地区的发展，从人口学的因素来看，我们认为有如下几点。

首先，要想尽一切办法提高人民的收入，改善人民的生活。因为市场经济的运作机理完全不同于传统的计划经济，其特点是：在一定的人口数量条件下，居民收入的高低，意味着消费能力的高低，而消费能力直接影响市场的规模和需求；收入的高低是导致人才、资本流动的最重要的因素之一，高收入地区具有对人才、资本的巨大吸引力，而低收入地区人才、资本却加速流失；收入的高低，也是保护和改善生态环境、真正实行可持续发展的关键性因素，在一定的条件下，低收入居民为了解决温饱而不择手段，导致掠夺性开发和对生态环境的破坏；收入的高低是能否真正降低人口增长、提高人口素质的最重要的条件之一。

分析改革开放以来西北地区的居民收入，可以看到在其绝对额大大提高的同时，相对量却不断下降，其"贫困高地"的效用不断强化。以甘肃为例，1980年，城镇居民家庭平均每人年生活费收入为403元，在全国居第十三位，相当于全国平均水平的91.7%，相当于广东的87.2%；到1998年，甘肃的城镇居民人均年生活费收入提高到4034.76元，在全国的位次降到倒数第一位，相当于全国的73.9%，广东的45.3%。西北五省区中除新疆略有上升外，其余省区均与甘肃类似。农村居民家庭人均纯收入与城镇居民收入基本一致。从另一个角度看，即使在本地区，居民收入的增长速度也低于国内生产总值的增长速度。以甘肃为例，从1978年到1995年，国内生产总值增长了三倍多，但城镇和农村居民的生活费收入分别只增长2.8倍和1.03倍。因此，在居民收入相对比重不断下降、人民生活相对贫困的情况下，一切力图缩小差距、加快发展的战略与思路都是空想。20多年的实践已经充分说明，必须调整发展战略与发展思路，把提高居民收入、改善人民生活放在发展战略的首要位置，这不仅是西北地区本身发展的需要，而且是整个国民经济发展的需要。因为保护和改善日益恶化的生态环境，再造山川秀美的西北，已经是中华民族发展的需要。同时，物资产品进入相对过剩的现实，已经为这种以提高人民收入和生活水平为本的发展战略提供了条件。

其次，增加教育投资，大力开发人力资源。目前，与物资生产部门和行业几乎全面过剩相比，教育事业的发展具有巨大的需求潜力，而西北地区更是如此。如在西北地区的省会城市兰州，有一半的初中毕业生、80%的高中毕业生不能升入高一级学校深造，中小城市和农村的比例更高。大量文化素质较低的人口以及不断产生的文盲，不仅增加了人口数量控制和计划生育工作的难度，而且影响了整个人口素质和人民生活水平的提高。据测算，学龄儿童入学率每提高1%，人均国内生产总值增长率可提高0.35%~0.59%。因此，增加教育和再教育的投资，大力开发人力资源，是加快西北地区发展的战略性一环。

最后，加快城市化进程。城市化既是社会经济发展的结果，也是推动社会经济发展的动力。城市化水平的高低，是衡量社会经济发展程度的基本标志之一。就西北地区的具体情况来看，沙漠、戈壁、高原等不适合人类居住的面积很大。因此，人口居住的相对集中或者说城市化率应该处在较高的水平，才能获得良好的聚集效应，提高社会经济效益。西北地区虽然除甘肃省城市化低于全国平均水平以外，其余4省区均高于全国平均水平，但与其客观要求相比，仍相差甚远，况且与东部沿海地区相比，西北地区的农村还是传统意义的农村，而沿海省份的农村面貌已发生了根本的变化。因此，加快西北地区城市化的进程，发挥人口集中的聚集效应和城市的辐射功能，是加快西北地区发展的主要措施之一。

上述几点与传统的发展战略与思路相比，根本的区别在于以物为本到以人为本的转变，这种战略的调整与转变不仅是市场经济的客观要求，而且是我国国民经济进入相对过剩阶段的必然选择。

本文曾在2000年第1期《西北人口》杂志上发表。

毛泽东的人口思想与我国 20 世纪五六十年代的人口政策反思

毛泽东作为 20 世纪杰出的政治家、军事家和思想家，无论是对中国革命还是对建设，都做出了极其伟大的历史贡献。以毛泽东为核心的中国共产党的第一代领导集体，在领导中国人民进行新民主主义革命和社会主义革命与建设的过程中，创立了毛泽东思想，作为这一思想有机组成部分的人口思想，不仅坚持和捍卫了马克思主义人口理论的基本观点，而且提出了中华人民共和国成立以后必须实行计划生育、控制人口增长的重要论断，并且制定了相应的政策。20 世纪 50 年代，毛泽东人口思想的主基调是提倡节育，主张有计划地生育。以毛泽东为核心的中国共产党的第一代领导集体制定了适合当时条件的、以宣传教育和提倡节制生育、有计划地生育的人口和计划生育政策。正是这一时期的政策为我国 20 世纪 70 年代以后大规模、卓有成效的计划生育工作准备了条件，打下了基础。

历史已经翻开了新的一页，我国的人口和计划生育工作已经进入稳定低生育水平的新阶段。当我们在新的世纪重新审视历史的时候，有必要客观地去认识和评价毛泽东的人口思想与我国 20 世纪五六十年代的计划生育政策。

一、从政治斗争的需要，历史地看待毛泽东《唯心历史观的破产》一文中的人口观点

1949 年 8 月 5 日，在中国革命即将取得胜利的前夕，美国政府发表了《中国与美国的关系》的白皮书，以及美国国务卿艾奇逊致杜鲁门总统的信，阐述了 1844 年《望厦条约》以来的中美关系史。在白皮书和艾奇逊的信件中，充满了隐瞒和捏造的事实以及对中国革命的污蔑。这些歪曲事实的言论在当时中国的一些知识分子中产生了相当的影响。毛泽东同志从 1949 年 8 月 14 日至 9 月 16 日连续发表文章，批驳这些歪曲历史的观点，揭露美国对中国政策的实质，其中在《唯心历史观的破产》这篇文章中，集中阐述了毛泽东当时的人口思想。毛泽东针对艾奇逊把中国革命的发生说成是因为中国人口太多，对土地造成不堪负担的压力，政府不能解决吃饭问题的结论时，指出："革命的发生是由于人口太多的缘故吗？古今中外有过很多的革命，都是由于人口太多吗？中国几千年以来的很多次的革命，也是由于人口太多吗？美国174年以前的反英革命，也是由于人口太多吗？艾奇逊的历史知识等于零，他连美国独立宣言也没有读过。华盛顿杰弗逊们之所以举行反英革命，是因为英国人压迫和剥削美国人，而不是什么人口过剩。中国人民之所以历次推翻自己的封建朝廷，是因为这些封建朝廷压迫和剥削人民，而不是什么人口过剩。俄国人之所以举行二月革命和十月革命，是因为俄皇和俄国资产阶级的压迫和剥削，而不是什么人口过剩，俄国至今还是土地远远多过人口的。蒙古土地那么广大，人口那么稀少，照艾奇逊的道理是不会发生革命的，但是却早已发生了。"[1]在这里毛泽东反复举例说明，革命的发生是阶级压迫和阶级剥削的必然结果，革命的发生和社会制度变迁的根本原因是社会生产方式而不是人口过剩。

毛泽东还针对艾奇逊由于中国人口过多，没有一个政府能够解决中国人的吃饭问题的观点，针锋相对地指出："中国人口众多是一件极大的好事。再增加多少倍人口也完全有办法，这办法就是生产。"[2]"革命加生产即能解决吃饭问题"，"世间一切事物中，人是第一个可宝贵的。在共产党的领导下，只要有了人，什么人间奇迹也可以造出来。我们是艾奇逊反革命理论的驳斥者，我们相信革命能改变一切，一个人口众多、物产丰富、生活优裕、文化昌盛的新中国，不要很久就可以到来，一切悲观论调是完全没有根据的。"[3]

长期以来，毛泽东的上述观点引起了很大的争论，被一些人认为是毛泽东主张人口越多越好的主要根据之一。

认真阅读《唯心历史观的破产》这篇文献，放在历史的大背景下看待毛泽东的上述观点，可以看出：

首先，毛泽东在这篇文章中关于人口问题的主导思想是阐述社会生产方式的决定作用这一马克思主义的基本观点，批驳艾奇逊宣扬的人口决定论。如前所述，在这篇历史文献中，毛泽东反复举例说明，革命的发生是阶级压迫和阶级剥削的必然结果，革命的发生和社会制度的变迁的根本原因是社会生产方式而不是人口过剩。

其次，毛泽东在这篇文献中阐述的人口观点是当时政治斗争的需要。我们可以设想，在夺取中国革命最后胜利的历史关头，白皮书和艾奇逊的信散布共产党解决不了中国人民的吃饭问题，中国没有什么前途的时候，毛泽东（或者其他任何人）能像几十年之后的和平建设时期那样认识和看待人口问题吗？因为当时中国历史的聚焦点是中国共产党和以蒋介石为代表的国民党反动派的政治和军事的最后较量，社会的主要矛盾和共产党的主要任务是夺取革命的最后胜利。因此从政治斗争（而不是从学术）的角度反驳艾奇逊的观点，鼓舞人民的斗志，消除悲观论调是非常必要和及时的。

最后，长期的人民战争和当时解放区的实际情况也没有显示人口过多的压力，相反，在艰苦的战争岁月里，千百万处在水深火热之中的劳苦大众是共产党取得革命胜利的基本保证。这种长期革命战争的实践，毫无疑问，对毛泽东正确认识革命胜利之后的中国人口问题是有一定影响的。但是，我们不能要求在当时那种历史背景下的毛泽东能够对革命胜利之后的和平建设时期的一切问题（当然包括人口问题）给予百分之百的、没有任何疑义的正确回答。

二、20 世纪 50 年代以来，特别是"一普"之后，毛泽东人口思想的主基调是提倡节育，主张有计划地生育

回顾历史，我们可以看出，在中国革命胜利之后的国民经济恢复时期，没有看到毛泽东关于控制人口和提倡计划生育的论述，国家和政府也没有制定相应的政策。相反，从维护妇女健康的前提出发，卫生部门在 1950 年 4 月 20 日制定和颁布了《机关部队妇女干部打胎限制的办法》，禁止非法打胎。1952 年卫生部又制定了面向全国人民的《限制节育及人工流产暂行办法》（以下简称《办法》）。尽管《办法》设计的主导思想是保护母亲和子女的身心健康，不是鼓励人口增长，但是在客观上限制了节育，使得当时的生育和人口增长处于放任自流的状态。这一方面是由于革命胜利之后，党和政府当时面临的工作千头万绪，首要的任务是恢复经济和彻底消除国民党反动派的残余势力，稳定和巩固新生的人民民主政权。相比较而言，节育和人口数量控制问题还没有排到党和政府的重要议事日程上来。另一方面，革命胜利之后，人民安居乐业，经济形势欣欣向荣，人口压力的迫切性并没有充分显示。

1953 年，中华人民共和国进行了第一次人口普查，人口普查的数据表明，中国人口已经不是通常估计的 4.5 亿，而是超过 6 亿，仅大陆地区的人口就已达到 5.9 亿。庞大的人口数量与我国当时提出的建设社会主义工业化目标的矛盾开始显现，也引起了以毛泽东为核心的中国共产党的第一代领导集体的高度关注。周恩来总理在普查 3 个月后的一次报告中指出："我们大致算了一下，我国人口大概每年平均要增加 1 千万,那么 10 年就是 1 亿。中国农民对生儿育女的事情是很高兴的,喜欢多生几个孩子。但是,这样一个增长率的供应问题,确是我们的一个大负担。"[4] 当时任副总理的邓小平对卫生部限制节育的政策提出了批评,多次指示卫生部予以改正。在邓小平的干预下,卫生部于 1954 年 11 月发出通知,规定"避孕节育一律不加限制","凡请求避孕节育者,医疗卫生机关应予以正确的节育指导","一切避孕用具和药品均可以在市场上销售,不加限制"。[5] 同年 12 月,刘少奇代表中央主持了节育工作座谈会,在会上明确宣布"党是赞成节育的"[6],"中国不要搞母亲英雄,中国应提倡节育"。[7] 在中央的号召下,卫生部起草了一个给中央的报告,对过去限制节育的政策和做法进行了检讨,进一步明确了落实中央精神的措施。中央在卫生部的报告上批示:"节制生育是关系广大人民生活的一项重大政策性问题。在当前的历史条件下,为了国家、家庭和新生一代的利益,我们党是赞成适当节制生育的。各地党委在干部和人民群众中(少数民族地区除外)适当地宣传党的这项政策,使人民群众对节育问题有一个正确的认识。"[8]

1956 年在党的八大上,周恩来在"关于发展国民经济第二个五年计划的建议"的报告中提出"卫生部门应该协助有关方面对节育问题适当宣传,并且采取有效措施"[9]。在同年公布的《1956—1967 年全国农业发展纲要》中,提出:"除少数民族的地区以外,在一切人口稠密的地方,宣传和推广节制生育,提倡有计划地生育子女。"[10] 这意味着当时就已经把计划生育的政策扩展到了广大农村地区。

毛泽东在这一段时间(1957 年),对人口与计划生育也给予了高度关注。

1957 年 1 月 25 日,毛泽东在国家计委《关于 1957 年国民经济计划的报告》上批示:"人口非控制不可。"

1957 年 2 月 14 日,在接见全国学联委员时的讲话中指出:"中国人多也好也坏,中国的好处是人多,坏处也是人多。北京现在有 360 万人口,将来要有 3600 万人口,北京市市长如何得了。你们将来当了市长怎么办?要安排工作,安排小孩子,解决交通运输问题,那时逛公园也要排队。"

1957 年 2 月 27 日,在最高国务会议第十一次(扩大)会议上的讲话中,毛泽东说:"在这里我想提一下我国的人口问题。我国人口增加很快,每年大约要增加 1200 万至 1500 万,这也是一个重要的问题,近来社会上谈这个问题的人多起来了。对于这个问题,似乎可以研究有计划地生育的办法。我们这个国家有这么多的人,这是世界上各国都没有的。要提倡节育,要有计划地生育。人类是最不会管理自己的。工厂生产布匹、桌椅板凳、钢铁有计划，而人类对于生产人类自己就没有计划了，这是无政府主义，无组织无纪律。这样下去，我看人类是要提前毁掉的。""政府可能要设一个部门，或者设一个节育委员会，作为政府的机关。人民团体也可以组织一个。因为要解决技术问题，设一个部门，要有经费，要想办法，要宣传。"

1957年3月20日，在南京部队、江苏安徽两省党员干部会议上讲话时指出："我们这个国家好处就是人多，缺点也是人多，人多就嘴巴多，嘴巴多就要粮食多……"

1957年10月9日，在八大三次会议讲话时指出："计划生育，也来个十年规划。少数民族地区不要去推广，人少的地方也不要去推广。就是在人口多的地方，也要进行试点，逐步推广，逐步达到普遍计划生育。计划生育，要公开作教育，无非也是来个大鸣大放、大辩论。人类在生育上头完全是无政府状态，自己不能控制自己。将来要做到完全有计划地生育，没有一个社会力量，不是大家同意，不是大家一起来做，那是不行的。"[11]

1957年10月13日，在最高国务会议第十三次会议上的讲话中指出："计划生育也有希望做好。这件事也要经过大辩论，要几年试点，几年推广，几年普及。"[12]

综上所述，我们可以看出，在中华人民共和国成立以来的国民经济恢复时期，由于当时特殊的历史背景，没有提出和制定节制生育和控制人口增长的政策，但是也没有明确鼓励生育和增加人口的政策和主张。20世纪50年代的第一个五年计划时期，毛泽东本人的人口思想的主基调是提倡节育，主张有计划地生育。以毛泽东为核心的中国共产党的第一代领导集体在不同场合、以不同形式提出和制定了适合当时条件的、以宣传和教育为主的人口和计划生育的政策。应该说这是我国20世纪70年代以来大规模、强有力、以指令性计划为主的人口和计划生育政策一个不可逾越的必经阶段，是我国20世纪70年代以来卓有成效的人口和计划生育工作的基本前提。

三、不能过分夸大批判马寅初"新人口论"对计划生育政策的影响作用

众所周知，马寅初作为我国著名的经济学家，从1954年开始，他利用外出考察之机，先后到浙江、上海等地进行深入的社会调查。在调查中，他看到了土地改革以后农村经济的繁荣和人民群众安居乐业的喜悦，也发现了出生率特别高、农村儿童特别多的现实（他自己的侄子就有大大小小9个孩子）。对此，

他喜忧参半,"人口这样发展下去,势必会冲破经济,冲破一切"[13]。根据调查取得的第一手资料,通过认真分析研究,马寅初于1955年写了一份题为《控制人口与科学研究》的发言稿,准备在一届人大二次会议上发言。为慎重起见,他先将发言稿交给浙江人大代表小组征求意见。但是,除少数代表表示赞同以外,多数人表示反对或不置可否。一些人认为他的主张是宣扬马尔萨斯主义。马寅初从当时的不同意见中看出,当时的环境还不宜讨论这个问题,便主动把提交大会的发言稿撤了回去。1956年马寅初再次去上海、浙江等地视察,就人口与生产的关系在10个县市、约20个农业生产合作社和一个渔业合作社进行了详细的、深入的调查,并且把调查材料整理成发言稿,于当年6月21日在一届人大三次会议上做了发言。在党的八大上,周恩来在"关于发展国民经济第二个五年计划的建议"的报告中,提出"卫生部门应该协助有关方面对节育问题适当宣传,并且采取有效措施"和《1956—1967年全国农业发展纲要》公布之后,马寅初认为党和国家开始重视人口问题,感到非常高兴,认为解决人口问题的时机已经成熟,1957年3月1日,在最高国务会议第十一次(扩大)会议上,就"人口控制"问题发表了自己的意见。

毛泽东在这次会议上的讲话中,肯定并支持了马寅初的观点,指出:"人口控制在6亿,一个也不多啦?这是一种假设。……现在我国人口每年增长1000多万。你要他不增长,很难,因为现在是无政府状态,必然王国还没有变成自由王国。在这方面,人类还完全不自觉,没有想出办法来。我们可以研究也应该研究这个问题。政府应该设立一个部门或一个委员会,人民团体可以广泛地研究这个问题,是可以想出办法来的。总而言之,人类要自己控制自己,有时候使他能够增加一点,有时候使他能停顿一下,有时候减少一点,波浪式前进,实现有计划生育。这一条马寅初今天讲得很好,我跟他是同志。从前他的意见没有放出来,有人反对,今天算是畅所欲言了。这个问题很值得研究,政府应该设机关,还要有一些办法。人民有没有这个要求?农民要求节育,人口太多的家庭要求节育,城市、农村都有这个要求,说没有要求是不适当的。"[14]

此后,马寅初先后在不同场合发表了他的观点。1957年4月,马寅初在北京大学公开发表关于人口问题的演讲,以大量具体的调查数据和生动鲜明的事例,阐述他在人口问题上的见解。6月,马寅初将报告稿加工整理,作为一项提案,提交一届人大四次会议;7月5日《人民日报》全文发表,这就是著名的《新人口论》。

正当马寅初就人口问题不断发表演讲,当《新人口论》逐步形成和发表的时候，也是反右斗争刚刚开始的时候。这时就有人传出要批马寅初，报刊上有些文章已不点名地对他进行批判，更有甚者主张把马寅初定为"右派"。当时中央统战部负责人向周总理汇报，周总理明确指出不能划为"右派"。

1958年5月，反右斗争基本结束。5月4日，在北大60周年校庆大会上，陈伯达突然点了马寅初的名，要马寅初做检讨。7月1日，号称"理论权威"的康生到北大做报告，他阴阳怪气地讲："听说你们北大出了个'新人口论'，作者也姓马。这是哪家的马啊？是马克思的马呢，还是马尔萨斯的马呢？我看是马尔萨斯的马！"此后，声势浩大的批判开始了。但是，直到1959年下半年，对马寅初的批判基本上还是在学术范围内。马寅初也在不同刊物上发表了大量反驳文章。1959年12月，马寅初写了《重申我的请求》一文，要求在《新建设》1960年1月号上发表。但是文章还没有发表，就传到了康生手里。康生直接插手，亲自部署批马运动。康生对北大当时的领导人讲，马寅初最近很猖狂，给《新建设》写了《重申我的请求》，猖狂进攻，他的问题已不是学术问题，而是借学术为名，搞右派进攻，要对他进行彻底揭发批判，把大字报一直贴到马寅初的门上去。他的校长是不能做了。[15]在康生的直接插手和布置下，北京大学掀起了全校规模的批判马寅初高潮，把学术问题推到了政治舞台上，给马寅初扣上了"假学术之名，向党向社会主义进攻""历史上一贯反党、反社会主义、反马列主义"等一顶顶污蔑不实的大帽子，直到马寅初被迫辞去北大校长之职。

毫无疑问，对《新人口论》和马寅初的批判，是对真理的践踏，是对一个坚持真理的知识分子的政治迫害，它对我国人口问题的理论研究和学术探讨产生了较大的影响。但是，对马寅初的批判，对我国的人口政策和实际计生工作的影响即使有的话，也不会太大。这是因为：

第一，反右运动和批判马寅初的相当一段时间（1957—1958年），有关节制生育和计划生育的宣传活动并没有停止，1958年国家还出版了大量宣传书籍，如《节制生育宣传手册》《有计划地生育子女》《避孕常识》等。卫生部的宣传要点通知中，仍然强调"应加强节制生育的宣传"。[16]这就是说，在这段时期里，国家关于计划生育的宣传政策并没有受到影响。

第二，1959—1961年，未看到或者是停止了对节制生育和计划生育的宣传和推广，但是主要原因是特殊时期人为灾难导致国家的一切正常活动的停止。同时，我们没有看到任何鼓励生育和检讨关于"提倡节制生育、推广计划生育、控制人口增长"的错误的文件和说明。因此不能说对《新人口论》和马寅初的批判，导致这一时期错误的人口政策的产生。

第三，1962—1966年，随着国民经济形势的好转，中央加大了节育的宣传，并且首次以中共中央、国务院正式文件的形式发表《关于认真提倡计划生育的指示》，把节制生育、控制人口增长作为"我国社会主义建设中既定的政策"予以确认。[17]这个文件是我国计划生育工作的一个重要的里程碑，它标志着党和政府已经把计划生育工作提上了重要的议事日程。从计划生育工作的实践来看，20世纪60年代，是我国计划生育工作取得重要突破的时期。这表现在：

首先，这一时期，自上而下建立了专门的计划生育工作机构，国务院成立了计划生育委员会，各省区市也建立了相应的工作结构，这为计划生育工作的全面开展提供了组织保证。

其次，从不同层次提出了计划生育的政策目标和规划。例如，周恩来提出要在20世纪内把我国的人口增长率降到1%以下，各省市也制定了相应的人口出生率和增长率的近期和远期目标。生育政策上出现了"一个不少，两个正好，三个多了"和"少、稀、晚"的口号，这实际上是我国20世纪70年代以来实行的人口政策的雏形。

最后，开展了较大规模的节育技术指导，明确了计划生育经费的开支渠道，加强了避孕宣传，改善了避孕药具的供应，为计生工作提供了良好的物质技术条件。

因此，我们认为，20世纪五六十年代我国计划生育政策和计划生育工作并没有受到对马寅初《新人口论》批判的多大影响，相反，20世纪50年代的节育宣传和20世纪60年代的计划生育工作实践是我国整个计划生育工作的必经阶段，是在复杂的政治经济条件下开创计划生育工作的新尝试。对计划生育政策和工作影响最大的是三年自然灾害和"文化大革命"初期的政治动乱，而这两次灾难影响的不仅仅是计划生育，它使我国所有的正常工作都处于瘫痪。

四、"错批一人，多增三亿"的提法缺乏科学依据

在中国人口学界，有一种观点甚为流行，即认为中国人口之所以迅速增长，其原因是20世纪50年代没有能够采纳马寅初先生提出的节制生育、控制人口增长的合理建议，反而把马寅初的正确主张当成"新马尔萨斯主义"进行批判，从而导致人口膨胀。这种观点广为流传，以至被人概括为"错批一人，多增三亿"，成为一段时期对20世纪五六十年代我国计生政策和计生工作占主导地位的评价。而这种观点的潜意识是对我国20世纪五六十年代计划生育政策和工作的全盘否定，对毛泽东人口思想的巨大谴责。

那么，是不是真的是"错批一人，多增三亿"呢？

第一，上文已经指出，对马寅初的批判始于1957年底，批判高潮是在1959年底。对马寅初以及他的《新人口论》的公开平反是在1979年6月，"错批一人，多增三亿"观点的出笼是在1979年8月。1957年，我国的人口总数为6.46亿，而到1979年，我国的人口总数为9.75亿。22年间，总共增加3.29亿。如果真是"错批一人，多增三亿"，那么，意味着这22年间，如果我们不批判马寅初，或者采纳马寅初提出的主张，严格控制人口增长，就只会增加2900万，几乎是"零"增长。稍有人口学常识的人都知道，即使我国在马寅初提出控制人口的当时就采取最为严厉的措施，把全国的妇女总和生育率立即降到更替水平以下（而这是绝对不可能的），人口增长的巨大惯性，也不可能使这段时期的人口就达到"零"增长。因此，"错批一人，多增三亿"，实属违背人口学基本常识的最大笑话。

第二，众所周知，中国的前两次人口增长高峰分别发生在1952—1957年和1962—1968年。这两次人口增长高峰恰恰与批判马寅初在时间上风马牛不相及。而对马寅初批判的高潮和批判之后，中国的人口不仅没有出现大的增长，相反，1960—1961年，是新中国历史上绝无仅有的人口负增长时期。1960年比1959年减少1000万人，人口增长率为-14.88‰；1961年比1960年减少348万，下降5.26‰。因此，把中国人口增长的原因归结为对马寅初的批判，即"错批一人，多增三亿"，在时间序列上也找不到任何根据。

第三，影响人口增长的直接因素主要有社会经济条件、人口政策、传统文化和意识，政治因素和人口理论是通过社会经济条件和人口政策间接地影响人口增长。从我国人口增长的实践以及世界各国人口增长的规律来看，社会经济条件是起基础性作用的，它直接导致人口按照一定规律变化；人口政策对一定时期的人口变化起着极为重要的作用，直接影响人口的增长速度、规模和结构变化；传统文化和意识对人口增长也有重要的影响。对马寅初的批判主要是在学术领域，后来在陈伯达、康生的直接插手下，也发展成为政治迫害，但是对人口政策的直接影响并不突出。20世纪五六十年代所实行的人口政策在很大程度上与马寅初的主张是一致的。与此同时，批判马寅初所造成的影响主要集中在当时社会的上层和一部分社会精英及知识分子中，对于普通市民和广大农民来说，由于当时条件的限制和自身的局限，批判马寅初不可能对他们的生育行为产生多大影响，他们只是按照自己的意愿在生儿育女。因此，"错批一人，多增三亿"，在逻辑上也是说不通的。

总之，毛泽东的人口思想是整个毛泽东思想的重要组成部分，毛泽东人口思想的主基调是提倡节育，主张有计划地生育。客观地看待历史，说毛泽东主张人口越多越好、鼓励生育和人口增长，是没有科学根据的。毛泽东人口思想的主基调，即提倡节育，主张有计划地生育，是我国人口政策的重要依据。把对马寅初及其《新人口论》的批判说成我国人口增长的根本原因，甚至概括为"错批一人，多增三亿"，是荒谬的。

在中国历史上可能有许多难以解开的谜，对马寅初的批判有许多细节至今仍然难以确定。但是，我们可以看到的材料是至少毛泽东在1957年3月的最高国务会议第十一次（扩大）会议上，肯定和支持了马寅初的人口主张。因此，把对马寅初的批判归结为毛泽东个人，是不符合历史事实的。正如《中国共产党中央委员会关于建国以来若干历史问题的决议》中所指出的，"我们现在赖以进行现代化建设的物质技术基础，很大一部分是这个期间建设起来的；全国经济文化建设等方面的骨干力量和他们的工作经验，大部分也是在这个期间培养和积累起来的。这是这个期间党的工作的主导方面"。在全面建设社会主义的10年中，"一切成就，是以毛泽东同志为首的党中央集体领导下取得的。这个期间工作中的错误，责任同样也在党中央的领导集体"。"不能把所有错误归咎于毛泽东同志个人。"[18]

中国人口众多，给社会经济以及整个社会的可持续发展带来了巨大的压力，这是今天人们的共识。而中国人口的巨大增长，是各种因素综合作用的结果。在新的世纪，当我们已经进入低生育水平国家的行列，在新的起点上全面建设小康社会的时候，回顾历史，总结经验，我们不能忘记毛泽东和以毛泽东为核心的中国共产党的第一代领导集体在中华人民共和国成立以后的20世纪五六十年代，为我国的人口和计划生育工作所做出的伟大贡献。

参考文献

[1]《毛泽东选集》第4卷，人民出版社，1960年版，第1399页。

[2]《毛泽东选集》第4卷，人民出版社，1960年版，第1400页。

[3]《毛泽东选集》第4卷，人民出版社，1960年版，第1399页。

[4] 周恩来："第一个五年建设计划的基本任务"，载彭珮云：《中国计划生育全书》，中国人口出版社，1997年版，第133页。

[5][16] 孙沐寒：《中国计划生育纪事》，红旗出版社，1987年版。

[6] 孙沐寒：《中国计划生育史》，北方妇女儿童出版社，1990年版。

［7］翟振武："20世纪50年代中国人口政策的回顾与再评价",见《中国人口科学》,2000年第1期。

［8］［9］［10］［12］［14］［17］彭珮云:《中国计划生育全书》,中国人口出版社,1997年版。

［11］《毛泽东选集》第五卷,人民出版社1977年版,第471页。

［13］［15］韩文宁:"'新人口论'与批马运动始末",《世纪采风》,1997年第7期。

［18］中共中央文献研究室:《三中全会以来重要文献选编（下）》,人民出版社,1982年版。

本文曾在2003年第4期《西北人口》杂志上发表。

用科学发展观指导西北地区的人口与发展

一、传统发展观造就的辉煌与困惑

从区域发展角度来看，任何一个地区，在一个国家的国民经济和社会发展中，都承担着一定的功能，具有不同的定位，在国家的区域分工格局中都有自己独特的地位和作用。而这种地位和作用会随着一个国家政治经济形势的变化，随着国民经济和社会的发展而发生变化。

西北地区是中国古代文化的摇篮，是中华民族的发祥地之一，闻名世界的"丝绸之路"曾经是西北地区繁荣的象征。只是在近代，一方面由于科学技术的迅速发展，海洋经济的崛起和海洋时代的到来，西北的"地利"迅速丧失；另一方面，由于历代统治者的巧取豪夺，到中华人民共和国成立前夕，西北地区经济凋敝，民不聊生。

中华人民共和国成立以来，党和政府的高度关注，西北地区的社会经济得到迅速发展，在国民经济和区域分工格局中发挥着重要的作用。

首先，在"一五""二五"和"三线建设"时期，国家的大量投资，大中型骨干企业迅速崛起，西北地区成为我国重要的能源、原材料工业和新兴工业的基地。"一五"和"二五"期间，国家把西北地区，特别是陕西、甘肃两省作为重点发展地区，把156个重点工业建设项目中的40个放在陕西和甘肃两省，其中陕西24项，甘肃16项。在此期间，加上配套工程，国家在陕西的工业投资累积达35.6亿元，建成了57个大中型骨干企业，使陕西不仅成为西北最大的工业基地，而且成为全国军工机械、纺织、煤炭、电力等新兴工业的重要生产基地。在甘肃，包括"五大摇篮"工业在内的42个大中型工业骨干企业陆续投产，使甘肃省成为我国当时最重要的石油化工、石油机械、有色金属等工业基地。除陕西、甘肃两省以外，国家在新疆也大量投资了一批大中型工业骨干企业。

"三线"建设时期，一方面，国家继续向西北地区大量投资，安排了许多新的工业项目,特别是军工项目;另一方面,将东部大批工业企业内迁西北和其他内地省份,使西北地区成为我国重要的航空航天、电子、精密仪器仪表、机械、纺织、轻工、能源和原材料工业基地。在此期间,在继续加强陕西、甘肃两省的工业实力的同时,宁夏、新疆、青海也得到了较快发展,先后建成煤炭、电力、石油、机械制造、冶金、纺织等大中型工业骨干企业。

总之,通过这一时期的建设,西北地区作为我国重要的能源、原材料工业和新兴工业的基地,在国民经济和社会发展以及国家安全方面都发挥着重要作用。

在经济迅速发展的同时,带动了大量的人口迁移,特别是各方面建设人才的迁入,使西北地区具有相对的人才优势。与此同时,生活条件的改善,人口出生率、自然增长率都达到了历史的高峰,到1978年,西北地区的人口比1953年增加了近一倍,由3536万增加到6604万,平均每年增加122万多,占全国人口的比重也从5.87%上升到6.86%(见表1)。

表1 西北五省区人口及其占全国人口的比重 单位:万人、%

年份	全国	陕西	甘肃	新疆	青海	宁夏	地区合计	人口比重
1953	60194	1588.13	1292.81	487.36	167.65	——	3535.95	5.87
1978	96259	2780.00	1870.10	1233.00	364.90	355.60	6603.60	6.86
1990	114333	3316.00	2254.70	1529.20	447.70	465.70	8013.30	7.00
2000	126583	3644.00	2556.90	1846.30	516.50	554.30	9118.00	7.20
2004	129988	3705.20	2618.78	1963.11	538.60	587.71	9413.40	7.24

资料来源:1.《中国统计年鉴》(2003),中国统计出版社。
2. 2004年有关省区《国民经济和社会发展统计公报》。

其次,改革开放以来,特别是近几年的西部大开发,给西北地区的发展带来了新的机遇,西北地区的社会经济发展也进入了一个新的阶段。20多年来,特别是最近五年来,西北地区的社会经济取得重大进展和明显成效。据统计,从2000年到2004年,地区生产总值以8%~12%速度增长,高于前些年的增长速度。与此同时,政府财政收入逐年增长,人民生活不断改善。

但是,我们应该清楚地看到,西北地区的发展,面临着十分艰巨的任务:与东部地区乃至全国平均水平相比,经济发展仍然相对滞后,发展差距还在不断拉大(见表2);粗放的经济增长方式对资源环境的压力日益突出;生态环境的恶化,对可持续发展的影响不断增加;人口的数量膨胀与人才的流失和短缺对区域发展造成严重制约。

表 2　西北地区经济发展状况及其差距比较

省区	国内生产总值（亿元）1978	国内生产总值（亿元）2004	国内生产总值占全国的(%) 1978	国内生产总值占全国的(%) 2004	人均国内生产总值（元）1978	人均国内生产总值（元）2004	人均国内生产总值相当于全国的(%) 1978	人均国内生产总值相当于全国的(%) 2004	农民人均纯收入（元）1978	农民人均纯收入（元）2004	职工平均工资（元）1978	职工平均工资（元）2004
全国	3624.10	136515	100.00	100.00	379	10502	100.00	100.00	133.60	2936	615	16024
浙江	249.24	11243	6.87	8.24	430	23942	113.40	227.90	153	6096	544	23101
广东	184.73	16039	5.09	11.75	367	19316	96.80	183.90	193.30	4366	615	21000
陕西	81.07	2884	2.24	2.11	294	7757	77.60	73.86	134	1867	654	13024
甘肃	64.73	1559	1.78	1.14	348	5970	91.82	56.84	101	1852	708	12307
青海	15.54	466	0.43	0.34	428	8606	112.90	81.95	113	2005	907	15356
宁夏	13.0	460	0.35	0.34	370	7880	97.63	75.03	116	2320	726	14709
新疆	39.07	2200	1.08	1.61	313	11199	82.58	106.60	119	2245	717	14484
西北	213.41	7569	5.88	5.54	—	8040	—	76.56	—	—	—	—

资料来源：1.《改革开放17年来的中国地区经济》，中国统计出版社，1996年12月。
2.2004年相关统计公报。

中央提出了科学发展观,这对西北的发展具有非常重要的指导意义。但落实好、实践好科学发展观,谋划发展思路、制定发展措施,建设和谐社会,却并不是轻而易举的,也不可能一蹴而就。

二、问题与挑战

中国近30年经济快速增长以及随之而来的人均收入水平大幅度提高的"奇迹"并没有被各个地区均等地分享。经过这么多年改革开放的历练,中国的地区发展差距不仅没有缩小反而在不断扩大,这也验证了库兹涅茨的"倒U形"理论。问题是根据"倒U形"理论,人均收入达到1000美元时,应该达到一个拐点,但是到目前为止,这一拐点还没有出现。作为建设社会主义现代化的国家,一些地区长期发展滞后,对西部乃至全国而言是一个关乎公平、正义的严重问题。1999年国家启动的西部大开发战略显示出中央政府为解决这一问题的意图和努力。根据发展经济学的理论,资本、人力、技术、制度创新等诸要素都能够促进经济增长。见效最快的无疑当属投入资本。显然,如果不考虑经济效率,则有投入总会有产出,无论是自然资源、物质资本还是劳动的投入,均能带来国内生产总值的增长,这是不言而喻的。西部大开发秉持的正是这一思路。过去的五年是中华人民共和国成立以来国家对包括西北地区在内的西部地区投资最多的五年。五年间,中央财政性建设资金累计投入4600亿元人民币,中央财政转移支付和专项补助资金累计安排5000余亿元。巨大的资金投入是支撑近几年发展的主要动力。从这个角度看,西北地区需要一个资本原始积累的过程,而这一过程既要避免以往东部地区原始积累过程中的种种弊端,又要培育起成熟的市场经济主体。然而,遗憾的是包括西北在内的西部地区,在中央资金大量投入的情况下,并未带动地方完成资本原始积累的全过程。

与此同时,不断膨胀的人口数量、粗放的经济增长方式、传统的发展思路,不仅导致社会经济发展的相对滞后,在国民经济和社会发展中的地位相对下降,而且以荒漠化为综合表现的环境问题也日益突出。社会经济发展相对落后,相对的收入水平下降(以兰州为例,据甘肃省城调队的调查,1978年至1993年期间,兰州市职工平均工资连续15年高于全国,而从1993年至2004年,兰州市职工平均工资却连续10年低于全国水平),环境问题表现突出等众多原因,造成大量人才流失。以甘肃为例,根据2003年组织部门进行的专门调查结果,1998年至2002年期间,133家科研单位共调出专业技术人员4986人,调入3054人,流出和流入的差额是1932人。其中高级职称调出999人,调入30人,差额是969人;中级职称调出178人,调入45人,差额是133人;高层次经营管理人才调出 78 人，调入 12 人，差额是 66 人。可以看出，不仅总量流出远大于流入，而且层次越高差额越大。该省每百万人口中大中专毕业人数在全国的排位，从 1990 年的第十八位降至 2001 年的第二十四位。以兰州大学为例，在过去五年内，其减少的高职或博士等高水平人才人数达 170 人，而同期增加仅为 80 人。同时，流出的都是一些学科的带头人，是将帅之才，流入的多为新毕业的学生。在过去 10 年间，该校流失的高水平人才，完全可以再办一所同样水平的大学。类似的情况在其他省区都在发生，西北地区逐渐成了东、中部地区的"人才培养基地"，西北地区人才的相对优势已经丧失。相反，大量贫困人口的存在（表3、表4），使扶贫成为西北地区重要的政治经济任务。

表3 "国家八七扶贫攻坚计划"中西北五省区贫困县和贫困人口

省区	贫困人口（万）	占全国贫困人口（%）	占本省人口（%）	贫困县（个）	占全国贫困县（%）
陕西	524.30	6.50	15.22	50	8.44
甘肃	499.90	6.20	21.31	41	6.92
新疆	119.20	1.48	7.42	25	4.22
青海	53.10	0.66	11.37	14	2.36
宁夏	105.70	1.31	21.35	8	1.35

资料来源：郭志仪："贫困实质的理论分析与中国的反贫困斗争"，《西北人口》，1996年第3期。

表4 2001 年西北地区扶贫重点县及其占县级单位的比重

省区	县级单位（个）	比重（%）	扶贫重点县（个）	占县级单位（%）	占全国扶贫重点县（%）
全国	2658	100.0	592	22.27	100.00
陕西	108	4.06	50	46.30	8.45
甘肃	86	3.23	43	50	7.26
新疆	96	3.61	27	28.13	4.56
青海	43	1.61	15	34.88	2.53
宁夏	25	0.94	8	32	1.35
西北合计	358	13.47	143	39.94	24.15

资料来源：国家统计局农村社会经济调查总队：《2002 年中国农村贫困监测报告》。

我们认为，目前西北地区在发展中遇到的最突出的问题与挑战是以下三点。

1. 水资源的短缺限制了西北地区社会经济的进一步发展

根据水利部有关部门评价成果，包括内蒙古在内的西北地区多年平均水资源总量为1635亿立方米，现状条件下西北地区全区可被经济社会和生态环境系统所利用的总水资源量为1484亿立方米，其中黄河西北片为533亿立方米，西北内陆河流域为951亿立方米。

2000年西北地区供水总量已达到871亿立方米，水资源利用率（供水量和水资源总量的比值），全区综合为53.3%，其中黄河西北片为55%，西北内陆河流域为52.5%。甘肃河西走廊的开发利用率已达到92%，其中石羊河为154%，黑河为112%（主要是水资源的重复利用和超采了地下水），新疆的塔里木河为79%，准噶尔盆地为80%。调查研究发现，区内凡是水资源利用率高于70%的河流，生态环境问题均十分突出。2000年西北地区总用水量中，生活用水量40亿立方米，工业用水量53亿立方米，农业用水量778亿立方米。因农业用水比重大，全区综合人均用水量高达949立方米，在全国居首位；但单方水国内生产总值产出仅3.4元，居全国末位。全区经济社会系统耗水总量中，农林牧渔耗水量占91.8%。西北地区经济社会系统耗水量占水资源可利用量的综合比值为37%，其中黄河西北片为30%，西北内陆区为50%。但各分区的比值在地域上很不平衡，超过50%的地区有：新疆的艾比湖流域（53%）、天山北麓中段诸小河（67%）、天山北麓东段诸小河（58%）、吐哈盆地（64%）、阿克苏河流域（57%）、渭干河流域（59%）、叶尔羌河流域（62%）、喀什噶尔河流域（69%）、甘肃的黑河流域（56%）和石羊河流域（108%）等。而凡是经济社会系统耗水量超过50%的地区，均会出现严重或十分严重的生态环境问题。西北地区基本上为干旱、半干旱地区，人类活动和生态系统均依赖于径流性水资源，有限的径流性水资源既要支撑经济社会发展，还要支持生态环境的稳定，考虑到干旱区生态环境对水资源的要求，西北内陆区一定要保证生态环境的耗水不低于水资源总量的50%。

这样看，西北地区水资源紧张程度已经非常突出。解决问题的办法：首先，增加水资源的供给，只有大量引水，目前看不现实；其次，减少社会经济系统的用水量，这有几条办法：一是调整经济结构，大规模缩减高耗水产业，一时有难度；二是节水，数量有限；三是移民。所有这些办法与措施要大规模实行都有难度，而局部的、小的行动其作用有限。这就大大限制了西北地区社会经济发展的选择余地。

2. 传统的发展模式与经济增长模式没有得到根本的改变，致使生态环境的人口容量达到上限

生态环境的人口容量是相对的，在生产力提高、资源消耗逐步减少的条件下，人类对环境的适应能力得到提高，从而可以扩大环境的人口容量。西北地区的问题在于，在人口增加和经济规模不断增长的过程中，生产方式仍局限于传统、粗放的外延型，生产力水平没有得到同步的提高。

首先，在农业中，传统的农业增长模式和发展思路，导致环境问题日益突出，人口容量相对下降。中华人民共和国成立以来，特别是改革开放近30年来，人们改造自然的能力增强，对自然资源不合理的开发利用（如盲目扩大种植面积、追求产值产量）导致生态环境严峻。例如在贺兰山以西的内陆河流域，一些地区在河流中游修建平原水库，基本控制了河流的径流，虽然发展了灌溉，但平原水库建成之日，往往就是下游断流之时。在牧区生产发展中，片面追求牲畜头数的增长，使草原超载退化。在传统的农牧交错区和牧区，进一步大规模地开荒种地，使土地沙化面积不断扩大。

人口的增加，生存的压力和致富的欲望，人类活动发展起来了人工的生态系统，耗用了很大一部分原属于天然生态的水资源。在人类活动加剧、水资源开发利用程度较高的情况下，水资源的天然分布被明显改变，人工绿洲增加的同时，一部分天然绿洲萎缩，甚至消亡。20世纪70年代至20世纪90年代，西北地区的林草地减少了38万平方千米，荒漠化土地增加了37万平方千米，湖泊面积减少了960平方千米，而人工绿洲增加了8300平方千米，水库坑塘面积增加了723平方千米。与此同时，沙尘暴的发生频率有增加趋势。新疆的塔里木河流域，解放初耕地只有66.7亿平方米，现在发展到153亿平方米，耕地用水多了，生态用水就少了，造成河湖萎缩，下游断流320千米，台特马湖干枯，地下水位下降，生态林锐减，下游胡杨林面积由20世纪50年代的5亿平方米减少到现在的6666亿平方米。

其次，在工业中，粗放经营不仅大量浪费了资源，而且造成了严重的污染。西北地区的许多工业仍然沿袭了传统的经营方式，大多是"三高一低"（高耗能、高耗材、高污染和低附加值）的工业，资源的综合利用率仍然不高，这不仅浪费资源，也造成了环境的污染。以水污染的情况为例，根据"防污减灾"课题组的研究报告，黄河干流、渭河干流、石羊河流域、疏勒河流域等21个城市（地区）的主要河段，已经受到严重污染，不能满足农业灌溉用水标准要求，有的已经成为黑臭河段，水质已属于Ⅴ类或劣于Ⅴ类。污染严重河流的流域面积虽只占西北地区总面积的13.0%，但这些地区是城镇工矿集中、人口稠密区域，也是今后城镇发展的主要区域，目前受影响人口已经达到西北地区总人口的55.2%。新疆的乌鲁木齐市、甘肃的白银市以及陕西的铜川市等14个城市（地区），主要河流水质多属于Ⅳ类，污染河流的流域面积约占西北地区总面积的27.2%，受影响的人口约占西北地区总人口的23.9%。此类污染区域的地表水尚可满足工农业生产要求，但已经不能作为饮用水源。若不能有效控制城镇和工矿企业的污染排放，将很快成为严重污染区域。西北地区尚有27个地市的主要河流水质基本保持在Ⅱ~Ⅲ类，尚未受到明显污染。虽然水质良好区域面积占西北地区的59.8%，但大部分属于荒漠地带，其人口仅占总人口的20.9%。

3. 人与自然缺乏和谐共存的局面，生态环境的恶化威胁着西北地区可持续发展

西北地区的生态环境在长期历史演变中出现种种问题，如干旱缺水、河湖干涸、水土流失、植被退化等，根据中国工程院的研究报告，西北生态环境的主要危机综合表现为土地荒漠化。人类不合理的经济活动，土地资源的过度利用是引起土地荒漠化的主因。这表现在：①草原牧区严重超载放牧，造成大面积退化甚至沙化；②在农牧交错区，滥垦、滥牧、滥樵、滥采，造成了大面积土地退化甚至沙化；③在农区，不合理的种植结构和耕作制度，造成一些地方的土地退化甚至沙化；④在有些山区，滥伐滥垦造成了林地的退化；⑤在黄土高原区，由于边治理、边破坏，土壤侵蚀总面积仍有所增加。

土地荒漠化是沙尘暴加剧的重要原因。沙尘暴是一种自然现象，从自然规律的角度看，沙尘暴是不可能被消灭的。但人类不合理的经济活动破坏了一些地方的地表覆盖，助长或促进了沙尘暴的发生和发展。因此，西北地区荒漠化土地的扩大是我国近年来沙尘暴强度增加的一个重要原因。

总的来看，西北地区生态环境危机的深层次原因是人类占用了过多的自然资源。20世纪以来，人口从大约1400万增至接近1亿人。在相对落后的生产方式下，为了供养不断增长的人口数量，不得不依靠破坏性地掠夺自然资源（包括污染自然资源），从而造成生态环境的严重破坏，造成了人地关系的紧张，人与自然不能和谐共存的局面。

三、用科学发展观保证西北地区人与自然的和谐共存与发展

综上所述，可以看出，西北地区的所有问题，都与人口紧密相连。为了保证西北地区社会经济的可持续发展，必须确立人与自然和谐共存的发展方针，必须实施适当的人口政策，控制人口数量的过度增长，并且以自然资源，特别是水资源的可持续利用，生态环境系统的稳定与恢复，支持经济与社会的可持

续发展。

1. 从控制人口数量增长和提高环境人口容量两个方面同时解决人与自然的和谐共存与发展问题

西北地区的许多地方，从目前的社会经济发展水平与环境容量来看，人口的数量已经超载。但是我们不可能在短期内解决人口数量的减少问题，因为西北地区人口数量必然还要继续增加，大规模移民缺乏现实的可能性。因此，唯一可行的办法是严格控制人口数量的过度增长，同时通过大幅度提高社会经济的发展水平，增加地区的环境人口容量。

①严格控制人口数量增长。

前面已经指出，从生态学的角度，以现有的社会经济发展水平与环境容量来看，西北许多地方人口的数量已经超载，这基本上已经达成共识。而且根据预测，在未来30多年中，西北地区的人口还会持续增加，增加数量在4000万左右。也就是说，西北地区未来人口的峰值大约在1.3亿。如果适当调整人口政策，严格把人口控制在1.2亿~1.3亿，再通过提高社会经济发展水平来增加环境人口容量，建立人与自然的和谐共存与发展才有可能。

②调整产业结构，建立生态经济—循环经济—节约资源的社会经济系统，增加环境的人口容量。

西北地区产业结构与资源环境的矛盾突出，城乡发展差距逐年拉大。只有从根本上调整产业结构，才能提高经济效率和发展水平。在调整结构方面，需要考虑以下几个问题。

首先，关于粮食安全问题。就西北地区来说，有没有必要要求各地都粮食自给？一方面，粮食在某种意义上是水资源的载体，在西北地区，90%的用水在农业，西北地区占有全国18%的耕地、19%的水资源，仅生产了全国8.8%的粮食；另一方面，西北一些产粮区由于区位劣势，在全国卖粮难的情况下，这些地区卖粮更难。在正常情况下，粮食完全可以通过市场调剂解决，没有必要让陕西、甘肃、青海等省也粮食自给。腾出来的土地和水资源可以发展高效特色和高附加值的农业，同时为工业化和城市化创造条件。

其次，压缩种植业，形成合理的农牧空间布局。西北地区种植业占70%左右，畜牧业比重仅为28.5%左右。在种植业内部，高耗水的粮食作物比例大；粮食作物结构中，夏粮面积大。西北地区拥有草地17.533亿平方米，占全国的64%，而牧业产值仅占全国的7.5%，生产的肉类仅占6.7%。造成这种状况的直接原因是农牧业结构与本地区水资源贫乏而草地资源丰富的资源结构严重错位。牧区和农区相互分隔，不能形成区域优势互补的农牧空间布局。只有压缩种植业，形成合理的农牧空间布局，才能大大提高农业的生产效率，逐步实现农业向水土资源合理开发与农民增收致富结构类型转变。

最后，发展高效、新型、能够综合利用资源、减少废物排放的新型工业体系，推进工业化进程，走工业强区的道路。西北地区在可预见的将来，仍然是我国重要的能源、原材料工业基地，必须加强优势资源的深加工，延长产业链，提高综合利用的水平，提高科技含量，发展消耗低、污染少、效益高的产业，走一条新型的工业化的路子。

③加快城市化建设，是提高水和土地资源的利用效率和效益，增加环境人口容量，推动西北地区实现人与自然和谐共存与发展的重要组成部分。

目前西北地区的城市化水平低于全国的平均水平。如果按照全面建设小康水平的标准要求，15年之后，西北地区将有一半的人居住在城镇。西北地区的城市化，要因地制宜，在进一步发展大城市的基础上，大力发展中小城镇，完善区域中心城市的职能。特别要加速省会城市的发展，在省会城市形成"经济集聚中心"，统筹省会城市与其外围地区的协调、均衡发展，通过省会城市"集聚中心"的技术扩散作用带动外围地区的经济发展。

经过数千年的发展，特别是最近半个世纪的建设，西北地区已形成"四带一环"的城镇格局。"四带"是指4条主要以省会特大城市和大城市为中心的城市带，包括西宁—兰州—渭河流域城市带、呼和浩特—包头—银川城市带、武威—张掖—酒泉河西走廊城市带和以乌鲁木齐为中心的天山北麓城市带。"一环"是指沿塔里木盆地边缘分布的城市环带。这种基本格局在未来几十年内不会有大的改变，西北地区的人口会逐渐向"四带一环"聚集。

2. 在保持和恢复生态环境的过程中，促进人与自然的和谐共存与发展

西北地区生态退化是自然因素和人类活动共同作用的结果。自然因素主要表现为侵蚀。它是自然力作用于生态系统，生态系统的结构和组成发生相应的变化，结果是使土地丧失生产力，生物群落消失，形成沙漠、戈壁、裸地、裸岩等。人类活动对生态系统的负面影响主要包括：不合理的垦殖、过度放牧、森林樵采、采集中药材破坏草皮、水资源的不合理利用等。不同区域引起生态退化的主导因素不同，一个区域的生态退化通常是几个因素综合作用的结果，但是在短时间尺度内，人类活动已成为影响生态退化的一个重要因素。据专家估计，目前85%的沙漠化是由人类活动引起的。

西北地区的生态环境极为脆弱，实际上，过去西北社会经济发展取得的成就，已经在生态上付出了很大的代价。今后，社会经济的发展绝不能以牺牲生态环境为代价。只有大力改善生态环境，西部地区的丰富资源才能得到很好的

开发利用，也才能改善投资环境，引进资金、技术和人才，加快发展步伐。

人与自然和谐共存，就要求人类认识和正确运用自然规律。一切活动都不能违背自然规律，更不能以牺牲生态环境为代价。如果不顺应自然规律，仅凭人们的主观愿望，去建设一个不符合当地自然条件的人为的新的生态系统，则往往事与愿违，不仅收不到预期效果，而且不能持久延续。当然，对于一个人工绿洲、一个城镇，或一个小地区来说，可以建设一个有别于当地自然生态环境的新的子系统，但是这些人工子系统的建设必须以不破坏天然生态大系统的整体性为原则。

沙漠在地球上有其存在的必然性。地球上各种生态系统相互支持和制约，组成了全球的大生态系统。人类与沙漠的正确关系应当是人与沙漠和谐共存，既要避免"沙进人退"，也不要盲目地"向沙漠进军"。总结多年来防沙治沙的正反两方面的经验教训，是"人进沙进，人退沙退"，而不是多年宣传的那样"人进沙退"。生态环境的恢复、建设的目标是防止荒漠化土地的继续扩大，由于人类不合理的经济活动所造成的荒漠化土地，以及不属于荒漠化范围内的退化土地，防治环境的污染。人类可以利用一些水源，在沙漠周边建设一些人工绿洲，但从总体上说，不应当也不可能消灭沙漠或"征服"沙漠。

退耕还林和退耕休牧还草的成败关键，在于退耕还林和退耕休牧还草以后，能否真正建成替代的、可持续发展的生产条件。同时在生态环境建设中，宜林则林，宜草则草，不能简单地以绿化造林，增加森林覆盖率为目标。在干旱和半干旱地区的一些不适合种树的地方，年年植树不见树，或多年后仍是一片小老头树，有的地方为了植树造林而超采地下水，"绿了一条线，黄了一大片"。要真正做到因地制宜，创造人与自然能够和谐共存与发展的生态环境。

3. 中央政府必须继续加大投入，为西北地区建立和谐社会提供资金保证

西北地区在很大程度上承担着生态功能，而这种生态功能是保证国家和民族可持续发展的基本条件，是为国民经济和社会的长期发展不断创造良好的环境。由于自然条件的限制，西北地区的生态环境建设、社会经济的发展，难以依靠自己的力量达到全面小康，难以在国家规定的时限内，顺利实现现代化。这就需要国家不断增加投入，借助财政转移支付和各种专项资金，来支持西北地区的生态环境建设和社会经济发展，使西北地区的生态环境能够得到不断改善，社会经济能够得到全面发展，使西北地区的全体人民能够分享整个国家现代化带来的丰硕成果。我们相信，在国家的大力支持下，在各级政府和全体西北人民的共同努力下，西北地区终究会成为一个环境适宜、社会稳定、经济繁荣，人与自然和谐共存与发展的真正的和谐社会。

参考文献：

［1］"温家宝听取中国工程院关于西北地区战略研究汇报"，新华社，2003年1月21日。

［2］课题组："西北地区水资源及其供需发展趋势分析"，《中国水利》，2003年第5期。

［3］徐树建："我国西北地区生态恢复研究"，《地理学与国土研究》，2002年第2期。

［4］郭志仪："中国西北地区工业骨干企业研究"，甘肃人民出版社，1993年11月。

［5］郭志仪："贫困实质的理论分析与中国的反贫困斗争"，西北人口，1996年3期。

［6］《改革开放十七年的中国地区经济》，中国统计出版社，1996年12月。

［7］《中国统计年鉴》（2003），中国统计出版社。

［8］2004年有关省区国民经济和社会发展统计公报。

本文曾在2006年5月《西北地区人口与发展论坛文集》（中国人口出版社）上发表。

灾后重建：人口、资源、环境方面的考量

2008年5月12日在汶川发生的8.0级地震，造成了严重的人员伤亡和财产损失，受灾的贫困地区脆弱的生态环境更是遭受了空前的破坏。目前，抗震救灾已经开始进入恢复重建阶段，从人口与环境的角度看，贫困地区灾后重建有一些问题值得我们深入思考。

首先，地震属于自然灾害，任何一次自然灾害对人类来说都是巨大的挑战，但是同时也是一次学习的机会。根据《中国环境统计年鉴》的相关资料分析，中国是世界上最典型的灾害大国，无论是灾害类型、受灾次数、受灾面积、受灾人口，还是经济损失都是最多的国家之一。仅就地震而言，20世纪以来，中国共发生6级以上地震近800次，死于地震的人数达55万，占全球地震死亡人数的53%。1949年以来，100多次破坏性地震袭击了22个省（自治区、直辖市），其中涉及东部地区14个省份，造成了27万余人丧生，占全国各类灾害死亡人数的54%，地震成灾面积为30多万平方千米，房屋倒塌超过700万间（数据不包括这次地震）。在这样一个多灾多难的国土上，我们必须扎扎实实地学习国内外抗震救灾的经验，尽量减少灾害带来的损失。

我们知道，虽然人们对自然灾害的认识有一个逐渐深入的过程，但科学家们对于中国地震带的分布已经早有结论，目前我们许多城镇都建在地震带上，为此已经付出了极大的代价。灾后重建，在综合考虑各方面因素的前提下，城镇建设应当尽量避开地震带，这是防止地震和减少地震灾害带来损失的基本前提。在无法避开地震带的情况下，就必须提高防震标准，建立防震设施，这也是在人口集中的城镇遵循自然规律，按自然规律办事的客观要求。我国在以前的邢台、唐山、丽江等地灾后重建中，实际上都还是在原址重建的。目前，对于这次灾区重建是在"原址重建"还是"迁址新建"的问题上，仍有很大的争议，但是，防止地震和减少灾害带来的损失这一基本原则是不会有任何争议的。

其次，要根据主体功能区的划分合理疏散人口。《中华人民共和国国民经济

和社会发展第十一个五年规划纲要》中规定，"根据各地区资源环境承载能力、现有开发密度和发展潜力来划分四大主体功能区"。这次地震灾区处在环境恶劣、各类自然灾害多发地区，而且还处在龙门山地震带上，地震灾害、地质灾害、洪水灾害频发，生态环境极其脆弱。而且从这次受灾人口的情况来看，居住分散和交通不便，不仅严重影响了这里居民的生产生活质量，在一定程度上他们也无法分享经济发展和社会进步带来的成果，同时这里的人口已经超过了环境的承载能力，对本来就极其脆弱的生态环境构成巨大的威胁。所以，从主体功能区的划分上，这里已经被作为限制开发区，部分地区（如自然保护区）是禁止开发区。因此，灾后重建必须考虑到这一特殊的自然环境条件，不能再按照传统的重建思路，而是要利用这次大灾害的机会，有步骤地疏散和搬迁人口，包括已不适宜居住条件的"生态移民"、以青壮年劳动力为主的劳务输出、以孤寡老人、残疾人为主的"福利移民"和以青少年为主的"教育移民"等。我们必须顺应自然，依照自然规律，合理安排我们的城镇建设和人口布局。凡是地震带、山体滑坡地带和资源环境承载力严重不足的地区，大多是不适宜大量人口居住的，同时也都是禁止开发区域，在重建过程中，应该考虑疏散和迁移已有的超载人口，否则，我们不仅还会为地震灾难付出巨大的代价，也会为其他的生态灾难付出巨大的代价。

最后，灾后重建中的产业结构调整与布局问题。这次受灾严重的川西、甘南、陕南地区，本身生态环境极为脆弱，环境容量有限，但是这一带又布局了大量的重化工业。化工、钢铁、煤电等工业在成德绵经济带的聚集发展，环境污染已经相当严重，生态问题已经迫在眉睫。

灾后重建，对于经济结构调整来说，也是一个客观的机会。这次地震受灾严重的川西地区、甘南地区以及陕南地区的自然环境和资源特色非常鲜明，完全可以发展以下一些产业。

一是精准农业。可以利用自身条件，大力发展特色农业和农副产品深加工。目前，国内外市场对于特色有机农产品有大量的需求。国外有的公司就在西部的一些省区寻找没有受到工业污染的地方种植蔬菜、瓜果等，这对于处在青藏高原边缘地带的地震灾区来说是难得的机会。

二是利用旅游资源特别丰富的天然条件，大力发展旅游业。地震灾区的贫困农村如果消除污染，可以说处处都是美景，是我国其他地方无法比拟的，就全世界来说都是独特的。发展旅游业有非常好的条件，而且旅游业关联效应和带动作用都非常明显。

立足于生态和环境特色，大力发展以农产品深加工和旅游为主的绿色产业，这是灾后贫困农村重建过程中经济结构调整的主要方向。这种调整在保护了绿色资源宝库、改善了生态环境的同时，也满足了经济发展的需求，同时也因为高能耗、高污染劳动密集型产业的退出而减少了人口的压力。

本文曾在 2008 年 7 月 16 日第 14 期《中国扶贫》杂志半月刊上发表。

主体功能区的划分与人口的合理分布

一、主体功能区的划分与人口的合理布局

国家在"十一五"规划纲要中明确指出，要根据资源环境承载能力、现有开发密度和发展潜力，统筹考虑我国未来人口分布、经济布局、国土利用和城市化格局，将国土空间划分为优化开发、重点开发、限制开发和禁止开发四类主体功能区。

主体功能区的提出与划分，是落实科学发展观和坚持可持续发展的客观要求，是有效缓解我国资源环境制约日益加剧的必然选择，也是我国由经济大国转变为经济强国的客观需要，具有非常重要的理论和现实意义。

主体功能区的提出与划分，标志着我国在国土资源的空间开发方面从理论到实践，从体制到机制，都有了突破性的进展，是一项重要的创新。《国务院关于编制全国主体功能区规划的意见》中明确指出，主体功能区的规划，必须统筹考虑以下因素。

一是资源环境承载能力。即在自然生态环境下不危害并维系良好生态系统的前提下，特定区域的资源禀赋和环境容量所能承载的经济规模和人口规模。主要包括：水、土地等资源的丰裕程度，水和大气的环境容量，水土流失和沙漠化等的生态敏感性、生物多样性和水源涵养等的生态重要性，地质、地震、气候、风暴潮等自然灾害频发程度等。

二是现有开发密度。主要指特定区域工业化、城市化的程度，包括土地资源、水资源开发强度等。

三是发展潜力。即基于一定资源环境承载能力、特定区域的潜在发展能力，包括经济社会发展基础、科技教育水平、区位条件、历史和民族等地缘因素，以及国家和地区的战略取向等。

可以看出，主体功能区的规划，是要真正做到人与自然、社会和经济的全面协调和可持续发展。因此，无论什么样的主体功能区，都必须以科学合理的人口分布为基础,脱离符合实际的科学的人口分布规划,主体功能区便成了无源之水、无本之木。

为了适应主体功能区的发展规划,国家人口计生委向国务院提交的研究报告中,按照是否适合人口居住进行分类,将人口发展分成疏散区、限制区、稳定区、集聚区等,这的确是一项有重要意义的举措。

目前,在主体功能区的划分中,西部的许多地区都属于限制开发区,这些地区由于资源环境的容量和承载能力限制,其主体功能是保护生态环境,通过生态建设和环境保护,逐步成为全国或区域性的生态屏障和自然、文化保护区域。而在这些地区,与此相对应的人口分布就自然成为疏散区和限制区。从理论上讲,西部的许多地区确实是不适合大量的人口居住的,现有的人口已经超出了环境的容量和资源的承载能力。大量的人口聚居和经济活动,加剧了生态系统的进一步退化和环境问题的日益严重性。严格限制这些地区的人口数量增加并进而疏散人口,似乎是一种必然的选择。但是,现实的情况是这些地区的人口自然增长率远远高于全国的平均水平,且大多数属于少数民族聚居地区,控制人口的数量增加尚有一定的难度,疏散人口或者移民,在操作层面上难度更大。因此,将人口布局分为疏散区、限制区、稳定区、集聚区,是一件很有意义但是非常复杂而且操作难度很大的事情。

二、合理有序的城市化既是社会经济发展的客观要求,也是人口合理布局的必然反映

我国的人口分布,从近代历史看,就是东密西疏,这种分布既是人类长期经济活动的必然结果,也是资源环境条件限制的必然选择。随着人口的不断增加,各地的人口密度也在不断增加。目前,仅从自然密度来看,我国西部地区确实人口密度较低,但是考虑到西部地区大多数是戈壁、沙漠、荒漠和高海拔干旱寒冷,不适合人类生存的地区,真正适合人类生存的地区实际上人口密度并不低(见表1)。

表1 2007年各省区市人口密度

省区市	面积 (万平方千米)	人口 (万人)	国内生产 总值(亿元)	人口自然密度 (人/平方千米)	人口经济密度 (人/百万元)
北京	1.68	1633	9005.20	823	18
上海	0.634	1858	12001.16	2930	15
天津	1.13	1115	5108.28	888	22

续表

省区市	面积（万平方千米）	人口（万人）	国内生产总值（亿元）	人口自然密度（人/平方千米）	人口经济密度（人/百万元）
广东	18.00	9449	30673.71	525	31
江苏	10.26	7624	25560.10	717	30
山东	15.33	9367	25887.70	591	36
浙江	10.20	5060	18638.36	496	27
辽宁	14.59	4298	11021.70	294	39
河北	18.77	6943	13863.36	370	50
福建	12.14	3581	9160.14	295	39
海南	3.50	845	1229.60	241	69
吉林	18.74	2730	3226.08	146	52
黑龙江	46.0	3824	7077.20	83	54
山西	15.60	3393	5696.20	218	60
内蒙古	118.3	2450	6018.81	20	40
江西	16.66	4368	5469.30	262	80
安徽	13.96	6806	7345.00	488	93
湖北	18.59	5699	9150.01	307	62
湖南	21.18	6808	9145.00	628	74
河南	16.70	9360	15058.07	560	62
重庆	8.24	2816	4111.82	342	68
四川	48.50	8127	10505.30	168	77
云南	39.40	4514	4721.87	115	96
广西	23.60	4768	5885.88	317	81
贵州	17.60	3975	2710.28	226	147
西藏	122.84	284	342.19	2	83
陕西	20.56	3748	5369.85	182	70
新疆	166.00	2095	3494.42	13	60
甘肃	45.50	2617	2699.20	58	97
宁夏	6.64	610	834.16	92	73

续表

省区市	面积 （万平方千米）	人口 （万人）	国内生产 总值（亿元）	人口自然密度 （人/平方千米）	人口经济密度 （人/百万元）
青海	72.30	551	760.96	8	72

注：①人口数字一般为常住人口。
②面积数字根据有关统计资料整理，引用时请认真核对。

资料来源：根据各省区市《2007年统计公报》的数据整理计算。

早在20世纪五六十年代，国家就曾经从东、中部地区向西北地区移民，改革开放以后的20世纪80年代，也有人提出向西部大量移民的观点。鉴于当时的生产力水平和人们的认识程度，这是完全可以理解的。随着生产力的发展，按照科学发展观来考虑我国人口的合理布局，西部许多地区确实需要严格限制人口数量的增加并进而疏散人口。但是要想通过大范围的移民（比如向重点开发区移民）来减少西部地区的人口，笔者认为仍然是行不通的。

关于主体功能区的划分和人口布局规划，有人认为作为限制开发区，西部地区不宜进行大规模城市化。这种观点是值得商榷的。笔者认为，合理有序的城市化是西部地区人口合理布局的必然选择。

随着社会经济的发展和现代化，城市化既是现代化的必然结果，也是人口合理布局的必然趋势。我国主体功能区的划分必然要和人口城市化结合起来，否则就谈不上人口的合理布局。像西部这样的限制开发区，能够通过大范围移民来解决人口疏散的数量是相当有限的，从区域内部来讲，必须通过合理有序的城市化来解决人口对资源和环境的压力。

以西部地区特别是西北地区为例，从表2我们可以看出，2007年各省、自治区、直辖市的城市化水平都低于全国的平均水平，差距在1%~13%。人口在生态极为脆弱的地区分散居住，且大都从事农业生产，使这些地区宝贵的水资源基本被消耗在农业灌溉方面，当地表水不够使用时便大量抽取地下水，最终导致水资源过度耗费，荒漠化面积不断扩大，"人进沙退"的美好愿望最终变成了"人进沙进"的残酷现实。因此，像西北荒漠化地区、黄土高原沟壑水土流失区这样的生态脆弱地区，必须通过在有条件的地方加速城市化以集中人口，减少大量分散居住的农业人口导致的生态退化和环境恶化。

三、人口发展与合理布局必须长远规划，循序渐进

配合主体功能区的划分，从长远的战略角度考虑，引导人口的科学合理布局是非常必要的，但是人口的疏散、限制、稳定与聚居，是一项非常复杂的系统工程，它不仅涉及自然环境、生态系统、资源和社会经济发展，而且涉及历史、文化、宗教信仰、传统习俗等复杂问题。根据《国务院关于编制全国主体功能区规划的意见》要求，主体功能区的规划期至2020年，在这10多年的时期内要完成科学的人口布局，特别是要疏散超出环境容量和资源承载能力的现有人口，这几乎是不可能的。所以，笔者认为，要把人口发展与合理布局这件涉及民族和国家长远利益的非常重要的事情做好，必须考虑以下一些问题。

表2 2007年全国各省区市城市化水平一览表

东部地区	城市化率（%）	中部地区	城市化率（%）	西部地区	城市化率（%）
上海	88.70	黑龙江	53.90	内蒙古	50.15
北京	84.50	吉林	53.16	重庆	48.36
天津	76.31	湖北	44.30	宁夏	44.02
广东	63.14	山西	44.03	陕西	40.60
辽宁	59.20	湖南	40.45	青海	40.02
浙江	57.20	江西	39.80	新疆	39.20
江苏	53.20	安徽	38.70	广西	36.24
福建	48.70	河南	34.34	四川	35.60
山东	46.75	——	——	云南	31.59
海南	47.20	——	——	甘肃	31.59
河北	40.37	——	——	贵州	28.24
——	——	——	——	西藏	19.90
全国平均	44.94	——	——	——	——
世界平均	49	——	——	——	——
发达国家	74	欠发达国家	43	最不发达国家	27

资料来源：①各省区市城市化水平数据来自各省区市《2007年统计公报》。
②世界城市化水平数据来自 United Nationl Department of Economic and Social Affairs Population Division. Urban Population，Department and the Environment 2007. 世界城市化水平为

2005年数据。

第一，人口的发展与科学、合理布局是一个循序渐进的过程，不能急于求成。历史地看，总是在资源环境相对优越、能够提供经济发展的一定条件的地方，引起人口在这些区域的聚居。当人口的大量聚居和经济活动规模超过了该区域的环境容量和资源承载能力时，经济效益的下降导致该区域的人口数量逐渐减少。但是，上述某些区域人口的聚居与减少，是一个漫长的历史过程。综合考虑环境容量和资源承载能力，开发密度和发展潜力，中国目前的人口分布存在着明显不合理现象，应该在发展过程中逐步加以改善。但是另一方面也要看到，中国人口分布同其基本的物质前提之间，又长期保持着一种相对的平衡，它之所以形成这样的分布特点，有其客观的原因，并不是什么人随心所欲地造成的。因此，科学合理地规划人口布局，要从长计议，不能急于求成。

第二，必须考虑理论上的科学性和操作层面的可行性的统一。从理论上讲，适应主体功能区的划分，在规划期内（2020年）按照疏散、限制、稳定与聚居完成人口分布规划，使我国能够在较短的时期内有一个既适应环境容量和资源承载力，又符合现有开发密度和未来具有发展潜力的人口分布，那当然是最理想的。但是，如上所述，人口的疏散、限制、稳定与聚居，是一项非常复杂的系统工程，它不仅涉及自然环境、生态系统、资源和社会经济发展，而且涉及历史、文化、宗教信仰、传统习俗等复杂问题，要在较短时期内完成这样的人口布局，从根本上来说是不可能的。也就是说从理论上讲是科学的，但是在实际上是难以操作的。

以地处西北干旱地区、青藏高原高寒区的甘肃为例，根据国家宏观研究院、清华大学等单位对国家层面的主体功能区分区的前期研究方案，甘肃、宁夏、青海和西藏四个省区基本没有优化开发区和重点开发区，都是限制开发区和禁止开发区。而甘肃人口数量是其他三省区总和的一倍多。根据有关研究，相对于全国综合资源承载力，甘肃超载850万人，相对于西北五省区，甘肃超载485万人。如果按照国家层面的主体功能区的前期研究方案，就意味着必须大规模向省外的重点开发区迁移人口。这不要说在短期内，即使在较长时期内都是不现实的。

第三，必须考虑制定有利于人口疏散、限制、稳定与聚居分布的长期稳定和现实可行的配套政策体系，逐步引导人口合理布局。就目前的情况看，国家已经提出并且逐步实施自然保护区核心区的人口平稳搬迁，减少社区居民对自然保护区的干扰和破坏。但是政策不配套，资金不落实，即使这样小范围的人口搬迁仍然存在许多问题。因此必须考虑制定有利于人口疏散、限制、稳定与聚居分布的长期稳定和现实可行的配套政策体系，比如，对搬迁和流动人口的就业培训、购买与修建住房、生产转型、税收、土地、社会保障、户籍管理、子女入学、医疗保险等方面制定一系列配套政策，让迁移和流动人口不仅享受与迁入地居民同等待遇，而且在迁移的最初几年能够有更加优惠的政策待遇。考虑到国家财政的承受能力，配套政策的力度可以由小到大、由弱到强逐步增加，这样，经过长期稳定的政策体系的逐步引导，逐渐形成科学合理的人口布局。

第四，调整产业结构，减少依靠土地和水资源的种植业，大力发展非农产业，引导人口合理集中。就目前的情况看，像西北地区这样的限制开发区的主要产业是农业，而且主要是种植业，消耗了大量的水资源，同时产出有限，农民的收入很低，出现"越穷越种，越种越穷"的恶性循环。因此，国家必须制定一系列引导农民发展非农产业、鼓励农民进城的政策措施，这是落实科学发展观、合理布局人口的根本所在。

本文曾在2009年5月《改革开放与中国人口发展》（论文集）（社会科学文献出版社）上发表。

改革开放三十年的甘肃人口发展：
成就、问题与建议

一、改革开放 30 年来，甘肃的人口发展取得了巨大成就，为甘肃省全面建设小康社会创造了良好的人口环境

1. 改革开放 30 年来，计划生育政策使甘肃少生 915.8 万人口，产生了巨大的人口数量效益

计划生育是我国的基本国策，计划生育对我国的人口数量控制起到了关键性的作用。我们利用趋势分析法对甘肃省实行计划生育政策以来（1973—2007 年）的人口出生率变动趋势进行趋势外推，运用实际出生率和推测出生率（拟合值），对 1973—2007 年因实施计生政策所实际产生的人口数量效益进行估算（扣除死亡因素），其结果如表 1 所示。

表 1　利用出生率趋势外推法所得到的分析结果

年份	实际出生率（‰）	推测出生率（拟合值、‰）	推测出生率与实际出生率之差（‰）	少生人口（万人）
1973	35.38	39.20	3.82	6.56
1974	27.49	38.66	11.17	19.74
1975	20.96	38.13	17.17	31.18
1976	17.72	37.59	19.87	37.16
1977	17.49	37.05	19.56	37.71
1978	17.77	36.52	18.75	37.23
1979	16.54	35.98	19.44	39.75
1980	16.53	35.45	18.92	39.85
1981	20.12	34.91	14.79	32.07
1982	19.30	34.37	15.07	33.57

续表

年份	实际出生率（‰）	推测出生率（拟合值、‰）	推测出生率与实际出生率之差（‰）	少生人口（万人）
1983	19.79	33.84	14.05	32.14
1984	19.78	33.30	13.52	31.69
1985	18.31	32.77	14.46	34.69
1986	21.14	32.23	11.09	27.31
1987	20.55	31.69	11.14	28.08
1988	20.41	31.16	10.75	27.70
1989	22.57	30.62	8.05	21.24
1990	20.68	30.09	9.41	25.49
1991	19.38	29.55	10.17	28.31
1992	19.37	29.01	9.64	27.39
1993	20.16	28.48	8.32	24.09
1994	20.82	27.94	7.12	21.01
1995	20.65	27.41	6.76	20.37
1996	18.43	26.87	8.44	25.98
1997	17.22	26.33	9.11	28.53
1998	16.45	25.80	9.35	29.76
1999	15.61	25.26	9.65	31.12
2000	14.38	24.73	10.35	33.89
2001	13.58	24.19	10.61	35.22
2002	13.16	23.65	10.49	35.33
2003	12.58	23.12	10.54	35.93
2004	12.43	22.58	10.15	35.04
2005	12.59	22.05	9.46	33.64
2006	12.86	21.51	8.65	30.99
2007	13.14	20.97	7.83	28.39
1973—2007				$\sum = 1048.15$
1978—2007				$\sum = 915.80$

分析结果表明，改革开放 30 年来，甘肃人口变动与全国人口变动的总趋势基本一致，即随着全省社会经济的快速发展和计划生育政策的实施，人口增长方式经过由"三高"向"三低"的历史性转变，已初步进入了低生育水平发展阶段。计划生育政策的实施是实现这一转变过程的主要因素。研究表明，自实行计划生育政策的 1973 年算起，1973—2007 年甘肃省因实施计划生育政策所取得的总人口数量效益约为 1048 万人，其中改革开放 30 年来少生 915.8 万。

计划生育因素和非计划生育因素（经济、社会发展等因素）都会对人口出生率的变动产生影响，1973—2007 年，除了计划生育政策实施后少生的 1048 万人外，非计划生育因素导致少生人口数为 1034 万人。因此，截至 2007 年底，甘肃省实施计划生育所取得的人口数量效益占到了总少生人口数的约 50.34%，计划生育政策的实施对总人口数量效益的贡献比社会经济发展所起到的作用（49.66%）还要大。

2. 改革开放 30 年来，随着社会经济的迅速发展，甘肃人口素质有了较大幅度的提高

首先，预期寿命得到了稳定提高。改革开放 30 年来，由于社会经济发展水平的提高、医疗卫生条件的改善，甘肃人口的预期寿命得到稳定提高。根据第三（1982）、第四（1990）和第五次（2000）人口普查数据，甘肃人口预期寿命分别为 65.75 岁、68.25 岁和 70.39 岁，而到 2007 年，平均预期寿命已经超过 71 岁，改革开放 30 年来，甘肃省人口平均预期寿命提高六岁多。

其次，婴儿死亡率是综合反映国民健康素质的重要指标，甘肃省婴儿死亡率由改革开放初期的 37.0‰（1981 年，第三次人口普查数据）下降至 2007 年的 16.13‰，下降近 21‰。

最后，人口文化素质有了大幅度提高。人均受教育年限由改革开放初期的 4.04 年（1981 年，第三次人口普查数据）提高至 2007 年的近 8 年。

上述数字充分表明，改革开放 30 年来，甘肃人口素质有了较大幅度的提高，无论是身体素质还是文化素质，均有了较大幅度的提高，这为全面建设小康社会和实现社会主义现代化建设创造了良好的人口素质条件。

3. 改革开放 30 年来，甘肃人口分布有了较大变化，城市化水平明显提高

城市化水平既是社会经济发展的必然结果，也是社会经济发展水平的重要标志。改革开放 30 年来，甘肃的城市化水平有了明显的提高。1978 年城市化水平只有 14.41%，而 2007 年达到 31.59%，30 年间提高了 17.18%。按照城市化发展的客观规律，甘肃已经进入城市化加速发展阶段。随着城市化的加速发展，人口的加速聚集，社会经济水平也会达到一个新的阶段，这为全面建设小康社

会和实现社会主义现代化奠定了基础。

二、甘肃人口发展过程中面临的挑战

历史地看，甘肃人口发展的成就巨大，但是，我们应该清醒地看到，由于历史原因、社会经济发展水平和区位条件的限制，甘肃人口发展过程中仍然面临着许多问题和挑战。

第一，人均收入水平低，人口发展的物质条件差。

由于各方面的原因，甘肃经济发展相对滞后，人口发展的物质条件相对较差。以人均国内生产总值为例，2007年，甘肃人均国内生产总值只有10335元，低于全国平均水平8330元，仅为全国平均水平的55.37%；与人口相近的内蒙古比较，仅为内蒙古的41.19%；与2007年国内生产总值总量相近的济南市比较，济南的人口只有605万，甘肃人均国内生产总值仅相当于济南市的24.27%（见表2）。物质条件的限制，导致控制人口数量增长和提高人口素质都有一定难度。

表2　2007年甘肃人口、国内生产总值、人均国内生产总值与相关省市的比较

省、市	人口（万人）	国内生产总值（亿元）	人均国内生产总值（元）	相当于其他省市、全国平均水平的
甘肃省	2617.16	2699.20	10335	100%
内蒙古	2405.06	6018.81	25092	41.19%
济南市	604.85	2554.29（在山东排第三）	42230	24.27%
全国	132129	246619	18665	55.37%

第二，低生育水平还不稳定，人口出生率、自然增长率高于全国平均水平，人口数量压力在相当时间内还难以消除。

目前，甘肃虽然已经进入低生育水平的行列，但是低生育水平还不稳定。2007年，甘肃人口出生率、自然增长率分别为13.14‰和6.49‰，分别高于全国平均水平1.04‰和1.32‰。根据我们的预测，甘肃人口数量的高峰约在3050万~3118万，以3100万计，还要持续增加20多年，人口数量压力在相当时间内还难以消除，稳定低生育水平、控制人口数量增长，仍然是我们面临的重要任务。

第三，人口素质还有待提高。

尽管甘肃人口的预期寿命得到了稳定提高，但与全国平均水平相比，差距近 2 岁（全国人口预期寿命已经达到 73 岁，基本达到中等发达国家的水平）；婴儿死亡率虽然是在大幅度降低，但是比全国平均水平 15.3‰ 低近 1‰。人均受教育年限虽然提高了不少，但是仍然低于全国平均水平 0.7 年。总之，甘肃人口的总体素质还有待进一步提高。

第四，人口居住分散，城市化水平低，限制了人口的全面发展。

如上所述，城市化水平既是社会经济发展的必然结果，也是社会经济发展水平的重要标志，同时城市化也是人口得到全面发展的根本保证。改革开放 30 年来，甘肃的城市化水平虽然有了明显的提高，但是才刚刚进入城市化加速发展的阶段，与全国平均水平（44.9%）相差 13.31 个百分点。由于人口数量增加，居住分散，人为造成水土流失、土地沙化和荒漠化，人均耕地、森林、水资源等不断减少，人口对资源环境的压力不断增加。

三、未来甘肃人口发展的几点建议

按照以人为本、全面投资于人的科学发展观，甘肃未来人口的发展，应着重做好以下四方面的工作。

1. 稳定低生育水平，严格控制人口数量增长

由于甘肃的人口数量已经严重超过了资源环境的承载力，人口对资源环境的压力越来越大。同时人口数量还会持续增加约 400 万，因此，稳定低生育水平、严格控制人口数量增长，仍然是未来甘肃人口发展的重要任务。在稳定低生育水平、控制人口数量增长的过程中，计划生育政策应当主要放在奖励扶持和建立长期稳定的利益导向机制上，通过利益导向机制逐步改变人们的生育意愿。

2. 增加教育卫生保健方面的投资，努力提高人口素质

由于在教育和卫生保健方面的投资不足，甘肃的人均受教育年限、身体健康指标都落后于全国平均水平。增加教育和医疗卫生保健方面的投资，是提高人口素质的关键。在教育方面，特别要增加基础教育方面的投资，改善基础教育条件，特别是农村的基础教育条件。同时要调整教育资源的配置结构，加强中等和高等职业技术教育方面的资源配置，培养大量应用型的专业技术人才。加强对普通劳动力，特别是农民的技术培训。医疗卫生方面要重点解决和改善农村的医疗卫生条件，保证农民的基本医疗卫生需求。

3. 充分利用"人口机会窗口期"，收获"人口红利"

人口结构的变化，劳动适龄人口数量占总人口的比重增大，社会总抚养压

力较小，这样就为社会经济发展提供了富足的劳动力资源，这只是在一段时期内出现，因此被称为"人口机会窗口期"，也叫"人口红利"。根据预测，甘肃劳动适龄人口从2001年上升到68.3%一直维持到2035年到66.04%，其间在2004—2018年都保持在70%左右。总负担系数从2001年的46.42%保持到2034年的49.30%。因此，甘肃的"人口机会窗口期"有30多年的时间，而目前还有20多年的时间。紧紧抓住"人口机会窗口期"这个难得的机遇，把丰富的劳动力资源转化成人力资本，转变成为经济效益，收获"人口红利"，是甘肃人口和社会经济发展的重要任务。

4. 集中力量建设几个人口聚集区，提高人口密度，实现又好又快发展

根据国家主体功能区和人口发展功能区的划分，甘肃要集中力量建设：沿黄地区（兰州市五区、皋兰县、永登县、榆中县、白银区、平川区、靖远县、临夏州永靖县）、天水地区（秦州区、麦积区）、陇东地区（崆峒区、华亭县、西峰区）和河西地区［包括金武地区（金昌市、凉州区）、张掖地区（甘州区、临泽县）和酒嘉地区（肃州区、嘉峪关）］四个人口聚集区。由于这些地区地处人居环境比较适宜或高度适宜地区，资源环境承载力平衡有余，物质积累基础和人文发展程度处于中等以上水平，人口与产业集聚，城市化水平较高，具有一定的人口发展潜力。在这些地区通过产业聚集吸纳人口，提高城市化水平，引导人口合理布局。

参考文献

[1] 甘肃省志·人口志编纂委员会：《甘肃省志·人口志》，甘肃文化出版社，2001年12月。

[2] 甘肃省人口普查办公室：《世纪之交的中国人口·甘肃卷》，2005年3月。

[3] "甘肃省全面建设小康社会的人口环境研究"课题组："甘肃省未来人口发展的趋势预测"，《西北人口》2004年第5期。

[4]《甘肃人口发展战略研究》（第一部分），郭志仪等，中国人口出版社，2006年1月。

本文曾在2009年5月出版的《2008年甘肃人口发展论坛优秀论文集》（甘肃人民出版社）上发表。

按照主体功能区规划，引导人口合理流动与分布

主体功能区的规划，是贯彻落实科学发展观，真正做到人与自然、社会与经济的全面协调和可持续发展的必然要求。但是，主体功能区的形成，必须以科学合理的人口分布为基础。为了科学把握制约人口分布的自然条件、资源环境、经济社会及人文条件，国家人口计生委早在2008年就组织制一了包括人口限制区、人口疏散（收缩）区、人口稳定区、人口聚集区四类人口发展功能区规划。

人口发展功能区规划的编制，是推进形成主体功能区的一项基础性工作，是统筹解决人口问题的重要举措，对于实现科学发展、和谐发展，全面建设小康社会具有重要意义。

本专题报告利用甘肃省2012年流动人口统计监测调查、甘肃省全员流动人口管理信息系统（GPL）数据汇总（2012年9月）和甘肃省第五六次人口普查资料，对甘肃省的人口分布，特别是流动人口的分布、问题与原因进行分析，同时就如何按照主体功能区规划的要求，合理引导人口流动，提出有针对性的政策目标与思路。

一、甘肃省常住人口与流动人口的分布

根据第六次人口普查数据，甘肃省人口主要分布在陇中、陇南和陇东地区，其中陇中地区兰州、白银和定西三市的人口约占全省人口的33.3%，地处陇东南地区的天水和陇南市约占25%，陇东地区平凉和庆阳市约占17%。这三个地区就集中了全省约66.7%的人口（表1）。

另据甘肃省全员流动人口管理信息系统（GPL）数据，截至2012年9月底，甘肃省流动人口292.73万人，其中流入77.11万人，流出215.61万人，分别比去年同期增长6.84%、6.24%和6.69%。从表2可看出，甘肃省流动人口主要集中在兰州、定西、天水、庆阳和平凉5个地级市，这5市的流动人口就占全省的近80%。其中流入人口主要集中在兰州市，约占全部流入人口的66.7%，而

流出人口主要集中在定西、天水、庆阳和平凉四个城市，定西市就占近25%。从户籍地分布情况来看，甘肃省内流动人口占流入人口的67.58%，跨省流动占流出人口的65.2%。

表1 甘肃省各市、州常住人口数量及其占全省常住人口的比重

市、州	常住人口	%	地区	常住人口	%
兰州市	3616163	14.13	武威市	1815054	7.10
天水市	3262548	12.76	白银市	1708751	6.68
定西市	2698622	10.55	张掖市	1199515	4.69
陇南市	2567718	10.04	酒泉市	1095947	4.29
庆阳市	2211191	8.65	甘南州	689132	2.70
平凉市	2068033	8.09	金昌市	464050	1.81
临夏州	1946677	7.611	嘉峪关市	231853	0.91
			全省	25575254	100.00

资料来源：甘肃省人口普查办公室编《甘肃省2010年人口普查资料》。

表2 甘肃省流动人口分布

市、州	流入人口 数量	%	流出人口 数量	%	流动人口 数量	%
兰州市	498300	64.62	98558	4.57	596858	20.39
定西市	21762	2.82	485498	22.52	507260	17.33
天水市	9283	1.20	379289	17.59	388572	13.27
庆阳市	46941	6.09	339668	15.75	386609	13.21
平凉市	34562	4.48	261330	12.12	295892	10.11
其他市州	160540	20.79	591835	27.45	752141	25.69
全省	772200	100.00	2156178	100.00	2927332	100.00

资料来源：甘肃省人口和计划生育委员会编《甘肃省流动人口月报》（2012年9月）。

二、甘肃省人口功能区人口的分布与变化

根据人口功能规划区域（图1）测算，甘肃省人口功能区的主要数据如表3。从第五、第六次人口普查的对比数据来看，社会经济发展的规律、市场的自

发选择以及规划的引导，已经使甘肃省的人口分布开始出现了符合功能区的合理变化趋势。例如：

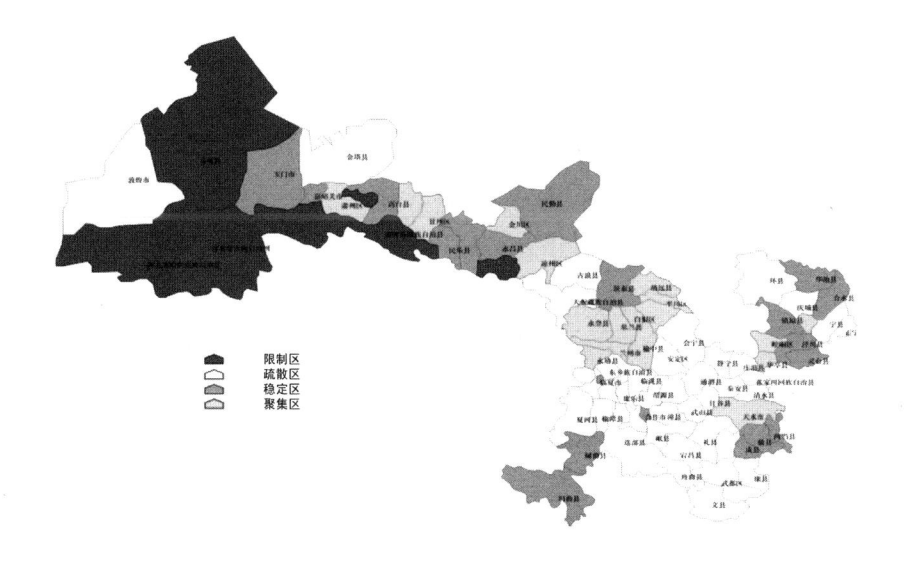

图1 甘肃省人口功能区分布图

表3 甘肃省人口发展功能分区主要指标统计

人口发展功能分区	分县单元 数量（个）	分县单元 比例（%）	土地 面积（平方千米）	土地 比例（%）	人口 数量（人）	人口 比例（%）
人口限制区	4	4.60	146087	31.58	207975	0.81
人口疏散区	40	45.98	165908.07	35.87	12240457	47.86
人口稳定区	20	22.99	94374.49	20.40	3579076	13.99
人口聚集区	23	26.44	56176.356	12.15	9547746	37.33
总计	87	100	462500	100	25575300	100

资料来源：郭志仪等："甘肃省区域功能定位对人口及分布的影响"研究报告。

这10年间，人口聚集区的人口增加了近94万，而疏散区的人口减少了近30万。属于人口限制区的肃南县人口减少了3016人（肃南县2010年常住人口33653人），下降8.22%；属于人口疏散区的40个县（区）单元中，2010年人口与2000年相比，有22个县（区）人口在减少，其中天祝县减少了21.03%、通渭县减少了19.23%、庆城县减少了17.88%，正宁等县人口也有较大幅度减少。这22个县的人口10年间共减少56万人。人口减少幅度较大的还有民勤、皋兰、山丹、镇原、永登、高台、灵台等县，减少幅度在20%~10%。

与此同时，大量人口在向中心城市聚集，例如兰州市安宁区、城关区和七里河区分别增长47.42%、36.49%和17.26%；嘉峪关市增长45.3%；酒泉市肃州区、庆阳市西峰区、金昌市金川区和平凉市崆峒区分别增长23.71%、18.86%、11.53%和11.24%。这些地区都是甘肃省主要的人口聚集区，是甘肃省"十二五"规划中提出的"中心带动、两翼齐飞、组团发展、整体推进"发展战略中"六大片区"工业化城市化战略格局的重点地区，人口的流入和聚集，显示这些地区的工业化水平在迅速提升，城市化进程在快速推进，经济活力在进一步增强。

但是，从目前的情况来看，甘肃省的人口分布与主体功能区及其相适应的人口功能区规划要求还有很大差距。

第一，人口限制区的人口规模不仅没有减少，而且在10年间反而增加近20%，增幅较大。人口限制区基本上是自然保护区和不适合人类居住的荒漠化地区，其发展目标是建设国家生态屏障、提供全国性与区域性生态服务，人口的增加显然不利于战略目标的实现。

第二，人口疏散区的人口总体上虽然减少了近30万，但是临夏州的广河、东乡和甘南州的夏河县的人口增加幅度在10%~15%。

人口疏散区是地处人居环境临界适宜或一般适宜地区，资源环境承载力临界超载或超载，物质积累基础和人文发展程度处于中等以下水平，人口与产业相对分散，城市化水平不高，人口与资源、环境、经济、社会关系相对失衡。这类地区的目标是建设国家生态屏障、缓解人与自然的尖锐矛盾。甘肃省人口疏散区集中分布在定西、陇南、临夏和甘南4个市、州，分别有7、6、6和5个县，占40个这类县的60%。在定西、陇南大部分县人口减少的情况下，地处少数民族地区的临夏和甘南州，除个别县人口减少以外，大多数县人口在增加，如前所述，有的县增幅还比较大。也就是说，甘肃省少数民族地区人与自然的矛盾将会持续加大，将严重影响社会经济的持续发展。

第三，人口稳定区是人居环境适宜地区，资源环境承载力临界超载，物质积累基础和人文发展程度处于中等以上水平，人口与产业集聚，城市化水平较高，人口与资源环境基本协调，但潜力有限。这类地区的目标是提高人口城市化质量、实现社会经济的持续发展。甘肃省人口稳定区主要集中分布在河西走廊的张掖、金昌、武威、酒泉及陇东的平凉、庆阳等10个市、州，涉及20个县

(区)单元。第六次人口普查数据显示，10年来，这一区域减少人口近22万。但是，同样是处于少数民族地区的临夏市、合作市、玛曲县和碌曲县人口却分别增长了35.57%、18.76%、32.27%和20.07%。这一趋势意味着这些县的人地关系会日益紧张，人与自然和谐发展任重道远。

第四，人口聚集区人口集中程度远远不够。从人口普查数据可以看出，甘肃省人口聚集区目前只容纳了约38%的常住人口，而人口限制区和疏散区却集中了常住人口近一半（48.67%）。这就意味着大量的常住人口需要从后者向外流动迁移，而人口聚集区是吸纳迁移和流动人口的主要地区。根据初步推算，甘肃省主体功能区及其人口功能区形成以后，人口聚集区应该容纳甘肃省70%左右的人口。人口主要集中在中心城市及其周边的城镇，它们分别是：兰、白经济圈内人口聚集区，包括兰州市区、白银市区及其周边城镇；天水、成徽人口聚集区，包括天水市区和成县、徽县的城镇；陇东人口聚集区，包括崆峒区、华亭县、西峰区；河西走廊人口聚集区，包括金（金川区）武（凉州区）、张掖（肃州区和临泽县）、酒（酒泉市肃州区）、嘉（嘉峪关市）。上述人口聚集区的人口容量分别由目前的18.5%、6.5%、4%和10%提高到35%、10%、8%和15%左右。这就意味着甘肃省未来在12%左右的土地面积上集中70%左右的人口，这样才能够最大限度地发挥经济和人口的聚集效应，使生态脆弱地区得到更好恢复和保护，最终实现"十二五"规划中提出的"中心带动、两翼齐飞、组团发展、整体推进"的区域发展战略，从国家层面承担起"生态屏障、战略通道、民族团结示范区和新能源、新材料基地"的战略定位。

三、按照主体功能区规划，合理引导人口流动的思路与建议

从现代经济学的观点来看，"劳动力"这个在生产要素中唯一能动的要素直接决定着一国（或地区）的经济发展水平。但是，劳动力这种人力资源，只有在得到充分利用后，才能变成现实的生产力。有人利用国内生产总值和常住人口占全国的比重测算各个省区市劳动力的利用情况，结果显示只有广东、江苏、山东、浙江、上海、福建、北京、天津等少数东部发达省市国内生产总值占比高于常住人口占比，而广大中西部省区国内生产总值占比均低于常住人口占比，这说明中西部地区人力资源没有得到很好的利用，人均产出较低。我们利用第六次人口普查的人口数据和2010年甘肃省国内生产总值测算结果也显示，只有兰州、嘉峪关、金昌、酒泉市的国内生产总值占比高于人口占比，白银、张掖、庆阳市基本一致，而其他市州国内生产总值占比均低于人口占比，定西相差近7%，天水、陇南和临夏也相差5%（图2）。

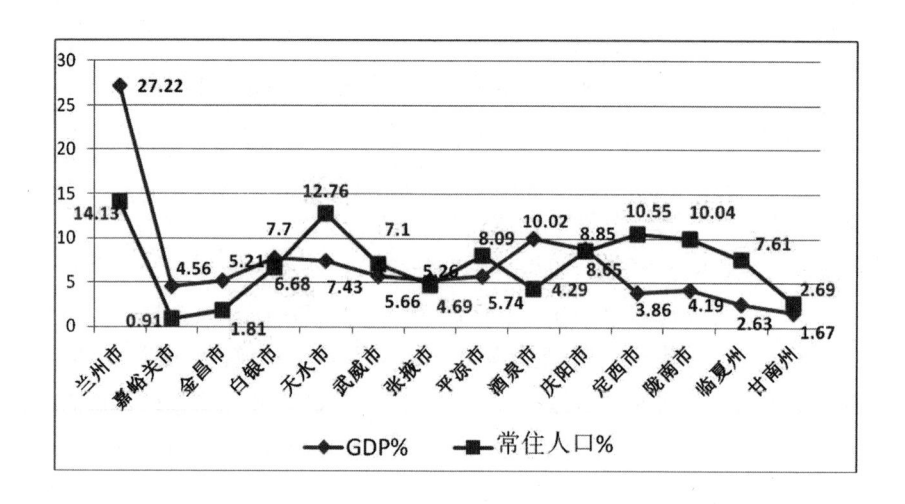

图 2　2010 年甘肃省各市、州国内生产总值和常住人口占全省比重

因此，按照人口功能区规划，科学地引导人口流动，合理利用人力资源，充分发挥劳动力的能动作用，是实现科学发展的重要环节。

1. 政府应积极支持和鼓励有能力和愿意迁移流出的农村贫困地区人口迁移流动就业

甘肃省总体超载人口数量大，生存环境差，就业难度大，因此政府应当积极支持和鼓励人口流动和外迁，对有迁移意愿的，政府除给予一切方便以外，应给予路费和安家补贴。为了从制度上保证这一政策的实施，政府应出台相应政策，建立专项补贴基金。

2. 彻底改革甘肃省人口聚集区的户籍制度，支持和鼓励向这些地区迁移流动

目前，我国二元分割的户籍制度已经有了一些改革，甘肃省也是如此。但是户籍制度仍然是束缚农民进城的一道门槛。比如，要有自己的住房，要有固定的工作，在本城市居住满 x 年等。应该彻底改革户籍制度，实行居住证制度，放开人口聚集区和部分稳定区的入户限制，鼓励人口向人口聚集区和部分稳定区集中。彻底解除附加在户籍上的社会福利待遇，改变对本地人口和外来人口的所有区别政策，积极鼓励人口向聚集区流动迁移。

3. 改革现行的义务教育和高中、职业学校和高等学校招生、分配制度，真正实现教育公平

第一，在九年制义务教育阶段，废除一切差别待遇，在人口聚集区和稳定

区的中小学校要对本地户口和外地户口、农村户口的学生一视同仁,确实废除学杂费、赞助费、借读费等不合理收费。均衡义务教育阶段的学校资源配置,逐步根除学校教学质量参差不齐而产生的择校现象,增加教育经费支出,扩建、新建学校解决由此而产生的中心城市学校过分拥挤现象。

第二,高中和职业学校要改变按照户籍分配招生名额的制度,应对所有有上学要求的青年敞开大门。政府要下大力气解决目前城市高中阶段教育资源严重短缺的现象,根据城市化进程中适龄人口的预测,增加经费,增加学校,保证由于城市化带来的适龄人口的进一步求学需求。

第三,高校在招生中应多考虑人口聚集区和稳定区的招生和分配问题。在毕业分配时,取消由于一次就业未落实而将户口发到原入学地区的做法,根据学生意愿自由迁转户口(如果实行居住证制度当然就不存在这个问题)。

4. 增加就业岗位,消除就业歧视,加强就业培训,保证所有工人,特别是"农民工"的合法权益

第一,人口聚集区要通过经济增长,创造更多的就业机会;通过改进和提高公共服务能力和水平,使流入的人口能够长期稳定地在这些城市居住和生活下来。

第二,进一步完善劳动力市场建设,促进劳动力在人口聚集区和部分稳定区内部以及相互之间的充分流动,增加劳动就业机会。

第三,消除就业歧视,使进城的农民工能够和城市户口的就业者享受同样的待遇,使农民工尽快适应城市生活,尽快转变成一个产业工人和合格的市民。

第四,加强就业培训,提高劳动者的技能,增加就业机会。这项工作不仅要在人口限制区和人口疏散区进行,主要由政府组织,而且在所有地区进行,政府、企业和社会团体共同参与,全面提高劳动者的技能。

第五,严格执行新的《劳动合同法》,保证所有在企业就业的工人的合法权益。

5. 改革住房制度,增加廉租房的建设,让所有进入人口聚集区和部分稳定区的流动人口都能够有房住,住得起房

目前,影响我国人口合理流动和分布的重要障碍之一是住房问题。各城市住房价格过高,即使城里的工薪阶层也难以承受,对于刚进城的农民工来说,要买房简直是天方夜谭。政府应修建大量廉租房,解决低收入阶层的住房问题,同时也为吸纳迁移人口提供起码的生活条件。

6. 进一步完善社会保障制度,为"农民工"尽快转变成为市民创造条件

目前，社会保障制度的缺失和不完善是影响农民工进城，人口合理流动和分布的重要障碍。没有统一的社会保障制度，许多中小企业不给农民工缴纳养老、医疗、失业、工伤等社会保险金，或者社保不能够在全国流动，严重影响了农民工在城市定居，也影响了人口的合理分布。改革和完善社会保障制度，已刻不容缓。

7. 创新体制机制，制定特殊政策，为兰州新区的建设与发展吸纳和储备充分的劳动力资源和人力资本

国务院批准兰州新区为第五个国家级新区，这是在国家层面，要将兰州建设成为西北地区重要的经济增长极、国家重要的产业基地、向西开放的重要战略平台和承接产业转移的示范区。建设兰州新区也是国家深入实施西部大开发战略的重要举措，是在积极探索欠发达地区加快推进新型工业化、城市化和实现跨越式发展的新路子。兰州新区的建设与发展，不仅对兰州、对甘肃，也对西北地区、对国家都有其重要的战略意义。

加快兰州新区的建设与发展，必须要有充分和熟练的劳动力资源。因此，必须要有新的体制、新的机制，也必须要有特殊的政策，吸纳熟练合格的劳动力，吸引各类人才积极参加新区的建设和发展，使兰州新区成为甘肃省最重要的人口聚集区。

总之，促进人口功能区的形成，引导人口科学合理流动，政府必须发挥主导作用，从制定政策、完善制度、创造环境、加强管理、增加服务等方面积极引导人口科学合理流动与分布。

参考文献

[1] 杨艳昭、封志明："内蒙古人口发展功能区研究"，干旱区资源与环境，2009年10月。

[2] 贾玉梅："黑龙江省人口发展功能分区研究"，《人口与计划生育》2010年第6期。

[3] 郭志仪、曹建云："甘肃省人口分布变化及其原因分析"，《西北人口》，2006年第3期。

[4] 曾群华、徐长乐、武文霞、蔡琴："人口发展功能分区与主体功能分区的比较研究"，《人口与经济》，2010年第1期。

[5] 刘正广、马忠玉、殷平："省级主体功能区人口分布格局探讨"，《中国人口资源与环境》，2010年第5期。

［6］熊理然、成卓、李江苏："主体功能区格局下中国人口再布局实现机理及其政策取向"，《城市》2009年第2期。

［7］甘肃省统计局：《主体功能区划视角下甘肃经济发展路径选择》，2008年12月。

［8］郭志仪："主体功能区划分必须以科学合理的人口分布为基础"，《人口与发展》，2008年第5期。

2013年11月给甘肃省政府的咨询研究报告。

第三部分 03
发展战略与模式

我国西部地区产业结构分析

我国的西部地区①，曾经是贫穷落后的代名词，时至今日，有些人仍然把它看成"荒凉"的象征。然而，西部地区不仅已经建立了大批工业基地，在我国社会主义现代化建设中发挥着重要的作用，而且具有巨大的开发潜力。当我们跨入20世纪90年代，正在为实现现代化建设的第二步战略目标而努力奋斗的时候，当从塔里木盆地喷出的石油唤醒千年沉睡的戈壁、第二条亚欧大陆桥即将贯通之际，不仅要从全国一盘棋和建立统一市场的宏观角度安排西部地区的建设和发展，而且必须认真研究西部地区的特色，建立有利于发挥西部地区优势和区域分工协作的产业结构和经济体系，把全国经济的统一性和西部地区经济的特色结合起来，实现资源的合理利用和优化配置。

一、我国生产力布局和区域产业结构演变的简要回顾

中华人民共和国成立初期，我国不仅生产力水平低下，而且经济布局和区域产业结构也极不合理，70%以上的工业分布在东部地区，包括中西部在内的广大内地近代工业的比重很小。为了迅速改变这种不合理的布局和结构，长期以来，国家给中西部地区投入大量的财力、物力和人力，加快了中西部地区的经济发展，奠定了中西部地区工业化、现代化的初步基础，缩小了区域之间的发展差距。然而，前30年的发展，也付出了较大的代价，这是因为过分地强调"均衡发展"，过多地考虑了非经济因素，忽视资源和其他生产要素的合理配置，在一定程度上违背经济规律，必然使区域经济和整个国民经济效率低下。同时，"均衡发展"不顾各地区自然资源、生产力水平、社会基础和其他方面的差异，强调建立完整的地方工业体系和经济体系，不仅不能利用各地区的比较优势，

---

① 本文所讲西部地区是指云南、贵州、四川、西藏、陕西、甘肃、青海、宁夏和新疆9个省区；中部是包括内蒙古在内的8个省区；东部是包括广西、海南在内的12个沿海省区市。

而且也放弃了绝对优势。

党的十一届三中全会以来，我们党制定了"一个中心，两个基本点"（以经济建设为中心，坚持四项基本原则、坚持改革开放）的基本路线，在经济建设方面，开始贯彻"注重效益、提高质量、协调发展、稳定增长"的战略方针，在布局上，变"均衡配置、均衡发展"为"倾斜配置、重点发展"，以保证把有限的资金和其他生产要素集中使用，取得国民经济的最佳效益。整个20世纪80年代，我国一方面集中力量，收缩投资的空间范围，充实、提高和充分发挥信息、技术、人才、交通和经济实力都具有优势的东部地区的作用，通过实行沿海外向型经济发展战略来带动全国的发展；另一方面对整个国民经济中的薄弱环节，特别是那些成为"瓶颈"的原材料工业、能源工业和交通运输等给予重点扶持和发展。这种"双重倾斜"下的发展，收到了明显的效果。尽管目前经济建设中还存在着突出的矛盾，产业结构调整的任务还很艰巨，区域之间的发展差距进一步扩大，但是这是发展中的问题，它同低水平下的平衡和"小而全""大而全"的结构相比，已经登上了一个新的台阶。20世纪80年代的发展，不仅提前、顺利地实现了我国经济社会发展的第一步战略目标，也为实现第二步战略目标奠定了基础。就我国东、中、西部三个地带的发展来看，可以说已经开始朝着各有侧重、互补长短、分工协作、协调发展的方向起步。20世纪90年代，必须进一步调整产业结构，根据资源优化配置和有效利用的原则，使地区经济真正做到合理分工和协调发展。

二、我国三个地带产业结构的比较

我国西部地区究竟在全国具有什么样的地位和作用，其产业结构的现状如何？必须通过系统、全面的比较分析，才能得出准确的答案。表1列出了我国1988年社会经济发展状况的一些主要资料，从中可以看出，我国东部沿海的12个省、市、区，以占全国13.72%的土地面积，居住着全国41.33%的人口，提供了61.91%的工业产值和47.58%的农业产值，58.91%的工业利税；中部地区的9个省区以30%的土地面积，居住着35.67%的人口，提供了26.24%的工业产值，33.46%的农业产值，27.03%的工业利税；而西部的9个省区，面积占全国的56.19%，人口为23%，工业产值、农业产值、工业利税分别为11.79%、18.93%和14.06%。

从三个地带内部的产业结构来看，以工农业总产值为100，东部的工、农业比例分别为80.18和19.82，中部为70.89和29.11，西部为65.92和34.08；从工业内部的结构来看，轻、重工业的比例，东部为52.76%和47.24%，中部为

44.28%和55.72%，而西部为44.36%和55.64%。从上述资料可以看出，三个地带的主要经济指标在全国的比重由东到西，呈依次递减趋势；从各地带内部的产业结构来看，其工业化水平、发展阶段也是东高西低，呈梯度递减。有人曾经根据索洛（Solow）模型，计算出我国20世纪80年代初期东、中、西部三个地带的技术水平也呈梯度递减（见表2）。可以说，这反映了我国目前经济发展的客观现实。但这仅仅是问题的一个方面，因为各地带之间的自然、历史、社会条件差别很大，所以，经济技术水平的差距是难以在短时期内得到根本改变的。如果从另外一个方面看，即把自然资源和经济技术条件放在一起考虑，我国东、中、西部三个地带实际上是两个逆向梯度而不是一个梯度（见表3）。

表1　我国三个地带主要社会经济指标及占全国的比重

项目	东部	中部	西部
人口（万人）	44959	38843	25085
占全国的（%）	41.33	35.67	23.00
面积（万 km^2）	131.16	287.50	536.70
占全国的（%）	13.72	30.09	56.19
人口密度（人/km^2）	343	135	114
工业总产值（亿元）	11294.68	4781.46	2148.40
占全国的（%）	61.97	26.24	11.79
农业总产值（亿元）	2791.80	1962.90	1110.57
占全国的（%）	47.58	33.46	18.93
人均国民收入①（元）	1130	747	583
工业企业利税总额（亿元）	1348.37	618.71	321.69
占全国的（%）	58.91	27.03	14.06

表2　我国三个地带平均技术水平比较②

	平均技术水平	城市技术水平
东部	1.46	1.60
中部	1.02	1.31
西部	0.71	0.87

---

① 为1987年数字，表1其余各项均为1988年数字。
② 转引自《新疆社会科学》1984年第4期，该表把陕西列入中部，与本文的划分有区别。

表3 我国三个地带的两个逆向梯度

	全国	东部	中部	西部
一、自然资源				
人均土地拥有量指数	100	33	82	246
人均矿产资源拥有量指数	100	83	96.30	137.40
人均能源拥有量指数	100	17.90	177.05	128.40
人均自然资源拥有量指数	100	36.60	111.82	163.12
二、经济技术水平				
人均社会总产值指数	100	135.92	82.42	64.08
人均国民收入指数	100	133.28	88.36	71.04
人均工农业产值指数	100	136.83	81.90	62.46
人均工业产值指数	100	144.27	76.85	56.80
人均经济产值综合指数	100	137.52	82.28	63.39

如果从深层次上考虑，从区域相对专业化程度考虑，我国的三个地带是互有长短，客观上也需要能够互补。这是因为我国的三个地带，实际上是三个不同的区域，每个区域都是一个开放的经济系统。为了比较各区域之间的经济关系，我们可以通过测定各个产业部门在各个区域的相对专业化程度，来间接反映区域间经济联系的结构和方向。这种相对专业化程度的指标之一是区位商。

假设 Q_{ij} 为 i 地区 j 部门的区位商；

e_{ij} 为 i 地区 j 部门的总产值；

e_{it} 为 i 地区的总产值；

E_{nj} 为全国 j 部门的总产值；

E_{nt} 为全国的总产值；

则 $Q_{ij} = \dfrac{e_{ij}/e_{it}}{E_{nj}/E_{nt}}$

粗略地说，Q_{ij}（区位商）可表示三种不同的意义：

①$Q_{ij}>1$，说明所研究的产业在该区域专业化程度高于全国平均水平，其产品自给有余，属于区域专业化生产部门。

②$Q_{ij}=1$，说明所研究的产业在该区域专业化程度同全国平均水平相同，其产品只能自给自足。

③$Q_{ij}<1$，说明所研究的产业在该区域专业化程度低于全国平均水平，其产

品不能自给，需要从区外输入。

我们根据上述公式，对我国东、中、西部的工农业区位商进行测定，其结果如表4。

从表4可以看出，我国东部地区工业区位商大于1，说明东部地区工业相对专业化程度较高，产品自给有余，而农业区位商小于1。30多年来，尽管其农业区位商有所提高，但仍然不能满足需要；中西部的情况正好相反，其农业的相对专业化程度较高，而工业区位商尽管也有变化，但满足不了需要，相对专业化程度较低。这种分工格局决定了我国工农业产品的区际贸易格局，东部一直是我国工业产品的主要生产和出口基地，不仅为本地、也为中西部提供技术装备，为全国提供工业消费品。而中西部则主要是农副产品和矿产品的生产和输出基地，为东部提供农矿原材料，为全国提供农副产品。

表4 我国三大地带工农业区位商的变化

	1957		1978		1988	
	工业	农业	工业	农业	工业	农业
东部	1.25	0.72	1.08	0.77	1.10	0.80
中部	0.77	1.25	0.91	1.25	0.90	1.20
西部	0.70	1.38	0.9	1.32	0.80	1.40

从工业内部来看，1988年，东部的重工业区位商为0.93，轻工业为1.06，轻工业是东部地区的相对专业化部门；而中部和西部的重工业、轻工业区位商分别为1.09和0.88、1.09和0.91，重工业是这两个地带的相对专业化部门。

再从主要工业部门来看（见表5），在东部，具有相对专业化优势的重工业部门是电子及通信设备制造业。石油加工、黑色金属采矿、化工、机械工业的区域专业化程度基本与全国相同，而其余7个主要部门区域专业化程度均低于全国水平。东部的轻工业部门中，缝纫、纺织具有一定的专业化优势，皮革略微超过全国水平，食品和造纸均低于全国水平。

中部地区在能源、石油加工、有色金属采矿及冶炼、建材等七个重工业部门具有明显的相对专业化优势，重工业只有黑色金属采矿、电子及通信设备制造相对专业化程度较低。在轻工业中，造纸及纸制品、食品工业也具有一定的相对专业化优势。西部的重工业部门中，能源、有色金属采矿及冶炼、黑色金属采矿及冶炼、电子及通信设备制造业等八个部门具有明显的区域相对专业化优势，化工和机械与全国水平基本相同，石油加工和建材的相对专业化水平低于全国，特别是石油加工。西部的轻工业部门中，只有食品具有相对专业化优势，其余四个部门相对专业化程度均低于全国水平。

上述分析表明，东部是我国石油加工、电子及通信设备制造、皮革、缝纫、纺织等主要加工工业和产品的生产和供应基地，显示出高加工度和轻型化的倾向。中部是我国能源、原材料工业、造纸和食品等工业的主要生产基地，西部也是主要的能源、原材料以及电子、食品工业的重要生产和供应基地。中西部这种以采掘、能源和原材料工业、初级产品为主的结构，是资源型、初级型和重工型的典型表现。

表5 我国三大地带主要工业部门的相对专业化程度（区位商）

	东部	中部	西部
煤炭	0.50	2.08	1.20
石油、天然气	0.54	1.90	1.43
石油加工	1.04	1.13	0.49
电力	0.82	1.30	1.17
黑色金属采矿	1.02	0.70	1.58
黑色金属冶炼	0.94	1.08	1.11
有色金属采矿	0.65	1.61	1.47
有色金属冶炼	0.75	1.10	2.10
建材	0.96	1.11	0.95
化工	0.99	1.01	1.02
机械	1.02	0.91	1.08
电子及通信设备制造	1.19	0.45	1.21
造纸及纸制品	0.91	1.16	0.90
皮革	1.06	0.90	0.92
缝纫	1.15	0.79	0.68
纺织	1.12	0.80	0.79
食品	0.90	1.15	1.21

三、西部地区产业结构的特点及调整的方向

目前，我国西部地区的产业结构具有以下四个明显的特点。

其一是先进与落后并存的二元结构型。二元结构或称"二元经济"，是指在一个地区的经济中，同时存在先进和落后、发达和不发达，或者资本、技术密集型和劳动密集型两个部分，这两个部分之间又缺乏有机的联系。据统计，目前我国三个地带中，农业劳动力在全部劳动力中所占的比重，东部为51.64%，中部为61.45%，而西部为70.99%；三个地带的农业相对国民收入（比较劳动生产率）①，东部为0.29，中部为0.62，西部为0.57。由此可见，我国西部地区的二元结构特征比较突出。因此，尽管在该地区的经济中，有先进的现代化产业甚至高技术产业，中心城市、交通沿线的工业基地较为发达，但周围地区广大农村相当落后，二者之间的反差极为强烈。这种状况使西部地区整体的经济技术水平低下，生产要素中劳动力所占比重大，传统生产方式的影响大。

其二是工业结构的重型型。就工业本身来说，如果按照轻重工业划分，目前我国工业总产值中，重工业占了50.73%。但西部地区的9个省区中，只有云南的重工业产值的比重基本与全国平均水平相同，其余8个省区都高于全国平均水平。甘肃省的重工业产值的比重最高，占工业总产值的70.67%；宁夏（68.41%）、青海（66.62%）、西藏（61.31%）、陕西（57.81%）、贵州（57.16%），都远远高于全国平均水平。四川和新疆也高于全国平均水平的2%左右。这种状况同东部地区的一些省份形成鲜明的对照。例如，重工业产值占工业总产值的比重，广东、浙江、海南和福建分别为34.44%、36.25%、37.51%和38.83%，远远低于全国平均水平。可见，无论就其自身来看，还是同东部地区相比、同全国平均水平相比，西部地区工业结构的重型型都是非常突出的。

其三是重工业的资源型和初级型。如前所述（见表5），西部地区在煤炭开采、石油、天然气开采、黑色金属采矿、有色金属采矿和冶炼等重工业部门中，相对专业化程度都较高，在电力、化工、机械等部门也有一定优势。这充分显示出西部地区重工业的资源型和初级型。建立资源型的重工业结构，应该说，既考虑了国家的总体布局，也符合西部地区的实际，能够发挥西部地区资源的优势。然而，西部地区重工业的初级型，标志着对资源的利用还处在一个比较

---

① 某一产业相对国民收入（比较劳动生产率）= 该产业国民收入的相对比重/该产业劳动力的相对比重。

低的水平。根据工业化国家的历史实践，一般来说，工业化要经历三个不同的阶段。

①工业由轻纺工业为中心的发展向以重工业为中心的发展推进的阶段，即"重工业化阶段"。

②在重工业化的过程中，工业结构又以原材料为中心的发展向以加工、组装工业为中心的发展推进的阶段，即"高加工度化"阶段。

③在高加工度化的过程中，工业结构将进一步向技术密集化发展。

上述三个阶段，实际上也是工业由劳动密集型发展到资本密集型再发展到技术密集型的过程。可见，西部地区正处在重工业化的初期阶段。

其四是工业技术结构的传统型。西部地区的大多数工业部门是在20世纪五六十年代发展起来的，基本上属于"大烟囱工业"（Smokestack Industry），即传统工业。20世纪80年代以来，虽然也引进并建立了一些新兴产业，但比重很小，对传统工业也进行了一些改造，但是由于传统工业比重大、资金有限、折旧期长、设备更新速度慢，工业技术结构越来越落后。根据工业普查资料，甘肃省工业企业主要生产设备中，达到国际先进水平的还不到1%，远远落后于全国12.9%的水平，达到国内先进水平的占11.5%，而全国为21.8%；达到国内一般水平的占58.2%，高于全国47%的平均水平；处于国内落后水平的占29.4%，也远远高于全国18.3%的水平。甘肃省的工业技术水平和结构，虽然并不完全等同于西部各省区的结构和技术水平，但具有一定的代表性。西部地区总体上传统工业比重大，技术结构落后是工业发展过程中一个亟待解决的突出问题。

产业结构的合理演进，资源的合理、有效配置，必须要有正确、有效的产业政策。产业政策首先要解决的问题是改造主导产业，确定"倾斜"方向和"倾斜"程度。根据西部地区产业结构的特点，20世纪90年代产业结构调整的主要任务和方向是：

第一，加快农业的发展，提高农业的商品化和集约化水平，大力发展乡镇企业，尽快使农业劳动力向二、三次产业转移。

第二，发挥中心城市、工业基地的功能，通过向周围地区的扩散、辐射，逐步建立起以中心城市和工业基地为核心，沿交通线展开的地区分工格局和专业化生产体系。

第三，充分发挥资源优势，提高资源综合利用水平和深加工水平，实行资源"双向转换"，即一方面把一部分原料继续输往区外，特别是东部地区，换回资金和技术，利用本区廉价劳动力，进一步扩大资源开发利用的规模；另一方面，将一部分原料留在本区进行深加工、精加工，产品销往国内外，换回更多资金和技术，把资源优势转换为经济优势。

第四，通过三个不同层次的技术改造与开发，推动西部地区产业技术结构的进步。第一层次是采用先进技术、中间技术改造传统产业。绿洲灌溉农业、旱作农业和高寒地区农业的综合生产技术、纺织工业技术、食品工业技术、采掘工业技术、建筑和建材工业技术、交通技术可作为这个层次的重点。第二层次是加强新技术的积累和储备，推动重工业的技术密集化，有色金属冶炼技术、化工技术、机械工业技术和能源工业技术可作为这个层次的重点。第三层次是发挥西部地区尖端学科和领域的优势，加强高技术和新兴产业的基础建设，像信息技术、新材料技术、生物工程技术、太阳能和核技术等。

总之，西部地区通过产业结构的调整、资源的优化配置，逐步形成能够发挥地区特色和区域协作的经济体系，将在我国社会主义现代化建设中发挥更大的作用。

本文曾在1991年第3期《西北民族学院学报》（哲学社会科学版）上发表。

关于我国经济布局的历史思考

中华人民共和国成立40年来，我国已经建立了独立的、比较完整的工业体系和国民经济体系，各区域经济都得到了较快发展。建国初期，工业偏集于东部沿海地区的畸形状况已得到初步改变。"七五"开始，我国东、中、西部三个地带的发展已开始朝着各有侧重、互补长短、分工协作、协调发展的方向起步。然而，由于历史的原因，我国经济发展中区域结构和产业结构方面的矛盾还非常突出。目前，我国已进入实现整个经济发展战略目标的关键性的第二步，在这个阶段，整个国民经济的发展在很大程度上要取决于产业结构和区域结构的调整和转换。合理调整地区经济布局和区域产业结构，已经成为国民经济进一步协调、稳定发展的关键。

（一）

展开历史的画卷，我们就会发现，中华人民共和国成立初期，我国不仅生产力水平低下，而且经济布局和区域经济结构也极不合理，70%以上的工业分布在东部沿海地区，其中重工业主要集中在辽宁及其附近地区，而轻工业主要集中在上海、天津、广州等少数沿海大城市，内地近代工业的比重很小。例如，当时占全国总面积56%的西南和西北地区，铁路通车里程仅占全国的5.5%，整个西北加上内蒙古，土地面积接近全国的一半，而工业产值仅占全国的3%。这种极不合理的工业布局，使加工与原料、燃料和市场严重脱节，造成原料、燃料和产品的长距离运输，不仅加重了交通运输业的负担，提高了成本，而且也限制了中西部地区资源的合理开发和利用。

为了迅速发展社会生产力，尽快改变这种极不合理的产业布局和区域经济结构。长期以来，我国奉行一种使工业生产平衡布局，使沿海和内地都均衡发展的原则，即想通过工业在全国各地区的"遍地开花""星罗棋布"，来尽快缩小国内各地区之间经济发展的差距。这种"均衡配置、均衡发展"的原则,在内容上,不同的时期有不同的侧重点。例如在第一个五年计划期间,"均衡配置"是按"全国一盘棋"的思想进行安排的。这期间,曾将694个大型工业项目分别安排在沿海和内地的许多省份,除发展沿海工业、建设以鞍钢为中心的东北工业基地、加强和改造以上海为中心的沪宁沿线原有工业的同时,在华北建设以包钢为中心、在中南建设以武钢为中心的工业基地,在兰州、西安和太原等地也开始了大规模的工业建设。"一五"期间,全国工业基建投资的58%、限额以上新建工业项目的近70%,分布在中西部。大量的投资,使我国工业建设的重点逐步向中西部地区移动,为在全国尽快搭起完整的工业体系框架创造了条件。

"二五"期间,"均衡配置、均衡发展"是在"一五"建设的基础上,力图在各地区建立独立的、完整的工业体系。在此期间,特别是在"二五"的前三年,全国开工的大中小型项目总数多达21.6万个,并且提出要建立工业省,要求粮食、油料、轻纺工业、钢铁、民用机械等产品都要各地自给,而且从省到地区再到县,层层建立"小而全""大而全"的工业体系。并且特别提出,各地区都要把钢铁和粮食作为地区经济的主导产业,各地区的工业发展必须"以钢为纲",农业发展必须"以粮为纲",形成完整的自给自足的地方工业体系和经济体系。

"三五"开始,我国的经济布局,是在以"备战"为中心,以"三线"建设为内容的目标下展开的,因此整个布局的重点必然进一步向西转移。据统计,这期间整个中西部地区的基建投资占全国总投资的68.8%,其中"三线"地区就占52.7%。"四五"期间,中西部的基建投资也占全国的56.2%。可以看出,20世纪60年代中期以来,我国集中了大量财力、物力和技术力量,在"三线"地区配置了许多大中型工业企业,特别是军工企业。

总之,1978年以前,我国在区域发展目标上,是强调地区之间的均衡发展,较少考虑总体经济效益的提高,在地区布局与投资分配上,以内地为重点,有计划地推动生产布局的大规模西移。

作为一个社会主义国家,使国内各地区、各民族的经济协调发展、共同繁荣,是党和政府的一项重要任务。在近30年的时间里,国家将一半以上的基建资金投入中西部地区,大大加速了这些地区的经济发展,奠定了这些地区工业化、现代化的初步基础,这对于整个国民经济的发展,无疑是有好处的,特别是对于改变工业的畸形分布状况有着十分重要的作用,使中西部地区在全国的经济地位明显提高。

但是，必须看到，在"均衡配置、均衡发展"原则指导下的经济布局，没有脱出小生产的"窠臼"，特别是要求各地区自成体系、自给自足，显然是用小生产的观点指导大工业的发展，这必然会产生一系列的问题。随着经济规模的扩大，区域经济结构的复杂化，越来越制约整个国民经济的有效发展。

第一，"均衡发展"过多地考虑非经济因素，忽视资源和其他生产要素的合理配置，因此必然使区域经济和整个国民经济效率低下。据统计，20世纪60年代下半期，我国基本建设投资的产出系数，沿海各省在1.7~6.69之间，而"三线"地区在0.15~0.89间，两者相差10多倍。一方面，国家花费大量投资在中西部铺新摊子，植入现代工业，但这些现代工业一般都集中在中心城市或某一点上，与周围缺乏有机的联系，成为典型的"二元结构"；另一方面，沿海老工业基地却因缺乏资金，不能进行更新改造、扩建新建，致使设备越来越陈旧、场地越来越拥挤、环境污染越来越严重、经济效益和社会效益不断下降。

第二，"均衡发展"不顾各地区自然资源、生产力水平、社会基础和其他方面的差异，强调建立完整的地方工业体系和经济体系，这不仅不能利用各地区的比较优势，而且也放弃了绝对优势。众所周知，我国是一个幅员辽阔、各地区自然资源、经济条件和社会基础都存在着很大差异的国家，每个地区都有适合自己发展的部门和行业，也有不太适合自己发展、甚至不具备发展条件的部门和行业，同一产业在条件不同的地区也会产生不同的经济效果。因此，各地区必须根据当地的实际情况，扬长避短，发挥优势。过分地强调均衡发展，不顾各地区的具体条件和特点，一律要求建立完整的地方工业体系和经济体系，违背了"因地制宜、扬长避短"的原则，必然产生不良影响。我国从"二五"开始，农业方面在"以粮为纲"的方针指导下，毁林开荒、围湖造田，结果不仅粮食产量没有上去，经济作物得不到发展，而且使生态环境日益恶化，给农业生产带来了灾难性的后果。在工业方面，为了使各地区能自成体系、自给自足，各产业部门应有尽有，行行俱全，完全不顾各地区的绝对利益和相对利益的有效利用。

第三，"均衡发展"必然出现"鞭打快牛""抽肥补瘦"，从而在一定程度上形成恶性循环。在我国原来高度集中的计划体制下，企业的盈利是通过税收和利润两种渠道上缴财政的，企业在完成税收任务以后，盈利多，多交利润，盈利少，少交利润，不盈利不交，亏损了由国家财政补贴。这样，东部沿海地区老工业基地因条件相对优越再加上价格因素，盈利较高，而这些盈利的绝大部分上缴国家财政，国家又拿出相当一部分用于中西部地区的投资和补贴。国家为了集中更多的资金，对老工业基地和一些大城市的企业层层加码，以便有较多的资金投入新基地的建设和用于落后地区的财政补贴。这种"鞭打快牛""抽肥补瘦"的办法,不仅降低了沿海经济发达地区和大城市的活力,使产业结构和技术结构老化,而且使不发达地区依赖财政补贴过日子,缺乏自我积累、自我发展的能力,在一定程度上形成了恶性循环。

第四,分散布局以及在条块分割的管理体制下,建立起来的"小而全""大而全"的地方工业体系,使很多部门、行业重复建设、重复生产,致使结构趋同、产品质量差、效益低。与此同时,"撒胡椒面"式的分布,迫使每个企业必须搞一套乃至几套配套工程和服务设施,这不仅造成大量浪费,也给管理工作和生产协作带来诸多不便,再加上管理体制的条块分割,不是主体工程与配套工程脱节,就是基础工程跟不上,往往使许多项目难以发挥正常的生产效益甚至多年无法投产。

总之,"均衡发展"是以牺牲效率为代价,不仅各地区最终不能平衡发展,而且整个国民经济必然是在低效率的状态下运行。

(二)

党的十一届三中全会以来,我国进入了一个崭新的发展时期。以经济建设为中心,坚持四项基本原则、坚持改革开放,成为我国新的历史时期的基本路线。在经济建设中,开始贯彻"注重效益、提高质量、协调发展、稳定增长"的战略方针,使国民经济逐步走上健康发展的道路,地区经济布局也出现了很大变化,这主要表现在以下三点。

第一,经济发展战略方针的转变,使得国家对地区经济布局的指导思想发生了重大变化。首先从投资结构上,把长期以来奉行的"均衡配置、均衡发展"改为"倾斜配置、重点发展",以使整个国民经济取得最佳效益。在我国目前情况下,资金和某些生产要素相对短缺,是把有限的资金和生产要素继续"撒胡椒面",还是集中起来保证重点,以取得国民经济的最佳效益?三十年的经验教训已经作了客观的回答。20世纪80年代以来,我国逐步把投资和发展的重点向沿海老工业基地倾斜,同时,国家又从产业结构上采取"有保有压"的倾斜政策。这种"双重倾斜"符合我国的客观实际,这是因为在财力、物力都相对有限的情况下,当务之急是集中力量,收缩投资的空间布局,充实、提高和充分发挥信息、技术、人才、交通和经济实力都具有优势的东部沿海地区的作用,尽快建立起一个能带动全局的牢固的基地。国家在实行区域倾斜政策的同时,对目前成为"瓶颈"的原材料工业、能源工业等也给予重点支持。在这种"双重倾斜"和重点发展的原则下，来保证国民经济的协调稳定发展。

第二，横向经济联系正在初步改变着"小而全""大而全"的地方工业体系，使区域经济的发展开始朝着专业化协作的方向迈进。多年来，在"均衡发展"的指导下，要求各地区建立起独立的、自给自足的工业体系，这种体系本身切断了企业、行业、部门之间的内在联系。在条块分割的管理体制下，区域经济的发展，完全处在行政隶属关系下大大小小的封闭系统中被动运行。随着经济体制改革的深入发展，企业和地方自主权的扩大，商品经济和市场体系的逐步发展，各经济主体之间的横向耦合运行必然上升为整个经济运行中的主体和基础形式。在切断了纵向的行政制约关系之后，企业相对来说处于不稳定的开放性系统中，企业都力图在这种开放系统中取得最佳生存和发展条件，而这种生存和发展条件的取得，又必须以创造出社会承认的价值为前提。因此，把企业由过去那种在稳定的行政关系的封闭系统中的运行推向一个激烈竞争的开放系统中运行，迫使企业必须积极主动地与外界发生联系，通过信息、物资和能量的频繁交换、提高自身发展的能力。各经济单位之间存在一种以经济利益为导向的自动选择链，可以使资源和生产要素达到合理配置。因此，以企业为核心的横向经济联系必然促进区域经济的发展朝着专业化协作的方向前进，这将使我国三个地带依据各自的条件逐步形成不同层次、互为补充、各具特色的主导产业和区域产业结构。

第三，在区域内部，各地因地制宜，发挥优势，涌现出一批各具特色的优势产业和拳头产品，使区域内部经济的发展逐步显示出新的特色。在改革、开放、搞活的总方针下，各地开始突破"小而全""大而全"的地方经济体系，尽量发挥自己的优势，搞出有特色的产业和产品。例如，老工业基地上海，按照耗能少、用料少、运量少、"三废"少和技术密集度高、附加价值高的要求，压缩粗放产品、控制低档产品，有重点地发展高精尖产品和优质名牌产品，使上海工业的发展开始由粗放型向集约型转变，从主要依靠物质资料的投入向主要依靠技术进步转变。这种调整已经显示出较大的经济优势。地处东北边陲的吉林通化，合理开发利用当地得天独厚的野生动植物资源，长江、珠江、闽南等沿海地区利用当地资源，建立起一系列农副产品出口基地和出口产品专业厂，初步形成了一个以国营、集体农场为中心，以周围地区专业户为联合对象，以出口创汇为目标的农业生产综合体系等。

总之，我国区域经济的发展，正在逐步朝着资源和生产要素的合理配置、区域之间实行分工协作的方向转变。但是，区域经济还远远没有达到合理发展的程度，一方面，历史上所形成的不合理状况没有得到根本的改变，另一方面又产生了一些新的问题，这表现在以下四点。

（1）加工工业结构趋同

在加工工业方面，许多地区还没有根据本地的自然、经济技术条件确立和发展主导产业，从国内国际市场交换中获得比较利益，不顾各自的条件，争相发展一般性的高附加值的产业，在经济技术起点很不相同的情况下，生产同样的产品，导致产业结构的趋同化。过去，在强调建立完整的地方工业体系时，每个地区都要求产业行行俱全、产品样样都有。因此，出现高度的同构性不可避免。进入20世纪80年代以来，东部一些拥有先进技术和装备，有条件发展深加工和高技术产业的发达地区，并没有致力于改造传统产业，建立新兴产业，而是在很大程度上仍固守着原来的低层次加工工业的阵地，产业技术进步过于迟缓；中西部地区由于技术装备总体讲相对落后，为了追求高附加值的加工业，不惜花费巨额投入，限于经济技术水平，又不得不依靠外汇进口元器件支撑生产。这就出现经济技术条件差别很大的东、中、西三个地带乃至各个省市（区）都竞相发展同样的一些产业。这在某些耐用消费品方面非常突出。据有关部门对各地区加工工业结构相似系数的分析，除7个省区外，相似系数都在0.9以上，说明各地区的加工工业结构保持着高度的一致性。一方面继续追求所谓门类齐全的工业体系，搞"大而全""小而全"的封闭式区域经济发展模式，另一方面缺乏健全的市场机制和扭曲的价格导向所致的结构趋同，致使许多产业没有达到社会化大生产所要求的规模经济、形成专业化分工协作体系，造成分工效益和规模效益双重损失，存量资金利用率和增量资金产出率双重下降，使整个国民经济由速度型增长向效益型增长的转变进展缓慢。同时，它还加剧了原材料、燃料、动力和交通运输的紧张状况，使地方经济割据和自我保护现象日益严重。"篱笆墙"的泛滥阻碍了全国统一市场的形成和发挥作用，助长了盲目引进，限制了国产化政策的实施。

（2）农业、能源、交通运输等基础产业和设施滞后，区域之间发展不协调

首先，农业基础脆弱，后劲不足。粮食总产量在20世纪80年代几次创下新的纪录，但人均粮食占有量增加不多。一些原来的粮食调出或自给省区，相继变成了粮食调入省。东部某些省份虽然经济作物有较大增长，但不是通过国际市场的转换解决粮食不足，而是在国内市场抬价抢购，进一步加剧国内粮食的供需矛盾。从三个地带来看，粮食的供需也不平衡（见表1），如果考虑工业用粮的因素，东部地区的粮食供需矛盾就更为突出。

表1 我国三个地带人口和粮食产量占全国的比重（%）（1988）

地区	人口	粮食
东部	41	39
中部	37	41
西部	22	20

资料来源：根据《中国统计年鉴1989》的数据计算。

其次，能源紧张的状况仍比较严重。从总体上看，能源紧张的状况不仅没有得到缓解，且有进一步加剧的趋势。以能源消费弹性系数和电力消费弹性系数为例，可以看出我国能源紧张的状况（表2、表3）。

表2 我国能源消费弹性系数

年份	1978	1980	1981	1982	1983	1984	1987	1988
系数	0.67	0.31	-0.33	0.56	0.57	0.45	0.41	0.33

表3 我国电力消费弹性系数

年份	1978	1979	1980	1983	1984	1986	1988
系数	1.09	1.12	0.70	0.65	0.45	0.81	0.46

资料来源：表2、表3的数字转引自《经济参考报》1989年11月27日。

消费弹性系数是指能源消费总量（或电力消费总量）增长速度与工业生产增长速度的比较。

从上面两个表中，可以看出，我国能源的供应，从1978年开始日趋紧张，"六五"计划的头一年最为严重，1982—1983年由于国民经济调整，能源供需矛盾趋向缓和，从1984年开始，又日益严重，1988年矛盾更为突出，大体上倒退到1980年的水平。电力的状况更是不妙，尽管近几年，我国新增发电装机容量达1000多万千瓦，这是中华人民共和国成立以来前所未有的，在世界上也是相当可观的。但是电力的供需矛盾，进入20世纪80年代以来日益严重，致使许多地方停三开四，严重地影响工业生产的增长。与此同时，能源生产和消费的地区分布的不平衡状况也制约着国民经济的协调发展（表4）。

表4 我国东中西部三个地带能源的生产和消费情况（1988年）

地区	能源生产占全国的（%）			能源消费占全国的（%）	
	原煤	原油	发电量	能源消费	电力消费
东部	23	42	48.63	48	50
中部	57	51	34.50	35	33
西部	20	7	16.87	17	17

资料来源：根据《1989年中国统计年鉴》的数字计算。

再次，原材料工业与加工工业，交通运输与整个国民经济不协调的问题仍比较突出。这些年来，尽管国家采取了一系列措施，但缺乏强有力的产业和地区调控政策，在扭曲的价格导向和地区利益的驱使下，许多地方对基础设施和原材料工业不感兴趣，盲目发展加工工业，致使结构性矛盾进一步加深。结构不合理，比例失调以及原材料、能源等基础工业和粮食等生产与消费的地区分布的不平衡，使交通运输紧张的状况进一步加剧，限制了整个国民经济的发展。这不仅造成区域间的经济摩擦，而且导致国民经济的周期性振荡，出现"失调→调整→再失调→再调整"的往复循环。

（3）三个地带的经济关系和区域内部的综合开发问题

党的十一届三中全会以来，根据新的战略方针，我国开始进行以提高经济效益为中心的布局调整，使经济布局开始向合理化的方向转变。然而，这一转变的进程缓慢，效果也不够理想。根据资源和生产要素的合理配置，区域之间实行分工协作的原则，东部地区因经济技术条件较好而资源缺乏，就有必要发展耗能少、用料少、运量少、"三废"少而技术密集度高、附加价值高的高、精、尖、新等层次较高的产业和出口创汇产品，一方面以这些产品取代进口，满足国内市场的需要，另一方面扩大出口，开辟新的国际市场，发挥对内对外两个市场的辐射作用。对于东部地区原有的耗能高、用料多、运量大的产业逐步向资源能源充裕的中西部地区转移。但是，这些年来，不仅产业转换的速度迟缓，而且有些地方还在继续开发一些不适宜本地区发展的项目，加剧了同中西部地区对原材料和传统产品市场的争夺。在中西部地区，尽管由于实行产业倾斜，能源、原材料工业的投资有所增加，但这些项目中的多数仍然以索取资源为目的，没有从地区经济的综合开发和长远发展去安排。中西部地区的一些省区，也不是根据自身的特点，发展有特色的主导产业，提高其加工档次和水平，扩大其产品在国内市场的比重，而是不适当的搞资源转换，发展自己力所不及的深加工、精加工。这势必造成东、中、西三个地带的分工和资源配置的新的不合理。

在区域内部，综合开发还很不够，中心城市的功能还没有充分发挥。在一些地方，"基地"的作用还局限在点上，没有形成由点到面、密切联系的产业带。东部老工业基地如不加快技术改造的进程，就难以适应改革开放对这一地区的要求。在"三线"地区，国家大量投资，已经建立起在国防工业、机械、电子、原材料等方面具有相当优势的产业，但布局不合理，协作配套条件差，生产能力没有充分发挥。因此，调整改造十分必要。对于上述两类地区的问题，不仅要从增量资金上，而且也要从存量资金上实行调整改造，以期使它发挥更大的作用。

（4）地区间经济差距扩大

改革开放以来，各地区经济都有了迅速的发展，经济实力都有较大增强，但是东、中、西三个地带之间的经济差距不仅依然存在，而且进一步扩大（表5）。

从表5中可以看出，包括中西部的内地与东部沿海地区的经济差距在继续扩大且速度有加快的趋势。

表5　我国东中西三个地带的经济发展差距比较

地区	社会总产值			人均国民收入		
	1952	1979	1987	1952	1979	1987
东部	100	100	100	100	100	100
中部	69	56	50	86	60	58
西部	37	29	23	63	56	51

以东部为100时，其他地区的指数。

（三）

回顾我国40年来的经济布局和产业结构的调整，可以看出，前30年的布局指导思想的主观愿望是可以理解的，但总的来看，客观效果是不好的。"一五"期间的投入产出率曾达到0.338的水平，但"二五"则降为-0.104，"三五""四五"虽有回升，也只有0.217。近十年来，尽管以提高经济效益为中心的布局指导思想和产业结构调整的方向是正确的，但转变的进程和效果都很难令人满意，布局和结构方面的问题仍然制约着国民经济的协调、稳定发展。我们的目标是要逐步实现使全国范围内的资源合理利用和优化配置，各地区都相对平衡的发展。但要达到这一点，除了要有一个正确的布局指导思想以外，必须要经过很长时间的艰苦努力并以生产力的较高水平为条件，不可能单凭良好的愿望而一蹴而就。在一些发达国家的历史上，都曾经历过一个从不平衡到相对平衡的发展过程。如美国，工业生产最早在大西洋沿岸的东北部发展起来，经过上百年的漫长历程，到20世纪六七十年代，西部和南部才发展到了相当水平，改变了工业集中于东北部的不平衡状况。我国是社会主义国家，尽管我们可以在公有制的基础上，通过自觉地计划，避免资本主义自发发展的盲目性，尽量缩短从不平衡到相对平衡的发展过程，但不可能跳跃这个过程本身，因为生产力的发展有其内在的规律性。

区域经济的发展和产业布局要受到自然资源、劳动力以及经济技术条件等因素的制约。在不同的地区，这些因素又会有不同的特点，产生不同的影响。因此，地区经济布局，不能单凭某一因素的优劣，而要着眼于上述各种因素综合发生作用的最终结果。根据我国的国情和现阶段的实际情况，区域经济的发展和产业布局必须遵循以下三个基本原则。

第一，在"双重倾斜"下的协调发展原则。实行区域倾斜，有重点地保证经济技术条件较好的东部地区得到优先发展，尽快建立起能带动全局的、经济实力强大的"基地"，是非常必要的；与此同时，实行产业倾斜政策，对处于"瓶颈"，制约国民经济发展的产业给予重点发展，以保证经济发展后劲。这种"双重倾斜"，是在明确各地区在国民经济全局中的不同地位和作用，规定各地区的发展方向的前提下进行的。因此，必须协调各地区的相互关系，使各地区在特定的发展方向下，发挥各自的优势，做出与各地区的地位和作用相适应的安排，同时使地区之间的构成各有侧重、相互协作、相互协调的有机整体，避免各行其是、相互封锁的"诸侯经济"的出现。

第二，整体效益优化原则。区域经济最理想的选择是局部和整体都能得到最大利益。然而，在现实经济生活中，有时往往难以达到二者的统一。因此，区域经济的发展就必须把保证国民经济的整体利益放在第一位，取得在特定条件下整体效益的最优化。在这种情况下，为了整体而牺牲的局部利益，国家可以通过税收、利润、投资等方面的倾斜而得到补偿。

第三，实行专业化分工协作原则。专业化生产是商品经济发展到一定程度的必然产物，是社会化大生产的基本特征。发挥地区优势的专业化生产是提高产品质量、提高劳动生产率、加速经济发展的重要条件。专业化分工和经济协作是互为条件、密不可分的。在发展地区专业化生产的同时,地区之间必须实行经济协作,互相取长补短,促进各地区的共同发展。

依据上述三个基本原则,我国东、中、西三个地带经济发展的基本方向,是各自侧重发展不同的产业,通过点、线、面的结合,形成相互依赖、高度有序、共同发展的经济发展网络。具体来说:

①东部经济发达地区应充分发挥经济技术条件的优势,调整产业结构,建立耗能少、用料少、运量少、"三废少"和技术密集度高、附加值高的高、精、尖、新等较高层次的产业,尽快转向集约化经营并侧重发展外向型经济。不仅要以较高层次的产品替代进口,满足国内市场的需要,还要扩大出口,开辟新的国际市场,发挥对内对外两个扇面的辐射作用。这就要求:

首先,对像北京、上海、天津这样加工工业实力很强、交通条件和区位条件优越、科技力量雄厚的特大城市,对传统工业进行彻底改造、扩散和转移,集中力量发展技术密集型和高附加值的产业。同时大力发展第三产业,加强城市功能的改造和基础设施的建设。

其次,具有所谓"增长点"功能的中心城市,应提高其向心力,增强扩散效应,从而能够在较短时期内围绕"增长点"聚集起与主导部门和新兴部门相关的产业和企业群,带动区域产业结构的变化和区域经济的发展。同时,接受部分转移的产业项目,改造自身的传统产业,发展部分技术密集型产业,提高集约化程度。

最后,大量的中小城市和周围的乡镇企业,应尽快纳入专业化生产体系,成为中心城市专业化生产体系中的零部件生产基地(即成为扩散效应的接受实体)。

②中部地区不仅是我国的能源和矿产资源的富集地区,而且基础产业也具有相当的基础和优势。充分发挥其能源、自然资源的优势和基础产业、地理位置、交通运输方面的良好条件,建立大规模的煤炭、水电、原材料和商品粮基地,发展资金和技术密集型的采矿、冶金和机械制造业。在区内布局上,应从中心城市和交通线逐步展开,使其逐步形成能源、基础产业和机械制造业的产业密集带。

③西部地区能源、非金属、有色金属矿产资源丰富,虽整体工业基础薄弱,但却有技术、设备都较先进的军工企业。因此,西部的发展,在加强农业、改善生态环境、加强资源的普查和勘探、改善交通运输条件的基础上,做到在两个方面有所突破:一是以中心城市为核心,大力发展重化工业,包括有色金属、稀有金属工业、盐化工、煤化工业等;二是调整和改造"三线"企业,发挥军

工科技力量集中的优势,有效地推进军民结合,军用技术向民用技术的转移,积极发展同东、中部地区的经济技术交流与协作。

总之,我国东、中、西三个地带应各自侧重发展不同的产业并逐步形成相互协作、相互补充的结构体系,在新的区域分工格局下,持续稳定协调发展。

本文曾在1992年第1期《兰州大学学报》(社会科学版)上发表。

振兴骨干企业，繁荣丝绸之路

西北地区，是中国古代文化的摇篮，是中华民族的发祥地之一。闻名世界的"丝绸之路"曾经是西北地区繁荣的象征。只是在近代，一方面由于科学技术的迅速发展，海洋运输的迅速崛起，西北的"地利"迅速丧失；另一方面，历代统治者的巧取豪夺，到中华人民共和国成立前夕，西北地区的生产力受到极大摧残，经济濒临崩溃。中华人民共和国成立以来，党和政府十分重视西北地区的经济建设，先后投入大量人力、物力和财力，进行了大规模的工业建设，大中型工业骨干企业从无到有，从少到多，奠定了西北地区工业化的基础。目前，尽管西北地区作为我国的不发达地区，社会经济发展水平远低于东部沿海地区，但西北地区的大型企业的相对比重却高于全国平均水平。西北地区工业骨干企业不仅在本地区的经济建设中发挥着举足轻重的作用，而且在整个国民经济中也发挥着重要作用。搞好西北地区的大中型企业，加强地区的活力，才能繁荣丝绸之路，振兴地区经济。

一、西北地区工业骨干企业的现状及发展机遇

中华人民共和国成立40多年来，国家通过不同时期的投资建设，到1990年，西北地区共有大中型工业企业734个，占全国大中型企业的5.47%，占本地区独立核算工业企业的2.16%。其中大型企业282个，占全国大型企业的7.1%，占本地区独立核算工业企业的1.14%，比全国高出0.2%。中型企业452个，占全国中型企业的4.78%，占本地区独立核算工业企业的1.82%。西北地区大中型工业企业的总产值为538.77亿元，占本地区独立核算工业企业总产值的60.53%，比全国的比重高出近4%（见表1）。从其他指标来看，西北地区大中型工业企业在本地区的优势也很明显，如利税总额占本地区独立核算工业企业利税总额的60%以上，固定资产原值占70%以上，甘肃甚至高达80.25%。

表1 西北地区大中型工业企业基本情况（1990年）

省区	企业数量（个）							大中型工业企业的总产值	
	总数	大型	%	中型	%	小型	%	总产值（亿元）	%
全国	417082	3965	0.95	9450	2.26	403667	96.78	10203.14	54.59
西北地区	24706	282	1.14	452	1.82	23972	97.00	538.77	60.53
陕西	11801	159	1.34	175	1.48	11467	97.18	210.39	58.50
甘肃	8896	65	1.10	105	1.78	5726	97.12	166.38	67.05
青海	1197	18	1.50	32	2.67	1147	95.83	30.02	58.70
宁夏	1620	18	1.10	39	2.40	1563	96.50	33.14	58.26
新疆	4182	22	0.53	101	2.40	4069	97.07	98.84	55.10

资料来源：根据《1991年统计年鉴》计算，中国统计出版社。

根据管理世界中国企业评价中心和国家统计局共同进行的"中国500家最大工业企业评价",从1988年开始,西北地区进入全国500家的最大工业企业共30家(见表2),其中陕西10家,甘肃12家,青海2家,宁夏2家,新疆4家。根据该评价中心1989年统计,在行业100家最大的工业企业中,西北地区在纺织业中有8家,交通设备制造业有6家,电器机械制造4家,有色金属15家,黑色金属5家,建材5家,电子5家,仪器仪表5家。这些数字显示出西北地区大型工业企业在国民经济中的重要地位。西北地区大中型工业企业同其他地区,特别是东部发达地区相比,在许多指标的绝对数方面,仍有较大差距,但在本地区的相对比重上,许多指标不仅高于全国平均水平,而且也远高于东部发达地区的水平。这种情况固然与本地区的经济水平较低有关,但也反映出西北地区大中型工业企业在整个国民经济中有一定地位和实力。如果考虑到西北地区原有的基础,大中型工业企业在该地区就更加引人注目。

西北地区的大中型工业企业,不仅已有相当规模和基础,而且也出现了一系列的发展机遇,主要的有以下三点。

第一,当前国家的宏观经济形势和产业结构调整的机遇。国家的宏观经济形势有两个重大变化,一是经过三年多的努力,治理整顿的任务已基本完成,我国经济进入正常发展时期;二是在小平同志视察南方的重要谈话发表之后,全国掀起了改革开放的热潮,改革开放步伐的加快和全国经济的加速发展,对能源、原材料的需求迅速增加,许多这几年滞销的产品变得供不应求。这对西北地区以能源、原材料为主的大中型企业来说,无疑是一个良好的机遇。与此同时,国家正在下大力气调整产业结构,加快能源、原材料等基础产业和"瓶颈"产业的发展,而能源、原材料工业的空间布局,主要是在包括西北在内的西部地区。所以,国家调整产业结构为西北地区大中型企业发展带来契机。

表2　中国500家最大工业企业中的西北企业

省区	企业名称	在500家中的排序			
		1991	1990	1989	1988
陕西	陕西彩色显像管厂	50	86	196	178
	黄河机器制造厂	126	126	161	110
	西安电力机械公司	174	137	——	——
	宝鸡卷烟厂	181	159	182	220
	长岭机器厂	383	398	395	——

续表

省区	企业名称	在500家中的排序			
		1991	1990	1989	1988
陕西	西安杨森制药有限公司	308	——	——	——
	宝鸡石油钢管厂	328	——	——	——
	西安飞机工业公司	495	——	——	——
	西北五棉实业公司	——	406	——	——
	西北第四棉纺厂	——	500	——	——
甘肃	兰州炼油化工总厂	36	34	28	36
	兰州化学工业公司	77	64	64	59
	金川有色金属公司	79	71	81	78
	白银有色金属公司	118	87	99	107
	玉门石油管理局	178	210	187	191
	酒泉钢铁公司	150	251	188	200
	兰州连城铝厂	312	282	272	294
	兰州铝厂	376	350	370	——
	兰州钢厂	311	373	334	331
	长庆石油勘探局	343	——	——	——
	长风机器厂	——	420	347	272
	兰州石油化工机器厂	——	——	475	451
青海	西宁钢厂	272	230	225	269
	青海铝厂	226	490	——	——
宁夏	青铜峡铝厂	239	322	277	339
	银川橡胶厂	492	472	346	392
新疆	新疆石油管理局	53	48	65	53
	乌鲁木齐石化总厂	86	99	60	74
	新疆八一钢铁总厂	255	338	326	424
	新疆天山有限公司	——	——	438	——

资料来源：《管理世界》1990年第5期，1991年第5期；《经济日报》1992年6月4日。

第二，第二条亚欧大陆桥开通的机遇。由于西北地区地处内陆腹地，同外界的经济联系受到很大限制，开放度较低。制约西北地区进一步开放的重要因素之一是交通条件。第二条亚欧大陆桥的正式贯通，给西北地区带来了特殊的交通便利，西北地区对独联体、中东、欧洲的贸易可直接从阿拉山口出境，这比第一条亚欧大陆桥缩短运距1000~4000千米，比通过连云港走海路、穿过苏伊士运河抵达欧洲运费减少20%，运期缩短一半，比通达非洲南段的好望角去欧洲的另一条海路经济效益更大。这不仅大大缩短了西北地区对外开放的空间距离，同时为加强同陇海—兰新铁路沿线各地区的横向联合，使生产要素在更大范围内的优化组合提供了条件，为西北地区大中型工业企业的调整和发展带来了机遇。

第三，世界经济和政治格局变化的机遇。进入20世纪90年代以来，世界经济、政治格局发生急剧变化，东欧剧变、苏联解体，两个超级大国对抗、争霸的局面结束，工业发达世界多极化的趋势加强，海湾地区的战后恢复等，都意味着对西北地区的骨干企业带来了新的发展机遇。这是因为：首先，和平与发展作为当今世界的两大主流，冷战的结束，为其增添了新的内容，各发达国家都把经济和科技的发展作为竞争的主要手段，各国之间的经济联系与交往更加频繁，这给我们提供了发展经济的良好机会。其次，临近西北的中亚、西亚以及蒙古、东欧等国家和地区，由于各种复杂的原因，消费品严重不足，需大量进口。西北地区经过十年的调整与发展，农产品和其他消费品已相当丰富，花色品种也比较适合这些地区消费者的需求。同时，西亚、中亚地区同我国西北部分地区的民族、宗教信仰有很大相似之处，风俗习惯也有类同，这都为西北地区大中型企业的发展带来了发展机遇。

抓住机遇，充分发挥和利用骨干企业的潜力和优势，振兴骨干企业，繁荣丝绸之路，既是时代的要求，也是历史的必然。

二、西北地区产业结构的特点及变动导向的选择

我们对西北地区的工业结构进行分析，发现其最明显的特点有以下三点。

第一，较现代化的大中型工业企业与落后的地方工业并存的二元结构型。这是由于国家集中投资兴建的大中型企业与地方工业缺乏有机联系，大中型企业的波及效果差、影响力低，地方工业的感应度弱，于是形成"两张皮"的现象。这种二元结构对地区经济的发展产生了多方面的消极影响。例如，大中型企业的优势难以在地区经济中发挥出来，而地方经济的劣势也难以得到弥补。地方经济的自我发展能力不足，地方财政受大中型企业的严重制约。地方工业

的加工能力有限，产品增值水平低，资源优势难以转化为经济优势等。

第二，大中型工业企业的重型型和重工业企业的资源型、初级型。西北地区大中型工业企业中重工业企业占 2/3 左右，而在重工业企业中，基本上是资源和原材料工业企业，其中煤炭、石油、天然气开采，电力等能源企业，有色金属采矿和冶炼、化工、黑色金属冶炼等工业企业具有一定优势。建立资源型的重工业结构，应该说，既考虑了国家的总体布局，也符合西北地区的实际，能够发挥西北地区的资源优势。然而，西北地区重工业的初级型，标志着西北地区对资源的利用还处在一个较低的水平。

西北地区工业化的演进过程中，跳过了以轻工业为中心的发展阶段，通过国家投入重点建设能源、原材料工业和重加工工业，直接进入重化工业阶段。但是这种重化工业由于依靠国家集中投资兴办，在一定程度上脱离了当地的社会需求和工业基础，生产要素主要在区外循环。这就决定了以二元结构为起点的重化工业，仍然是工业化初期阶段的资源型和初级型。

第三，在工业技术结构上，部分大中型工业企业装备和技术的先进性与整个工业技术结构的落后性并存。西北地区有一部分大中型企业具有一定的装备和技术优势，从装备上看，一些大中型工业企业人均占有的固定资产不仅比全国平均水平高，而且比东部发达地区也高，部分大中型工业企业的技术装备在国内同行业中甚至居领先地位。从科技人员数量上看，西北地区大中型工业企业的科技人员比例，特别是"三线"军工企业的科技人员比例高于全国平均水平。然而，与部分大中型工业企业的技术优势形成鲜明对比，大多数企业，特别是中小企业设备陈旧、技术落后，科技人员严重不足，严重影响了工业的整体效益和水平。

按照区域经济学的理论，一个地区产业结构是否合理，可以从以下三个方面去衡量。

①是否充分发挥地区优势，有效的利用地区自然资源和社会经济条件发展地区经济。

②是否具有整体性和系统性。这主要表现在两个方面，其一，是否能以地区主导产业部门为核心把整个地区的企业联系起来，组成一个分工协作、相辅相成的整体；其二，产业结构是否建立在合理的地域分工的基础上，既是地域分工中的一个不可缺少的组成部分，又具有相对的独立性、完整性，从而形成多层次的分工系统。

③是否具有先进性，只有先进的产业结构才能保证地区经济兴旺发达。这里需要指出的是，看待产业结构是否先进，首要的和关键的是看主导产业部门，

同时要使产业结构始终保持其先进性，就必须在区域结构中同时保持有不同时代的部门，即站在时代发展前沿的兴旺部门，这是当前产业结构的主体部分。处在第二线的后备部门，这是面向未来的创新部门，是今后产业结构的主体部门。正在改造或准备向低梯度地区转移的部门。这种纵深配置使地区经济能够保持活跃的新陈代谢机制。

按照上述标准衡量西北地区的产业结构，特别是大中型企业的结构，可以看出其有合理的一面。比如以能源、原材料为主的资源型结构，既符合国家的整体布局，又能够发挥地区优势，但不合理的因素占较大比重，如前面已经指出的，由于二元结构，大中型企业、主导产业部门与地方经济缺乏有机的联系，不能有效的带动区域经济的发展。同时，工业结构层次低，资源不能合理利用，资源优势无法转变为经济优势，导致区域内地方经济缺乏自我发展能力。

西北地区产业结构的调整和大中型企业的发展走什么样的道路，在理论上存在着较大的分歧。一种观点认为，西北地区以重化工业为主的大中型企业的发展，超越了以轻工业为中心逐步向重工业为中心的工业化进程，违背了工业化的常规，因此产业结构的调整应把发展轻工业作为突破口，通过优先发展投资少，见效快的轻工业，积累资金，开拓区内市场，创造条件再逐步进入以重化工业为中心的发展阶段。这样，可以减轻资金、技术和人才等方面的矛盾，走上良性循环的道路。另一种观点认为，西北地区是能源、矿产资源的富集地区，能源、原材料工业和重型机械制造已有相当规模和基础，目前的突出问题是工业结构层次低，产品附加值低，经济效益低，制约了整个经济的发展。因此，产业结构的调整，必须以能源、矿产资源的开发为基础，重点发展资源的加工转换，即沿着"高加工度化"方向推进，提高结构层次和附加值，提高经济效益和自我发展能力。

我们认为，从整个区域的发展和在全国的地位来看，西北地区既不能向轻型化逆转，也不能盲目追求高加工度化，为了适应2000年以后国民经济发展的需要，在今后相当一段时期内，西北地区产业结构变动导向的选择，是在资源导向的前提下，扩大优势资源的开发强度，发挥规模效益，同时有选择地发展加工工业，创造条件，逐步建立以资源型主导的产业为核心，以自然资源开发与加工并重的产业结构，在此基础上，确定大中型企业调整和发展方向，形成分工协作，优势互补，能从整体上带动区域经济发展的新格局。

三、搞好西北地区骨干企业的基本对策和措施建议

西北地区大中型工业骨干企业，既有与全国其他地区的大中型工业企业面临的相同问题，也有其特殊问题，搞好骨干企业，增强它们的活力是一个复杂的系统工程，我们认为必须采取以下基本对策与措施。

第一，真正做到政企分开，两权分离，大中型企业要有自主权，成为自主经营、自负盈亏的商品生产者和经营者，这是企业具备活力的基本条件。城市经济体制改革以来，国家在这方面下了很大的功夫，采取放权让利，利改税等措施，力图使政企分开，两权分离。但时至今日，并未真正落实，企业对政府的行政隶属关系、政府对企业的过度约束或过度保护，使大中型企业难以按市场规律来生产和经营。政企不能分开，从目前来看，主要问题在政府方面，所以政府必须转变职能，不能直接去干预企业的生产经营，要为企业按市场要求进行发展创造良好的外部环境和条件。

第二，根据不同情况，区别对待，分类管理。大中型骨干企业在国民经济中的地位和作用，决定其在经济活动方面具有明显的双重性质和职能，一方面大中型企业的基本属性决定了企业的生产、经营活动必须受到市场的调节和支配，必须遵循价值规律；另一方面又决定了其在执行国家计划方面，比中小企业和非公有制企业都要强。从这一基本现实出发，一个可供考虑的选择是，在总体上要求企业自主经营、自负盈亏的同时，国家必须从不同类型的企业特点出发，选择不同体制和运行机制，实行区别对待，分类管理。从国家利益，计划调控的需要和可能，市场结构以及企业的技术经济特征出发，可以将大中型企业分为两大类：一是以盈利为目标、市场为导向的竞争性企业；二是非竞争性企业，主要以满足社会需要为目的，或者以满足社会需求为主，兼顾盈利，通常只要求收回成本，保持财务基本平衡。国家要采取一定政策措施，使其盈利的动机服从于、服务于满足社会需要的动机。这类企业主要由三个部分构成：直接为国民经济整体服务，对国民经济具有重要影响的企业，如一些基础工业、国防工业和一些带有特殊性质的大中型企业；以社会公益为主要目标，承担社会公益责任的企业，如交通、通信、文化娱乐等，这类企业不能以盈利为目标，必须通过政府干预、调节，使其服务于社会；还有一部分是纯粹为了满足社会公共需要而且具有垄断性的企业，如煤气公司、自来水公司、公交公司等，为了维护消费者的利益，政府必须对其实行干预甚至补贴。显然，上述两类不同的企业改革的任务和目标是不同的，计划和市场对它们的作用强度、范围、进入方式都存在较大差异，因此，国家需要从不同类型的大中型企业的特点出发，选择不同的体制和运行机制，区别对待，分类管理，把竞争性企业推向市场，而非竞争性企业不能完全以市场为导向。

第三，再造全民所有制企业的内涵机制，完善公有制的实现形式。如前所述，西北地区的大中型企业，几乎是清一色的全民所有制，全民所有制在整个区域经济中的比重远远高于沿海地区。而全民所有制企业还存在许多不完善的地方，如产权关系模糊、资产主体责任不明确，职工不关心企业资产的保值增值，职工利益和企业目标不一致，这是制约企业活力的一个深层次问题。因此，增强企业活力，必须在体制上有所突破，必须通过深层次改革，再造全民所有制企业的内涵机制。目前，可供选择的方案之一是，逐步建立"国家主导占用、企业相对占用、社会法人适当占用、企业职工有限占用"的社会主义股份制，使公有制和职工当家作主在企业具体化，使职工更主动、更直接地与生产资料结合，提高生产资料的应用功效，形成一种企业运行的新机制。具体做法上，一是对一些长期亏损、资产流失、资不抵债的竞争性企业，可在资产评估的基础上，对其进行股份制改造，分散产权配置、强化产权约束，使其产生活力；二是对一些具备自主经营条件，适合股份制经营的企业，可改组为股份公司，实行自负盈亏；三是对新建企业，通过不同投资主体，一开始就组建有限责任公司。总之，通过改造、改组和新建，股份公司这种企业的最佳形式成为西北地区有条件的大中型企业的新形式。

第四，寻求机会，开拓资金渠道，创造条件，广招人才。西北地区大中型企业资金短缺、人才流失，是目前面临的主要问题之一。

首先，就资金来说，以折旧基金和企业留利为主要形式的企业自有资金严重匮乏，用于生产周转的流动资金相对紧张。不解决资金问题，西北地区的大中型企业就无法发展。解决资金问题，必须寻求机会，多方面开拓资金渠道：①延长承包期限，把自有资金增加指标列入承包内容，实行规范化的综合指标承包制，使企业领导者和广大职工有增加自有流动资金的积极性；②股份制企业可以利用发行股票筹集资金，以减少企业的贷款额以及由此而来的贷款利息支出，提高企业的竞争能力；③不是股份制企业的一般企业可以通过发行债券的形式筹集资金。

其次，就人才来说，虽然西北地区大中型企业的人才相对比重较高，但人才闲置，不能合理利用，科技人员的积极性没有充分发挥，子女就业等问题难以解决，这更加重了由于区域差异而产生的人才流失。这种现象在当前及今后相对一段时期内难以从根本上加以解决。因此，西北地区的大中型企业必须：

（1）创造良好的工作和生活条件，解除科技人员的后顾之忧，发挥现有科技人员的积极性，为搞好大中型企业献策出力；

（2）制定优惠政策吸引国内外有特长的科技人才不定期来西北工作，解决技术难题，开发新产品；

（3）不论学历，不拘一格选拔人才，把确实有本事的人推上技术岗位和管理岗位。

本文曾在由本人主编的1993年3月出版的《中国西北地区工业骨干企业研究》（甘肃人民出版社）上发表。

第二亚欧大陆桥与中国"沿桥经济带"发展战略

1990年9月1日，兰新铁路延伸至阿拉山口，9月12日，与哈萨克斯坦境内的土西铁路正式接轨，这宣告了连接亚欧两大洲，运输距离最短，利用价值和经济价值都最高的第二亚欧大陆桥的诞生。第二亚欧大陆桥的诞生，不仅是世界铁路运输史上的大事，同时也标志着中国改革开放翻开了新的一页，因为从此开始，中国对外开放的格局发生了变化，"向西开放"随着这条大动脉而具有实质性的内容。与此同时，第二亚欧大陆桥的贯通，也使中国实施"沿桥经济带发展战略"成为现实的选择。

一、第二亚欧大陆桥——亚欧经济发展的新的大动脉

工业革命以来，铁路对社会经济发展的巨大促进作用已为人们充分认识。铁路大大加快了人员、物资的流动，促进了发达地区和不发达地区的经济技术交流与合作，整体上推动了社会经济的发展。随着国际分工的加深和经济的国际化、一体化趋势，跨国、甚至跨越洲际的铁路运输，已成为推动国与国之间、洲与洲之间以及整个经济区内经济技术交流、合作与发展的重要手段。连接亚欧两大洲的第二亚欧大陆桥的开通，成为亚欧经济发展的新的大动脉，对促进亚欧经济发展具有重要的战略意义。

第一，该陆桥区位优越、运输成本低。目前，连接亚欧两大洲的运输线，除航空运输以外，主要是海运和第一亚欧大陆桥，海运尽管运输量大，吨/千米运输成本低，但是运输距离很长。据初步计算，海运比第一亚欧大陆桥要长约8600千米，比第二亚欧大陆桥长约9700千米。海上航线又基本上是在赤道附近，航程在2个月左右，这对于一些怕热的货物来讲，必须采取特殊措施，其结果又增加了运输成本。第一亚欧大陆桥尽管运输距离较短，运期也比海运要短得多，但也需要35天左右。

与此同时，第一亚欧大陆的东方桥头堡——纳霍德卡港，每年有近5个月为封冻期，而且铁路线所经过的远东和西伯利亚地区气候条件恶劣，不仅港口

吞吐能力严重受限，铁路线本身也受到风雪严寒的干扰。

与海运和第一亚欧大陆桥相比，第二亚欧大陆桥运输距离短，仅相当于海上航线的53%，第一亚欧大陆桥的91.3%，运期需要30天左右。这样，其运费比海运可节省25%左右，比第一亚欧大陆桥节省12%左右。第二亚欧大陆桥的起点连云港[1]为不冻港，常年作业，不受任何影响，而且沿线自然条件比第一亚欧大陆桥优越。

第二，与上述区位相联系，第二亚欧大陆桥覆盖面广，辐射范围大。第二亚欧大陆桥直接跨越中国、哈萨克斯坦、俄罗斯、白俄罗斯、波兰、德国和荷兰7个国家。其面积为3024万平方千米，占亚欧两大洲的54%，人口为14.4亿，是亚欧两大洲的37.6%。直接辐射面包括远东、中亚和欧洲的30多个国家和地区，其中既有像日本、德国、荷兰这样的发达国家，也有像"四小龙"这样的新兴工业化国家和地区，还有像中国、东盟成员国这样迅速发展中的发展中国家。其幅员之广、人口之多、市场潜力之大，是目前任何一条交通线都难以比拟的。这些国家和地区通过这条大陆桥将极大地加强和促进彼此之间的经济技术和文化交流与合作，有力地推动沿线经济带的迅速崛起。

第三，大陆桥所处的亚太[2]和欧洲地区，是世界经济中发展最快和实力最强的地区之一，各种生产要素的沿桥流动，将引起21世纪世界经济格局的重大变化。进入20世纪90年代以后，随着"冷战"时期的结束和雅尔塔格局的消失，世界走向多极化，发达国家之间已经形成美国、日本和西欧三个中心，这三个中心中有两个在第二亚欧大陆桥的远近辐射范围之内。西欧地区自工业革命以来一直是世界经济的核心地区，目前，EEC在国际贸易、GNP等重要指标中，仍然占据世界的重要地位。俄罗斯等国虽然由于体制变动，处于困难境地，其发展潜力仍然可观。目前，很多人认为，21世纪是亚太世纪，因为亚太地区已经成为世界经济发展最活跃的地区。近20年来，世界经济的年增长率为3.4%，而亚太地区达到6%以上。最近10年，世界贸易平均年增长5.6%，而亚太地区达到7.4%。亚太地区的出口占世界出口的比重，已由1980年的35%

---

[1] 关于第二亚欧大陆桥的桥头堡，国内大多数专家认为应选用连云港，也有专家提出选用青岛港或上海港的。

[2] 目前，学术界对"亚太地区"的概念，有两重含义，一是指大亚太地区，即亚洲太平洋地区，这是一个包括太平洋东西两岸和大洋洲的世界上最大的经济区，其中包括美国、加拿大、澳大利亚、日本、中国、"四小龙"和东盟等国家和地区在内；二是专指东亚和西太平洋地区，不包括美国、加拿大和澳大利亚，本文使用第二重含义即东亚和西太平洋地区。

上升到1991年的41%。在亚太地区，日本从20世纪70年代中期开始，已经作为世界经济的大国迅速崛起。日本的人口只及美国的一半，其国内生产总值在1960年时，只相当于美国的8.4%，而到1990年已相当于美国的63%，人均国内生产总值已超过美国25%。日本还拥有雄厚的国际金融实力和国际竞争能力，已经成为世界经济的一个重要中心。然而，预言21世纪是亚太世纪，从根本上来讲，不是因为日本已有的实力，而是因为在这个地区有一个最具潜力、最有希望的地区——东亚和东南亚地区，主要是中国、"四小龙"和东盟。20世纪六七十年代，"四小龙"曾创造了连续20年10%左右的高增长速度的奇迹，进入20世纪80年代后，中国大陆的经济起飞，举世瞩目。随后，东盟国家的迅速发展，使这一地区持续保持在8%左右的高增长率。在不景气的1993年，世界经济只增长2%，而这一地区却高达8.6%，20世纪90年代初，这一地区的GNP占世界的比重从10年前的16%上升到20%，贸易额从16%增至21%，这一地区已经成为世界投资的最大热点。正是由于这一地区的勃勃生机，带动了亚太经济，也带动了整个世界经济的发展。第二亚欧大陆桥的开通，给这一地区注入新的活力，这条新的大动脉，必将使这一地区的经济发展登上新的台阶，它会促进世界经济的重心移向亚太，亚太经济的重心向东亚转移。

第四，第二亚欧大陆桥将使中国的对外开放格局发生变化，"向西开放"随着这条大动脉而具有实质性的内容。自1978年以来的15年中，中国的经济有了迅速的发展，这得益于改革开放。在改革开放的新形势下，中国沿海12个省、市、区率先步入改革开放的前沿，构成以开发区为核心，以珠江三角洲、长江三角洲、闽南三角地区、黄河三角洲、辽东半岛和胶东半岛等为开放区的全方位、多层次的沿海地带开放地域系统。沿海开放地域系统的形成、发展与完善，不仅为东部地区带来前所未有的发展机遇，其以占全国14%左右面积，40%的人口获取51%的GNP，而且也为全国的区域经济发展起了示范、传导和推动作用。

随着沿海地区的迅速发展，与内地、特别是西部之间差距迅速扩大。我国理论界早就提出了"向西开放"的设想，也得到政府部门的高度重视，但是在第二亚欧大陆桥开通之前，向西开放的实践，无论就其规模、广度、深度都极其有限。大陆桥在我国境内直接跨越江苏、安徽、河南、陕西、甘肃和新疆6个省区，是我国东西向铁路交通的主干线。该桥分别与京沪、京广、焦枝、宝成以及正在建设中的京九等南北向铁路干线交汇，是沟通我国三大地带经济联系的重要纽带。第二亚欧大陆桥沿线地带的发展，不仅促进三个地带之间的互助合作，为缩小东西部差距创造条件，也使我国的开放格局发生了重要变化。

因为使长期以来封闭落后的西北地区被推到向西开放的前沿，发展机遇和国际市场的挑战接踵而至，资源丰富的大西北乃至整个最具有发展潜力和市场潜力的广大内地，真正全方位地展现在世界的面前。大陆桥为欧洲和其他地区开发中国的市场提供了便捷和迅速的通道。

二、中国"沿桥经济带发展战略"及其构想

20世纪80年代以来，中国的对外开放曾经有过两次重大的战略性举措。第一次就是在20世纪70年代末和80年代初实行的沿海开放战略，这个战略就其开放度来说，可以分为四个层次，首先包括深圳、珠海、厦门和汕头在内的经济特区（后来的海南省也包括在内），为开放度最大的一个层次；其次是14个沿海开放城市及其经济技术开发区，为第二个层次；第三个层次是沿海经济开放区，包括长江三角洲、珠江三角洲、闽南三角地区、辽东半岛、胶东半岛等地区部分市、县、区；第四个层次是改革开放的综合试验区。如前所述，沿海开放战略使东部沿海地区得到迅速的发展，使其在国民经济中具有举足轻重的地位，率先实行开放战略的沿海地区高速发展，引起了世界的关注，也为中国进一步改革开放奠定了基础，做出了示范。

但是，与沿海地区的迅速发展相比较，广大的内地，特别是西部地区却相对滞后，东西部的差距急剧扩大，区域发展的不平衡已经带来了诸多的问题，这不仅引起了理论界的关注，也引起了政府高层的极大关注。为了深化改革，扩大开放，加快发展，特别是使全国各区域都得到较快发展，逐渐缩小东西部发展差距扩大的趋势，并最终求得相对平衡发展。进入20世纪90年代以来，国家在对外开放方面实施了又一重大的战略性举措，即把对外开放从沿海向内地和边境省区延伸，提出了与沿海开放战略占同等地位的沿江（长江）沿边开放战略。沿江和沿边开放战略与沿海开放战略一起统称"三沿"战略。

沿江战略，即沿长江沿岸实行开放的战略。长江沿岸除长江三角洲地区以外，正在形成两个经济核心区：一是以武汉为中心的长江中游沿岸经济核心区，二是以重庆为中心的成渝经济核心区。特别是近几年，以上海浦东开发和三峡枢纽工程为契机的长江沿岸开发和建设，形成了以长江三角洲为龙头，沿江产业形成密集带的建设格局，吸引了大量的外资，引起了世界的关注。这些跨世纪的工程，给中国的改革开放和发展注入了巨大的活力。沿江战略以长江为轴线，贯穿了西南、华中和东南地区，与沿海开放战略，形成"倒T型"发展地域而出现向内地纵深延伸的态势。

沿边开放战略，是利用我国长达22000多千米的边境线和与15个国家接壤

的有利条件，利用历史上早已形成的边贸传统，同毗邻国家在平等互利的基础上开展经济技术合作，同时以开放为契机，扩大与内陆和沿海省区的交流与协作，推动生产要素向沿边省区流动，促进沿边省区地方经济的发展，加速工业化进程，缩小与东部沿海地区的差距。

"三沿"战略的实施，使我国的对外开放呈现出"曰"字形的新格局，即沿海和沿边成为边框，沿长江横贯东南、西南、华中，伸向内地。至此，中国的改革开放进入了新的阶段，中国的社会主义现代化建设也翻开了新的一页。然而，对于中国这样一个幅员辽阔、人口众多的大国来说，仍然面临着一系列突出的问题。

①基础产业滞后，能源、原材料短缺、交通运输力量严重不足，影响了国民经济的协调发展和现代化建设的进程。

②尽管国务院已经批准所有内地省会城市对外开放，但内地的广大地区，很多既不沿边，又不沿江，更不靠海，开放的力度仍然有限，发展速度明显滞后，与东部沿海地区的差距仍呈急剧扩大态势。

③"向西开放"虽有所进展，但远远没有达到所预期的目标，西部地区的对外经济技术交流与合作基本上还要通过东部沿海地区。

面临着上述的问题和实现第二步战略目标的历史重任，利用亚欧大陆桥开通的机遇和"三沿"战略的推动，实行"沿桥经济带"发展战略，是我国区域发展战略的又一个现实的选择。

第一，大陆桥直接经过的6个省区，具有丰富的自然资源，不仅是我国重要的粮棉产区，最大的畜牧业基地，更主要的是我国最重要的能源、原材料基地。目前，6个省区的经济实力虽有很大差别，但总体上在国民经济中已占相当重要的地位，如这一地区以23%的人口，获取21.2%的GNP，其粮棉产量分别占全国的25.14%和48.58%，工业总产值占全国的23.1%，农业总产值占23.52%，原煤、原油、发电量分别占全国的19.71%、14.33%和21.21%。"沿桥经济带"的中西部是我国能源和原材料等矿产资源的富集地区，是一个重要的经济走廊。随着这一地区丰富的能源和矿产资源得到开发和利用，将大大改善我国基础产业的功能，促进全国的产业结构调整。可见，实行"沿桥经济带"发展战略，将极大地促进全国经济的发展，保证国民经济发展战略目标的实现。

第二，"沿桥经济带"发展战略，将缩小东西部的发展差距，改变我国目前极不平衡的区域发展格局。如前所述，"六五"计划以来，改革开放和我国经济布局以及发展战略的转变，使国民经济整体上得到迅速的发展。然而，目前整个社会经济面临的突出问题之一是东西部发展差距的急剧扩大，当东部沿海发达地区在改革开放中发生着日新月异的变化时，西部的某些贫困地区仍沉陷于古老的循环，中国目前的 8000 万贫困人口绝大多数在西部地区。区域之间的发展不平衡已经阻碍了国民经济的持续、稳定和协调发展。大陆桥位居我国中部，在地理位置上是我国的中心轴线，其辐射东西南北，连接 11 个省区的 75 个市、14 个自治州、570 个县（市），面积约占全国的 1/3，人口占 1/4。作为连接沿海、内陆和边疆，或者说东、中西部三个地带的陆桥经济带的整体开发尚未展开，这就使得在区域发展中没有充分发挥陆桥的作用，来促进不发达的西部的相当一部分地区的发展。如果国家启动"沿桥经济带"发展战略，给沿桥经济带以沿海、沿江经济带同样的倾斜政策，吸引生产要素向这一经济带聚集，加快其发展速度，将会缩小东西部之间的发展差距，大大改善目前区域之间发展的不平衡状态。

第三，"沿桥经济带"发展战略有利于增强我国在国际市场上的竞争能力和向西开放的实力。促进我国与亚欧两洲沿线国家和地区之间的经济技术交流与合作。大陆桥作为连接亚欧两大洲最具有经济价值的运输通道，大大便捷了我国同中亚、中东、欧洲的经济技术交流与合作。但是，陆桥沿线的经济滞后，最终制约着我国在国际市场上的竞争能力和向西开放的实力。一方面没有高质量、多品种、多规格和技术含量高、附加价值高的产品去开拓国际市场，占领国际市场；另一方面，陆桥沿线地带的落后又不能吸引大量外国资金、技术、商品的流入，影响对外开放的进程。因此，加快沿桥经济带的建设和发展，实行"沿桥经济带"发展战略，是我国对外开放整体战略中的重要一环。

第四，"沿桥经济带"发展战略有利于西部地区的环境保护和生态平衡，改善中国西部部分地区生态环境，促进人口、资源、环境协调发展。大陆桥在中国境内全长 4123 千米，其中 2300 多千米处于戈壁、沙漠地带，约 1200 千米在黄土高原地带，这些地区的共同特点是：水资源严重短缺、沙漠化和土壤侵蚀严重、生态环境脆弱。经济落后，贫困面广，造成过度垦殖和不合理开发，使本来就脆弱的生态环境遭到进一步破坏，形成恶性循环。实施"沿桥经济带"发展战略，广泛吸收国内外的资金、技术、人才等各种要素，综合开发、全面治理，才能有效地控制生态环境的恶化，改善中西部地区的生态环境，促进中西部地区的迅速发展。

"沿桥经济带"发展战略的基本构想如下五点。

（1）以沿线各大中城市为支点，以大陆桥本身为轴线，大规模疏通和扩展大陆桥的运营能力，减轻和逐步消除交通运输作为"瓶颈"对国民经济的限制作用，与此同时大力发展基础设施，改善投资环境，以吸引国内外资金、技术、人员等生产要素的聚集。

（2）大规模开发沿线的优势资源，尽快建立起能适应整个国民经济发展需要的能源和原材料工业基地，并尽可能地建立起一系列初加工和精加工的现代化生产体系，减少能源、原材料运输的压力，提高技术含量和附加价值，尽快使资源优势转变为经济优势，最终使沿桥经济带变为真正的经济走廊。

（3）调整产业结构，发挥现有工业企业的生产能力，不断开发一系列国际国内市场适销对路，且有竞争能力的产品，一方面满足本地市场和挤进东部地区的市场，另一方面形成有特色的拳头产品，能在中亚、中东、欧美等国际市场上进一步拓展销路。同时，吸引国外资金、技术来改造现有企业，发展陆桥经济，使通过大陆桥的向西开放具有实质性的内容。

（4）大力开发旅游资源，把沿桥经济带同时建设成为宣传、回顾和重温华夏文明史的国际国内旅游热线。大陆桥沿线，是华夏文明的重要发祥地之一，山河壮丽，文物荟萃，既有雄伟险峻的花果山、嵩山、华山和黄河、天池、草原、戈壁等风光各异、千姿百态的自然景观，又有闻名中外的孔望山摩崖石刻、楚霸王的戏马台、大相国寺、白马寺、少林寺、龙门石窟、轩辕黄帝陵、秦始皇陵、兵马俑、古长城、敦煌莫高窟、高昌城、克孜尔千佛洞等名胜古迹。开发这些无价之宝，发掘"无烟工业"的巨大潜力，使"东方快车"旅游专线列车尽快穿越我国境内的大陆桥全线甚至整个亚欧大陆桥。

（5）"沿桥经济带"的经济发展应向优势区域和基础产业倾斜，在"工"字形的发展格局中以"两带、五区"为主，进行重点建设和重点突破。"工"字形是指沿桥东段的沿海经济带构成"工"字形下面的一"横"，而西北边境开放带构成"工"字形的上面一"横"，沿桥经济带则构成中间的一"竖"。"两带"就是西北边境开放带和沿桥经济带，"五区"是指：

（1）以徐州为中心的苏北地区，该地区包括徐州、连云港、盐城等地市，是煤炭、机械、家用电器、盐化工等产业的基地。该地区对发达的江苏省来说，目前尚属相对不发达地区，加快该地区的建设和发展，不仅对江苏省至关重要，而且对大陆桥东段的发展至关重要。

（2）以郑州为中心的豫北地区，包括郑州、洛阳、开封、新乡、焦作等城市，该地区是河南的经济重心区，且是我国东西南北的交通枢纽。该地区煤炭、机械、棉纺、铝制造业等都比较发达。这一地区的发展，不仅促进沿桥经济带的发展，而且辐射全国，具有重要的战略意义。

（3）以西安为中心的关中地区。该地区包括陕西省陆桥沿线的各地市，是西北地区经济最发达、基础最雄厚的地区之一，又是西北地区与中、东部联系的东大门。该地区具有良好的自然条件，发达的农业和雄厚的工业基础，机械、电子、纺织、航空工业等在国内都有较强的竞争能力，该地区的发展，对陆桥西北段发展有重要意义。

(4) 以兰州为中心的黄河干流沿岸地区，该地区包括西起西宁、东至银川的黄河干流沿岸地区，这一地区具有极为丰富的水能、煤、有色金属、盐类等能源和矿产资源，其水电、石油化工、石油机械、煤炭、有色金属等工业基础雄厚，在国民经济中具有重要影响，这一地区是沿桥经济带的关键地区，其发展对整个沿桥经济带都至关重要。

(5) 以乌鲁木齐为中心的天山北坡地区，包括乌鲁木齐、石河子、克拉玛依以及塔城地区的部分县，是我国向西开放的前沿基地，在构筑我国全方位开放的格局中，占有特殊地位。该地区除利用丰富的土地资源和良好农业基础，进一步发展"两高一优"农业以外，应充分利用该地区工业布局相对集中的优势和现有基础，重点发展石油开采、石油冶炼、石油化工、盐化工、轻纺、皮革和电力等产业，并进一步调整结构，提高档次，搞好基础设施的建设，完善大陆桥西部口岸和桥头堡的建设。

三、西北地区在"沿桥经济带"发展战略中的作用

大陆桥在中国境内共长4123千米，而途经西北地区的就有3000多千米，几乎相当于整个大陆桥的1/3。西北五省区中，大陆桥直接贯通陕西、甘肃和新疆三个省区，通过包兰线和兰青线辐射到宁夏和青海。目前，西北地区是全国经济发展中最不发达的地区之一，与东部沿海地区的差距也在明显扩大。然而，西北地区却有着其他任何地区都难以比拟的丰富的能源和矿产资源、巨大的科技优势和廉价的土地和劳动力资源。40多年的建设，西北地区已经形成了相当的工业基础，在"沿桥经济带"发展战略中，具有举足轻重的作用。

首先，西北地区是我国向西开放的重要基地。西北地区地处东亚与中亚的结合部，通过大陆桥可以沟通沿海和西部边境口岸，双向参与国际经济技术交流，具有良好的对外开放前景。特别是西北地区处于大陆桥在我国境内的西端，通过新疆直接同中亚、中东、欧洲发生联系，因此，在区位上是向西开放的前沿和重要基地。建设好这个基地，是发展沿桥经济带和向西开放的基本前提。

其次，西北地区的经济发展是整个沿桥经济带发展的坚实基础。如前所述，西北地区拥有丰富的能源和矿产资源，具有极大的开发潜力，是我国重要的能源、原材料工业后备基地。40多年的建设，西北地区已经形成了以能源、有色金属、石油化工、机械电子等为主体的工业体系，巨大的开发潜力和现实的经

济基础是整个"沿桥经济带"发展的坚实基础。

最后，西北地区经济的发展是沿桥经济带形成产业密集的经济走廊、做到真正与世界经济接轨的可靠保证。这是因为：①大陆桥在西北的运程占了我国境内全程的近3/4，其沿线地区占据大陆桥经济带的绝大部分；②西北地区丰富的能源、原材料资源与工业，不仅是大陆桥经济带的发展重点，而且是整个国家发展的战略重点；③西北地区是我国古代文明的象征，闻名世界的"丝绸之路"是世界上独一无二的文物景观，具有发展旅游业的广阔前景。

总之，西北地区的经济发展在"大陆桥经济带"发展战略中具有极为重要的战略意义，同时，大陆桥的开通和沿桥经济带的发展，也为西北地区经济的发展带来了前所未有的发展机遇。国内外已经发现了大西北这种发展潜力与前景，改革开放以来最大的一轮投资热潮正在大西北掀起，从陕西到新疆、从柴达木盆地到河西走廊、宁夏平原，国内外投资者纷至沓来。

从国家来说，近年来加大了对西北地区的投资力度，"八五"计划后三年，国家用于大陆桥西北段的建设和改造费用就达80亿，仅1992年，国家用于西北电力建设的投资为27亿。近两年，仅陕西和甘肃两省的通讯建设投资就达到30多亿。目前，从交通方面来看，宝中铁路已经铺通，兰新复线、包兰线、兰州到石嘴山段的电气化改造，青藏线的整治已相继呈全面会战态势，交通通信等基础设施得到迅速改观。丰富的资源、廉价的劳动力，在国家投资激增的同时，东部沿海地区的省市和外商也大量涌向西北。1993年，外商在大西北投资突破100亿美元，近100个国家和地区的客商已在西北地区办起了涉及一、二、三产业的3000多家"三资企业"。总投资11亿人民币，其中利用世界银行贷款1.25亿美元的"塔里木农业灌溉及环保"项目，是目前正在实施的最大的外资农业项目之一。香港一洲集团在霍尔果斯投资10亿建商贸城，在敦煌也投巨资建设国际商贸中心。日本兄弟公司与中国标准缝纫机公司（西安）合资生产工业缝纫机，投资3000万美元。

总而言之，西北地区资源的开发，能量的释放，是沿桥经济带起飞的主要推动力，是改善产业结构，促进国民经济迅速发展和加快对外开放步伐的基本条件。

参考文献

[1] 王一鸣："九十年代中国区域对外开放战略探讨"，《中国国情国力》1993年4月。

[2] 世界银行：《1992年世界发展报告》，中国财政经济出版社，1992年

8月。

［3］孙燕君："亚太世纪悄然走来"，《经济日报》，1994年1月26日。

［4］杨发仁，蒲开夫等："第二亚欧大陆桥研究"，新疆美术摄影出版社，1994年3月。

本文曾在由本人主编的1995年7月出版的《第二亚欧大陆桥发展协作系统论》（论文集）（甘肃文化出版社）上发表。

附录:"第二亚欧大陆桥发展协作系统国际研讨会"观点综述

由兰州大学西北开发综合研究所和香港亚太二十一世纪学会首先发起,由兰州大学、香港亚太二十一世纪学会、甘肃省科学技术委员会、甘肃省社会科学院和兰州商学院等单位联合举办的"第二亚欧大陆桥发展协作系统国际研讨会"于1994年8月5日至8日在兰州召开,来自北京、上海、福建、湖南、陕西、甘肃、新疆、宁夏和青海以及香港、德国的专家、学者60余人,围绕大陆桥开通后如何推动大陆桥沿线地区的协作发展这一中心问题进行了广泛深入地讨论,现将会议的主要观点综述如下:

一、关于第二亚欧大陆桥的发展前景问题

1990年9月,我国兰新铁路延伸至阿拉山口,并与哈萨克斯坦境内的土西铁路正式接轨,宣告了连接亚欧两大洲的第二亚欧大陆桥的诞生。第二亚欧大陆桥由于特殊的地位曾引起亚欧两大洲许多些国家和地区的极大关注,人们也对这条大通道寄予很大的期望。然而,近四年来的实际运营却令人失望。部分专家认为,第二亚欧大陆桥目前在国际协作中尚存在不少问题,主要是境外沿线一些国家所采取的限制性措施和独联体各国之间的财务结算等问题,致使大陆桥的作用未能充分发挥,货运仅限于中、哈双方。所以,真正意义上的跨越两大洲和两大洋的大陆桥并未形成。特别是今年以来,情况更为严重,货运量大幅度下降,乌鲁木齐至阿拉木图的国际旅客列车也被迫停开。

与会大多数代表认为,尽管第二亚欧大陆桥目前存在许多困难与问题,但其发展前景是非常可观的,这是因为:

首先,经济一体化是一种历史的大趋势、第二亚欧大陆桥将在亚欧两大洲的经济一体化过程中发挥极为重要的作用。尽管独联体各国仍处在体制转轨和经济困难时期,对大陆桥采取诸多限制性措施,使大陆桥运输陷于困难境地,但这只是暂时的,大陆桥对沿线地区经济、社会、文化等方面的巨大推动作用必将产生积极作用，上述问题将随形势的变化和时间的推移，逐步得到解决。

其次，第二亚欧大陆桥的地理位置可以说是得天独厚，优势极为突出，使其具有良好的发展前景。时至今日，连接亚欧两大洲的运输线，一共有四条，除了第二亚欧大陆桥以外，有航空运输线、海洋运输线、第一亚欧大陆桥运输线。比较这四条运输线，航空运输线虽然时间最短，但是运量太小、运输成本太高。除了一些时间上有特殊要求的货物，为了降低成本，一般不会采用航空运输。海洋运输的优势是运量大，吨/千米运输成本低，但是运距太长。根据有关方面初步计算，海洋运输比第一亚欧大陆桥要长 8600 千米，比第二亚欧大陆桥长近万千米，航程一般在两个月左右。这样的运输对于一些要求有一定时效性的物品来说，显然时间太长。与此同时，海洋运输线又基本上是在赤道附近，对于一些怕热的货物还必须采取一些特殊的措施，需要冷藏处理，这也会增加运输成本。第一亚欧大陆桥尽管运输距离和运期比海运要短得多，但也需要花费 35 天左右。最要命的是第一亚欧大陆桥的东方桥头堡——纳霍德卡港，每年还有将近 5 个月的封冻期，而且铁路线所经过的远东和西伯利亚地区气候条件比较恶劣。这就使得第一亚欧大陆桥不仅港口吞吐能力严重受限，铁路线本身也受到风雪严寒的干扰，所以每年只有大半年的运行时间。与海运和第一亚欧大陆桥相比，第二亚欧大陆桥的优势就比较明显。首先，运输距离短，仅相当于海上运输航线的一半，比第一亚欧大陆桥的运输距离缩短近 1500 千米。这样，第二亚欧大陆桥的运费比海运节省 1/4，比第一亚欧大陆桥节省 15% 左右。而且第二亚欧大陆桥的东方桥头港是不冻港，不受冬季严寒天气的影响，可以常年作业，沿线自然条件比第一亚欧大陆桥优越很多。所有这些都决定了第二大陆桥具有良好的发展前景。

二、关于中国沿桥经济带发展战略问题

20 世纪 80 年代以来，中国的对外开放有过两次重大的战略性举措，第一次是在 20 世纪 80 年代初实行的沿海开放战略，第二次是进入 20 世纪 90 年代以来，国家提出的沿江（长江）和沿边开放战略。沿江、沿边和沿海开放战略一起统称"三沿"战略。

"三沿"战略的实施，使我国的对外开放呈现出"日"字形的新格局。部分专家学者认为，对于中国这样一个幅员辽阔、人口众多的大国来说，"三沿"战略还远远不够，应该实施"沿桥经济带"发展战略。这是因为实施"沿桥经济带"战略，有利于解决目前面临的一系列突出问题，如内地广大地区很多既不沿边，又不沿江，更不靠海，改革开放明显滞后，力度不够，与东部沿海地

区的差距呈急剧扩大态势。"向西开放"虽有所进展，但还远远没有达到所预期的目标，西部地区的对外经济技术交流与合作基本上还得通过东部地区才能进行；基础产业落后，能源、原材料短缺，交通运力不足严重影响了国民经济的协调发展和现代化建设的进程。实施"沿桥经济带"战略，将缩小东西部的发展差距，加速这一地带丰富的自然资源的开发和利用，增强我国在国际市场上的竞争能力和向西开放的实力，也有利于西部地区的环境保护和生态平衡。这样，"四沿"战略构成了我国区域经济发展和对外开放的新格局，即在沿海战略之后，沿江战略以长江为轴线，贯穿了西南、华中和东南地区，与沿海开放战略形成倒"T"形状态而出现向内地纵深延伸的态势；沿边开放战略是利用我国长达22000多千米的边境线和与15个国家接壤的有利条件，利用历史上早已形成的边贸传统，同毗邻国家在平等互利的基础上开展经济技术交流与合作，同时以开放为契机，扩大与内陆和沿海省区的交流与协作，促进沿边省区地方经济的发展，加速工业化进程，缩小地区发展差距。而"沿桥"战略的实施，将大大加快西北地区和内地其他沿桥省份的发展。沿桥经济带的发展，将大大改善我国基础产业的功能，改善目前区域之间发展的不平衡状态。有的同志指出，"四沿"战略使中华经济圈形成了五个圈层：第一个圈层——港、澳、台地区，第二个圈层——大陆沿海地区，第三个圈层——沿江地区，第四和第五个圈层分别为沿桥地区和沿边地区。这五个圈层各有其不同的功能，沿桥经济带既是中国经济圈一体化扩展的广阔空间，也是中国经济圈整体得以发展的资源支撑，同时也是中国经济圈在一体化的基础上走向世界的大通道。

三、关于西北地区的经济发展及其在"沿桥经济带"发展战略中的作用问题

改革开放15年以来，中国西北地区的经济，纵向比较，是发展很快的，但横向比较，特别是和沿海发达省市相比，差距是相当大的。所以，如何加快西北地区经济发展，这不仅是西北各族人民所关心的热点问题，而且也是全国乃至国外舆论界所关注的事关中国经济整体发展的焦点问题之一。代表们一致认为，20世纪80年代以来，中国经济的起飞，始发于东南沿海发达地区，它们为中国经济实现第一个翻番的战略目标，做出了决定性的贡献。20世纪90年代中国要实现第二个翻番的战略目标，仍然在很大程度上取决于东南沿海发达地区的发展状况。然而，中国要在21世纪中叶达到世界中等发展国家的水平，单靠东南沿海发达地区"一枝独秀"是不够的，在很大程度上恐怕要取决于中国西部地区的开发和发展程度。不能设想，一个将来要进入世界中等发达程度的中国，可以长期建立在国内东、西部经济发展差距不断扩大的基础之上。所以，中国要实现第三步战略目标,不仅要继续依靠东部沿海地区加快发展的"龙头"作用,而且也越来越离不开包括西北在内的广大西部地区加快发展的"龙尾"功能。

就西北地区目前的状况而言,尽管投资不足,在全国的位次后移,发展差距拉大,但是,这一地区却有着其他任何地区都难以比拟的丰富的能源和矿产资源,巨大的科技优势和廉价的土地、劳动力资源。经过多年的建设,西北地区已经形成了相当的工业基础,在"沿桥经济带"发展战略中,具有举足轻重的作用。西北地区是我国向西开放的重要基地,西北经济的发展是整个沿桥经济带发展的坚实基础,也是沿桥经济带形成产业密集的经济走廊和真正与世界经济接轨的可靠保证。

与会代表对西北地区的社会经济发展给予高度的关注和进行了多侧面、多角度地热烈讨论。例如,代表们就如何使西北地区的资源优势转变为经济优势,西北地区民族经济的发展,西北地区的城镇建设、产业结构的调整和基础设施的建设等方面都进行广泛深入地探讨。代表们一致认为,第二亚欧大陆桥的开通,为西北地区社会经济带来了前所未有的发展机遇,抓住机遇,加快发展,在新世纪的曙光中,西北经济的腾飞完全是有可能的。

四、关于"第二亚欧大陆桥发展协作系统"的概念理解问题

"第二亚欧大陆桥发展协作系统"这一概念,部分专家做了专门论述。

首先,目前连接亚欧两大洲的大陆桥有两条,一条是东起纳霍德卡港,横贯俄罗斯西伯利亚大铁路,这条铁路建成于1967年,已运营20多年。另一条就是东起连云港的我国陇海——兰新铁路,于1990年9月与土西铁路正式接轨后所形成的第二亚欧大陆桥。

其次,具体的铁路系统,只是"大陆桥"的一个重要内容,而不是全部内容,随着国际形势的演进和国际关系的重组,可能还会出现连接亚欧两大洲的别的交通大动脉,而且空中"大陆桥"已经发挥着巨大作用,更为重要的是东起我国上海,西到德国法兰克福,穿越14国家,全长21000千米的"亚欧信息高速公路"在我国境内的部分区段已经开通。所以,"第二亚欧大陆桥发展协作系统"并不是专指铁路本身,而是一个具有复杂构造的产业建设的巨系统,其本身就是一个现代产业体系,并且是可以为其他层面产业体系的发展创造有利条件的一个基本的、先行的系统。

最后,这个系统也是一个"跨越地区、跨越文化、跨越产业、跨越世纪"的发展协作系统,其目的是想采用这个系统,使该区域内不同的国家和地区的官、商、学加强联合与协作,顺应世界经济一体化的趋势,加快发展。而在这

个大的系统中,首先可以使中国大西北处理同其周边国家和地区的产业交流方面提供一个理论和实践上的大框架。

会议还初步通过了就如何加快大陆桥沿线地区的发展,尽快疏通大陆桥客货运输等问题,向国家有关部门的建议报告和尽快组织大陆桥境外6个国家考察,为国家决策提供科学依据的建议等。

本文曾在《开发研究》1994年第5期上发表。

市场经济条件下东西部关系的重新认识与思考

参照世界各国发展的历史，在一个国家经济起飞的过程中，一部分地区先富起来，似乎已经成为规律。我国地域辽阔，各地自然条件又有天壤之别，当沿海发达地区在改革开放中发生着日新月异的变化时，我们看到，西部的某些贫困地区仍不得不沉陷于古老的循环。有关资料透露，1991年，珠江三角洲一带的人均国内生产总值已达5000美元左右，几乎与葡萄牙、希腊等发达国家的水准相当，深圳人均收入已达万元，而西部的甘肃省，2/3以上的农村还处于超稳定的自然经济状态，约400万人还生活在温饱线以下。目前全国的8000万名贫困人口，绝大多数分布在西部自然环境恶劣的地区。而国民经济统计中常用的"人均"指标，使人们在为改革开放带来的巨大发展而欢欣鼓舞的同时，也掩盖着贫富差距扩大的事实。因此，有必要在市场经济体制逐步建立的今天，对我国东西部关系的现状进行重新认识，以确定各区域在今后的社会经济发展趋势及相应的战略对策。

一、我国各区域的基本状况及东西部差距的急剧扩大

依照经济技术水平和地理位置、行政区划等相结合的原则，国家计划委员会曾在"七五"计划中使用的东、中、西部概念是这样划分的：东部地区包括京、津、沪三个直辖市和沿海的九个省区（共十二个省区市），西部地区包括西南和西北的九个省区，其余九省区为中部地区。统计数字向我们直观地展示了我国三大地带目前的基本状况：东部地区面积仅占全国的13.73%，人口却占全国的40.91%，工业总产值占全国的62.25%，人均国民收入达2244元，高出全国平均水平800元左右；中部地区面积占30.09%，人口占35.74%，工业总产值占25.13%，人均国民收入为1198元，低于全国平均水平241元；西部地区面积占全国的56.18%，人口占全国的23.25%，工业总产值仅占全国的12.62%，人均国民收入不到东部的一半，比全国平均水平低342元。

40多年来，我国各地区的社会经济在纵向比较中都已有了长足的发展，但

同时也出现了不容忽视的问题，即东西部的发展差距在历史的基础上又急剧扩大。

1. 增长速度的差距

从1980—1991年国内生产总值的年平均增长速度来看，东、中、西部之比为1.13∶1.03∶1，东部明显高于中西部。我国现有的经济结构决定了国内生产总值的近一半是来自第二产业，而其中绝大部分的增加值又来自制造业。1985—1990年制造业的增长速度更突出地表现了东、中、西部增长速度的差距：1.39∶1.05∶1。从1993年的发展势头看，地区发展不平衡的格局还在加剧，以工业生产为例，东、中、西部工业生产分别增长28%、14.5%和13.6%，东部的增长速度超过中部接近一倍，而超过西部一倍多，三个地带增长速度的格局进一步变为：2.02∶1.07∶1。同年，东部占全部工业生产增量的70%以上。

2. 国内生产总值的地区构成差距

速度差距的积累导致了国内生产总值在各地区的比重发生相应变化。1980年，东、中、西部GNP的比重分别为52.2%、31.2%和16.5%，而到1991年，则变为55.8%、29.3%和14.9%，即东部地区共提高了3.6个百分点，中西部则分别下降了1.9%和1.6%，而同期三个地带的人口比重基本没有变化。1985年，东部地区工业总产值占全国的60.3%，1990年提高到62.7%，而西部地区则从12.75%下降到11.91%。据统计，1992年宁夏的工业总产值为89.36亿元，青海省为68.22亿元，这数字还不到东部某些县的产值，如无锡县去年的产值就达到300亿元，而全国产值过百亿元的县已有10多个。

3. 居民收入的差距

1980年五个收入最高省、市与五个收入最低省区农民人均纯收入之比为1.98∶1，到1991年，则扩大为2.88∶1。东西部农民人均纯收入之比也从1980年的1.39∶1扩大为1991年的1.71∶1。有人曾把中国与美国的地区收入差距做过比较，1988年，我国人均国民收入最高省与最低省之间的差距为3923元，是全国平均水平的3.64倍，而美国最高州与最低州之间的差距为8006美元，相当于全国平均水平的67%，这也从一个侧面说明了我国各地区发展水平的差距之大。

4. 社会综合发展水平的差距

根据中国社会科学院社会学所《社会指标》课题组提供的最新信息，1992年我国各地区社会发展水平处在前十位的省市，除黑龙江和吉林这两个中部省份以外，全部为东部省市；而处在后十位的省区有六个在西部。更为重要的是，在动态比较中，东部的大多数省市综合发展水平的位次在前移，而西部大多数省区的位次却在后移，甚至在一年当中，江苏、广西壮族自治区等区位次能前移2位，而甘肃、新疆则后移3位。

5. 固定资产投资增长的差距

1982—1991年，东、中、西部的固定资产投资年平均增长分别为19.69%、16.15%和18.18%，1991年在固定资产投资完成额中，61.46%是在东部地区。1993年三个地带国有单位固定资产投资增长速度分别为：东部77.2%，中部48.3%，西部46.4%；在全部投资增加额中，东部占了约70%。在全国的加速发展中，中西部地区投资增长速度低于东部，预示着与东部地区的发展差距将进一步超常拉大，且对这些地区的未来发展产生重大影响。

二、东西部差距急剧拉大的原因分析

东西部差距进一步扩大，从一定角度来看，是国民经济整体效率提高和全国经济社会发展速度加快的必然结果。其原因也是多方面的，既有历史的、自然的原因，又有政策、制度和内在机制方面的原因，前一个方面的原因是众所周知的，这里，我们主要分析政策、制度和内在机制方面的原因。

1. 国家区域政策的变化

"六五"计划以来，以效率为目标的非均衡发展战略成为我国经济布局和区域发展的主导思想，区域政策表现为地区倾斜、重点发展的态势。首先，在对外开放过程中，国家放宽了沿海地区利用外资建设项目的审批权限，增加了沿海地区的外汇使用额度和贷款额度，在财政、税收、物资、投资方面给予了优惠政策。从1981—1989年9000多亿元的基建总投资中，东部就占去了50%以上，而西部仅为16.3%。这些优惠政策加速了东部沿海地区的发展势头，但也引起了区域发展中的新问题，如沿海一些地区的高工资、高物价、高消费以及高效益，引起内地特别是西部地区人才、资金、物资的大量外流而向这些地区集聚，这就造成在部分地区获益的同时，使内地特别是西部很多地区的企事业单位面临着难以承受的压力。其次，出现了政策的"区域效应"问题。就拿价格来说，本来制成品与原材料之间就存在着不合理的比价关系，而国家首先放开了制成品价格，原材料价格则受到严格控制。这样，看似对大家都一样的政策，实际上造成了完全不同的结果，偏重于政策性亏损或低利的采掘工业和能源工业的中西部地区，在产业结构、产品结构、利益分配上明显形成了"效益漏斗"，以低价提供原材料，高价购入制成品为主的西部地区，利益遭受双重流失；而以加工为主的东部地区，经济效益则通过从西部源源不断地输送廉价原材料而得以不断提高。

2. 制度变革的影响

改革开放以来，市场的发育、金融系统和信用关系的发展，中央政府参与国民收入分配和再分配的权力大大缩小，而地方政府分配权力明显扩大，过去的"抽血"与"输血"机制逐渐弱化，地方政府对国民收入的再分配争夺加剧。这种制度变革所造成的外部环境，使得率先改革、开放和具有强大经济优势可依托的发达地区进一步处于主动地位，它们在努力增加国民收入的同时，积极控制利益流失，而当地生产过程中的要素报酬也比较高，又吸引外地资金、人才纷纷流入。区域之间、中央与地方之间利益竞争的结果，一方面使得高收入省与低收入省之间以及三大地带之间的生产效率都有所提高的同时，另一方面也使效益水平和收入水平的差距明显扩大，特别是不同地区农民人均收入更是如此。

3. 内在机制的原因

许多国家的定量研究表明了这样一种规律：一国经济发展的区域不均衡度随着经济增长的阶段而呈现"倒U形"变动，即在经济起飞的早期阶段，收入分配和地区发展的不平衡比总是处在上升阶段，而在经济发展到一定阶段以后才出现转折，随之逐渐下降。其原因主要是发展所需要的资源和生产能力的限制，造成有效供给不足。为实现经济增长，必须把有限的资源配置在区域条件优越的核心地区，而在经济发展的后期，经济发展则必须突破有效需求不足的限制，培植众多的新增长点，达到增长与平衡的统一。据测算，其转折点在人均国民收入 370~470 美元（1970年价）之间，而我国目前人均国民收入按可比价格换算，还不到 370 美元。按照上述理论，尚处于差距拉大的阶段，这可以说是导致我国地区间差距扩大的内在机制。

三、经济增长与区域平衡：重塑东西部经济关系

改革开放前30年，我国区域经济仅被作为国民经济总体布局的一个要素来加以考虑，区域政策强调的是自成体系、均衡发展。这种政策没有充分考虑各地的区情，忽视区域优势的发挥，使国民经济付出了巨大的代价。20世纪80年代以来，区域经济发展理论被引进并得到重视。如前所述，该理论提出了在一个国家经济起飞的前期，区域不平衡发展是解决有效供给不足、实现经济快速增长的必要条件。应用这种理论并结合我国改革开放的实际需要，便出现了地区倾斜与重点发展的态势，这是在低层次下"公平"目标向"效率"目标的转变。

经过15年的改革开放，在国民经济和各区域经济效率普遍提高的情况下，

我国已进入建立社会主义市场经济体制的新阶段。在市场经济条件下，有一种被广泛接受的平等观：竞争机会的平等。机会不平等导致非效率，而更高程度的平等能产生更高程度的效率，二者呈正向增长。因而许多人都认为，机会均等体现了真正意义上的公平，它比收入的均等更符合社会进步的需要，甚至可以说，竞争机会平等化的程度是衡量一个社会市场经济成熟度的标志。据此，我们认为区域政策在目标取向上应注意以下三点原则。

1. 政策的公平性

地区间经济发展的不平衡在平等的市场条件下可成为经济进步的动因，即要求机会均等和等价交换，而这一规则首先要有公平的区域政策促成。区域发展要在总体效率优先的前提下兼顾公平，保持各区域的相对平衡。平衡度则应"以不影响或很少影响国民经济发展与增长为上限，以贫困地区的可承受度及不发生社会和民族矛盾为下限"。要把握好平衡度，就必须要具备使各地区都能充分发挥其比较优势的、公平的、不带任何歧视倾向的区域政策。

2. 要素的合理、自由流动性

市场经济体制的建立过程，是单个"经济人"进行经济活动的约束条件和"游戏规则"改变的过程，是政治、经济秩序变革的过程。市场经济体制目前在我国才刚刚起步，急需国家制定、出台一系列符合市场规律的、能促进生产要素合理、自由流动的政策。当前这方面放任自流的状况，已经严重损害了包括中西部在内的广大内地的利益和发展潜力，造成并加重了国家经过几十年建立起来的国有大中型企业的困难。因此，合理、自由的生产要素流动组合需要一系列的政策和法规作为保证。

3. 补偿与扶持

我国目前尚有 8000 万人生活在温饱线以下，他们主要分布在中西部，特别是西部的少数民族地区、革命老区。解决这些地区人民的温饱问题、消灭贫穷，从根本上讲，是要通过对这些地区进行综合开发，增强"造血"机制。但是外部的投入——"输血"却是必不可少的启动措施。国家的补偿与扶持必须使这些地区能够解决吃饭问题，并且在此前提下，步入自我积累、自我发展的良性循环。否则，这些贫困地区的存在，终究会影响到全国的发展与稳定，国民经济的总体效益也难以优化。在这一点上，1994 年"国家八七扶贫攻坚计划"已正式启动，其目标就是要在 20 世纪的最后七年内，基本解决 8000 万名贫困人口的温饱问题，使绝大多数贫困户年人均收入达到 500 元以上（1990 年不变价）。虽然这一计划的执行结果尚待关注，但反映出国家通过补偿与扶持，在追求效率的前提下兼顾公平，已成为社会经济发展的基本原则。

综上所述，我们认为，在新的条件下，在市场经济体制已正式起步的今天，对我国东西部关系的认识不能停留在原来的水平上，在反思的过程中找出差距，并按照市场经济规律的要求对其进行调整，是必要且适时的。

（1）我国东西部之间的关系应建立在"优势互补、合理分工、利益兼顾、共同富裕"的基础上

面对资源富集与加工工业集中、社会经济发达与不发达的矛盾，应该从地区差距的实际出发，客观地确定不同地区在全国的地位与作用，针对不同地区存在的突出问题，争取有效的政策投入和相应的资金投入，并通过宏观调节机制，引导生产要素的合理流动，给各地区创造各自发挥优势的条件，提高各自的发展能力。

（2）承认地区差距的客观存在，但必须把差距扩大的幅度控制在一定程度，并力争缩小

我国是一个经济文化发展很不平衡、区域差异很大的国家，由于历史和自然的原因，各地区现已存在的经济差距不可能在短时期内消除，甚至差距的缩小也是件非常困难的事情。我们应对这一问题要有客观和清醒的认识。截长补短、削弱发达地区的活力，或者拔苗助长、强求平衡的做法都是不可取的。只能让经济技术和综合基础较好的地区先富起来，一方面通过多交税利，增强国家财力，使国家有更多的资金用于对不发达地区的扶持；另一方面，在平等互利、互惠互补的基础上，发挥、强化先富地区的扩展效应，带动低梯度地区的层层发展。而中西部地区应既能用自己的能源、原材料支持东部地区的发展，又能适时调整产品结构，提高产品档次与质量，以适应国际国内市场需求，并在此过程中不断增强自身实力，提高自身地位，使地区之间的发展差距限定在一定的范围内，并创造条件逐步缩小差距。

（3）西部地区产业结构的调整

西部地区产业结构调整和市场发育，应按照发挥地区优势、提高区内产业关联度、提高经济效益和有利于全国产业结构协调和优化的原则，在进一步加大优势资源开发规模的基础上，通过技术进步，增加加工深度，延长产品链条，积极发展同东部地区的经济技术联系，以增强辐射能力和渗透能力。同时优先发展市场占有率、比较劳动生产率和产品专业化率以及产业波及效果都较高的加工工业，技术力量强的工业基地和企业还应考虑发展高新技术产业，生产部分进口替代和出口产品，以带动区域经济的发展。

（4）西部的工业化必须从发展农业和农村经济起步，从乡镇企业的发展中起步，在农业劳动生产率不断提高的基础上加快工业化进程

只有这样，才能消除工业化过程中农业的脆弱和二元结构矛盾的深化所造成的障碍。不能设想，一个地区能够在十分落后的农业基础上发展工业。国家必须增加投入，确实增加农民的收入，提高农业的比较利益。据统计，目前西部地区有1.4亿低收入人口，主要集中在农村，其收入增量中用于消费的比重约为0.8，如果让人均收入增加10元，其收入增量将达到14亿元，消费量可达11.2亿元，其乘数效应总计为56亿元，这样庞大的市场不仅对西部地区工业化产生不可估量的推动作用，对东部及全国其他地区也有着巨大的吸引力。

本文曾在1995年第2期《兰州大学学报》（哲学社会科学版）上发表。

贫困实质的理论分析与中国的反贫困斗争

一、贫困——国际社会面临的严重挑战

20世纪即将过去，世界正以前所未有的发展成就迎接着新世纪的曙光。然而，令人遗憾的是人类文明的高度发展却伴随着与其极不协调的阴影——世界性的贫困。战后，特别是自20世纪60年代以来，世界各国都曾把消除贫困作为主要的发展目标，但时至今日，贫困仍然是大多数发展中国家主要的社会经济问题。世界银行在《1980年世界发展报告》中曾考察了贫困的原因和程度，时隔10年，以"贫困"为标题的《1990年世界发展报告》中认为，"在取得成绩的背景下，令人感到尤为惊讶，也更为惭愧的是发展中世界还有10多亿人生活在贫困之中""对世界上许多人来说，20世纪80年代是被遗弃的年代"。世界银行在1995年关于发展状况的社会指标统计报告中指出，世界贫困人口的生活水平有所提高，但发展是不平衡的，据估计，发展中国家仍有11亿人口每天生活费不到一个美元，按照目前的增长速度，这一数字到2000年将达到13亿。根据世界银行的统计报告，目前大多数贫困人口生活在59个低收入国家——主要在非洲撒哈拉以南和南亚地区，这些国家的人口总数为31亿人，1993年的人均国内生产总值为380美元。但是，这仅仅是问题的一个方面，即使在发达国家，消除贫困的努力也远远没有达到预期目标。作为世界首富的美国，1978年生活在贫困线下的人有2450万人，占总人口的11.4%，到1988年，反而增加到3250万人，占总人口的13.5%，而1991年达到3570万人，贫困人口的比例上升至14.2%。可见，贫困这种"无声的危机"不仅给发展中国家带来了严重的社会经济后果，也是当前发达国家乃至整个世界发生冲突、不稳定和环境恶化的重要原因之一。

鉴于贫困问题的严重性，1992年12月，联合国把每年的10月17日确定为"国际消除贫困日"。加利秘书长在宣布这一决定时指出，消除影响世界千百万人的极端贫困现象，是摆在我们面前比任何时候都更为紧迫的任务，是国际社会面临的一个挑战。1995年3月，在丹麦首都哥本哈根召开的联合国社会发展问题首脑会议上，集中讨论了消除贫困、缩小南北差距等问题。正如世界银行报告所指出的，对世界各国的决策者来说，没有一项任务比减轻全球的贫困更为重要。在20世纪的最后几年中，这仍然是一个涉及多方面的难题。

二、贫困的实质及其根源分析

世界银行目前对发展中国家是以人均370美元作为贫困线，而以人均275美元作为赤贫线来估算发展中国家的贫困人口的，但是，严格界定贫困是一个非常复杂的问题。

第一，贫困本身是一个历史概念，随着时代的不同，发展阶段的不同，贫困有不同的内涵。就相对贫困而言，它是伴随着人类社会财富拥有的差异的产生而产生，随其发展而发展的。不同的时代，不同的发展阶段，消除贫困的具体目标也是不同的。

第二，不同的国家，不同的地区，贫困有不同的标准，不同的内容。美国的贫困显然和发展中国家的贫困有不同的标准和不同的内涵，因为美国1991年的贫困线为年收入13924美元（四口之家，单身为6932美元），而一般发展中国家即使年人均收入在300美元，就可以说已经脱离了贫困的下限。同样，作为发展中国家的中国农村是以年人均纯收入300元作为贫困线的，但在非洲和南亚一些国家，如果按照购买力平价计算的收入相当于200元的话，也许已经脱贫。

第三，贫困是一个普遍的社会经济问题。这是因为贫困人口不仅在发展中国家存在，在发达国家也存在；不仅在农村存在，在城市也存在；不仅是个别人、个别地区的问题，也是普遍的社会问题。

综上所述，我们认为贫困是收入低下和对物质资料占有贫乏而造成的社会经济问题。从程度上讲，贫困有：相对贫困，即相对于一部分社会成员来说，这部分人占有的社会财富（包括生产资料和生活资料）总是比较少的，他们的生活水平不仅低于高收入阶层的水平，甚至低于社会平均水平。但相对贫困与实际生活状况无关，这是每个国家、每个时代都存在的必然现象。绝对贫困，即难以解决温饱、基本生存受到威胁的赤贫状况。处于绝对贫困状况下的赤贫人口，在发达国家也存在，但一般来讲并不普遍，而在一些发展中国家，特别是非洲和南亚一些国家和地区却较为普遍。

从理论上来讲，世界范围内的贫困，可以分为以下三种类型。

①生存型贫困，表现为生活资料匮乏，满足不了基本需要，吃饭穿衣成了

奋斗的最大目标，基本生活没有保障，生存受到威胁。

②温饱型贫困，表现为在正常条件下，基本解决了温饱，但生活水平依然很低，经济上还相当困难，抵御灾祸的能力较弱，温饱还没有稳定的保证，进一步发展更受到收入水平的限制，向小康过渡的道路还相当漫长。

③发展型贫困，是在稳定解决温饱之后，进一步发展过程中的相对贫困。

对于贫困的根源，经济学家和社会学家们进行了广泛的探讨，归纳起来有以下六种观点。

第一，人口挤压。这种理论认为，人口过多，增长速度过快，物质资料难以满足需要，因此贫困是"绝对必然的结果"（马尔萨斯《人口学原理》）；或者当人均收入提高时，人口增长率也随之上升，导致人均收入又会退回到原来的水平。在一个最低人均收入水平和增长到与人口增长率相一致的人均水平之间，存在着一个"人口陷阱"，在这个"人口陷阱"中，任何超过最低水平的人均收入的增长都要被人口增长所抵消。

第二，资本短缺。纳克斯在"贫困恶性循环理论"中认为，资本短缺是阻碍经济发展和导致贫困的关键因素。纳克斯的这一理论在学术界颇为流行，对于许多老百姓来说，尽管他们不知道纳克斯的这一理论，但没有钱便办不成事却是人们普遍接受的事实。

第三，环境恶劣，自然资源贫乏。许多人认为贫困地区和贫困人口，大都处在自然环境恶劣的地区：山区、边缘地区、热带地区，这些地区普遍环境恶劣，自然条件极差，许多地区又缺乏可供开采和满足人们生产与生活需要的自然资源。

第四，人口素质低下，认识自然、改造自然和利用自然的能力差。这正如英国经济学家哈比森（Harbison）所指出的，一个国家或一个地区，"如果不能发展人民的技能和知识，就不能发展任何别的东西"。

第五，社会制度造成的收入分配不公。马克思认为，在资本主义制度下，贫困产生的根本原因是资本和劳动的对立，是按资分配。

第六，贫困文化论。许多社会学家认为，贫困虽然表现为一种经济条件，但它同时也是一种自我维持的文化体系。穷人由于长期生活在贫困之中，形成了一套特定的生活方式、行为规范、价值观念，而一旦这种"亚文化"形成，便对周围的人发生影响，从而代代相传，于是贫困本身便在这种"亚文化"的保护下维持和繁衍。

上述对贫困根源的分析，不能不说都有其独到的见解，特别是从不同角度对贫困的根源做出了相当有价值的分析。然而，我们认为，贫困是由多种原因综合作用的结果,仅仅是某种因素的话,具有可替代性,即会被其他因素"替代",但多种因素在同时起作用,这就导致了贫困的恶性循环。因此,消除贫困,必须从多方面综合努力,单一的措施必然被贫困的循环所吞没。

三、"国家八七扶贫攻坚计划"——中国世纪末的"攻坚战"

中国有计划、大规模的扶贫始于 20 世纪 80 年代初期。在此之前,贫困在中国农村实在太普遍,发达与落后,富裕与贫困的区别微乎其微,以致"贫困人口""贫困地区"的问题并不显得突出。随着家庭联产承包责任制的推行,改革开放的深入,受各种条件制约的贫困地区便在中国的经济版图上水落石出。于是,世界上规模最大、影响最深的反贫困斗争也拉开了序幕。

中国有计划、全面地实施"反贫困战略"可以概括为以下三个阶段。

第一,1985 年以前,"家庭联产承包责任制"给农村注入了活力,农村经济得到了迅速发展。1982 年年底,国家实施以"三西"为代表的第一批"反贫困计划",成效极为显著,在较短的时期内,贫困人口由 2.5 人亿下降到 1.25 亿人。

第二,1986—1993 年,国家有计划地重点扶持了 328 个贫困县,省、自治区扶持的贫困县有 371 个,总共有 699 个贫困县得到中央和地方政府在资金、技术、物资、人才等各方面的支持,并且形成了一个完整的扶贫政策、机构体系,进行全面的扶贫开发。在这个阶段,贫困人口又减少了近 1/3,到 1993 年,中国农村有 2000 多万农民人均纯收入在 200 元以下,没有解决温饱问题,而人均纯收入在 200~300 元之间,没有稳定解决温饱的农民还有 6000 多万人,总共有 8000 多万人尚处在贫困之中。

第三,1994 年,国家启动"八七扶贫攻坚计划",向农村贫困的最后堡垒发起攻击,计划到 2000 年,用七年的时间,最后解决由国家目前重点扶持的 592 个贫困县的 8000 多万人的贫困问题。

生活费用的变化和通货膨胀的因素,"八七扶贫攻坚计划"把贫困人口的基本标准确定为年人均纯收入 320 元。按照这一标准,列入国家扶持的贫困县共有 592 个,贫困人口共有 8065.5 万人。其中东部 12 个省区市中,除三个直辖市和江苏省没有贫困县外,其余 8 个省区共有贫困县 105 个,贫困人口 1873.9 万人,占贫困县和贫困人口的比例分别为 17.4%和 23.23%;中部 9 个省区有贫困县 180 个,贫困人口 2508.5 万人,分别占 30.14%和 31.1%;西部 9 个省区有贫困县 307 个,贫困人口 3683.1 万人,分别占 51.86%和 45.66%(见附表)。可见,目前中国的贫困地区和贫困人口主要是在中西部地区,尤其是西部地区。

迄今为止，中国的反贫困斗争取得了举世瞩目的成就，为整个世界，特别是发展中国家消除贫困树立了榜样，得到国际社会的高度评价。1995年6月召开的扶贫工作会议透露，"八七扶贫攻坚计划"实施一年，贫困人口已减少到7000万人（1995年底已下降到6500万人），占农村人口的比例从1993年的近10%下降到8.8%，占总人口比例下降到的5.8%。中国政府已经把消除贫困提高到国家发展战略的高度来对待，把每年减少1000万名贫困人口，作为整个社会经济发展的目标之一。但是，我们应当清醒地看到，中国的贫困地区和贫困人口的内容和特征都在发生变化，消除贫困的任务仍然十分艰巨。

第一，农村贫困人口的分布日趋分散。目前的贫困地区和贫困人口已经由20世纪80年代的集中连片变为零星分散、远离经济中心的边缘地带，这种贫困人口地域分布的变化对今后的扶贫工作提出了新的挑战。

第二，脱贫难度显著加大。经过10多年的艰苦努力，条件相对较好的地方已经解决了温饱问题，遗留下来的贫困地区和人口基本上分布在土、石山区，高寒山区，边缘少数民族地区。这些地区有相当一部分属于不适宜人类生存的"自然障碍区"，或是环境容量严重超载的地区，一般的扶贫措施难以奏效，除非采取特殊措施，如"吊庄移民"。但受各方面条件限制，难度很大。国内外反贫困的理论与实践都表明，当一个国家的贫困人口总数下降到占该国人口总数的10%以下，这些贫困人口难以在短期内通过全面的经济增长摆脱贫困状态。我国1993年、1994年解决了997.4万名贫困人口，平均每年不到500万人，与原定每年解决1000万名贫困人口的目标相差甚远。

第三，目前尚存的贫困地区人口素质低下，文盲半文盲率很高。因此，这些地区对外界的支持反应迟钝，形成"造血"机制的难度大，时间跨度长。同时，贫困地区的相当一部分地区，受生态环境和自然条件的限制，抵御自然灾害的能力差，返贫率高，一遇自然灾害，往往是"饱而复饥""温而复寒"。

第四，扶贫资金投入不足，资金效益不高。根据多年来扶贫的经验和典型测算，要稳定地解决贫困人口的温饱问题，人均资金投入强度要达到1600～1800元以上，共需投入资金1500亿元，每年近220亿元，中央要求地方投入的资金要占中央扶贫投入的30%以上。然而，根据国家统计局提供的数据，1994年国家和地方共投入115.6亿元，且地方投入的仅为18%，共17.6亿元。资金投入不足，使得用于解决水、电、交通、教育、卫生等经济性基础设施和社会性基础设施项目的资金更为缺乏。与此同时，扶贫资金的使用效益不高，资金分散，甚至弄虚作假，挪用、截留扶贫资金的现象时有发生。所有这些，都对扶贫攻坚带来了影响。

第五，目前的"八七扶贫攻坚计划"是针对农村的，但从整个社会来看，城市贫困人口的比例在逐渐上升，成为中国贫困问题的又一个热点。体制转轨过程中的冲突，使过去相当长时期内形成的一整套就业、工资、住房、交通、教育、医疗以及退休等方面保障制度正在失去作用，而适应市场经济体制的社会保障制度体系还未建立。同时，市场经济本身造成的收入分配差距，也会使城市贫困人口增加。据有关资料分析，中国城镇贫困人口由20世纪80年代中期的1%左右上升到目前的3.6%，总数达到1200万人，这包括2.8%的登记失业者，2800万名离退休人员中的一部分，少数低收入者以及其他困难人口。尽管中国城镇贫困问题比农村少，比起其他发展中国家的城市贫困问题似乎还微不足道，但其潜在的影响绝不可低估。

附表："八七扶贫攻坚计划"中列入的各地区贫困县和贫困人口

地区	贫困人口（万人）	占全国贫困人口（%）	占本省人口（%）	贫困县（个）	占全国贫困县（%）
河南	961.60	11.29	10.74	28	4.72
四川	949.00	11.77	8.54	43	7.26
云南	783.10	9.71	20.15	73	12.33
河北	731.40	9.07	11.54	39	6.58
贵州	637.10	7.90	18.68	48	8.10
陕西	524.30	6.50	15.22	50	8.44
甘肃	499.90	6.20	21.31	41	6.92
安徽	418.20	5.19	7.09	17	2.87
山东	417.90	5.18	4.83	10	1.68
广西	299.90	3.72	6.75	28	4.72
山西	267.30	3.31	8.87	35	5.91
湖北	251.40	3.12	4.44	25	4.22
湖南	166.40	2.06	2.63	10	1.68
内蒙古	153.60	1.90	6.88	31	5.23
江苏	129.80	1.61	1.86	-	-
浙江	126.50	1.57	2.96	3	0.50
新疆	119.20	1.48	7.42	25	4.22
宁夏	105.70	1.31	21.35	8	1.35

续表

地区	贫困人口（万人）	占全国贫困人口（%）	占本省人口（%）	贫困县（个）	占全国贫困县（%）
江西	102.30	1.27	2.57	18	3.04
黑龙江	96.40	1.20	2.64	11	1.85
吉林	91.30	1.13	3.57	5	0.84
辽宁	86.30	1.07	2.13	9	1.52
青海	53.10	0.66	11.37	14	2.36
福建	29.50	0.36	0.93	8	1.35
广东	27.60	0.34	0.41	3	0.50
海南	21.70	0.27	3.09	5	0.84
西藏	11.70	0.15	5.04	5	0.84
北京	2.10	0.02	0.18	-	-
天津	0.60	0.01	0.06	-	-
上海	0.60	0.01	0.04	-	-
全国	8065.50	100.00		592	100.00

本文曾在1996年第3期《西北人口》杂志上发表。

香港回归与其经济发展

鸦片战争，英国利用坚船利炮轰开了中国闭关锁国的大门，1842年8月强迫清政府签订了屈辱的《南京条约》，侵占了香港岛。1860年第二次鸦片战争之后，又通过不平等的《北京条约》强占了九龙半岛南端尖沙咀一带。1894年，中日甲午战争之后，帝国主义掀起瓜分中国的狂潮，英国又强迫清政府于1898年6月签订了《拓展香港界址专条》，"租借"了北九龙半岛和附属大小岛屿（后通称"新界"）。香港被强迫割让，写下了中国近代史上屈辱的一页，在历经百年沧桑之后，以改革开放的总设计师邓小平同志提出的"一国两制"的模式回归祖国，这不仅是中国繁荣富强的象征和结果，也翻开了香港发展史上的新篇章。

（一）

神奇的"东方之珠"香港，可以说是中华民族的风水宝地。香港的面积只有1092平方千米①，1995年年底的常住人口为631万人。在这1000多平方千米的土地上，约80%是不适于居住的陡峭山地和没有水源的荒岛，那些高楼林立的商业机构和居民住宅主要集中在不到20%的平地上，其楼群和人口密度之高可想而知。然而，就在这弹丸之地，香港人民却创造了惊人的经济业绩。特别是在金融、贸易、资讯、航运及旅游等方面，发展成就举世瞩目，已经成为世界上举足轻重的金融、贸易、航运及旅游中心。

首先，香港现在已经是世界上比较重要的国际金融中心。据相关资料介绍，截至1994年年底，香港有170多家外资银行，近160家外资银行办事处，拥有

---

① 由于填海造地，香港的面积在逐年增加，地图出版社1983年9月第5版中国地图册注明香港的面积为1061.8平方千米，1092平方千米是1995年3月底的香港政府统计数。

5500多亿美元的外币资产。世界上最大的100家银行中有80家在香港开业。1993年，银团贷款数、合同金额数都远远超过新加坡和东京。1994年，香港离岸金融市场的交易量，排名世界第三，仅次于伦敦和东京，超过新加坡。另外，根据国际结算银行1995年的调查，1995年香港外汇市场每一工作日的净成交量排名世界第五，仅次于英国、美国、日本和新加坡。香港的股市市值，按照1993年年底的市值计算，排名世界第六，仅次于美国、日本、英国、德国和法国。与此同时，香港也一直是与伦敦、纽约、苏黎世并列的"世界四大黄金市场"[1]。总的来说，就其综合金融实力来看，香港已经成为排名世界第四的国际金融中心。在回归祖国以后，作为以高速增长的内地市场为腹地的香港，其金融实力必将进一步得到加强，国际金融中心的地位也会进一步上升。

其次，香港已经成为世界第七大贸易区。香港过去就是连接东西方贸易的一个重要枢纽，是一个重要的贸易中转站。伴随着中国内地的改革开放以及经济的迅速发展，香港所充当的贸易中转站的角色越来越突出。从1985年到1996年的10多年中，香港的对外贸易额增长了5倍多。从表1的数字可以看出，1996年，香港对外贸易总额达到382.9亿美元，占世界贸易总额的7.1%，居世界第七位；其中出口为181亿美元，占世界的3.4%，居世界第九位；进口为202亿美元，占3.7%，居世界第七位。截止到1996年，香港共有11万多家贸易公司，对外贸易范围覆盖了全球200多个国家和地区，世界上有近千家跨国公司把其亚太地区总部设在香港，处理在亚太地区的业务。再次，香港现在是世界上最大的集装箱吞吐港和最繁忙的港口之一。根据香港政府港口发展局公布的统计数字，香港港口集装箱吞吐量已经连续5年保持世界第一。1996年香港港口集装箱吞吐量达到1330万个标准箱。另外，根据香港船东协会的数据，1970年，香港拥有和管理的船只为311艘，载重能力为709万吨。1980年，拥有和管理的船只就已经达到1400多艘，载重能力达到5544多万吨，进入世界最大船东和船只管理者行列。香港能够成为亚太地区的航运中心和世界上最大的集装箱吞吐港，是中国内地改革开放和经济高速发展的必然结果。早在20世纪80年代初期开始，香港的劳动密集型产业就开始大规模向珠江三角洲转移，这使得从珠江三角洲到香港的货物大部分成为中转货物。珠江三角洲和内地沿海其他地区通过香港出口的货物出现了井喷式的增长，使香港的转口贸易大幅度上升。根据相关统计，从1978年至1995年的17年中，香港与内地的贸易增长了55倍，1996年香港运输的集装箱有近70%是来自内地或运往内地的。

最后，香港也是"购物天堂"和旅游中心。国际金融中心、世界贸易中心和航运中心的形成，带动了与旅游业相关的商业、饭店、旅馆等第三产业的发展。目前，与旅游业相关的商业、饭店、旅馆等第三产业在国内生产总值中占有重要地位。如1993年，香港国内生产总值为8976亿港币，其中商业、饭店、旅馆为2191.2亿港币，几乎占国内生产总值的1/4，而包括金融、保险、不动产和产业服务、社团和个人服务以及运输、通讯在内的整个第三产业约占国内生产总值的70%。发达的资讯和服务是香港能够成为世界金融中心、贸易中心、航运中心的基础，是其具有较强竞争力的基本条件。

表1　1996年主要国家和地区贸易额排名表（前15名）（单位：亿美元）

名次	国家或地区	总额	占世界的（%）	名次	出口	占世界的（%）	名次	进口	占世界的（%）
1	美国	1442.6	27.1	1	624.8	11.9	1	817.8	15.2
2	德国	977.5	18.4	2	521.2	9.9	2	456.3	8.5
3	日本	762.2	14.4	3	412.6	7.9	3	349.6	6.5
4	法国	565.6	10.6	4	290.3	5.5	4	278.6	5.2
5	英国	537.7	10.1	5	259.1	4.9	5	275.3	5.1
6	意大利	457.7	8.6	6	250.7	4.8	6	207.0	3.8
7	中国香港	382.9	7.1	9	180.9	3.4	7	202.0	3.7
8	加拿大	376.2	7.0	7	201.2	3.8	8	175.0	3.2
9	荷兰	371.2	7.0	8	197.1	3.8	9	174.1	3.2
10	比利时—卢森堡	321.3	6.1	10	166.7	3.2	10	154.6	2.9
11	中国	289.4	5.5	11	151.1	2.9	12	138.3	2.6
12	韩国	280.1	5.3	12	129.8	2.5	11	150.3	2.8
13	新加坡	256.6	4.8	13	125.1	2.4	13	131.5	2.4
14	西班牙	224.5	4.2	15	102.1	1.9	14	121.9	2.3
15	中国台北	218.5	4.1	14	116.0	2.2	15	102.5	1.9

资料来源：世界贸易组织年度报告。

这里需要说明的是香港虽然已经成为世界金融中心、贸易中心、航运中心和旅游中心，制造业在国内生产总值中所占的份额仅在10%左右，但是制造业还是相当发达，特别是纺织、钟表、成衣、电子、玩具和制鞋等方面。据统计，香港有4000多家纺织厂，雇员接近9万人，1995年的出口额仅次于德国，居全球第二位。钟表生产、配件厂商2000多家，出口额仅次于瑞士。鞋业出口额多年来也一直仅次于意大利，稳居全球第二位。香港的成衣生产也很突出，有成衣生产厂家6500多家，雇员达到17万人。成衣在整个香港的出口产品中，仅次于电子，位居第二。目前，构成香港制造业主体和出口产品的五大支柱产业，依次分别是电子、成衣、纺织、玩具和制鞋业。

（二）

"东方之珠"香港之所以能够取得如此令人瞩目的骄人业绩，是有其特殊原因的，比如得天独厚的地理位置、自由贸易和外汇制度、符合国际惯例的法律制度等等。但是，笔者认为香港经济迅速发展的最关键的因素是背靠内地，长期得到祖国的鼎力支持。香港只有背靠内地，才能面向世界，如果没有内地的支持，香港的经济发展和繁荣是不可想象的。

第一，"三趟快车"长期不间断供应香港新鲜农副产品。中华人民共和国成立以后，国家就明确了对香港的基本方针，这就是"长期打算，充分利用"。按照这一方针，给香港予以长期的大力支持。早在1962年，内地还没有从"三年自然灾害"中完全恢复，经济还非常困难。但是为了支持香港，周恩来总理就下令每天往香港开"三趟快车"，供应香港鲜肉、活鱼、蔬菜、水果等农副产品，满足香港居民生活需要。"三趟快车"即使在"文化大革命"的混乱情况下也从未中断。根据相关统计，至1997年3月，"三趟快车"累计运送的活猪达到8700多万头，活牛570多万头。内地通过"三趟快车"输送到香港市场的猪肉和牛肉，占香港市场供应量的98%以上。与此同时，内地每年还要供应香港市场5万多吨鲜蛋、6万多吨冻肉、数十万只活鸡鸭、几十万吨新鲜蔬菜以及大量的粮油食品和水产品。目前，在香港市场2/3的鲜活冷冻食品、1/2的蔬菜都是由内地负责供应的。

第二，内地巨资修建东江—深圳供水工程，从根本上解决香港的淡水供应问题。香港虽然位于珠江入海口，而且属于亚热带季风气候，降雨量充沛，但是由于香港岛屿的地势地貌原因，储水量不足以满足人口增长和社会发展的需要，长期淡水供应紧张，1963年还发生了历史罕见的水荒。为了解决香港居民的生活用水，中央政府决定建设东江—深圳供水工程，引东江之水供应香港同胞。1963年12月，周恩来总理亲自在广州召集相关人员讨论具体的解决方案，并且决定由中央财政拨款 3800 万元作为工程款。

东江—深圳供水工程全长 83 千米，在东江河口开挖河道，把水引到桥头，沿石马河到雁田水库，再开挖人工渠道注入扩建后的深圳水库，输往香港。整个工程中难度最大的是要将 50.5 千米的支流石马河逆流回调，换句话说就是要将东江水从海拔 2 米一级级抬高至 46 米，让河水逆流而上。20 世纪 60 年代的内地正是经济非常困难的时期，中央财政的巨额拨款，在曾经的荒地上，一夜之间就聚集了上万名建设者，他们响应国家号召、心系香港同胞、不惧艰难困苦，克服重重挑战，以"要高山低头、令河水倒流"的壮志豪情，仅用一年的时间，建成了这项极为艰巨的工程。1965 年 3 月 1 日，东江—深圳供水工程经过八级提灌，使东江水沿着石马河流入深圳水库，最终注入香港。从这一天起，奔腾不息的东江水便承担起新的历史使命，几十年持续向香港供水，从未中断，为香港的繁荣稳定做出了重要的贡献。另外，广东大亚湾核电站和我国最大的海洋天然气田——崖城 13-1 气田也已经开始向香港供电、供气，使香港提前用上了清洁能源。水、电、气的充足供应，保证了香港社会的繁荣稳定和经济的迅速发展。

第三，内地移民和廉价的劳动力为香港的繁荣和发展创造了条件。香港在历史上就有大量移民的传统，特别是对大陆的移民来说，香港是他们走向世界的通道。香港就像一个"滤水池"，许多人从内地流入香港，在此"沉淀"一段时间，又流向世界各地。早在 20 世纪 50 年代初期的朝鲜战争时期，在美国的操纵下，联合国对我国实行经济封锁和禁运，这对以转口贸易为主的香港经济是一次毁灭性的打击。为了生存和发展，香港开始转而发展工业，但由于长期以转口贸易为基础，当时的香港一无资金、二无技术、三无工业发展所需要的劳动力和管理人员。正是内地移民带来了资金、技术和管理经验，填补了劳动力的不足，为香港经济的转型做出了贡献。另外，根据相关资料介绍，进入 20 世纪 80 年代以来，内地约有 40 万人移居香港。从 1986 年到 1995 年的 10 年中，就有 30 多万人迁入香港。其中 1986 年至 1990 年迁入约 14 万人，占迁入人数的 60%以上；1991 年至 1995 年迁入约 17 万人，约占迁入人数的 27%。10 年间共迁入约 31 万人，约占迁入人口总数的 36%。从 20 世纪 80 年代下半期以来，虽然内地移民所占的比重在下降，但绝对数量却在不断增加。例如 1986 年内地迁入香港 27000 人，约占香港迁入人口的 71%。1995 年内地迁入 45900 人，比 1986 年迁入的绝对数增加 70%，但是占迁入人口的比重下降为 28.1%。根据香港浸会大学社会学系教授邵一鸣介绍，经过中国政府和香港特区政府协商规定，20世纪80年代初期，大陆移民到港的限额为每日75人，从1993年11月增加到每日105人，而1995年7月又增加到150人。按这一数字推算，1996年有55000名大陆居民移居香港，这一数字还不包括用其他身份来港居住者，如大陆来港经商和工作者、一些原香港居民移民大陆后又返回香港居住者等。[2]由于香港专业技术人员供给不足，从1994年开始，香港特区政府又决定从内地输入专业技术人才，每年发出的工作签证在不断增加。可见，内地的移民对香港的繁荣与发展做出了巨大的贡献。

内地在改革开放初期一直到20世纪90年代中期，还有另外一种形式的内地廉价劳动力也为香港的迅速发展做出过很大贡献，这就是大量的港商把生产线北迁至内地的原因，他们利用内地廉价劳动力和土地资源，把产业向内地转移。据统计，20世纪八九十年代，有80%以上的港商把生产线北迁至内地，特别是珠江三角洲一带。仅珠江三角洲就有3万多家港资企业，有5万多名香港技术和管理人员在这些工厂工作，而雇佣内地员工达到400万人，相当于香港本地制造业从业人员的6倍多，"前店后厂"（香港成为企业的店面，工厂—生产线设在珠三角）是当时港资企业的普遍形式。正是这些"前店后厂"的特殊港资企业既促进自身的快速成长，也推动了珠江三角洲地区的迅速发展。

可以说，没有内地的支持，没有内地的发展，香港就不会有今天这样举世瞩目的业绩。同样，香港对内地的发展，也起到了至关重要的作用，这可以从以下几个方面看出来。

首先，香港是我国内地引进外资的主要来源。根据外经贸部的统计数据，我国内地从改革开放初期的1979年至1995年的16年间，引进外资合同金额为3633.2亿美元，而香港和澳门地区（主要是香港）就有近2414亿美元，占全部合同金额的近70%。同一时间，实际利用外商直接投资累计为1333.75亿美元，而港澳地区（主要是香港）就占大约65%。可见，港资在改革开放最初的10多年中，是我国引进外资的主要来源。

其次，香港是我国内地对外贸易的主要地区。根据相关资料，在进出口贸易方面，从1978年至1988年的十年中，内地和香港的贸易额增长近20倍。从1985年起，香港即成为我国内地的第一大贸易地区，当年从香港进口名列第一位，出口名列第二位，贸易总额名列第一位。内地从香港的进口和出口贸易，主要是转口贸易。据台湾中兴大学教授陈明璋介绍，1990年，香港的总转口值为 4140 亿港元，而与内地的转口值就达到 3513 亿港元，占总转口值的 85%。可以看出，香港的转口贸易主要是为内地服务的。[3]正是这种中转站的作用，推动了内地进出口贸易的迅速发展，带动了内地沿海地区快速建立起外向型经济，从而带动了全国经济的高速度发展。与此同时，香港这种中转站的作用也使香港的对外贸易登上了新的台阶。从前面表 1 的数字中我们可以看出，1996 年，只有 631 万人口，1000 多平方千米的"弹丸之地"香港，贸易额竟然居世界第七位，真是令人刮目相看。

最后，香港是我国内地了解世界的重要窗口和走向世界的重要桥梁。香港作为国际化的大都市，作为亚太地区最大的金融、贸易中心之一，汇聚了世界各地的信息、技术和人才，同世界市场保持着同步发展的步履。可以说，在香港就可以感觉到世界经济前沿跳动的脉搏，随时可以掌握世界市场的动态。这对于刚刚改革开放的内地来说，是最好的学习、观察和了解世界的窗口。正因为这样，中资机构在香港已经设立了众多的企业。比如在金融领域，中国银行等 13 家银行集团的实力仅次于汇丰银行集团。中信集团、华润集团、招商局这些中国内地的大企业，在香港的投资遍布公用事业、零售百货、房地产等方方面面。在证券市场，香港有 40 多家上市公司被中资公司收购，而中资上市公司在香港达到 90 家，股市市值约占香港股市总值的 10%。除了这些大企业以外，国务院各部门，各省区市都有驻港机构，这些驻港机构均以企业形式出现。所以，内地正是通过香港这个重要的桥梁开始逐渐走向世界。

综上所述，我们可以看出，香港与内地经济的互补与联动，既为香港的繁荣与发展创造了良好的条件，同时也推动了内地的开放与发展。

（三）

香港的回归和平稳过渡，不仅对香港本身的经济发展，对港台和香港与内地的经贸关系产生重大影响，而且对亚太地区乃至整个世界都会产生重大影响。

首先，香港的回归为香港经济的进一步繁荣与发展创造了条件。如前所述，香港是内地走向国际市场的窗口，也是国际资本进入内地的中介，是内地利用国际资本的主要市场。随着香港的回归，香港和内地的经济交往将会进一步扩大和加深，内地对香港的投资也会不断增长，特别是随着内地"九五"计划和

2010年远景规划目标的实现,香港必然从中得到更多的发展机会,为香港的进一步繁荣提供更广阔的空间。中央政府关于"一国两制、港人治港、高度自治、繁荣稳定"的方针和对香港特别行政区的全力支持,是香港进一步巩固和加强其国际金融中心、贸易中心、航运和旅游中心地位的根本保证。

其次,香港的回归将对港台经贸关系产生影响。香港作为国际金融、贸易、航运中心,历来与台湾保持着密切的经贸关系,早在20世纪50年代,香港就是台湾的第三大贸易伙伴(仅次于美国、日本)。根据台湾中兴大学陈明璋教授提供的数字,1995年港台贸易额达到280亿美元,台湾方面的顺差为243亿美元,台湾对香港的贸易依存度为12.9%。[8]而香港与台湾贸易额的60%来自或输往内地。香港回归以后,对港台经贸关系可能产生以下影响:①在短期内,由于台湾当局的政治态度,港台经贸发展速度会有所降低;而从长远来看,港台经贸关系必将进一步发展。这是因为台湾当局企图减少"九七"后在经济上对香港的过分依赖,同时有些台商出于政治方面的考虑想从香港撤资或改变注册地,这在短期内可能会对港台经贸关系产生一定影响。但从长远来看,香港得天独厚的地理位置和自由港地位、完善的基础设施、符合国际惯例的法律制度、发达的通信网络,特别是回归后中央政府的政策保证,都使其成为世界上最具吸引力的投资场所。经济利益的作用最终会克服一时的政治因素的干扰,推动港台经贸关系的进一步发展。②如果两岸实行"三通",将会分流在香港的中转贸易,但一方面由于台湾当局的态度,在可预见的将来,台湾方面不会同意正式全面的两岸"三通",另一方面,由于港台双方的经济发展,其经贸关系客观上要求进一步扩大和深化。因此,香港回归不会改变港台经贸发展的总趋势。

最后,香港的回归将推动中国大陆、台、港、澳之间的经济合作与发展,对亚太地区乃至整个世界产生重大影响。战后,随着科学技术的飞速发展,国际分工日益深化,世界经济的国际化和区域化不断发展。自20世纪80年代以来,中国大陆、台、港、澳之间的经济合作与联合不断发展,这种合作与联合的基础是经济的互补性和民族的认同感,而其更广阔的背景是世界经济的国际化和区域化,最大的动力是内地经济的高速度发展和广阔的市场。香港的回归,将把这种区域的合作与发展推进到一个新的阶段。这不仅有利于两岸的最终统一,振兴整个中华民族的经济,而且会促进亚太地区的稳定与发展,进而对整个世界的和平与发展做出贡献,正如OECD在《全球展望报告》中所讲的,香港回归中国,将会使全世界受惠。

参考文献

[1] 林江："港澳金融合作的现状与前景"，饶美蛟等编：《经济中华》，香港中文大学出版社，1998年。

[2] 邵一鸣："大陆移民对香港的影响"，饶美蛟等编：《经济中华》，香港中文大学出版社，1998年。

[3] 陈明璋："两岸三地经贸交流现况与展望"，饶美蛟等编：《经济中华》，香港中文大学出版社，1998年。

本文曾在1997年第3期《兰州大学学报》（社会科学版）上发表，收入论文选集时进行了修改。

"中华经济"的腾飞与大陆中西部地区的发展

20世纪70年代末和80年代初，海内外的一些有识之士提出"中华经济圈"或类似概念以来，尽管专家、学者们对"中华经济"理解不完全一致[1]，但是对"中华经济"的研究已经深入各个层面。同时，"中华经济"本身的发展也到了一个新的阶段。本文所使用的"中华经济"，亦是指包括中国大陆、台湾、香港和澳门四个地区在内的经济体系。

一、"中华经济"系统的区域变化和层次结构

20世纪80年代以来，"中华经济"包括中国大陆、台湾、香港、澳门经济的较快发展，使"中华经济"系统发生了很大变化。首先是"中华经济"在世界经济中的地位大大加强，四个地区按汇率计算的国内生产总值1994年已经达到9000多亿美元。按购买力平价计算的国内生产总值已仅次于美国，位居世界第二，占世界国内生产总值的近10%。从贸易状况来看，仅大陆地区的进出口贸易，就从1978年的206亿美元增加到1995年的2800亿美元，在世界贸易中的地位由第32位上升到第11位。加上台、港、澳在内的整个"中华经济"系统的进出口贸易已位居世界第四，占世界贸易的比重达到7.5%左右。其次是大陆地区经济的高速发展，使"中华经济"的系统本身四个地区的比重发生了变化，目前，在"中华经济"系统的国内生产总值中，大陆占将近60%，台湾占26%左右，香港占13.3%，澳门占0.7%。而从1992年到1993年的"中华经济"系统国内生产总值增长额中，大陆地区占3/4，台、港、澳地区占1/4。[2]

1994年，台、港、澳地区的人均国内生产总值都在1万美元以上，其中香港约为19600美元（按1990年价格计算），台湾为11236美元（按1986年美元计算），澳门约为15000美元（按现价计算）。而大陆地区按当年汇率计算的人均国内生产总值约为452美元。[3]由于人口众多，大陆在人均国内生产总值方面同台、港、澳地区存在很大差距。但是，大陆地区已经形成了巨大的经济规模，

其国内生产总值大约是台、港、澳地区的1.4倍。大陆地区的国内生产总值已居世界第七位。同时，大陆地区一直保持着两位数的增长率，是"中华经济"得以迅速崛起的强大支柱。

根据经济发展水平和地缘特征，目前"中华经济"可以分为以下四个层次。

（1）台、港、澳地区是第一个层次，这个层次是经济高度密集区，也是正在步入发达阶段的小型地域单元。其在某些技术密集型和劳动密集型产品的生产和销售方面在世界市场上具有较强的竞争力，同时与世界市场的联系紧密，对世界市场行情变化敏感，金融、保险、信息、商业服务等第三产业功能强大。

（2）大陆沿海为第二个层次，包括珠江三角洲，长江三角洲，闽南三角地区，环渤海湾地区的广东、广西、福建、海南、浙江、上海、江苏、山东、河北、天津、北京、辽宁12个省区市。这个层次目前以占大陆地区14%左右的土地面积、38.18%的人口获取了大陆地区59.07%的国内生产总值，其人均国内生产总值是大陆地区平均水平的1.54倍，其中上海、北京、天津、辽宁、广东、浙江分别是大陆地区平均水平的3.87倍、2.57倍、2.07倍、1.71倍、1.69倍、1.65倍。沿海地区率先实行开放战略，与世界市场接轨，大量引进外资，从加工组装以及劳动密集型产业起步，积累资金，向高技术产业发展。沿海地区不仅在20世纪80年代为中国大陆经济的起飞做出了贡献，而且20世纪90年代要实现第二个战略目标，仍然在很大程度上取决于东南沿海地区的发展状况。目前这个层次正以很高的发展速度，迅速向第一个层次靠近。

（3）第三个层次是中部地区，这个层次9个省区1994年年底的人口占大陆地区人口的39.02%，国内生产总值占大陆地区的27.45%，人均国内生产总值为2641元，相当于大陆平均水平的70.32%，相当于东部地区的45.45%。尽管这个地区目前远落后于第一个层次，也落后于第二个层次，但这个地区具有能源、某些原材料的优势，具有相当的加工工业实力和发展农业的优越基础和条件，特别是进入20世纪90年代以来，这个地区遇到了良好的发展机遇，这就是：①沿江发展战略的启动和第二亚欧大陆桥的开通，为这个地区的部分省区带来了迅速发展的机遇。②沿海地区产业结构的调整和台商、港商、澳商和其他外商投资地域的变化都为这一地区的迅速发展带来了机遇。据有关资料分析，近年来，中部地区的外商投资的增长幅度，不仅超过大陆地区平均的增长幅度，而且超过东部地区的增长幅度。仅1995年上半年，大陆地区外商投资比上半年同期增长5.2%，东部地区增长6.4%，而中部地区却增长9.6%。根据最新的资料分析，1995年1月至10月，在大陆各地区的投资增幅中，中部地区更是异军突起，投资增长25.8%，超过大陆地区平均水平7.8%。与此同时，东部地区却投资增幅回落，为17.5%，略低于平均水平。不仅如此，东部地区各省区的情况有很大差别，上海、江苏、浙江增长较快，而广东、广西、海南出现低增长或负增长。而在中部地区，省区间的投资增长幅度的差距明显低于东部地区。这些良好的发展机遇、条件和潜力，使得这一层次同第二层次的差距迅速缩小。

(4) 第四个层次是西部地区，这个地区包括西南（不包括广西）西北共9个省区。这个地区1994年年底的人口占大陆地区人口的22.79%，国内生产总值占13.47%，人均国内生产总值为2219元，是大陆平均水平的59.1%，是东部地区的38.19%。目前这个层次是"中华经济"系统中最低的一个层次，也是国内外公认的不发达地区。在国家制订的"八七扶贫攻坚计划"中，大陆地区592个贫困县中，有307个在西部地区，占全部贫困县的51.86%。8000多万名贫困人口中有3683万人在西部，占全部贫困人口的45.66%。然而，这一地区的9个省区中，发展是不平衡的，有些省份的经济规模处于全国的前列（例如四川，1994年的国内生产总值排列全国第四位，仅次于广东、江苏、山东）。有些省区的人均国内生产总值也并不是最低的（例如新疆、青海，人均国内生产总值在大陆地区30个省区市中分别排序为第12和17位）。但是，就目前的总体水平来看，毫无疑问，西部地区处于最低层次，是大陆的不发达地区，是"中华经济"系统中有待进一步开发的区域。这就是中国的现实，也是西部的现实。可是，这种现实并不反映过去，也不能说明未来。这个地区不仅在历史上曾对中国的发展起过举足轻重的作用，也是21世纪中国经济全面振兴的重要基地和依托。这正如江泽民同志在1995年12月下旬慰问陕甘两省的贫困户时所讲的那样，西部地区历史文化悠久，一是作为中国重要的发祥地之一，曾经为中华民族的形成与发展，为缔造辉煌的中国古代文化做出过巨大的历史性贡献。二是西部人民在近代以来，为实现祖国的独立，为中国人民的解放事业也做出过巨大的历史性贡献。三是西部地区是我们多民族聚集的地区，为促进各民族之间的文化交流、和睦相处，促进民族大团结和共同进步的优良传统的形成和发展，发挥了极其重要的历史作用。四是西部地区蕴藏着各种重要的自然资源，是中国有待全面开发的重要资源基地，也是中国21世纪经济全面振兴的重要依托，还是中国巩固国防的重要军事战略要地。西部地区的发展，在全国发展中具有极其重要的战略地位。

二、加快中西部地区的发展，促进"中华经济"的进一步腾飞

综上所述，可以看出，从目前"中华经济"系统的经济总量来讲，第一个层次——台、港、澳地区所占比重最大，为40%左右，第二个层次——沿海地区次之，为35.4%，而第三、四个层次——中西部地区占24.6%。但是，由于沿海地区的发展速度高于台、港、澳地区，因此，在不久的将来，第二个层次——沿海地区从总量上超过第一个层次——台、港、澳地区是毫无疑问的。就整个大陆地区来说，如前所述，20世纪80年代沿海地区为国民经济实现第一个翻番的战略目标做出了决定性的贡献，20世纪90年代仍然会为实现第二个翻番的战略目标做出巨大的贡献。但是，大陆地区要在21世纪中叶达到世界中等发达国家的水平，光靠沿海地区是不行的。"中华经济"要排在世界经济的最前列，光靠第一、二两个层次是远远不够的。最终都要取决于大陆中西部地区的发展状况，而且必须要依托中西部地区的发展。

首先，从第一、第二两个层次本身来看，发展的局限性很大。

（1）区域狭小，发展空间相对有限

在第一、第二两个层次的范围内，共有15个省区市，其中5个是纯粹的城市，其余10个省区的面积只占"中华经济"系统总面积的13.68%。就目前的经济情况来看，这两个层次作为经济高度密集区和经济发达区，在整个"中华经济"系统的发展中，发挥着极为重要的作用。5个特大城市，其强大的经济实力和辐射功能，带动了整个区域的发展。但是，毕竟在这两个层次的范围内，地域狭小，发展空间相对有限，要在21世纪带动整个"中华经济"系统进一步腾飞，受到很大制约。目前已经出现某些地方人口密度过高、产业密集、结构臃肿、城市病等问题，就是初步的证明。

（2）生产要素成本上升，经济结构需要进一步调整

早在20世纪80年代初期，第一个层次——台、港、澳地区的生产成本就已经大幅度上升，特别是地价和劳动力成本已经到达了相当高的水平，因此，台商、港商已开始向大陆沿海地区大规模转移劳动密集型产业，这种转移在一定程度上促进了沿海地区的迅速发展。然而，10多年来，情况已经发生了很大变化，大陆沿海地区的组装加工、劳动密集型产业已经发展到了相当的程度，劳动力成本迅速上升，地价不断提高，再加上其他因素，产品竞争力开始下降。因此，沿海地区产业结构需要进一步调整，结构的转换速度需要进一步加快。

241

(3) 区域内资源相对缺乏，市场相对狭小

在"中华经济"系统中，这两个层次范围内的资源相对缺乏，区内市场也相对有限。因此，第一个层次的台、港、澳地区实行高度的外向型经济自不必说，第二个层次的大陆沿海地区也实行"两头在外"的外向型发展战略。实行外向型发展战略，这既符合经济发展的客观要求，也符合这个地区的实际。但是，"两头在外"也有其弊端，在某种程度上来讲，是迫不得已的。如果说产品依赖国际市场，能在激烈的市场竞争条件下，加大对企业的压力，迫使企业不断采用新技术、开拓新产品、加强管理、提高劳动生产率、降低成本、增加产品的竞争能力的话，那么能源、原材料依赖国际市场，风险就会变大。受各种复杂情况的影响，区内资源和市场的相对缺乏，必然限制这一地区的进一步发展。

其次，就中西部地区来说，虽然目前生产力发展水平较低，整个社会经济处于落后状态，但是其发展潜力相当可观。

(1) 中西部地区地域辽阔，自然条件和地理环境多样，具有发展各种产业的广阔空间

中西部地区的面积占全国的86.26%，而且多样化的地形地貌和气候条件，具有发展农业、畜牧业、林果业和农、林、畜产品加工业以及其他多种经营的良好条件。这不仅为本地区的社会经济发展提供了基本保证，也为整个"中华经济"系统的发展提供了基本条件。与此同时，广阔的空间，也便于生产力布局的展开，有利于发展第二、三产业。中部地区还处于全国的腹地，是沿海发达地区和西部欠发达地区的接合部，这种特殊的地理位置，使它既便于同时从东西两个方向上开拓市场，也便于同时学习沿海发达地区与西部待开发地区的长处。同时，从社会再生产的过程来看，经济地理位置的优势可直接转化为运力、运费、运输投资的节约和流通时间的缩短，而流通时间的越短，资本的职能就越大，市场效率就越高。

(2) 中西部地区具有丰富的地表资源和地下资源，是"中华经济"系统在21世纪进一步腾飞和全面振兴的资源基地

首先，中部地区的地表资源优势突出，其表现是：①水资源广阔，淡水水面占全国的40%以上，淡水可供养殖面积占全国的55%。②山地资源丰富，中部地区由于山地丘陵比重大，林业用地面积占全国的44%，其中有林地占全国的48%。同时，农林牧空间组合较好，开发利用条件优越。西部地区也具有发展大农业的优越条件，这是因为西部地区的草原面积占全国的70%以上，草山、

草坡占全国的44.8%，宜林地占全国的38.5%，宜农荒地约占全国的40%。其次，中西部地区，特别是西部地区的能矿资源极为丰富。西部地区的面积占全国的56%，在其辽阔的地域中，地质构造复杂多样，分布着各时代的地层、岩浆岩，生成了丰富多彩的矿产。"三江（怒江、澜沧江、金沙江）成矿带"，天山、祁连山两大山系，塔里木、准噶尔、柴达木三大盆地，鄂尔多斯高原，都是中国的，也是世界上少有的多种矿产的富集区。在这样的能矿资源中，探明储量在全国80%以上的有：可开发的水利资源、锂、镍、铂族金属、汞、钛、铁、钾盐、石棉等，铜、铅、锌、铬、铍、磷等也占很大比重。特别需要指出的是，西部地区的能矿资源的突出特点是：①矿种齐全，有些是世界稀有矿种，有些是"关键矿种"，有些是尖端技术工业所必需的，被称为"21世纪新材料"的战略资源。②资源的空间组合布局理想，特别是丰富的能源与丰富的有色金属、稀有金属、化工资源的结合，发展高耗能工业的条件得天独厚。多种矿石中还含有其他多种有用元素，有利于形成资源综合利用的开发基地。③许多能源矿产资源还处于待开发状态，能源的后备潜力极大。中部地区资源丰富度虽略低于西部，但某些资源，如煤炭、石油、铝土等相当丰富，资源密度也高于西部。同时，开发条件、开发的经济性能较高。总之，中西部地区丰富的自然资源，不仅是大陆地区经济发展的可靠保证，同时也是整个"中华经济"系统能屹立于世界强国的重要依托和可靠保证。

（3）中西部地区具有较好的经济基础和广阔的市场潜力

首先，中西部地区具有较好的农业基础。目前，一些重要的农产品产量，如粮食、棉花、黄红麻、甜菜、卷烟等，在全国占有相当大的比重。其次，中西部地区有一大批建立在优势农业原料、优势矿产资源基础上的加工工业和采掘、原材料工业，如处于领先地位的卷烟、宁麻亚麻纺织、甜菜制糖、煤炭、石油、天然气、钨、锑、铜、氧化铝、钛合金以及汽车制造、机械电子、航空航天等在全国具有举足轻重的地位。电力、钢铁、炼焦、化肥、重型机械、拖拉机、制茶、肉类加工、棉纺毛纺、制革等也有相当优势。最后，中西部地区具有广阔的市场潜力，这可以从以下两个方面得到说明。

第一，中西部地区的人口占全国的61.82%，目前共有7.4亿人，其中农村贫困人口有6192万人，低收入人口约有3亿人。其收入增量中用于消费的比重约为0.8，如果让贫困人口的人均收入增加50元，其收入增量将达到30亿元，消费量可达到24亿元，其系数效应总计可达到120亿元。如果让3亿低收入人口人均收入增加10元，其收入增量也就是30个亿。而在今后几年乃至更长的一段时期内，年增长率在8%~10%的情况下，要达到这样的收入增量是不成任何问题的。这样庞大的市场不仅会对中西部地区的进一步发展产生不可估量的推动作用，而且会对整个大陆地区的发展、整个"中华经济"系统的进一步发展产生巨大的推动作用。

第二，根据《关于制定国民经济和社会发展"九五"计划和2010年远景目标建议的说明》，为了缩小地区差距，从"九五"计划开始，国家将要采取强有力的措施。一是增加对中西部地区的财政支持和建设投资，优先在中西部地区安排资源开发和基础设施项目。二是调整加工工业的地区布局，引导资源加工型和劳动密集型的产业向中西部地区转移。三是理顺资源性产品的价格，增强中西部地区的自我发展能力。四是加快中西部地区的改革开放的步伐，引导外资更多的投向中西部地区。五是加强东部地区与中西部地区的经济联合和合作，鼓励向中西部地区投资。[4]可以想象，在国家宏观政策强有力的干预和引导下，世纪之交的中西部地区将是一个极具吸引力的巨大市场。

三、充分发挥第二亚欧大陆桥在"中华经济"协作系统中的作用

1990年贯通的第二亚欧大陆桥，对"中华经济"协作系统乃至整个亚欧经济的发展都具有重要的战略意义。

首先，第二亚欧大陆桥区位优越，运输成本低。目前，连接亚欧两大洲的运输线，除航空线以外，主要是海运和第一亚欧大陆桥，海运尽管运输量大，吨/千米运输成本低，但运输距离很长，根据初步计算，海运比第一亚欧大陆桥要长8600千米，比第二亚欧大陆桥长9700千米。海上航线又基本上是在赤道附近，航期在两个月左右。第一亚欧大陆桥尽管运输距离较短，但也需要35天左右，其东方港口——纳霍得卡港每年有近5个月的封冻期，且线路经过的远东和西伯利亚地区气候条件恶劣，不仅港口本身吞吐能力严重受限，而且线路也受到风雪严寒的干扰。与海运和第一亚欧大陆桥相比，第二亚欧大陆桥运输距离短，仅相当于海上航线的53%，第一亚欧大陆桥的91.3%。运费可比海运减少1/4左右，比第一亚欧大陆桥减少12%。

其次，第二亚欧大陆桥覆盖面广，辐射范围大。该桥直接跨越中国、哈萨克斯坦、俄罗斯、白俄罗斯、波兰、德国和荷兰7个国家，它们的面积为3024万平方千米，占亚欧两大洲的54%，人口近15亿人，是亚欧两大洲的37.6%。其辐射面积包括远东、中亚和欧洲的30多个国家和地区。其中既有像日本、德国、荷兰这样的发达国家，也有像"四小龙"这样的新型工业化国家和地区，

还有像中国、东盟成员国这样迅速发展中的发展中国家。其幅员之广,人口之多,市场潜力之大,是任何一条交通线都难以相比的,这些国家和地区通过这条大陆桥将极大地促进彼此之间的经济技术文化交流与合作,有力地推动沿线经济带的迅速发展。

再次,第二亚欧大陆桥所处的亚太和欧洲地区,是世界经济发展最快和实力最强的地区之一,各种生产要素的沿桥流动,将引起21世纪世界经济格局的重大变化。目前,亚太地区是世界经济发展最快的地区,而在亚太地区,东亚是世界投资的最大热点和最有生气的地区之一。第二亚欧大陆桥的运营,给亚太地区注入了新的活力。这条新的大动脉必将使亚太地区的经济发展登上新的台阶,它也会加速世界经济重心移向东亚的历史进程。[5]

最后,也是最直接最重要的是第二亚欧大陆桥改变了中国大陆的对外开放格局,加速了中西部地区的发展,对"中华经济"协作系统发挥着巨大的作用。

(1) 第二亚欧大陆桥使中国的对外开放格局发生了变化,"向西开放"随着大陆桥的运营而有了实质性的内容。长期封闭落后的大西北被推到了向西开放的前沿,发展机遇和国际市场的挑战接踵而至,资源富集的大西北乃至整个最具有发展潜力和市场潜力的广大内地,真正全方位地展现在世界的面前。第二亚欧大陆桥也为欧洲和其他地区开发中国的市场提供了便捷、快速的通道。

(2) 大陆桥促进了"沿桥经济带"的崛起,促进了中西部地区的发展。第二亚欧大陆桥直接经过了6个省区,这6个省区丰富的自然资源,不仅是我国重要的粮棉产区、最大的畜牧业基地,而且也是中国重要的能源、原材料基地。其辐射面涉及东南西北,连接着11个省区的75个城市,14个自治州、570个县(市)。第二亚欧大陆桥由于分别与京沪、京广、京九、焦枝、宝成等南北铁路干线交会,是沟通中国大陆三大地带经济技术文化联系的重要纽带。第二亚欧大陆桥的运营,必然推动沿桥地区的发展,促进"沿桥经济带"的崛起,加强东中西部的交流与合作,加快中西部地区的发展,为缩小中西部地区的差距创造条件。

(3) 台、港、澳地区可以利用第二亚欧大陆桥加快对内地,特别是对中西部地区的产品市场的开拓和项目投资的扩大。第二亚欧大陆桥也为中西部地区乃至整个大陆地区发展对台贸易,扩大海峡两岸的经济贸易关系创造了条件。一旦两岸实现"直航",利用第二亚欧大陆桥,不仅两岸经济贸易往来便捷、迅速,经济联系和协作进一步加深,而且台湾可以进一步发展同欧洲、中亚、西亚以及其他地区的经济技术合作和贸易往来。

参考文献

[1] 黄枝连:"中华经济协作系统的历史背景",载刘融主编:《中华经济协作系统论》,香港三联书店(香港有限公司)1993年。

[2] 周述实:"中华经济圈一体化与沿桥经济带",载郭志仪主编:《第二亚欧大陆桥发展协作系统论》,甘肃文化出版社,1995年。

[3] 周起业等著:《区域经济学》,中国人民大学出版社,1989年。

[4] 李鹏:《关于制定国民经济和社会发展"九五"计划和2010年远景目标建议的说明》,本文引自《经济日报》1995年10月5日。

[5] 郭志仪:"第二亚欧大陆桥与中国的'沿桥经济带'发展战略",载郭志仪主编:《第二亚欧大陆桥发展协作系统论》,甘肃文化出版社,1995年。

本文曾在1998年5月香港中文大学出版社的《经济中华》(论文集)上发表。

西部大开发要注重无形资源开发和软件建设

西部大开发作为中国21世纪上半期发展的全局性战略，引起了国内外的高度关注。"十五"期间，是西部大开发战略的起步阶段。根据经济全球化、一体化的趋势和新经济的客观要求，我们认为，西部大开发在起步阶段，就要注重无形资源开发和软件建设，从增加人民收入，扩大消费放到全局战略的角度来考虑。

1. 从主要依靠有形资源（自然资源等物质资源）到依靠有形资源与无形资源（人力资源、技术资源等）并重，并尽可能地发挥无形资源的潜力

西部的大多数省区是我国的自然资源大省，长期以来一直在围绕自然资源做文章，这些省区也是我国21世纪的重要自然资源基地，发挥自然资源的优势，仍然是这些省区相当一段时期发展的必然选择之一。但是，如何使资源优势变成经济优势？这里有两个方面的问题需要思考。

首先，从世界各国经济发展的历史来看，在不同的经济发展阶段，所依赖的资源的内涵有很大的不同。在工业化的前期和中期，以自然资源为核心的物质资源、有形资源在经济发展中占有极为重要的地位；而在工业化的后期，信息时代和知识经济时代，自然资源在经济发展中的地位逐渐被人力资源、技术资源等无形资源所取代，后者的作用越来越大。近20年的统计资料显示，大多数以自然资源及原材料工业为主导产业的国家或地区，其发展速度基本上都落后于以人力资源、技术资源为主导产业的国家或地区。改革开放20年来，西部一些省区一直在围绕自然资源、原材料工业方面做文章，这些工业的产业链又一直无法延长，不能带动区域经济的发展。我们虽然仍处在工业化阶段，但信息时代、知识经济日益迫近，因此，在"十五"及其以后的开发建设中，应重新认识我们的资源优势以及如何选择主导产业。

其次，西部的资源优势曾对全国的发展起过重大作用，但是，西部的自然资源优势在本地区并没有转变为经济优势。如何把自然资源的优势变成经济优

势？就必须依靠人才，依靠技术，增强资源的综合利用程度和增强加工增值的能力。粗放经营的结果，不仅浪费资源，破坏环境，也不可能把资源优势变成经济优势。只有把自然资源同人力、技术资源有效地结合起来，并充分发挥人力、技术资源的作用，才有可能使自然资源的优势变成经济优势。

2. 硬件建设（或项目建设）与软件建设并重，并尽可能地重视软件建设

在计划经济和短缺经济的条件下，一个国家或地区的建设主要是硬件建设或项目建设，尽可能地生产出更多的产品，来满足社会的需求，这种选择与发展战略应该说是符合当时的发展需要的正确选择。但是在市场经济和过剩经济的条件下，情况恰恰相反，市场要把资源、生产要素配置到最有效益的地方，通过刺激需求来不断增加供给，保持经济的竞争力。也就是说，在前者条件下，是通过抑制需求来满足供给，而后者是通过刺激需求来增加供给。目前，大家一致认为，最有需求的部门或行业，首推教育，其次为公共卫生（包括医疗保健、计划生育等方面的服务）、科学研究与技术开发、网络建设、网络销售等这些公共行业。世界银行的资料显示，美国在包括所有公共行业在内的软件建设的投资高达82%，而我国只有50%左右。从教育来看，据统计资料，学龄儿童入学率，20世纪90年代以来，全国一直稳定在97.8%（1990年）至98.9%（1997年）的水平，而西部以甘肃省为例，1991年为94.5%，1997年为97.68%，比全国平均水平低3.3%~1.3%。据测算，儿童入学率每上升1%，人均国内生产总值就会提高0.35%~0.59%。全国初中毕业生升学率50.7%（1998年），而甘肃省省会城市兰州还达不到50%。高中毕业生升学率有的地方已达到1.5：1左右，而甘肃省为4：1左右。教育的落后，不仅使当前的经济发展受限，而且使未来的经济发展缺乏竞争力。从人口的出生率、自然增长率来看，西部绝大多数省区都高于全国的平均水平。据测算，出生率每下降1%，人均国内生产总值可提高0.3%~0.6%。这也就是说，当经济已进入今天这样的体制与环境条件下的时候，西部大开发在起步阶段的发展战略，就应该更多的关注软件建设。

3. 通过增加人民收入，扩大消费，改善人民生活水平来推动社会经济的持续发展

西部开发和经济增长的最终目的，是要让西部的人民富裕起来，老百姓的收入能够增加，生活水平能够得到改善。如何提高收入，改善人民的生活？在不同的体制和不同的经济条件下，有不同的发展思路。传统的思路是通过发展，通过国内生产总值的不断增长和增加积累，不断扩大生产来逐渐增加收入。而

在目前的条件下，我们认为应首先想尽一切办法提高人民的收入，这是因为在市场经济和相对过剩的经济环境下，经济的运作机理完全不同于传统的体制和环境，其特点分为以下四点。

（1）在一定的人口数量条件下，居民收入的高低，意味着消费能力的高低，而消费能力直接影响市场的规模和需求。

（2）收入的高低是导致人才、资本流动的最重要的因素之一，高收入地区具有对人才、资本的巨大吸引力，而低收入地区人才、资本却在加速流失。

（3）收入的高低，也是保护和改善生态环境、真正实行可持续发展的关键性因素，因为在一定的条件下，低收入居民为了解决温饱问题而不择手段，导致掠夺性开发和对生态环境的破坏。

（4）收入高低是能否真正降低人口增长、提高人口素质的最重要的条件之一。

分析改革开放以来西部地区的居民收入，可以看到在其绝对额大大提高的同时，相对量却不断下降，其"贫困高地"的效用不断强化。还以甘肃省为例，1980年，甘肃的城镇居民家庭平均每人年生活费收入为403元，在全国居第13位，相当于全国平均水平的91.7%，相当于广东的87.2%；到1998年，甘肃的城镇居民人均年生活费收入提高到4034.76元，在全国的位次下降到倒数第一（第31位），相当于全国平均水平的73.9%，广东的45.3%。农村居民家庭人均纯收入与城镇居民收入基本一致。从另一个角度看，即使在本地区，居民收入的增长速度低于国内生产总值的增长速度。甘肃从1978年到1995年，国内生产总值增长了3倍多，但城镇和农村居民的生活费收入只分别增长2.8倍和1.03倍。因此，在居民收入相对比重不断下降，人民生活相对贫困的情况下，一切力图缩小差距、加快发展的战略与思路都是空想。

4. 经济发展与生态环境保护并重，在发展中保护，在保护中发展

朱镕基总理提出，加强生态环境保护与建设是西部大开发的根本。20世纪80年代世界上提出可持续发展战略以来，中国是最早制订可持续发展国家计划《中国21世纪议程》的国家，全国各省区市也都已经制订了行动计划。我们一直在讲要防止走发达国家"先污染、后治理"的老路，但是真正要做到这一点，并不容易。在一个国家或地区还处在贫困状态时，它首先要解决的是温饱问题，温饱之后才能考虑后代人的利益。以甘肃省为例，目前有25度以上的坡耕地469万亩，年输黄河泥沙6亿吨左右，是生态环境问题最严重的省份之一。加强生态环境保护与建设，这涉及眼前与长远、局部与整体利益，如何处理好发展与保护的关系,如何使农民在退耕还林还草中有稳定的长久的口粮来源,如何通过种树种草使农民得到效益并脱贫致富?西部以传统农业为基础的欠发达地区,农村和农民的主要困难是缺粮、缺钱、缺燃料。从生态学的角度来讲,既要保护生态环境,又要发展经济,提高人民的收入,解决温饱问题,就必须做好以下三件事。

首先,增加种植业的投入,推广使用良种、地膜等新技术,稳定地解决农民的口粮问题。

其次,种树种草,发展养殖业(养牛、养羊、养鸡、养猪等)、林果业,开展多种经营,增加农民的收入。

最后,推广沼气、太阳能、煤、电等解决农民的能源问题。目前,国家已经提出具体措施,为退耕农民无偿提供粮食、树苗和现金补助。然而,从战略上来讲,这种补助(或者通过经济发展)只有解决了上述三个问题,农民才能自觉自愿去保护生态环境。因此,国家的补助要同发展经济结合起来,同农民的脱贫致富结合起来,农民不仅有粮吃,而且收入大大提高,能够使用清洁、高效、安全、卫生的能源。这样,就会使生态环境在经济发展过程中得到保护和改善,不是停止发展进行保护,也不是先发展后保护。

5. 均衡发展战略中的非均衡发展,集中力量(人力、财力、物力)发展能够带动西部地区全面起飞的重点地区、重点产业和重点设施

党中央、国务院实施的西部大开发战略,从一定程度上讲,是在全国范围内实施均衡发展战略的必然选择,其目标是使各地区都得到协调和均衡发展,各族人民都能共同富裕。然而,西部地区(包括广西和内蒙古在内)的面积占全国的60%以上,不可能在同一时间、在相同的条件下达到同样的发展水平,同样也有一个先富后富的问题。因此,在西部大开发的起步阶段,就必须选择能够带动西部地区全面起飞的重点地区、重点产业和重点设施,集中力量,优先开发,使这些地区、产业和设施,成为西部地区的"增长级""辐射源"和"起跳板"。就目前西部地区的情况而言,首先,是优先发展西部地区的大中城市,大大加强它们作为区域增长中心的作用,特别是重庆、成都、西安、兰州、乌鲁木齐、昆明等特大城市和省会城市,以及交通沿线的大中城市,带动区域社会经济的发展。其次,是优先发展交通、电力、邮电、通信、水利等基础设施和教育、科研与技术开发、卫生保健、计划生育等公共部门,作为带动西部开发的"起跳板"。最后,大力投资和发展西部地区的特色产业、大规模改造和提升资源和原材料产业以及具有相对优势的高技术产业,特色产业和高技术产

业的发展以及传统的资源和原材料产业的大规模改造,真正使西部的资源优势变成经济优势。

综上所述,我们认为在西部大开发中,像甘肃这样西部地区的战略取向应实现从"以物为本"到"以人为本"的转变。这种战略性的调整与转变不仅是市场经济的客观要求,而且也是国民经济进入相对过剩阶段的必然选择。

本文曾在2001年第1期《西北人口》杂志上发表。

西部地区的区域发展与生态环境的制约
——以甘肃省"两西地区"为例

中国的西部开发不仅要使西部地区在宏观战略目标规定的时间内使西部地区能够达到全国平均的发展水平,而且很重要的一条是要使西部地区能够实现可持续发展。甘肃省的"两西地区"(特别是定西地区)曾经因贫困而闻名于世。通过政府大范围实行扶贫开发和商品粮基地建设,"两西地区"的面貌已经发生了很大的变化。但是,像"两西地区"这样的区域的进一步发展受到生态环境因素的严重限制。因此,类似甘肃"两西地区"这样的西部地区,区域的发展必须要从长计议,最终要实现可持续发展。这样,生态环境的建设就必须放到举足轻重的地位。本文以甘肃"两西地区"为例,论述西部地区的区域发展与生态环境的制约,提出生态环境建设的重要性。

1. 甘肃省"两西地区"是中国政府大范围实行扶贫开发和商品粮基地建设的开端

1982年12月,国务院决定对以甘肃定西为代表的中部干旱地区和河西地区以及宁夏西海固地区实施"三西农业建设计划",专项拨款20亿元(每年2亿元),建设期10年。提出的目标是"三年停止破坏,五年解决温饱,两年巩固提高"。甘肃省的"两西地区"缘起于此。"两西地区"也成为中国政府最早开始实行扶贫开发的特定区域。在实施过程中,制定了"兴河西之利,济中部之贫"的"两西"发展战略,取得了良好的效果。1992年国务院为支持"三西地区"的进一步发展,决定将"三西农业建设计划"再延长10年,提出重点解决好"两个稳定"的问题,即稳定解决贫困农户经济来源,稳定解决多数贫困农户的温饱问题。1999年经验收,"三西地区"已经从整体上解决了温饱问题。

"三西农业建设计划"是国家在大范围实行扶贫开发和商品粮基地建设的开端,是甘肃经济建设特别是农业建设的重大转折。列入"三西农业建设计划"的河西地区,由于生产条件相对较好,其目标是要建设成为甘肃省乃至全国重要的商品粮生产基地,以定西为代表的中部19个干旱半干旱县区,主要是扶贫。在20世纪80年代初期，甘肃农村的贫困面高达75%，把以定西为代表的最贫困的19个县区列入"三西农业建设计划"，通过开发式扶贫，解决农民的温饱问题，对于普遍贫困的甘肃农村以及西部类似地区的脱贫都有重要意义。

表1 列入"两西"建设的县区及其分布

	河西地区（共20个县市区）	以定西为代表的中部地区（19个县区）	
酒泉地区	酒泉市、玉门市、敦煌市、金塔县、安西县、肃北县、阿克塞县	兰州市	永登县、皋兰县、榆中县
		白银市	会宁县、靖远县、景泰县、白银区、平川区
张掖地区	张掖市、肃南县、民乐县、临泽县、高台县、山丹县	定西地区	安定区、通渭县、陇西县、临洮县
		天水市	秦安县
武威地区	武威市、民勤县、天祝县、古浪县	平凉地区	静宁县、庄浪县
金昌市	永昌县、金川区	庆阳地区	华池县、环县
嘉峪关市	嘉峪关市	临夏州	永靖县、东乡县

经过近20年的艰苦奋斗，"两西"建设取得了巨大的成就，"两个稳定"的问题已初步得到解决，"两西地区"的面貌发生了根本性的变化。定西以中国最贫困的地区实现整体脱贫，河西走廊以中国重要的商品粮及其他农产品生产基地闻名于世。"两西地区"不仅在甘肃省的社会经济发展中具有重要的地位和作用，而且得到全国乃至世界的关注。但是，问题的另一面是"两西地区"的农业和农村经济发展正面临生态环境恶化和产业结构不合理的严峻挑战，这在半干旱地区和绿洲地区的经济发展中具有广泛的代表性。因此，在"十五"乃至更长的时期，"两西地区"的社会经济如何在新的基础上实现持续快速发展，不仅对本地区和甘肃省意义重大，而且对全国和世界的同类地区也将产生积极影响。

2. 我国农业、农村发展的新阶段对"两西地区"的发展提出了新的要求

通过"三西农业建设计划""两西地区"虽然有了很大的发展，但是，中国的农业、农村发展已经进入了一个新的历史阶段。21世纪的中国农业，面对着加入WTO和经济全球化的巨大挑战，面对着发达国家和一些发展中国家高效率、低成本、产业化、集约化的激烈竞争。21世纪的中国农村，是要由全面建设小康社会到实现工业化、现代化的根本性转变。"两西地区"的农业，不仅面

临着同国内其他地区发展差距拉大的压力,也面临着经济全球化的激烈竞争。"两西地区"的农村在不同的层次上要全面建设小康社会,进而在21世纪中叶基本实现工业化、现代化。就目前的状况来看,"两西地区"的农业主要还是传统农业,市场化程度、产业化水平仍然不高,还难以融入经济全球化和一体化的潮流之中,离现代化农业的要求还有相当距离。"两西地区"的农村,要全面建设小康社会,进而在21世纪中叶基本实现工业化、现代化,任务还十分艰巨。

根据国家统计局的跟踪研究,1999年,甘肃是七个小康水平实现程度不到80%的西部省区之一。农民人均纯收入是农村能否实现小康的最重要的标志,它与物质生活、精神生活、人口素质和其他指标有很高的相关性。按照国家统计局的测算,1999年我国农村居民人均纯收入为1044元(按照1990年不变价),小康实现程度为87%(加权以后为82.4%)。以此推算,"两西地区"的小康实现程度如表2所示。以农民人均纯收入衡量的"两西地区"小康实现程度,河西地区的酒泉和张掖已经超过全国的平均水平,也超过了东部地区的平均水平,达到了小康标准。武威地区虽然比甘肃省的平均水平高出19.69%,但低于全国13.69%,也低于中部地区5.56%。定西地区比全省平均水平低7.02%,比西部地区的平均水平低9.07%(嘉峪关和金昌市缺乏可比性,不再说明)。从表2的数字中可以看出,酒泉地区的农民人均纯收入和人均国内生产总值均实现了小康,张掖仅农民人均纯收入实现了小康,而武威和定西两项指标均未达标,定西的差距还很大。就河西地区而言,物质生活的某些指标、人口素质、生活环境等指标仍有差距。可以说,"两西地区"特别是定西地区离全面建设小康社会进而基本实现工业化、现代化的长远目标还相去甚远。改善生产条件,恢复生态环境,从战略上调整经济结构,全面实现小康社会,时间紧迫,任务繁重。

3."两西地区"的进一步发展受到生态环境系统脆弱的严重制约

甘肃省是我国生态环境最为脆弱的省区之一,而"两西地区"又是甘肃省生态环境问题最为突出的地区。自然因素和人为因素共同作用,使"两西地区"生态环境问题相当严重。根据对生态环境脆弱性评价的有关指标,"两西地区"的突出表现在以下四点。

第一,干旱缺水是"两西地区"生态脆弱的最突出表现。"两西地区"的水资源贫乏(见表3)时空分布不均、供需矛盾突出。归纳起来主要有以下三个特点。

(1)年内分配不均,与农作物生长需水季节不相适应。全省七、八、九月三个月的来水量占全年径流量的60%~70%，且多为暴雨洪水，绝大部分水量难以利用。而五、六月份农业灌溉临界期，灌溉用水量占全年灌溉用水量的40%以上，而天然来水量只有年来水量的20%左右。河西内陆河流域五、六月份灌溉临界期时，天然来水量占年径流量的15%~25%，而同期的灌水量占年灌溉水量的35%。

（2）年际变化大，越是干旱缺水的地区，径流的年际变化越大，对水资源开发利用很不利。河西内陆河的河川径流量年际变化虽不太大，但常伴有持续较长的连续枯水年发生。

表2　1999年以农民人均纯收入和人均国内生产总值衡量的"两西地区"小康实现程度

地区	农村居民人均收入（1990年不变价）		人均国内生产总值（1990年不变价）	
	小康标准1200元	实现程度（%）	小康标准2500元	实现程度（%）
全国平均	1044.00	87.00	3086.17	123.44
东部地区	1170.36	97.53	——	——
中部地区	944.04	78.67	——	——
西部地区	665.64	55.47	——	——
甘肃省	667.35	55.60	1732.48	69.29
嘉峪关市	1414.09	117.84	5523.07	220.92
金昌市	1230.72	102.56	3328.29	133.13
酒泉地区	1386.67	115.55	3454.11	138.16
张掖地区	1302.57	108.54	2218.04	88.72
武威地区	877.32	73.11	1467.51	58.70
定西地区	556.83	46.40	648.50	25.94

注：按照国家统计局的有关方法测算。

资料来源：①《经济日报》2000年12月4日；②《2000年中国统计年鉴》，中国统计出版社；③《2000年甘肃年鉴》，中国统计出版社。

（3）地区分布不均。河西地区土地辽阔，地势平坦，气候干旱，自产水资源只占全省的21%，但土地面积却占全省的约60%，缺水严重。中部地区干旱，水少地多，水低地高，水资源开发利用难度大，集中了全省26%的耕地和21%的人口，而自产水资源仅占全省自产水资源的6%。

表3 "两西地区"水资源总量表（单位：亿立方米）

行政分区	水资源总量	地表水资源			纯地下水资源
^	^	总量	入境水资源	河川径流	^
甘肃省	584.77	576.04	289.83	286.21	8.73
"两西地区"	121.55	115.06	37.71	77.35	6.49
"两西地区"占全省的比重（%）	20.79	19.97	13.01	27.03	74.34
河西地区	102.77	97.90	37.65	60.25	4.87
占"两西地区"的比重（%）	84.55	85.08	99.83	77.90	75.04
中部地区	18.79	17.17	0.07	17.10	1.62
占"两西地区"的比重（%）	15.46	14.92	0.17	22.11	24.96

干旱缺水，既是"两西地区"生态环境脆弱的突出表现，也是造成"两西地区"生态环境脆弱的主要因素之一。

第二，侵蚀剧烈，水土流失和风沙危害严重。甘肃省是水土流失最严重的省区，水土流失面积为38.9万平方千米，占全省土地总面积的85.63%，其中水力侵蚀面积14.8万平方千米，占全省总面积的32.6%；风力侵蚀面积22.36万平方千米，占土地总面积的49.1%。按流域划分，黄河流域水力侵蚀面积11.13万平方千米，占黄河流域总面积的76.8%；长江流域水力侵蚀面积1.8万平方千米，占长江流域总面积的47.23%；内陆河流域水力侵蚀面积1.86万平方千米，占内陆河流域总面积的6.89%；风力侵蚀及融冻24.11万平方千米，占内陆河总面积的89%（见表4）。

以定西为代表的中部地区和河西地区是甘肃省乃至全国水力侵蚀和风力侵蚀最严重地区之一（见表5）。中部地区的侵蚀形式主要以面蚀、沟蚀等水力侵蚀为主，而面蚀、沟蚀又主要发生在坡面。以坡耕地最为严重。据测算，每年每亩流失水量为38立方米左右，流失表土4~8吨，最严重的超过10吨。定西地区的水土流失面积占总面积的85%。多年平均侵蚀模数为6062吨/平方千米，严重的地方达到12000吨/平方千米以上，年侵蚀总量10140万吨，年均流失泥沙8786万吨，占全省流入黄河泥沙总量5.04亿吨的17.4%，占黄河年输沙量的5.5%。

表4 甘肃省水土流失情况表

流域	类型	面积（万平方千米）	占全省总面积的比例（%）	备注
	水土流失	38.90	85.63	其他侵蚀为重力、泥石流、融冻等侵蚀。
	水力侵蚀	14.80	32.60	
	风力侵蚀	22.36	49.10	
	其他侵蚀	1.74	3.98	
黄河流域	水力侵蚀	11.13	76.80	占流域总面积
长江流域	水力侵蚀	1.80	47.23	占流域总面积，内陆河流域主要为风力侵蚀，水力侵蚀主要发生在祁连山中、东段一带的丘陵地区。
内陆河流域	水力侵蚀	1.86	6.89	
	风力等侵蚀	24.11	89.00	

资料来源：《甘肃省水土流失防治规划》

表5 "两西地区"土壤侵蚀情况（单位：平方千米）

地区	土地总面积	土地侵蚀面积	%	水力侵蚀	%	风力侵蚀	%
甘肃省	454403	389125	85.63	148487	38.16	223638	57.47
兰州市	134558	13056	96.30	13056	100	——	
白银市	20015	19943	99.60	19943	100	——	
嘉峪关	1298	1298	100	——		1298	100
金昌市	7539	6885.20	91.30	——		6885.20	100
定西地区	19621	16971	86.50	16971	100	——	
武威地区	33238	28615	86.10	3286.30	11.40	25347	88.60
张掖地区	40934	34798.40	85.40	13607.90	39.10	21190.50	61.90
酒泉地区	191076	189697.80	99.30	21780	11.50	167917.80	88.50

资料来源：《甘肃国土资源》，甘肃省计划委员会编，甘肃科学技术出版社。

河西地区主要是风力侵蚀，风沙危害严重。河西地区的沙漠及沙漠化土地约 3.06 万平方千米，其中属各地质时期形成的沙漠 1.74 万平方千米，属人类社会各历史时期人为活动影响所形成的沙漠化土地 1.32 万平方千米，占 20 个县市区总面积的 11%，整个沙漠及沙漠化土地分布如表 6 所示。沙尘暴是复杂的气象条件和荒漠化产生的直接结果，据统计，河西地区严重的沙尘暴在 20 世纪 50 年代发生 4 次，20 世纪 60 年代发生 7 次，20 世纪 70 年代发生 13 次，20 世纪 80 年代发生 11 次，而 1990—1995 年就发生 11 次。根据兰州市气象局提供的资料，兰州市从 1985 年至 1999 年的 15 年间，沙尘天气就有 353 天。也就是说每 15 天就有一天是沙尘天气。而沙尘天气主要集中在天气干燥，降水稀少，大风较多的 3—5 月。

表 6 河西地区沙漠及沙漠化土地分布情况表

分布流域	面积（平方千米）	比重（%）
石羊河流域	1.18	38.56
黑河流域	0.19	6.21
疏勒河流域	1.69	55.23

资料来源：甘肃省国土整治农业区划研究所：《甘肃省石羊河流域农业产业开发与沙区环境协调发展研究》。

第三，人口密度增加，人为因素导致环境更加脆弱。1978 年联合国沙漠化会议提出，干旱半干旱地区人口密度的临界指标分别为 7 人/平方千米和 20 人/平方千米，而"两西地区"除酒泉以外，其他地区已经数倍与这一临界指标（见表 7）。

人口过度增长，人口密度不断增大，人口压力使得过度垦殖，过度放牧，乱砍滥伐，植被减少，荒漠化加剧。根据有关资料，河西地区人为因素造成的沙质荒漠化如表 8 所示。

表 7 "两西"部分地区人口密度变化情况（单位：人/平方千米）

地区	1953 年	1964 年	1982 年	1990 年	1999 年
酒泉	2.03	2.85	3.94	4.31	4.75
张掖	15.26	16.29	24.90	28.13	30.79
武威	31.06	33.03	49.54	50.22	57.21
定西	74.99	83.76	135.99	140.99	148.01

表8 人为因素造成的河西荒漠化土地比例

成因类型	占风力作用下沙质荒漠化土地的（%）
过度放牧	30.1
过度农垦	26.9
过度樵采	32.7
水资源利用不当	9.6
工矿交通建设中不注意环境保护	0.7

第四，林地覆盖率、植被盖度低，使生态系统的稳定性进一步降低。目前"两西地区"的林地覆盖率分别为7.16%和2.2%，植被盖度和人均林木蓄积量都比较低，抗御暴雨的冲击力弱，加剧了水土的流失，使生态系统的稳定性进一步降低，脆弱程度进一步加剧。

总之，生态环境的脆弱是"两西"区域可持续发展的最大制约因素，必须把生态环境建设作为区域可持续发展的根本基础，依靠创新和技术进步，实现区域内资源、环境、人口与经济社会的协调与可持续发展。

4. "两西地区"在生态环境建设和产业结构调整方面要有新的突破

"两西地区"的生态环境建设不仅是自身发展的需要，也是西部大开发战略的客观要求。如前所述，西部地区的生态环境问题不仅涉及自身的可持续发展，而且危及整个社会和国民经济的可持续发展；西部地区产业发育程度低，是经济发展滞后的重要原因，也是造成生态环境进一步恶化的重要原因。产业结构的调整，是西部地区经济发展的主线，也是缓和生态压力的迫切需要。党中央、国务院把生态环境保护和建设、产业结构调整作为西部大开发的几项重点任务之一，不仅具有重要的现实意义，而且具有长远的战略意义。

然而，"两西地区"生态环境建设和产业结构调整，必须有新的突破，做到三个结合。

第一，要研究解决"两西"这样的生态环境脆弱地区，如何把生态环境建设的长远利益与农民脱贫致富的眼前利益结合起来。如果不解决农民脱贫致富的眼前利益，就无法消除导致生态破坏的内在动力，生态环境建设和可持续发展就是一句空话。

第二，要研究解决一个较大区域乃至国家的可持续发展如何同当地目前的发展相协调的问题。如果把国家作为一个整体，西部作为一个大的局部，那么定西、河西就是一个小的局部（或者个体）。如果说国家、西部要考虑可持续发展，实行可持续发展战略，那么定西地区（河西地区也基本如此）目前更迫切的是发展经济，稳定解决温饱，基本实现小康。在不同的发展层次上，如何做到可持续发展，这是目前需要解决的迫切问题。

最后，要研究解决如何把生态环境建设与发展特色产业有机地结合在一起的问题。发展特色产业和特色产品，是在市场经济条件下，特别是在产品过剩条件下，各地区发挥比较优势和竞争优势的必然选择。但是在生态脆弱地区，要把发展特色产业与生态环境建设有机地结合在一起。发展特色产业不仅使农民得到收入，也使生态建设达到一个新的层次。只有这样，产业结构的调整才能与生态建设的长远目标一致起来。

本文曾在 2003 年第 3 期《西北人口》杂志上发表。

我国工业化过程中的区域发展模式比较

传统理论把一个国家或区域的经济发展，看成主要是资本、技术和劳动投入的结果。然而历史已经证明，一个国家或区域的发展，虽然需要资本、技术和劳动的投入，但是，并不是一个由资本、技术和劳动推动的简单过程，而是由经济—社会—技术结合在一起的综合作用的复杂过程。同时，一个国家或区域的经济发展，也不能够完全归结于制度变迁，而包括制度环境、设施环境、资源环境在内的创新环境，是一个国家或区域发展的关键。今天，当经济全球化和知识经济在推动资源全球流动的同时，并没有使区域经济发展完全趋同，相反区域特性更加明显。在新的全球化背景下，区域发展必须不断创新环境，与全球化的分工格局相适应。我国工业化、现代化过程中的几种典型模式在很大程度上是不断创新环境，适应全球化分工格局的必然结果。

一、我国工业化过程中典型的区域发展模式比较

改革开放以来，在我国经济社会发展最快的东部沿海地区，先后出现了工业化、现代化的三种不同模式，这就是"珠江三角洲模式""苏南模式"和"温州模式"。这三种模式不仅推动了本地区的农村工业化和现代化，而且在相当一段时期内，成为我国工业化、现代化的典范。然而，这三种模式产生的背景、经济主体、运作机制都有很大不同。

1. 以引进外资和发展外向型经济为主的"珠江三角洲模式"

"珠江三角洲模式"是得益于大规模引进香港等地的外资，以发展外资企业和中外合资企业为主体的出口导向型经济模式。其突出的特点表现在以下三个方面。

第一，毗邻香港的地理位置是"珠江三角洲模式"得以存在和发展的基本前提。改革开放以来，"珠江三角洲模式"的出现和发展，是以深圳毗邻香港的地理位置为条件，以经济特区的建立为起点，而深圳经济特区的建立和深圳市的崛起，是我国改革开放最成功的典范。

第二，经济特区的特殊政策红利推动了"珠江三角洲模式"的崛起。1978年年底，党的十一届三中全会吹响了改革开放的号角，当时国务院提出把广东省的宝安县（目前的深圳）建成农工结合的商品生产基地和吸引港澳游客观光的现代化城市。1980年8月在五届人大常委会上通过决议，成立深圳、珠海、汕头三个经济特区，不久又增设了厦门经济特区。中央把特区，特别是深圳特区作为改革开放的窗口、体制改革的试验场和衔接香港的桥梁，给予特殊的政策，使深圳毗邻香港地理位置的优势，迅速转变为一种巨大的经济势能，深圳在较短的时间里，发展成为实力最雄厚的经济特区，成为在我国省会城市和计划单列城市中经济实力名列前茅的大都市。随着深圳特区经济的迅速发展和深圳市的迅速崛起，产业链的延伸，整个珠江三角洲地区便成为香港和深圳两市的生产基地，"前店后厂"成为这一区域的普遍现象。以深圳为"龙头"的区域极化效应和扩展效应，是"珠江三角洲模式"的基本动力。

多年来，深圳的发展从理论上讲，具有三种功能：一是接受香港包括世界其他地区高经济势能地区的资金、技术、管理等方面的辐射和扩展功能；二是吸引国内其他低经济势能地区的资金、技术、人才等要素的极化功能；三是迅速向珠江三角洲地区扩展、扩散的功能。这三种功能和效应在较短时期内相互发生作用的结果，便出现了"珠江三角洲的奇迹"。

第三，以出口导向和发展外向型经济为主，是"珠江三角洲模式"的基本战略。"珠江三角洲模式"充分利用了毗邻香港的优越地理位置，以出口导向和发展外向型经济为主，使珠江三角洲地区成为我国开放度最高的地区，也成为重要的世界制造业基地之一。

2. 以在农村发展乡镇企业和非农产业为主的"苏南模式"

"苏南模式"诞生在我国传统经济最发达、城市密集度最高的江南水乡，与"珠江三角洲模式"不同，"苏南模式"是一种依靠内向型经济起步，即经济增长的主要动力，包括生产要素的聚集、产品市场的获得，主要是依靠地域内部和国内市场，其外向性是在区域内部和国内市场发展壮大之后的必然结果。

"苏南模式"是通过发展乡镇企业和非农产业，推动农村的工业化和城市化，进而带动区域经济的迅速发展。乡镇企业的发展是这一模式起步的基础，也是这一模式的核心和主体。"苏南模式"中乡镇企业的发展，是为大中城市的工业配套和拾遗补缺起步，逐步推动这一区域的经济结构调整、升级和优化而实行大规模的产权制度改革和大规模引进外资，发展园区经济，改变了传统的"苏南模式"，使其具有了新的含义，也使区域发展迈上了新的台阶。

3. 以发展个体、私营经济为基础的"温州模式"

"温州模式"与"珠江三角洲模式"和"苏南模式"都不一样，是一个自下而上由农民自发推动的、以发展个体和私营经济为主体、以发展小商品起步的发展模式，其特点是与发展乡镇企业起家的"苏南模式"不同，"温州模式"的发动者和创业者是千千万万的农民，农民办企业，经营企业，承担风险，个体和私营经济的发展是"温州模式"的核心和主体。与"珠江三角洲模式"和"苏南模式"不同，温州既没有毗邻香港的地理优势，又不在城市密集，交通发达的江南水乡。温州远在浙江南部山区丘陵地带，交通闭塞，资源缺乏。与内地相比，唯一的优势是沿海，但又远离经济中心，发展经济的优势不多。温州不贪大求洋，从日用小商品起步，发展劳动密集型产品，把小商品做大，把小企业做大做强，以小商品为主的主导产业和主导产品逐渐占领了国内外相当大的市场份额，使温州本身在一定程度具有一定的品牌效应，这是"温州模式"的突出特点。

二、三种区域发展模式产生的必然性和偶然性

我国工业化、现代化过程中这三种模式的产生与发展，既有客观的必然性，也不排除一定的偶然性。客观的必然性表现在以下三点。

一是改革开放和发展市场经济这种制度安排的必然产物。在改革开放以前的计划经济体制下，我国经济发展的总体战略是"均衡配置、均衡发展"，力图在各地都建立完整的、自成体系的经济结构，通过高度集中的计划体系，把极其有限的资源"撒胡椒面"式分配到了全国各地。这种违背经济发展规律的计划安排，导致了低层次的结构趋同和大量的重复建设，降低了国民经济的整体效益。改革开放以后，国家经济发展战略方针的转变，邓小平同志让一部分地区、一部分人先富起来的思想以及对东部沿海地区实行的一系列优惠政策和制度安排，使沿海地区有了迅速发展的制度条件和基本前提。因此，沿海地区的率先起飞成为历史的必然。

二是特殊的区位与环境为上述模式，特别是"珠江三角洲模式"和"苏南模式"的产生和发展提供了基本前提。正如上文所指出的那样，毗邻香港的地理位置是"珠江三角洲模式"得以存在和发展的基本前提，而大规模引进香港等地的外资，以外资企业和中外合资企业为主体的出口导向型经济是"珠江三角洲模式"的核心。而"苏南模式"诞生在我国经济最发达、城市密集度最高的江南水乡，为大中城市工业配套和拾遗补缺的乡镇企业的发展，曾经是这一模式的核心和主体。"温州模式"有一定的特殊性，但是海洋文化的开放意识和善于经商的历史传统,也是其他地区特别是内地难以比拟的区位和环境优势。

三是经济全球化、世界经济结构调整和产业转移的必然趋势。前面两点说明了三种模式产生和发展的自身基础和国内条件,而三种模式产生和发展有其更为广阔的背景,那就是经济的全球化、世界经济的结构调整和发达国家和地区的产业转移。经济的全球化是生产社会化的必然结果,经济的全球化更多地体现在那些发达国家,特别是发达国家的跨国公司整合全球资源进行生产和销售,使发展中国家也成为这些跨国公司全球生产和销售体系中的某一个环节。第二次世界大战,特别是从20世纪六七十年代以来,这种全球化带来的世界经济结构调整以及发达国家劳动密集型和低端、较低端产业的转移一直在进行,包括我国香港和台湾在内的亚洲"四小龙"就捷足先登,抢占了先机,成为第二次世界大战后世界经济结构调整和产业转移的较早受益者。而地处东南沿海地区的珠三角、长三角包括温州,由于改革开放为其提供了参与经济全球化的制度环境,抓住了又一轮世界经济结构调整、发达国家和地区产业转移的契机,在我国沿海地区率先起飞,成为我国工业化、现代化过程中的典型。

但是,与区域发展的必然性相对应,三种模式的产生以及所选择的发展方向或产业类型又有一定的偶然性。为什么具有同样或类似区位条件和制度环境的沿海其他地区没有形成这样的产业优势和具有竞争力的行业,而没有任何优势自然资源的这些地区,却产生了具有世界性竞争力的行业?我们认为,正如美国经济学家克鲁格曼所指出的,初始的优势因路径依赖而被延续和放大,并产生锁定效应。某一种产品和产业最初在一个地区的落户和发展,确实具有一定的偶然性,比如纽扣在温州的发展,玩具和电子产业在珠江三角洲的发展。但是,一旦这种偶然落户的产业产生了良好的效益,具备了某种优势,就会产生所谓"路径依赖",同时,这种初始优势因"路径依赖"而被延续和放大,成为工业化过程中的典型。但是,我们应该看到,这种偶然性是建立在必然性的基础上,是在必然性的大前提下的偶然性。在一个不具备特别自然资源优势的地区,仍然有可能产生具有竞争力的行业。这种情况出现的原因是各种资源在经济发展中的重要性发生了变化,自然资源的重要性在下降,而知识、技术、人才的占有和应用能力、环境的适宜性,特别是制度、文化、历史传统、社会资本等非物质因素,成为新的更为重要的区位因素或者叫作环境条件。

三、区域经济发展与区域模式创新

初始的优势产生了极化效应,而因"路径依赖"使那些率先发展起来的地区产生了"滚雪球"的现象,出现了各具特色的区域发展模式。这些区域发展模式最突出的表现就是区域经济的迅速增长和社会经济的迅速变化，这对于处在不同阶段的其他地区都产生了强烈的示范效应。我们以珠三角的东莞、长三角的苏州和浙南的温州为例，探讨三种发展模式的经济效应及其创新过程。

东莞是在改革开放大潮中崛起的新兴工业城市，1985年9月撤县设市，1988年1月升格为地级市。全市陆地面积只有2465平方千米，户籍人口156万人，外来暂住人口近500万人。改革开放以来，东莞因地制宜，走出了一条以"三来一补"起步，以加工贸易为切入点参与国际分工，以经济全球化带动农村工业化和城市化的发展道路。在短短的20多年，东莞就完成了西方发达国家曾用100多年、亚洲"四小龙"曾用40多年才完成的工业化，迅速从一个农业县发展成为一个以国际加工制造业闻名的新兴城市，创造出令世人瞩目的"东莞奇迹"。目前已有世界多个国家和地区在东莞投资，兴办了14000多家外资企业，累计利用外资170多亿美元，已基本形成覆盖全球的市场网络和参与国际市场大循环的格局。世界100强工业企业有12家，500强企业有33家，跨国公司有124家，境外上市公司有近800家在东莞投资办厂。东莞已成为国际性的加工制造业基地，尤其是全球重要的电脑及周边产品生产基地。一批IT产品占据了世界市场20%~40%的份额，全市电脑零部件综合配套率达到95%。在IT界享有"无论你在哪里下订单，都在东莞制造"的美誉，也有"东莞塞车，世界缺货"的说法。

外向型经济是东莞发展的特色与优势，紧紧抓住国际资本和产业转移的机遇，充分发挥地缘、人缘优势，不断为外向型经济的发展创造基础设施环境、制度环境和资源环境，使其外向型经济发展模式不断跃上新的台阶。正是这种不断创新，才使东莞成为今天国际性加工制造业基地，特别是IT产业的重要制造基地。

20世纪90年代中期，苏南乡镇集体企业普遍实施了产权制度改革，这一改革意味着"苏南模式"的大规模创新和传统"苏南模式"的终结。面临着世界产业逐步向中国大陆进行战略转移的新浪潮，苏州是最具接受潜力的地区。它地处长三角中心，具有拓展国内市场的战略地位。同时，毗邻上海，物流路径短，金融融资渠道多，为产业迅速发展提供了良好的条件。多年国有经济和乡镇企业的发展，培育了一批素质较高的产业工人。"强势"政府的"强力"招商等，铸就了苏州外资经济迅速崛起的客观条件。如果说东莞从改革开放一开始就全力发展外向型经济的话，那么20世纪90年代下半期以来，苏州外向型经济的发展是在更高层次上接受国际资本和产业转移的开始，也是"苏南模式"从乡镇企业走向外向经济的开端。而在这一转折过程中，苏州进行大规模的硬件设施建设，以及从制度条件、法律保证、经营文化等在内的制度环境和从人才、技术、资金等在内的资源环境建设这种全方位的创新环境建设，使以苏州为代表的"苏南模式"实现了脱胎换骨的转变。同时，今天"苏南模式"中的苏州，在创新环境建设中一个突出的特点是工业园区的建设。

国内外关于产业集群的研究表明，集群内部的协同效应和自强化机制极大地提升了产业竞争力，从而促进了区域经济的快速发展。而基于产业集群协同效应的工业园区更具有显著的竞争优势。2003年，苏州工业园区规模以上工业企业高新技术产业产值和销售分别占全市总量的25.65%和27.26%，高新技术产业出口交货值占全市的比重达到28.5%。同时，2003年园区规模以上工业企业实现电子信息产业产值441亿元，占全市的28.16%。目前，园区已集聚美国安德鲁、方正科技、中化国际等国内外知名企业设立的研发类机构近30家，其中包括由日本松下电器、美国艾默生电机、韩国三星半导体、德国英飞凌信息资讯等著名跨国公司独立注册的4家研发中心，初步形成了研发类项目的集聚发展之势，区域科技创新能力得到不断增强。

根植于个体、私营经济基础上的"温州模式"自始至终是我国民营经济的典范。"温州模式"的创新突出表现在从上到下、从宏观到微观、从制度到资源环境的整个创新环境建设上。首先，从宏观角度看，政府为民营经济的发展不断提供制度和法律保证。改革开放以来，温州市先后出台了一系列有关促进民营经济发展的政策。全国第一个私营地方行政性法规、第一个股份合作制经济地方行政性法规都出自温州。党的十五大以后，温州进一步解放思想，坚持以"三个有利于"为标准，对发展非公有制经济提出"四个不限""六个平等"，即不限发展比例、不限发展速度、不限经营方式、不限经营规模；登记申报平等、收费标准平等、税负平等、金融贷款平等、市场准入平等、部门服务平等。其次，从微观方面看，企业家和企业的不断创新，是"温州模式"一直具有示范效应的根本所在。温州的企业家本身具有很强的创新意识，温州民营企业的经营机制一开始就是按市场导向运作的，它们并不是停留在原有的企业形态上，而是在每一个发展阶段，都能根据市场发展的不同要求对企业的组织结构、规模、技术、品牌等不断进行创新、调整，不断提升企业管理和经营水平，使之适应持续发展的要求。温州民营企业从20世纪80年代初的家庭工厂到20世纪90年代中期的股份合作制再到现在规范的股份制，不断的企业制度创新与管理创新保证了企业的持续发展。最后，温州的行业协会、商会发挥着中间层次的作用，在代表行业的整体利益，协调行业内外的各种经济社会关系时，起到了举足轻重的作用。

改革开放 20 多年来,温州从一个较为贫穷落后、远离经济中心的边缘地区,一举成为充满活力、令世人瞩目的世界"轻工城",经济发展的速度令人震惊。最近 10 多年来,国内生产总值的平均增速接近 18%,远远超过国家同期的经济增长速度(见表1)。

上述这三种模式可以说是推动和支撑我国沿海地区经济高速度发展的典型模式。正是这些模式的示范作用,使长三角、珠三角以及沿海一些地区不仅成为我国实现前两步战略目标的重要支柱,也成为目前世界重要的制造业基地之一。从三种模式的比较中,可以看出以下五点。

第一,因地制宜,发挥比较优势,是选择适合本地区发展模式的基本前提。从三种模式可以看出,即使在同一类型的地区,区位和资源禀赋的差异,也会导致发展的多样性和明显的差别性。其发展模式和发展战略也有很大不同。而这种差异是各地区因地制宜,发挥比较优势的必然结果。因此,在工业化、现代化的进程中,有必要学习和借鉴发达国家、发达地区的成功经验,但不能照搬照抄,必须根据本地区的实际,探索出适合自己的发展模式和发展战略。

第二,遵循工业化的一般规律与本地区的特殊情况相结合。这三种发展模式遵循了工业化过程的一般规律,首先是从加工组装的轻工业和劳动密集型产业起步,为工业化、现代化积累资金,逐步提升产业结构,向高加工度化和资本资料产业发展。但是,"珠江三角洲模式"并没有局限于工业化的一般规律,它不仅用较短的时间完成了"霍夫曼定理"所描述的由消费资料产业为主向资本资料产业为主的转变,而且跨越进口替代直接进入出口导向阶段,高度的外向化使其与世界市场的联系密切,比我国其他地区提前与世界市场接轨,外向型经济是推动这一地区发展的根本动力。目前,以深圳为"龙头"的珠江三角洲地区,已经成为我国创新能力最强的地区之一,高新技术产品的进出口额占全国的 40% 左右,其中高新技术产品的出口额占全国的近一半。以上海、苏州为中心的长三角地区更是后来居上,电子产业和重化工业的发展成为这一地区的最显著的特点。而温州虽然一直以轻工业为主,但已经发展成为世界的"轻工城",皮鞋、服装、打火机、眼镜等轻工产品令世界瞩目。

第三,发挥地区聚集效益和规模效益,产业集群大大提升了产业竞争力。实行专业化分工协作,不断改进工艺和设备,提高技术含量,促进产业升级换代,提高产业的核心竞争力,是工业化、现代化的客观要求,也被我国这三种模式的发展所证明。不论在珠江三角洲、苏南,还是温州,也不论是外资企业、中外合资企业、乡镇企业,还是私营个体企业,专业化生产的优势正在不断发挥出来,一村一镇甚至一个城市,生产一种或者几种相关的产品,形成"资讯

表1 苏州、温州和东莞三个城市及其相应省份的基本情况（2004）

城市	面积（万千米）	人口（万人）	国内生产总值（亿元）	增长速度（%）	人均国内生产总值（元）	工业产值（亿元）	增长速度（%）	外贸总额（亿美元）
苏州	0.85	598.85	3450	17.60	57992	2268	20.40	1032.01
温州	1.18	746.19	1402.57	14.10	18846	796.14	15.40	59.67
东莞	0.25	159	947.53	19.50	59608	513.43	21.80	521.06
江苏	10.26	7432.5	15512.40	14.90	20871	8870.30	17.10	1708.10
浙江	10.18	4719.57	11243	14.30	23822	6045	16.20	852.30
广东	18	8303.72	16039.4	14.20	19316	8011.15	20.00	3571.33
全国	960	129988	136515	9.50	10502	72387	11.10	11548

资料来源：2004年各省市统计公报。

产业基地""家用电器生产基地""中国鞋都""低压电器之都"等产业集群，其聚集效益和规模效益成为推动区域发展的强大动力。

第四，从全球经济一体化的高度与综合要素的比较中选择主导产业。从我国这三种发展模式的研究中可以看出，地区主导产业的选择与发展，已经不是局限于本地区，而是从国际、国内两个市场以及经济全球化的高度来选择主导产业，发展主导产业已经不是仅仅局限于自然资源来选择发展主导产业，而是从技术、信息、资金、知识、劳动力和自然资源的综合比较中选择和发展主导产业，已经充分认识到知识、技术和信息在现代经济中的重要地位和作用。正是基于这种认识的创新，使长江三角洲、温州和珠江三角洲一样，都以高速度的发展，大大推进了工业化、现代化的进程，都先后走向与世界接轨的外向型经济。

第五，创新是一个区域或一个国家发展的根本动力。三种模式最值得学习和借鉴之处在于不断地和全方位地创新。可以看出，一个区域或一个国家要能够持续发展和进步，就必须不断根据国内外变化了的环境和条件进行创新，这些创新不仅是技术方面的创新，更主要的是包括制度环境、设施环境、资源环境在内的创新环境，这是一个国家或区域发展的关键。

本文曾在2005年第4期《温州大学学报》（社会科学版）上发表。

我国城市化滞后的制度因素分析

制度经济学认为城市化是一个农业人口转化为非农业人口，农村地域转化为城市地域，农业活动转化为非农业活动，农村价值观念转化为城市价值观念，农村生活方式转化为城市生活方式的多层面的综合转换过程。这种转换机制在动力机制及其作用方向上，可以表现为农村因其推力而被动地为城市所同化，也可以表现为城市因其拉力而产生的对农村的主动吸引力，更多地更现实地则表现为农村推力和城市拉力共同作用而形成的城市地区对农村地区的吸引力和辐射力。上述"推力—拉力"的组合在不同地区或在同一地区不同时期可能具有较大差异，而制度创新是这种差异形成的一个重要的影响因素。中国的城市化滞后于工业化，与社会经济发展不协调，已经成为我们构建和谐社会的重要障碍。

一、城市化滞后的基本状况分析

衡量一个国家或地区城市化水平与经济发展的协调程度，国际社会普遍采用的方法是根据人均收入指标作为社会发展阶段，而把人口城市化指标与工业化率、非农化率进行比较。根据实证研究，一国或地区工业化和城市化协调发展的标志是城市化率和工业化率的比值在1.4~2.5之间（见表1）。

1. 与工业化水平相比，城市化滞后

从表1中可以看出，钱纳里发展模型中，无论人均国内生产总值处于哪一阶段，城市化率与工业化率的比值均在1.4~2.5的合理范围之内，而我国这一比值一直在0.4~0.9之间（见表2和图1、图2），与钱纳里模型中的低限相差甚远。

从表2和图1、图2中可以直观地看出，我国的城市化率始终落后于工业化率，不仅改革开放前如此，改革开放后虽然情况有所变化，但是滞后状况依然明显。至2004年，城市化率与工业化率的比值还不到1。近50年偏差系数在-0.1~-0.6之间。

表1 钱纳里发展模型的城市化率和工业化率

人均国内生产总值（美元）	城市化率%	工业化率%	城市化率/工业化率
200	22.00	14.90	1.47
300	43.90	25.10	1.75
400	49.00	27.60	1.78
500	52.70	29.40	1.79
800	60.10	33.10	1.82
1000	63.40	34.70	1.83
大于1000	65.80	37.90	1.74

资料来源：H·钱纳里等：《发展模型1950—1970》，李新华等译，经济科学出版社，1988年，第32页。

表2 我国工业化率和城市化率比较

年份	城市化率（%）	工业化率（%）	城市化率/工业化率	偏差系数
1955	13.50	21.00	0.64	-0.36
1960	19.70	39.00	0.51	-0.49
1965	17.90	31.80	0.56	-0.44
1970	17.30	36.80	0.47	-0.53
1975	17.30	41.50	0.42	-0.58
1980	19.40	44.20	0.44	-0.56
1985	23.71	38.50	0.62	-0.38
1990	26.40	37.00	0.71	-0.29
1995	29.10	42.30	0.69	-0.31
2000	36.20	44.30	0.83	-0.17
2001	37.66	43.50	0.86	-0.14
2002	39.09	43.70	0.89	-0.11
2003	40.50	45.10	0.90	-0.10
2004	41.80	46.70	0.89	-0.11

资料来源：①《中国统计年鉴2003》；②《2004年中华人民共和国国民经济和社会发

展统计公报》。

注：1. 工业化率＝工业增加值/国内生产总值。2. 偏差系数＝城市化率/工业化率－1。表中数字是根据上述年鉴和公报中的数字计算的。

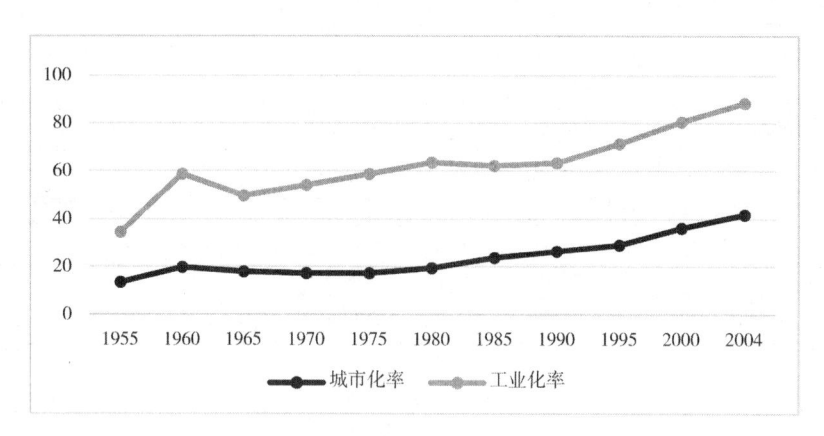

图1　我国工业化和城市化比较图

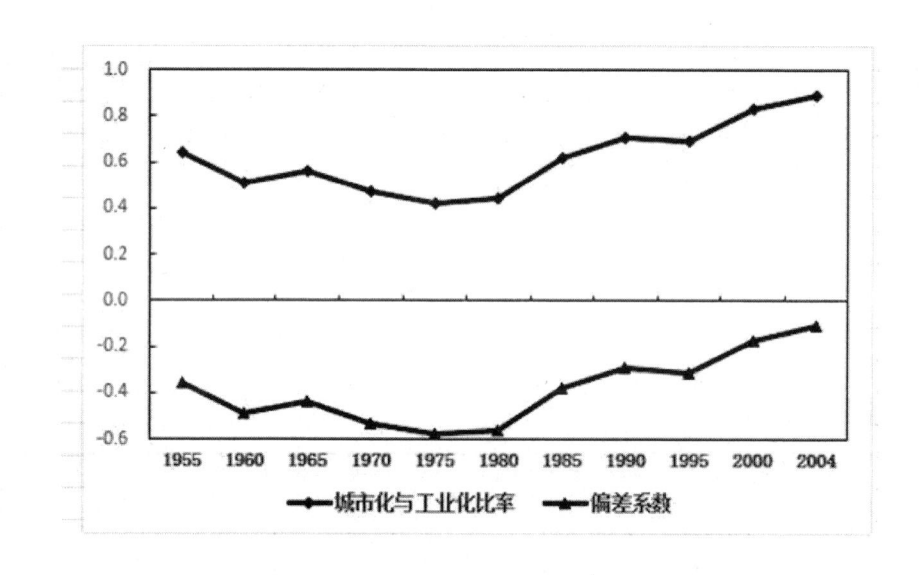

图2　我国城市化与工业化比率和偏差系数图

2. 与人均国内生产总值的增长相比，城市化滞后

随着工业化水平的提高，整个区域经济总量不断增大，人均国内生产总值必然增加。表3列出了我国人均国内生产总值和城市化水平的变动情况。

2004年，我国按汇率计算的人均国内生产总值为10502元，参照钱纳里发展模型，对应的工业化率应约为40%，对应的城市化率约为66%，而我国实际的工业化率达到46.7%，而城市化率为41.8%。工业化率高于钱纳里模型对应值约7个百分点，而城市化率低于其对应值约24个百分点，偏差系数虽然比1980年-0.56大幅度下降，但仍为-0.11。

3. 与非农化率相比，城市化滞后

工业化和城市化最为显著的外在表现就是非农化的发展。这里所说的非农化，主要是指经济结构中产业结构和就业结构的非农经济活动，因而非农化率相应地就有产业结构的非农化率和就业结构的非农化率。前者指第二、三产业的产值比重，后者指第二、三产业的就业比重。从表4中可以看出，我国就业非农化率从1980年的31.3%上升到2002年的50%，上升了18.7个百分点，而同一时期，城市化率从19.4%上升到39.09%，上升不到20个百分点。虽然城市化的速度略快于就业非农化率，但是进展仍然十分缓慢。而从表5中可以看出，1980年，我国第二、三产业的产值已经达到近70%，2003年达到85.2%，而2003年的城市化水平只有40.5%，也远远落后于产值的非农化。

表3 我国人均国内生产总值变动与城市化率变动的比较

年份	人均国内生产总值（元）	城市化率（%）	年份	人均国内生产总值（元）	城市化率（%）
1990	1634	26.41	1998	6307	34.78
1991	1879	26.94	1999	6547	34.78
1992	2287	27.99	2000	7084	36.22
1993	2939	28.51	2001	7651	37.66
1994	3923	29.04	2002	8214	39.09
1995	4854	29.10	2003	9101	40.50
1996	5576	31.91	2004	10502	41.80
1997	6054	33.35			

资料来源：根据《中国统计年鉴2004》和《2004年国民经济和社会发展统计公报》的数字计算。

表4 我国就业非农化率与城市化率比较

年份	非农化率（就业）%	城市化率%	非农化率/城市化率
1980	31.30	19.40	1.60
1990	39.90	26.40	1.50

续表

年份	非农化率（就业）%	城市化率%	非农化率/城市化率
1995	47.80	29.10	1.60
2000	50.00	36.22	1.40
2001	50.00	37.66	1.30
2002	50.00	39.09	1.30

(1) 产值结构非农化与城市化

从表5中可以看出，改革开放20多年来，我国非农产业在国民经济中创造的价值处于逐年上升的趋势，目前已经达到85%以上。然而，与非农经济发展相适应的城市化水平却没有达到应该达到的水平。表5的数字显示，改革开放初期的1980年，全国的非农化率高出城市化率50个百分点，是城市化率的3.6倍。到2003年，非农化率高出城市化率44.7个百分点，前者仍然是后者的一倍多。尽管就目前来看，产值非农化与城市化的差距在逐步缩小，但是两者间的差距仍然较大，说明城市化滞后的问题依然突出。

表5 我国产值非农化率与城市化率的变化

年份	非农化率（产值）%	城市化率%
1980	69.90	19.40
1990	72.90	26.41
1995	79.50	29.10
2000	83.60	36.20
2002	84.20	39.09
2003	85.20	40.50

资料来源：《中国统计年鉴2003》；《中国国民经济和社会发展统计公报》2003年。

(2) 就业结构非农化与城市化

在市场经济体制下，劳动力就业结构的非农化，总是伴随着人口地域的城市化，并带动人口区域城市化的发展。一方面，经济的发展，劳动力不断从第一产业转移到第二、三产业，就业结构逐步非农化；另一方面，农村地域人口不断向城市迁移，使人口地域分布逐步城市化。显然，劳动力就业结构非农化与人口地域城市化之间具有内在的密切关系，它们是相互伴生、耦合联动、共同发展的。

根据世界各国经济和城市化发展过程及经验,当城市化与非农化的发展比较适度、二者关系呈耦合联动协调发展状态时,就业非农化率与城市化率的比值大致为1.2。若比值明显小于1.2,说明城市不仅集中了从事非农产业的人口,也集中了相当数量的农业人口,这反映了城市化发展超前,而且比值越小,城市化超前程度越明显;若比值明显大于1.2,则反映了大量从事非农产业的劳动力仍然分散在农村地区,说明城市化滞后发展,而且比值越大,城市化滞后程度越明显。

从表4中可以看出,我国改革开放以来非农化率均高出同时期的城市化率。从1980年到2002年两者的比值从1.6缩小至1.3,已经接近1.2的合理区间,但从总体上看,说明城市化滞后于非农化的问题仍然存在,城市化与非农化的发展远没有达到耦合联动的协调发展状态。

客观的统计数据说明,我国的城市化确实滞后于工业化和非农化,顺应城市化发展和经济发展的客观规律,为加快城市化的进程创造一切条件,是各级政府义不容辞的责任。然而,近几年,少数地区(主要是在中小城镇和一些农村地区)政府不顾工业化和非农化发展的客观实际,也不顾地方的经济基础和实际财力,大搞形象工程、政绩工程,追求脱离现实的城市化,"赶着鸭子上架",强迫农民进城。这种违背客观规律的"超前"城市化,既影响了城市化的客观进程,也影响了城市本身的健康发展。

二、影响城市化与社会经济协调发展的制度因素分析

影响城市化与社会经济协调发展的因素很多,而我们认为其中重要的因素是制度安排。中国改革开放前的工业化、城市化进程最突出的特点是非经济性动力非常大,即政府行为对工业化、城市化进程的影响巨大。改革开放前,因为要优先保证工业化这一首要目标,将城市化人为地置于从属的受抑制的地位,即城市化服从于工业化。当城市化发展与工业化目标不一致(如城市发展与工业发展争资源)时,以保障工业化需要为首要选择,从而导致生产要素的空间流动和集中缺乏合理性,不仅降低了城市的承载能力,也限制了作为工业化和城市化之基础与前提的农村经济的发展。其结果是加剧了社会经济结构的二元化特征,而不是带动了人口和资源向城市的空间集聚,从而使中国城市化进程在起步之际就受到了明显的制度因素的阻滞。改革开放后城市化发展动力机制不足和制度创新滞后也限制了城市化进程。

1. 改革开放以前的制度安排对城市化进程的制约

世界上绝大多数国家在工业化的同时，人口、资本、非农产业向城市集聚，推动城市的发展，即工业化伴随着城市化。而中国改革开放前，因为要优先保证工业化这一首要目标，将城市化人为地置于从属的受抑制的地位，即城市化服从于工业化。这一时期的制度安排是在计划经济的背景下，中央政府围绕着高速、优先发展重工业的工业化战略目标及其为之服务的城市化战略而强制性提供的。其内容主要包括：①不依赖市场机制的资源分配制度和高强度积累制度；②大幅度降低重工业发展的成本制度。这种以计划为资源配置手段、以工业化目标为中心，优先、快速发展重工业的战略及其制度安排，决定了与工业化密切相关的城市化发展的制度选择空间与制度结构。实践表明，计划经济体制下的中国工业化，是由中央政府直接发动并以资本密集型的重工业为重点，因而，政府只有通过生产要素和产品高度集中的产、供、销计划统一调配和调拨制度，来保证工业化的进程。人口和产业的空间布局与选择失去了市场机制下的比较利益机制调剂，造成了规模经济和集聚效益的损失，导致生产要素在空间上不能合理流动，阻碍了城市化的进程。

与此同时，农业发展在工业化和城市化起步和进程中所处的前提和基础性作用，决定了适应优先发展重工业这一赶超战略的需要，必须对农业和农村经济的发展进行相应的制度安排。其基本点是：农业和农村经济的主要使命是"以粮为纲"，除了保障人们的基本生存之外，还要尽可能多地为工业化筹集资金。在"以粮为纲"的指导下，广大农村人口被限定从事农业生产，主要是粮食生产。1962年国家规定人民公社内部的非农就业不得超过5%，生产大队以下禁止搞非农产业，农民被强制性地束缚在土地上。而我国农村人口众多，耕地面积少，农村中本来就存在大量的剩余劳动力，使得工业化进程中农业的剩余劳动力不能向城市的第二、三产业转移。再加上城镇中统包统配的"低工资—高就业"制度衍生出了严格的二元户籍管理制度和粮油供应制度。这种制度安排阻止了农村人口向城市的转移，加深了城乡的分割，阻碍了城乡间生产要素的合理流动，使城市化进程没有能够伴随工业化的发展而得到相应地推动。其间还出现了大批干部下放和城市知识青年"上山下乡"这种反城市化（Anti-urbanization）的非常之举。

2. 改革开放后城市化发展动力机制不足和制度创新滞后对城市化的制约

首先，从城市化发展的动力机制来看。

（1）农业是城市化发展动力机制中的基础一环，农业发展为城市化进程提供了劳动力、粮食、原料、市场、资金等初始要素。改革开放以后，我国家庭联产承包责任制的实行，在一段时期内，农业出现了前所未有的发展。但是农业分散经营，缺乏规模效益，农民收入难以提高，农业、农村、农民的问题并没有从根本上解决，"三农问题"成为制约我国现代化的长期问题。而"三农"问题的存在，很难为城市化的快速发展提供熟练的劳动力、充分的市场需求、充足的粮食和原料供给等基础要素，这在一定程度上导致了城市化水平的落后。

（2）从城市化的根本动力——工业化程度来看，工业化的进程要求人口和产业在空间上的聚集，而城市是这种空间聚集的最终结果。因此，工业化在客观上促进了城市化的发展。据测算，发达国家在 1820—1950 年间工业化与城市化的相关系数达到 0.997。事实也证明，工业化对城市化起着惊人的推动作用。而我国的工业化程度，虽然与本身的城市化相比并不落后，但是从总体上看与世界发达国家的水平相差甚远，同时各地区发展水平很不平衡，中西部的大部分地区至今仍处在工业化的起步阶段，特别是中西部的广大农村地区，并没有像珠三角、长三角地区那样实现农村的工业化，而是仍然维持着传统的小农经济和农业社会。工业的落后和不平衡状况不能对城市化形成强大的推力，从而影响了城市化的进程。

（3）从推动城市化发展另一动力——第三产业的发展来看，根据城市化的动力机制理论，城市化发展初期是以工业化作为主要推动力，而城市化发展一旦上了轨道之后，第三产业就成为其主要推动力，带动整个城市的发展，促进城市化稳步前进。我国的许多地方长期形成了以工业为主导的发展模式，至今以"工业强省""工业强市"的口号仍"震耳欲聋"。在产业结构中，第三产业——广义的服务业，无论产值还是就业比重都大大偏低，特别是第三产业中的高端部门远远满足不了社会经济发展的需要。第三产业发展落后，既不利于城镇吸纳人口，也不利于城镇服务能力的提高，制约着城市功能的发挥。

其次，制度创新滞后影响城市化的进程。"制度"包括正式和非正式两类。观念、道德等属于非正式制度安排。它是无形的，却是客观存在的，很多情况下其作用是巨大的。

改革开放以后，我国城市化发展的制度障碍主要表现在正式制度安排和非正式制度安排两个方面。前者突出表现为户籍制度、土地制度和社会保障制度的弊端对城市化发展产生的不利影响，后者则表现在对城市化的认识仍然存在偏差。

第一，户籍制度存在弊端。随着计划经济向市场经济的转变，户籍制度的弊端逐渐显现，就此政府曾出台政策做过一些调整，如在户籍制度管理上，由过去严格限制农民进城的制度安排逐渐转变为允许和鼓励农民进城务工经商的制度安排，逐步取消了城镇居民福利补贴的政策，逐步放宽了居住、择业、保险、子女入学等方面的政策限制，这些政策对促进城市化水平的提高起到了积极的作用。但户籍制度以及相关政策仍然没有进行根本性的改革，因此多年来形成的城市与农村"二元经济"结构日益呈现刚性，由此而引发的各种弊端不时显现，影响面与影响深度仍在继续发展。

第二，社会保障制度存在弊端。城乡分离的户籍管理制度客观上形成了城乡分离的社会保障制度，使农村和城市的保障体系相互断层，处于两种完全不同、相互隔离的状态，缺乏一种随着农民进入城市、身份变为市民，由农村保障体系顺利转为城市保障体系的过渡机制，当农民一旦脱离土地进入城市时，既担心失去了农村土地这个基本的生活保障，又同时受到城市保障体系的排斥，这样使农民游离于现行社会保障体系之外，基本生活无法得到保障。农民群体当最基本的生活保障得不到满足的时候，若让农民放弃农村的土地这个基本的保障，去城市寻找更好的生活环境是不现实的。这个基本的现实严重影响了城市化的快速发展。

第三，农村土地政策存在的弊端。农村实行家庭联产承包责任制以后，农村土地得到了历史性的解放，土地所有权与使用权渐渐分离，但是土地政策的禁锢，很难使农村劳动力自由转移。一方面户籍制度在排斥农民进城，另一方面土地政策导致农民难以割舍多年来经营的土地。土地政策难以产生应有的推力，户籍政策更没有产生必要的拉力。因此，土地问题长期以来成为影响城市化进程的一大障碍。

第四，影响城市化进程的非正式制度安排。户籍制度及相关政策存在如此多的弊病，甚至波及其他方面的改革，然而多年来这一制度一直没有得到实质性的改变。究其原因，主要是对加快城市化发展的认识不到位。

①认为"农业是国民经济的基础，因此需要稳定农民队伍"。这种认识的思想基础是：农作物的丰歉直接关系到经济的动荡和变化乃至人们的生存。从三次产业产生的顺序来讲，第一产业——农业是其他产业的基础，没有农业就不可能出现工业、建筑业、商业、运输和服务等第二、三产业，农业是基础这是不容置疑的。但应该看到，当历史进入经济全球化的21世纪，在开放经济条件下，农业发展是建立在农产品的质量、价格等所带来的市场占有份额以及产品竞争能力的基础之上的，而不是取决于农业人口的多少。如果说在封闭经济条

件下，提出稳定农民队伍是有道理的，那么在开放经济条件下，继续坚持这种认识则是没有任何理由的，只会使农民进一步陷入困境，延误发展良机。只有提高农业产业化水平，提高产品竞争力，引导农村过剩劳动力合理转移才是解决农民问题的根本途径。

②认为"城市居民数量增加会加大社会负担"。改革开放前我国之所以在排斥市场机制的同时又抑制城市的发展，是因为与城市定位"消费性"和"非生产性"的理论有直接的关系。在这种理论的指导下，城市居民在住房、医疗、就业、教育及粮油副食供应等方面福利化程度越来越高，城乡之间的差距越来越大，因此城市壁垒愈加严密。改革开放以来，理论界对于消费在社会再生产中的地位及非生产性劳动在经济活动中的作用给予了重新认识，认识上的障碍初步得以纠正，但是为了保持城市的安定，减轻政府的负担，政策上依旧采用户籍政策等手段，限制农民进城。

③认为"农民进城务工会冲击城市的就业，增加城市下岗失业的数量"。这种看法实际上是坚持了劳动力市场需求总量恒定的假说，即就业岗位固定，一方就业，另一方必定失业。现代经济理论认为：工作岗位的数量是一个"变量"而非固定不变的，如农民进入城市会引起劳动力价格下降，会带来产品成本和销售价格的下降，进而扩大对产品的需求，产品需求的增加会导致生产规模的扩大和新增就业岗位的涌现。此外农民工因其文化基础薄弱，一般进入的是较低级的、非技术性的工作岗位，而这些工作往往是城市居民不愿从事的工作，因此二者就业的冲突和摩擦一般不会太大。

④认为"农民进城会导致过度城市化"。这是城市化发展过程中争议较大的一种观点，这种认识比较普遍。在工业化水平较低、经济社会发展还比较落后的情况下，城市基础设施承载力还十分有限，担心农民进城会增加就业压力，会因各方面拥挤给住房、交通等方面的管理带来种种困难，以及带来难以想象的"城市病"，因此主张农民不宜进城。我们认为，允许农民自由进城，一方面可以增强劳动力的竞争意识，降低企业成本，吸引更多的人来投资；另一方面有利于提高劳动者素质，可使农民在接受城市文明、城市文化的基础上深切感受到自身差距而重视转变陈旧观念，提高文化素质，推进社会全面进步。

据有关研究，在劳动力总数不变的情况下，农业劳动力每下降1个百分点，国内生产总值可增加1.8个百分点，如果农业劳动力减少10%，国内生产总值可提高18%。因此，允许农民进城不仅仅是解决富余劳动力、加快城市化发展的需要，同时也是关系到经济整体发展的重要战略举措。

三、结论

首先，城市化是工业化和现代化的必然结果，城市化也是工业化和现代化的基本标志。随着社会生产力的发展，大多数人口必然向城市集中，城市将成为人们居住和生活的基本地域，这是不以人们的意志为转移的客观规律。

其次，城市化过程有其自身的发展规律，我们必须科学地认识城市化的发展规律，顺应城市化的发展规律，制定符合城市化发展规律的政策与措施，实施有利于城市化的制度安排，促进城市化的健康发展。任何违背城市化发展规律的制度安排不仅会阻碍城市化的发展，而且会对整个社会经济的发展带来危害。

最后，我国是一个人口众多、资源有限的国家，在城市化的过程中，必须充分考虑我国的基本国情，按照可持续发展和节约资源的原则，既不能违背城市化的一般规律，也不能片面照搬西方发达国家的城市化经验，必须走出有中国特色的城市化道路。

参考文献

[1] 孙中和："中国城市化基本内涵与动力机制研究"，《财经问题研究》，2001年第11期。

[2] 谢文蕙、邓卫：《城市经济学》，清华大学出版社，1996年版。

[3] 刘传江：《中国城市化的制度安排与创新》，武汉大学出版社，1999年版。

[4] 傅崇兰等：《中国城市发展问题报告》，中国社会科学出版社，2003年。

[5] 叶裕民："中国城市化的制度障碍与制度创新"，《中国人民大学学报》，2001年第5期。

[6] 吴力子："制度创新与中国的城市化"，《现代经济探讨》，2002年第8期。

[7] 赵力："不可忽视城市化滞后于工业化的现象"，《经济问题》，2000年第8期。

[8] 刘传江："中国城市化发展：一个新制度经济学的分析框架"，《市场与人口分析》，2002年第3期。

[9] 辜胜阻、简新华：《当代中国人口流动与城镇化》，武汉大学出版社，

1994年。

［10］李文："城市化滞后的经济后果分析"，《中国社会科学》，2001年第4期。

［11］李效梅："城市化进程中的制度障碍分析"，《中南财经政法大学学报》，2002年第1期。

［12］林毅夫等：《中国的奇迹：发展战略与经济改革》，上海人民出版社，1994年。

本文曾在2007年6月《中国人口城市化和城乡统筹发展》（论文集）（学林出版社）发表。

城市化的潮流与我国的社会主义城市化道路

城市化是指生活在城市地区的人口比例的增加,也是指人口向城市的迁移过程。目前,对这一概念本身的定义以及它的划分标准,尚不一致。但是,城市人口迅速增加,城市化的程度不断提高,无论用什么标准,都是客观存在的现实。今天世界上有40%以上的人住在城镇,总数超过19亿。仅城市人口,就相当于20世纪初期的整个世界人口。探讨世界人口城市化的产生、发展以及它同经济发展的关系,对于我国有计划地进行城市化建设,走出具有中国特色的社会主义城市化道路,颇有益处。

(一)

城市是一个历史概念,它是人类社会发展到一定阶段,随着私有制的产生和社会分工的发展而出现的。早在奴隶社会初期就已经产生了古代的城市。这种城市产生的最直接的经济原因是工商业劳动与农业劳动的分离。工商业劳动相对于农业劳动来说,是比较集中的劳动,因而在工商业劳动集中的地方,便形成了人口密集的居民点——城市。我们这里讲的现代意义上的城市化,即作为人口向城市持续的、稳定的和加速集中的世界性过程,是与资本主义生产方式的产生和发展相一致的,实际上它是工业革命带来的必然结果。

18世纪末19世纪初首先在英国兴起的工业革命,揭开了资本主义发展史上新的一页,使资本主义生产由工场手工业过渡到了机器大工业。这种生产技术上的根本变革,一方面使工业对劳动力的需求急剧增加,另一方面也加速了小农的破产过程。正是在这样的背景下,开始了人类历史上第一次劳动力的大转移——劳动力由农业转向工业,或者说劳动力由第一产业大规模地转向第二产业。这种转移的过程,必然引起城市人口的迅速增加。因为机器大工业一般都是在手工业和商业比较集中、交通比较发达的地方,即在历史上已经形成的城市中迅速发展起来的。这就是说，劳动力的第一次大转移过程同时也是世界人口城市化的产生和发展的过程。这一过程，随着科学技术的进步、工业生产的发展而在加速进行。据统计，1800年，世界城镇人口占总人口的2%，1900年为4%，到1925年超过了20%。

第二次世界大战以后，世界人口城市化的进程大大加快，城市化的程度也达到了很高的水平。从1950年到1980年的30年中，世界城市人口以每年3%的速度持续增长，1981年世界城市人口已超过18亿，占总人口的41%，是1950年的2.5倍。

然而，在战后城市化加速发展的进程中，发达国家和地区与发展中国家和地区的情况有很大差别，这表现在：

首先，发达国家和地区的城市人口增长速度远远低于发展中国家。从1950年到1980年的30年中，发达国家和地区的城市人口每年增加1.7%，而同期发展中国家的城市人口每年增加4%。因此，从1950年到1981年，发达国家的城市人口由6亿增加到8亿，而发展中国家的城市人口由2.6亿增加到10亿多，前者增加82%，而后者增加3倍多。造成这种差别的原因很多，但最主要的是战后发达国家的劳动力转移过程，虽然并没有完全排除劳动力的第一次转移即由第一产业向第二产业的转移过程，但是这一过程已基本完成，因而占主导地位的是劳动力的第二次转移，即由第二产业向第三产业的转移。劳动力的第二次转移虽然也可能吸收农业劳动力，但主要是城市内部的人口流动，因而城市人口增加的势头必然减缓。但是在发展中国家，情况却完全不同，这些国家绝大多数是在战后才获得独立，开始发展民族经济并开始走上工业化的道路，因而工业发达国家在200年前就开始的劳动力的第一次大转移在战后的发展中国家，有的才刚刚开始，有的正在继续。大量农村人口涌向城市，必然造成城市化的新高潮。

其次，战后在城市化的过程中，发达国家的大城市开始衰落，人口出现"倒流"（有人叫"回归"）的现象，而发展中国家大城市却在一个接一个地不断发展。

工业发达国家大城市人口减少的倾向，同样有许多原因，比如大城市人口达到饱和状态，就业困难，人口密集而造成的住房、交通等基础设施紧张，环境污染、犯罪增多等，都是人们寻求新的居住地而流出大城市的原因，但是最主要的还是由于战后的科学技术革命为中小城市的发展和分散大城市的人口提供了客观条件。这是因为：

第一，战后的科技革命引起了一系列新兴工业的出现，如原子能、宇航、电子计算机、合成纤维等这些新兴工业都是技术密集型的，这同过去那些以劳动密集型为主的工业显然不同，对劳动力的需求大大减少。同时，原有工业通过设备更新、技术改造，劳动生产率大大提高，对劳动力的需求也相应减少，这就加速了劳动力由第二产业向第三产业的转移过程，使过去那种由于工业主要集中在大城市而使大量劳动力流入大城市的"引力"大大减弱甚至基本消失，因而大城市的人口增长必然停滞。

第二，战后的科学技术革命使交通工具和设施现代化，各地区在时间和空间方面都大大缩短，这就为分散工业的发展和为人们寻找比较理想的居住地提供了条件，因而出现人口由大城市向外流出的现象。

第三，科技革命使劳动生产率有了很大的提高，使从事农业及在中小城镇生活的人们的收入大大增加，生活水平显著提高，接近、达到甚至超过大城市的水平。与这种消费水平的提高相适应，商业、服务业和各种娱乐场所相继得到发展，现代化住宅及设施也大为发展。与此同时，中小城市又没有大城市那种因人口高度集中而造成的一系列问题，这就使中小城市反而有了新的魅力，导致许多人由大城市迁移到中小城市。

总之，大城市由于工业的迅速发展和人口密集而带来了一系列问题，人们为了逃避这些问题有必要离开大城市而寻找更理想的工作、居住环境（特别是那些较为富裕的中产阶层，更是如此），科技革命的发展在客观上为这种流动提供了条件。这就是造成20世纪70年代以来工业发达国家大城市人口减少的根本原因。

据美国1980年的人口普查，在整个20世纪70年代，美国50个大城市的人口下降了4%，而50个中等城市的人口增长了5%，60个小城市的人口增加了11%。在大城市中，一些人口最多的特大城市人口减少很多，如人口在百万以上的6个最大城市中，只有休斯敦和洛杉矶的人口有所增加，其余四个城市的人口均在减少，其中美国第一大城市纽约的人口减少11.1%，芝加哥减少11.9%，费城减少13.8%，底特律减少21.3%。这种情况在日本、英国等国家都有发生。

与工业发达国家大城市人口减少的趋势相反，发展中国家大城市的人口却增加得很快。如在非洲，一些大城市每6年人口就增加一倍。这主要是因为工业集中在大城市，所以每年都有大量的农业人口流入城市。这种流动也表明发展中国家正经历着劳动力的第一次大转移过程。

综上所述，我们认为，人口的城市化，是生产力不断发展和劳动分工日益加深的必然结果，人口城市化的过程是由工业化所引起并伴随着工业化的发展而不断加速的一个客观的历史过程。所以，一个国家的城市化水平与其经济发展水平是一致的。统计资料也证明，除一些特殊情况之外，目前在世界上，城市化水平较高的国家，其经济发展水平也较高，而经济发展水平较低的国家，城市化水平也较低。有人用数学方法对二者的关系做过探讨，证明不论是处在不同发展阶段的各个国家，还是某一个国家的不同发展过程，经济发展水平与城市化均呈共同增长的趋势。

（二）

一个国家的城市化程度与其经济发展水平的一致性，是由其内在的必然性所决定的。因为城市化的发展需要具备两个基本条件，一是农业能够提供足够的商品粮和其他农副产品供应城市，二是非农业部门能够吸收剩余劳动力。只有在这两个条件都得到满足的情况下，城市化才能健康地发展。随着社会生产力的不断发展，经济水平必然越来越高，这样农业不仅能够提供越来越多的商品粮及其他农副产品，也能够腾出更多的劳动力，在工业和其他非农业劳动部门需要吸收大量劳动力而又具备这种条件的情况下，城市人口必然大量增加，城市化的水平也必然进一步提高。所以，我们说城市化是工业化引起的并伴随着工业化的发展而不断发展的一个客观的历史过程。

尽管如此，城市化的发展必然要受到一定的社会制度的制约。在资本主义条件下，城市化的发展，是在私有制的基础上，在剩余价值规律的支配下，按照自由竞争的原则，由资本的投资方向决定其发展方向的。大城市由于具备一系列资本投资的有利条件，如市场广阔、消费能力强、交通发达以及具备相应的基础设施等，这就决定了在资本主义发展的相当长的历史时期内，工业主要集中在大城市，而工业的集中又必然带来人口的集中，这就是直到 20 世纪 70 年代以前，资本主义的城市化一般都是沿着大城市的道路发展的根本原因。

社会主义的城市化，是在公有制的基础上，在计划调节的作用下发展的，因而社会主义城市化就可以避免资本主义城市化所产生的一系列弊端，为逐步消灭城乡差别创造条件。

新中国成立 30 多年来，城镇人口增加了一亿多，城市建设也取得了很大成就。但是，不能不看到，我国人口增长速度快和经济建设中的失误，我国的城市化水平与世界平均水平以及我国社会主义现代化建设的要求都有很大差距，这表现在以下三方面。

其一，我国的城市化水平很低。据统计，到1982年，我国正式命名的城市（不包括台湾和香港、澳门）共236座，人口为1.4467亿人，有2664个镇，人口为0.619亿人。市镇总人口为2.0657亿人，占全国总人口的比重为20.6%。这不仅远远低于世界平均水平（39%），而且比世界各大洲中最低的非洲的城市化水平（27%）还要低。

其二，城市化的发展速度慢。如前所述，从1950—1980年的30年中，世界城市人口以平均每年3%的速度持续增长，发展中国家的城市人口平均每年增长4%，我国的城市人口增长速度远低于这一数字。

其三，在城市化水平较低和发展速度较慢的情况下，大城市人口增长较快，中小城市以及镇的建设相对落后（见表1）。从表1中可以看出，我国人口在100万以上的特大城市1982年达到38个，其人口占城市人口的52.1%，为7000多万。而在这些特大城市中，三大直辖市的人口就占40%以上。

表1 我国各类城市及人口分布

城市规模	1953年 城市数量（个）	1953年 占城市人口比重（%）	1982年 城市数量（个）	1982年 占城市人口比重（%）
100万以上	9	40.2	38	52.1
50万~100万	16	21.3	47	23.0
20万~50万	28	16.2	86	19.1
20万以下	113	22.3	65	5.8
合计	166	100.0	236	100.0

资料来源：1982年人口普查数，本文转引自《人口研究》1984年第4期。

我国城市化水平的这种落后状况，固然同我国的经济发展水平较低密切相关，但是，人口增长过快以及轻视城市建设进一步加剧了这种落后局面，致使城市化水平比经济发展水平更低。

（三）

借鉴世界各国城市化的经验教训，对照我国目前的实际情况，我们认为，我国的城市建设，必须走出自己的道路。为此，在今后的城市建设中，首先必须掌握两个基本原则。

第一，市、镇人口的增长必须同经济发展水平相一致。随着我国工农业生产的发展和劳动生产率的提高，农业能够提供的商品粮和其他农副产品必然不断增加，农业劳动力也必然进一步出现剩余现象，在工业、商业和其他部门不断发展的情况下，有计划地把农业中多余的劳动力逐步转移到非农业部门，这是经济发展的客观要求。那种认为城镇人口增加是加重经济负担的思想，是完全错误的，城镇人口必须随经济发展的步伐逐步增加。

第二，认真贯彻"控制大城市规模，合理发展中等城市，积极发展小城市"的方针。1980年全国城市建设规划会议上提出的上述关于我国城市建设的方针，是在总结世界各国城市化经验的基础上，根据我国的实际情况提出的，是符合我国的国情的。这一方针，体现了我国城市化道路的基本方向，因此，走中国特色的社会主义城市化道路，就必须认真贯彻这一方针。具体来说，在我国的城镇建设中，应注意以下三点。

（1）建立适合我国国情的城市体系结构

城市体系结构，是国民经济各部门的比例和结构，是城市居民分布以及生产力布局的综合反映。一般来讲，大中小城市，各自具有不同的特点与功能，在国民经济中发挥着不同的作用。在我国目前的城市体系中，大城市发展较快，中小城市相对落后。我国目前大城市有85座，人口占城市人口的75.1%，高于世界上一些主要的工业发达国家。如联邦德国、美国、英国1976年的数字分别为50.8%、31.5%、31.3%。而且我国大城市的数量还在不断增加，人口规模也越来越大。大城市也开始出现交通、住房、污染等一系列问题，因此，严格控制大城市的规模，是建立我国合理的城市体系结构的首要问题。在控制大城市规模的同时，必须调整大城市的经济结构、改革经济体制，加强市政建设，充分发挥大城市在经济建设和科技文教事业中的中心作用。

目前，我国人口在20万~50万的中等城市有86座，人口占城市总人口的19.1%。中等城市在整个经济发展中，有其独特的作用。合理发展中等城市，使现有中等城市充分发挥其优势，加快经济、技术发展速度，同时也要防止因人口膨胀，而迅速发展为大城市。国际上，有的专家把人口在30万~40万的城市作为最理想的城市，尽管我国的城市规模有一定的特殊性，但是合理发展中等城市，是符合人口城市化的客观规律的。

30多年来，我国的小城市发展落后，在城市体系结构中的比重急剧下降，如1953年，人口在20万以下的小城市113个，到1982年只剩下65个，其人口占城市人口的比重由22.3%下降到5.8%。

总之，我国目前的城市体系结构，呈现出"倒金字塔"的形式，这是极不合理的。除考虑各地区大中小城市的合理分布以外，从数量上讲，我国的城市体系结构应该是"金字塔式"的结构，金字塔的上层是少数大城市，而底层是大量的小城镇。

(2) 大力发展小城镇，走以人口小城市化为主的道路

如上所述，我国的小城市建设相对落后，同样，镇的建设也相当落后。我国一般是把工商业和手工业集中在一起，聚居人口在3000人以上，其中非农业人口占70%以上，或者聚居人口在2500人以上不足3000人，但其中非农业人口占85%以上，确有必要由县级国家机关领导的地方，并经上级政府批准而作为镇，根据1982年的统计，我国镇的数量如表2所示。

表2 我国镇的数量和规模

人口规模	数量	比重（%）
10万以上	26	1.0
5万~10万	231	8.6
3万~5万	406	15.2
2万~3万	471	17.7
1万~2万	693	26.0
0.3万~1万	682	25.6
0.3万以下	155	5.9
合计	2664	100.0

资料来源：转引自《人口研究》1984年第4期。

根据1982年的人口普查，全国2664个镇的总人口为6190万，占城镇人口比重为30%，这低于世界各国的水平，后者一般为45%左右。

我国小城镇建设相对落后，其人口在整个城市人口中所占比重偏低，这只是问题的一个方面，更重要的是小城镇是今后吸收农村过剩人口的主要形式。假如到2000年，在农业现代化的过程中，我国有1/3的农业人口要转为非农业人口，就会使城镇人口增加3亿多。这样大的数字，如果依靠大城市，就要建设相当于目前50万~100万人口的城市448座，或者100万人口以上的特大城市162座，这显然是不可能的。而如果把目前每个小城镇的人口提高到4万~5万人，把每个乡政府所在地的集镇人口发展到2000~3000人，那么小城镇和集镇

人口即可达到 3 亿左右，前景是相当可观的。因此，我国的城市化，只能走以人口小城市化为主的道路。

（3）用农业商品化、农村工业化来加速人口的城市化

社会主义的人口城市化，不是单纯地把人口从农村转移到城市，不能扩大城市与乡村的差别，而是要逐步地消灭这种差别。因此，加速发展农村的生产力，使农业的商品化程度迅速提高，农村的工业化水平不断发展，农民的物质文化生活水平逐步接近、达到城市的水平。这不仅是社会主义基本经济规律的要求，也是我国社会主义人口城市化的基本要求。只有农业的劳动生产率和商品化程度不断提高，农村逐步实现工业化，才能为人口城市化提供客观的物质条件，加速人口城市化的过程，同时，也只有农业的商品化、工业化，才能彻底改变农村的生活方式，为逐步消灭城乡差别创造条件。因此，我国的城市化，必须通过加速发展农业，使农村工业化、农村生活方式城市化来实现。

本文曾在 1985 年第 3 期《兰州学刊》杂志上发表。

甘肃省促进人口发展功能区形成的政策研究

由于历史原因，我国的国土空间开发长期处于无序和盲目状态。大量不合理的无序开发行为和生产活动，造成环境问题越来越严重，资源越来越紧张，空间布局越来越不合理。许多地区经济的集中程度与资源分布严重错位，宝贵的国土空间没有得到很好的利用和保护，经济社会发展的压力越来越大。

为了改变这种不合理发展的现状，早在2000年，国家发改委就提出了空间协调与平衡发展的理念，提出政府在制定规划时，不仅要考虑产业分布，还要考虑空间、人口、资源、环境的协调。2003年1月，国家发改委委托中国工程院研究相关的课题。在课题研究中提出了增强规划的空间指导，明确主体功能的发展思路。2006年3月14日第十届全国人民代表大会第四次会议批准的《中华人民共和国国民经济和社会发展第十一个五年规划纲要》中，第一次明确提出了要推进形成主体功能区的建设。2006年10月，《国务院办公厅关于开展全国主体功能区划规划编制工作的通知》中指出，编制全国主体功能区划规划，明确主体功能区的范围、功能定位、发展方向和区域政策。编制全国主体功能区划规划是"十一五"规划中的一项新举措，涉及各地区自然条件、资源环境状况和经济社会发展水平，涉及全国人口分布、国土利用和城镇化格局，涉及国家区域协调发展布局等，需要各有关方面广泛参与，深入研究，科学论证。

根据"十一五"规划纲要，推进形成主体功能区，就是要根据资源环境承载能力、现有开发密度和发展潜力，统筹考虑未来我国人口分布、经济布局、国土利用和城镇化格局，将国土空间划分为优化开发、重点开发、限制开发和禁止开发四类主体功能区，确定不同区域的主体功能，并据此明确开发方向，完善开发政策，控制开发强度，规范开发秩序，逐步形成人口、经济、资源环境相协调的国土空间开发格局。

主体功能区的提出与划分，标志着我国在国土资源的空间开发方面从理论到实践，从体制到机制，都有了突破性的进展，是一项重要的创新。主体功区的提出及其划分，是坚持可持续发展的客观要求，是有效缓解我国资源环境约束日益加剧的必然选择，也是我国由经济大国转变为经济强国的客观需要，具有非常重要的理论和现实意义。

《国务院关于编制全国主体功能区规划的意见》（以下统称《意见》）中指出，"主体功能区的规划，必须统筹考虑以下因素：

一是资源环境承载能力。即在自然生态环境不受危害并维系良好生态系统的前提下，特定区域的资源禀赋和环境容量所能承载的经济规模和人口规模。主要包括：水、土地等资源的丰裕程度，水和大气等的环境容量，水土流失和沙漠化等的生态敏感性，生物多样性和水源涵养等的生态重要性，地质、地震、气候、风暴潮等自然灾害频发程度等。

二是现有开发密度。主要指特定区域工业化、城镇化的程度，包括土地资源、水资源开发强度等。

三是发展潜力。即基于一定资源环境承载能力，特定区域的潜在发展能力，包括经济社会发展基础、科技教育水平、区位条件、历史和民族等地缘因素，以及国家和地区的战略取向等。"[①]

从《意见》指出的上述三点中可以看出，主体功能区的划分，是要以人为本，真正做到人与自然、社会和经济的全面协调和可持续发展。因此，可以说，无论什么样的主体功能区，都必须以科学合理的人口分布为基础，脱离符合实际的、科学的人口分布规划，主体功能区便成了无源之水、无本之木。

由此可以看出，为了适应主体功能区的发展规划，就必须要按照是否适合人类居住，对不同地区进行分类，估算不同地区的人口承载量，科学界定人口限制区、人口疏散（收缩）区、人口稳定区、人口聚集区等四类人口发展功能区的分布与范围，明确不同功能区人口发展的定位与方向，完善人口规划与政策体系，促进形成人口合理分布、人口与资源环境协调发展的格局。

所以，建议省政府必须组织各方面力量，认真研究和编制人口发展功能区规划，这是推进形成我省主体功能区的一项基础性工作，是统筹解决我省人口问题的重要举措，也是实现我省全面协调和可持续发展的内在要求。

一、甘肃省未来人口发展面临的主要问题

按照国家主体功能区和人口发展功能区的规划要求，甘肃省未来人口发展

[①] 参见《国务院关于编制全国主体功能区规划的意见》，2007年7月26日。

面临的主要问题有以下五点。

1. 人口总量较多且在持续增长，低生育水平很不稳定

甘肃省是西北五省区中人口较多的省份之一，2007年年底常住人口为2617万人，仅次于陕西的3748万人。与陕西相比，总人口少1131万人。而2007年甘肃出生人口为34.36万人，接近陕西的38.2万人，人口出生率（13.14‰）和人口自然增长率（6.49‰）分别比陕西高出2.93和2.44个千分点。不仅如此，甘肃省的出生率和自然增长率在最近一段时期内还在逐步提高。根据预测，甘肃省人口总量还会持续增长，到2039年左右总人口达到3100万人左右的高峰时，才有可能出现转折。因此，虽然甘肃省的人口发展已经进入了低生育水平阶段，但是，目前的低生育水平还处在很不稳定的阶段。较多和持续增长的人口总量，极不稳定的低生育水平使甘肃省未来人口发展面临着巨大的挑战。

2. 居民收入水平低，贫困人口多，综合生活质量较低

2005年，甘肃农民人均纯收入为1980元，城镇居民人均可支配收入8086.82元，分别是全国平均水平的60.8%、77.1%。综合人均可支配收入为3813元，只有全国平均水平的60%；综合消费支出为3233元，是全国平均水平的66%。甘肃城镇居民的恩格尔系数为36%，略低于全国平均值（36.7%）；农村居民的恩格尔系数为47.2%，高于全国平均值（45.5%）。平均消费支出、恩格尔系数、居住面积和能源消耗等指标都位于全国最低分组。综合衡量甘肃居民综合生活质量仅为全国平均水平的70%，与北京、上海等城市相差4倍，与广东、浙江和江苏等沿海省份相差2倍以上。在86个县级行政区中，43个是国家贫困县。2005年140万人口生活在贫困线以下，占农村人口的8.5%。在这样的收入和生活水平下，人们对于提高收入、改善生活质量的欲望与国家保护生态环境，做到人与自然、社会和经济的全面协调和可持续发展的要求存在突出的矛盾。

3. 人口与资源、环境的矛盾比较尖锐，促进可持续发展的机制亟待建立

甘肃省域面积45.44万平方千米（据国务院勘界结果为42.58万平方千米），居全国各省、自治区、直辖市第7位，占全国陆地面积的4.4%左右，土地资源数量较多，但土地资源的质量不高，制约了开发利用。水资源贫乏，全省水资源总量仅有309亿立方米，人均占有量1153.5立方米，居全国第22位，是全国人均水资源量的1/2，是世界人均水资源量的1/8，是一个严重缺水的地区。甘肃生物资源丰富，金属矿产，尤其是有色金属和贵金属矿产资源也在全

国占有重要地位。能源资源类型多,主要有水电、煤炭、石油、天然气等,虽有一定的开发利用潜力,但在全国不占有优势。

人口增长和经济规模的扩张,资源环境所受的压力日益加重。同时经济增长方式转变滞后,对资源的粗放利用和对环境的负面影响难以在短期内改变。存在的主要问题有以下四点。

(1) 水资源短缺的问题将长期存在并将进一步突出。甘肃降水稀少,地表水资源匮乏,时空分布不均。有限的水资源对经济社会的发展产生了强烈制约,生产生活用水量的不断扩大也使生态用水得不到保证而日趋恶化。在缺水的同时,用水效率也不高,特别是农业灌溉用水量大,单方水的产出率低。例如,在石羊河流域上游的 8 条支流上建了 7 座水库,虽然实现了对水资源的调控,但改变了内陆河流域固有的水循环规律,且中游用水过多,造成下游民勤绿洲缺水沙化。

(2) 土壤侵蚀现象严重,土地荒漠化日益扩展,部分地区盐渍化日益加重,土地质量和生产力不断下降。全省土壤侵蚀面积占总土地面积的91%,黄土高原地区的水土流失,每年向黄河输沙达 5.18 亿吨。河西地区荒漠化土地面积达 21.3 万平方千米,占土地总面积的 87.9%。甘南高原和祁连山地带草场退化,陇南山地的滑坡泥石流危害都十分严重,不仅增加了近期的生产投入,还损害了可持续发展的基础。

(3) 生态系统退化,生物多样性锐减,不少动植物种濒危。在全球气候变化的大背景下,垦殖、采薪、挖矿、筑路等人为活动的强烈影响,生态系统退化明显。全省森林覆盖率 9.9%,居全国第 25 位,比全国平均森林覆盖率 (16.55%) 低 6.6 个百分点。植被衰退和生存环境的分割,使野生动物的活动范围受到越来越多的限制。生物多样性的保护受到挑战。

(4) 环境污染问题日益突出,影响人类健康。甘肃万元工业增加值二氧化硫排放量为 0.1097 吨/万元,是全国平均水平的近 3 倍 (全国 0.0336 吨/万元),万元工业增加值能耗为 5.84 吨标煤/万元,是全国平均水平的近 2.69 倍 (全国 2.17 吨标煤/万元)。城市化的推进与城市环保基础设施严重滞后,使城镇和人口密集区的环境安全受到威胁。

总的来看,甘肃省人口与资源、环境的矛盾已经相当尖锐,促进可持续发展的机制亟待建立。

4. 人口结构性矛盾突出，制约社会主义和谐社会的构建

甘肃省人口在结构方面存在的问题表现在性别结构、年龄结构、城乡结构等方面，这些都对未来人口的发展产生影响。从人口功能区的角度看，人口居住分散，城市化水平低，影响人口功能区的形成，对构建社会主义和谐社会十分不利。2007年，甘肃省城市化水平为31.59%，低于全国平均水平13.31个百分点，在西北五个省区中也是最低的，低于陕西、青海近10个百分点。这就意味着在未来的人口功能区划分中，要有更多的人口进入聚集区和稳定区，城市化的压力比西北其他省区都大。

5. 农村人口素质普遍偏低，从事非农产业和进入城市就业的难度相对较大

甘肃省人口文盲半文盲率比全国高出10个百分点，在全国排名倒数第3位，2000年第五次人口普查时，全省每10万人中拥有大专及以上文化程度的为2665人，比全国平均水平低946人。劳动力人口数量大，素质低，缺乏人才竞争优势，很难形成高质量的人力资源。同时，每年新增出生缺陷约在1万人，边远山区农村，因水质问题、地方病等造成精神障碍、智障者均高于全国平均水平。低素质的人口加大了从事非农产业和进入城市就业的难度，为未来人口的迁移和聚集带来一定困难。

二、甘肃省人口发展功能区的划分

按照国家人口发展功能区的技术要求和规范，人口发展功能区可以依照以下五个方面的标准去划分。

1. 人居环境适宜性标准

从人居环境适宜性来看，甘肃省有43%以上的土地面积（近20万平方千米）处于临界适宜地区，比较适宜地区不到1/4；而目前居住的人口数量在上述两类地区分别占0.18%和近90%。这就意味着在不到1/4面积的比较适宜人类居住的地区容纳90%以上的人口（见表1）。

2. 土地资源承载力标准

从土地资源承载力来看，甘肃省有近57%的县（46个）、40%的土地面积（18万平方千米）、67%的人口（1700多万人）处于土地资源超载地区（见表2）。这些区域的经济规模和人口规模超过了资源和环境的容量，已经严重影响自然资源的可持续利用和生态环境的保护，难以维系生态系统的基本平衡。

表1 甘肃省人居环境适宜性面积和目前居住的人口数量、比例

人居环境评价	土地 面积（万 km²）	土地 比例（%）	人口 数量（万人）	人口 比例（%）
不适宜地区	—	—	—	—
临界适宜地区	19.67	43.29	4.69	0.18
一般适宜地区	14.71	32.38	84.30	3.24
比较适宜地区	10.33	22.73	2344.46	89.96
高度适宜地区	0.73	1.60	172.55	6.62
总计	45.44	100.00	2606.00	100.00

3. 水资源承载力标准

从水资源承载力来看，甘肃省52%的县、46%的土地面积和66%的人口处于水资源超载地区，其中相当一部分处于严重超载地区（见表3），是一个水资源严重短缺的内陆省份。

4. 物质积累基础标准

从物质积累基础即人口发展的社会经济条件来看，甘肃省有64%的县、76%的土地面积和近87%的人口处于中下水平和低水平（见表4），人口发展的社会经济条件较差。

5. 人类发展水平标准

从人类发展水平来看，甘肃省有90%的县、66%以上的土地面积和近87%的人口处于中下水平和低水平（见表5），而处于高水平的县、土地面积和人口分别只有1.23%、0.36%和8.45%；处于中上水平的县、土地面积和人口也分别只有8.64%、33%和不到5%。

综合以上技术指标划分的人口发展功能区划，我们可以看出，生态问题突出，资源环境压力巨大，物质积累和社会经济条件差以及人类发展水平低，从总体上看，甘肃不适合大规模的开发和集聚经济与人口，资源环境难以承担起大规模推进工业化和城市化的压力。从主体功能区的标准将其划为限制开发和禁止开发区域，主要承担生态功能。因此，加强对资源环境的保护力度、防止生态破坏是非常必要的。与此相适应，从全国统一的技术标准上划分的人口发展功能区，只有人口限制区、人口疏散（收缩）区和人口稳定区，而没有人口聚集区也是可以理解的。

表2 甘肃省土地资源承载力相关数据

土地资源承载力评价		分县单元		土地		人口		粮食产量	
		数量(个)	比例(%)	面积(万km²)	比例(%)	数量(万人)	比例(%)	总量(万吨)	比例(%)
粮食盈余地区	富富有余地区	4	4.94	2.29	5.05	68.32	2.62	61.68	7.63
	富裕地区	14	17.28	17.11	37.65	340.44	13.06	204.96	25.36
	盈余地区	6	7.41	2.73	6.00	122.31	4.69	56.04	6.94
	小计	24	29.63	22.13	48.70	531.07	20.38	322.68	39.93
人粮平衡地区	平衡有余地区	5	6.17	1.34	2.96	139.35	5.35	53.90	6.67
	临界超载地区	6	7.41	3.88	8.54	203.53	7.81	71.34	8.83
	小计	11	13.58	5.22	11.49	342.88	13.16	125.23	15.50
土地超载地区	超载地区	5	6.17	1.32	2.91	173.16	6.64	56.25	6.96
	过载地区	14	17.28	5.05	11.11	456.23	17.51	126.51	15.65
	严重超载地区	27	33.33	11.72	25.79	1102.66	42.31	177.43	21.96
	小计	46	56.79	18.09	39.81	1732.05	66.46	360.18	44.57
总计		81	100.00	45.44	100.00	2606.00	100.00	808.10	100.00

表3 甘肃省水资源承载力相关数据

水资源承载力评价		分县单元		土地		人口	
		数量（个）	比例（%）	面积（万 km^2）	比例（%）	数量（万人）	比例（%）
水资源盈余地区	富富有余地区	19	23.46	18.41	40.52	261.71	10.04
	富裕地区	3	3.70	0.62	1.36	71.83	2.76
	盈余地区	5	6.17	1.64	3.61	169.54	6.51
	小计	27	33.33	20.67	45.49	503.07	19.30
人水平衡地区	平衡有余地区	9	11.11	3.23	7.11	304.33	11.68
	临界超载地区	3	3.70	0.61	1.35	81.11	3.11
	小计	12	14.81	3.84	8.46	385.44	14.79
水资源超载地区	超载地区	16	19.75	5.23	11.51	558.17	21.42
	过载地区	16	19.75	7.13	15.68	706.70	27.12
	严重超载地区	10	12.35	8.57	18.86	452.61	17.37
	小计	42	51.85	20.93	46.05	1717.49	65.91
总计		81	100.00	45.44	100.00	2606.00	100.00

表4　甘肃省物质积累基础相关数据

物质积累 基础评价	分县单元		土地		人口	
	数量 （个）	比例 （%）	面积 （万km²）	比例 （%）	数量 （万人）	比例 （%）
高水平地区	3	3.70	0.51	1.13	289.80	11.12
中上水平地区	26	32.10	10.24	22.55	1005.89	38.60
中下水平地区	37	45.68	10.73	23.61	1092.61	41.93
低水平地区	15	18.52	23.95	52.71	217.69	8.35
总计	81	100.00	45.44	100.00	2606.00	100.00

表5　甘肃省人类发展水平相关数据

人类发展 水平评价	分县单元		土地		人口	
	数量 （个）	比例 （%）	面积 （万km²）	比例 （%）	数量 （万人）	比例 （%）
高水平地区	1	1.23	0.16	0.36	220.28	8.45
中上水平地区	7	8.64	15.03	33.08	127.34	4.89
中下水平地区	62	76.55	27.57	60.67	1969.44	75.57
低水平地区	11	13.58	2.68	5.89	288.93	11.09
总计	81	100.00	45.44	100.00	2606.00	100.00

但是我们必须看到，甘肃由于特殊的生态、经济地理区位，无论是自然条件还是民族、文化等因素在我国西部都具有明显的过渡带性质，地缘政治地位十分重要。蒙、藏、回、维、汉等多民族杂居的人口特征，使甘肃在维护我国西部地区的民族团结、社会稳定、国防安全保障方面发挥着独特作用。在与西部和中东部地区的联系以及在向西开放、加强同中亚各国的文化和经贸往来上也具有其他地区不可替代的重要作用。省会兰州作为我国陆路交通的核心枢纽，联结着兰州以西360万平方千米的国土。西陇海—兰新线，包兰—青藏线，以及在建的兰渝线，都使得兰州成为进出青海、西藏、新疆的必经之地，也是联结西北、西南地区的通道。也就是说，甘肃在我国具有重要的政治、军事、经济和文化通道的功能。

甘肃也是我国西部地区的重要产业基地，在石油冶炼、石油化工、有色冶金、钢铁等方面形成了比较强的生产能力和基础，在能源、原材料生产方面具有优势。部分农副产品在全国具有重要地位，加工潜力较大。另一方面甘肃又是西部欠发达的省区，经济总量小，社会发展滞后，人民生活水平低。其经济力量的单薄与其主体功能是不相适应的。从以西安为中心的关中地区到以乌鲁木齐为中心的天山北坡地区，我国在这一幅员广阔的地带缺乏有力的经济增长中心和产业、人口的聚集区，这对于整个西部地区的发展也是极为不利的。

同时要按照全国统一技术标准划定的人口限制区、人口疏散区疏散和减少人口，大规模移民省外，也是不现实的，必须结合甘肃省的实际，从省内各经济增长中心着手，通过产业聚集吸纳人口，引导人口合理布局。

有鉴于此，我们参考了有关方面对甘肃省主体功能区和人口发展功能区的划分，结合甘肃的实际，初步将甘肃省人口发展功能区划分为以下四点。

第一，人口限制区。①安南坝自然保护区（酒泉阿克塞）；②敦煌西湖区；③安西极旱荒漠区；④盐池湾荒漠国家级自然保护区（肃北）；⑤民勤连古城国家级自然保护区；⑥祁连山水源涵养林区；⑦甘南高原湿地区；⑧白水江国家级自然保护区；⑨小陇山森林保护区。

上述地区基本上是自然保护区和不适合人类居住的荒漠化地区，其战略重点是建设国家生态屏障、提供全国性与区域性生态服务。人口限制区在甘肃省的土地面积为7.67万平方千米，占总土地面积的17.4%，人口37.42万人，占总人口的1.5%。

第二，人口疏散（收缩）区。地处人居环境临界适宜或一般适宜地区，资源环境承载力临界超载或超载，物质积累基础和人文发展程度处于中等以下水平，人口与产业相对分散，城市化水平不高，人口与资源、环境、经济、社会关系相对失衡。这类地区的战略重点是建设国家生态屏障、缓解人与自然的尖锐矛盾。

会宁县、清水县、秦安县、甘谷县、武山县、张家川、古浪县、天祝县、定西县、通渭县、陇西县、渭源县、临洮县、漳县、岷县、武都县、宕昌县、康县、文县、西和县、静宁县、庄浪县、礼县、宁县、正宁县、环县、庆阳县、广河县、和政县、东乡县、积石山县、临夏县、康乐县、临潭县、卓尼县、舟曲县、迭部县、夏河县都属于这类地区。

第三，人口稳定区。地处人居环境适宜地区，资源环境承载力临界超载，物质积累基础和人文发展程度处于中等以上水平，人口与产业集聚，城市化水平较高，人口与资源环境基本协调，但潜力有限。这类地区的战略重点是提高人口城市化质量、实现经济持续增长。

永昌县、景泰县、民勤县、民乐县、高台县、山丹县、成县、两当县、徽县、平凉市、泾川县、灵台县、崇信县、华池县、合水县、镇原县、临夏市、合作市、玛曲县、碌曲县属于这类地区。

第四，人口聚集区。地处人居环境比较适宜或高度适宜地区，资源环境承载力平衡有余，物质积累基础和人文发展程度处于中等以上水平，人口与产业集聚，城市化水平较高。该类地区具有一定的人口发展潜力。这类地区的战略重点是提高人口密度、实现又好又快发展。

甘肃省人口聚集区包括：①沿黄地区（兰州市五区、皋兰县、永登县、榆中县、白银区、平川区、靖远县，临夏州永靖县）；②天水地区（秦州区、麦积区）；③陇东地区（崆峒区、华亭县、西峰区）；④金武地区（金昌市、凉州区）；⑤张掖地区（甘州区、临泽县）；⑥酒嘉地区（肃州区、嘉峪关市）。

三、甘肃省促进人口发展功能区形成的政策体系建议

人口发展功能区的形成，必须有强力的政策支持和保证，而且必须是在统筹考虑包括生育、迁移、就业、教育、医疗卫生、社会保障、住房保障等在内的人口政策，以及与人口合理分布相关的投资、财税、土地、产业、环境保护、社会管理、区域协作等方面的一系列政策形成体系，才能有效地引导和促进人口发展功能区的形成。同时，由于我国各地区情况千差万别，在国家统一政策的前提下，各地区必须灵活运用并制定适合自己区域的具体实施方案和配套政策及体系。通过制定和实施差别化的政策，营造不同人口发展功能区间的位势差，发挥市场对人力资源配置的基础性作用，引导人口有序流动和合理分布。

（一）指导思想

促进人口发展功能区形成的政策是以邓小平理论和"三个代表"重要思想为指导，全面落实科学发展观和构建社会主义和谐社会的战略思想，按照"五个统筹"的要求，优先投资于人的全面发展，将人口发展作为谋划未来发展的主线，科学界定人口发展功能区，引导人口有序流动和适度聚集，扩大人口的生存与发展空间，增进人口发展的机会公平，促进不同地区人口与资源环境的协调和可持续发展。

（二）政策目标

甘肃省促进人口发展功能区形成的政策目标，是在科学界定人口发展功能区的前提下，稳定并进一步降低生育水平，严格控制人口数量增长，通过人口聚集区和稳定区的建设，引导人口合理分布，实现人口与资源环境的协调发展。

(三) 促进人口发展功能区形成的政策思路

1. 通过中央和省级财政转移支付, 控制、引导和促进不同功能区的人口规模和流向, 实现人口与资源、环境的协调发展与合理布局

(1) 加大力度, 增加投入, 完善和健全与计划生育政策相配套的政策体系, 发挥利益导向机制的作用, 严格控制人口数量增长, 稳定并进一步降低生育水平。

如前所述, 甘肃省是西北地区人口总量较多的省份, 而且人口出生率在一段时期内逐步在提高, 正在出现一个小的生育高峰。生育旺盛期已婚育龄妇女从 2002 年的 16.5 万人将逐步增加到 2010 年的 26 万人左右, 平均每年递增 1.5 万人。考虑到年龄结构和计划生育政策的微调影响, "十一五" 期间, 全省符合政策出生人数每年递增 0.8 万~1.7 万人, 人口出生率还会上升, 总人口还将以年均 15 万~20 万人左右在增长。据有关研究, 仅耕地资源的人口承载能力, 以小康型和富裕型的消费水平进行估算, 2005 年, 甘肃人口已经分别超载 726 万和 1079 万。

因此, 严格控制人口数量增长, 稳定并进一步降低生育水平, 仍然是甘肃省人口和计划生育工作的重要任务。

经过长时间摸索所形成的现行生育政策和管理体系, 要保持稳定, 继续坚持。同时, 要更加重视经济激励对生育行为的影响。要扎实全面推进农村计划生育家庭奖励扶助制度、计划生育特困家庭救助制度和少生快富扶贫工程, 全面落实农村独生子女和二女户各项优惠政策, 增加奖励扶助、救助和优惠力度。要继续协调有关部门出台新的优惠政策, 真正为计划生育户解决一些实际问题。例如, 在医疗合作制度改革中, 给计划生育户在住院费报销上进行倾斜政策。对那些无法就业的计划生育家庭提供技能培训, 使这些人早日致富。另外, 对那些贫困地区享受奖励扶助对象年龄能否适当提前, 使他们尽早享受阳光工程带来的好处。

培训增加就业机会, 特别是妇女的就业机会, 提高生育的机会成本; 转变观念, 父母由更看重孩子数量转变为更看重把有限的资源集中于对孩子的人力资本投资上。探索建立多种形式的农村养老保险制度, 逐步建立农村最低生活保障制度, 不断完善有利于稳定低生育水平的利益导向机制和养老保障机制。

(2) 中央财政和省级财政应建立专项资金, 支持和鼓励人口限制区和人口疏散 (收缩) 区的生态移民、人口外迁, 以使得当地的人口承载量能够限制在承载限度之内。

目前，我省人口限制区和人口疏散（收缩）区有大量人口需要通过生态移民和人口外迁降低承载量，但是这必须是在群众自愿的基础上的人口迁移。而只有各级财政有专项经费，支持和鼓励人口迁移，使得外迁群众在自愿又有能力的情况下外迁。同时，政府通过财政转移支付为人口聚集区和部分人口稳定区接纳迁入人口准备条件，比如住房补贴、就业培训等。政府也可以引导企业接纳移民进行产业开发（内蒙古东达蒙古王集团公司在政府扶贫资金的支持下，通过优惠政策取得荒地开发经营权，在鄂尔多斯达拉特旗建立了生态移民扶贫村。移民村以物流运输业、服务业、特色种养业、加工工业和文化旅游业五大园区为产业支撑，目前500户2000多人的獭兔养殖已使每户移民年收入达到3万~4万元），利用社会资源，通过市场机制疏散和迁移人口。

就目前甘肃省的财政状况来看，省级财政难以负担生态移民和人口外迁的资金，必须通过中央财政的转移支付解决。

（3）科学估算人口限制区居民保护生态的成本，建立生态补偿机制，通过财政转移支付，提高限制区合理承载人口的生活和生产水平。

目前甘肃省人口限制区37万多人口大多数生活在自然保护区以内，仍然过着"靠山吃山"的原生态生活。政府没有建立有效的生态保护机制和生态补偿机制，也缺乏必要的资金组织超载人口的外迁，更没有系统全面考虑提高限制区合理承载人口的生活和生产水平。因此，中央财政必须通过专项转移支付资金，保证限制区超载人口能够尽快迁移，同时要建立生态补偿机制，通过财政转移支付，提高限制区合理承载人口的生活和生产水平。可以按照增加生态效益的成本对当地居民实行补贴，同时培训使合理承载人口具备相应的能力、素质，以承担维护保护区生态和环境的功能、相应的管护职能以及从事接待外来旅游观光等适度经济经营活动。

2. 增加对集聚区和稳定区公共事业的投入，加快区内公共设施的发展，增强人口吸纳能力

（1）增加黄河沿岸人口聚集区的公共事业费投入，建设黄河沿岸国家级重点开发区和人口聚集区。

黄河沿岸重点开发区主要包括兰州市三县五区，白银市白银区、平川区、靖远县，临夏州的永靖县，属于半干旱温和气候，降雨量在350毫米左右。这一地区位于西陇海—兰新经济带和黄河上游经济带的交汇处，是西北地区的交通、通讯、物流和经济等的核心地区之一。经过多年来的开发与建设，初步形成了以石油化工、有色冶金、机械制造、电子仪器、生物医药及医疗器械、新

材料、轻纺、建材为主体的工业体系，成为黄河上游最大的产业聚集区和西部重要的原材料工业基地。兰州市由于地形限制，人口、产业高度密集，城市竞争力不强，经济活力不足，区位优势没有得到充分地发挥。白银市从20世纪80年代起，随着矿产资源的枯竭，经济发展面临着一系列的困境。白银市城市经济急需转型，进一步增强经济实力，成为西部大开发中的重要战略支点，已迫在眉睫。

城市周边地区以农业经济为主，城乡二元结构明显。30多年来，依托黄河水资源，甘肃在黄河干流沿岸地区的旱原、川台地区建设了一大批水利工程，扩大了灌溉面积，增强了农业综合生产能力，形成了一个稳定高产的灌溉农业区。由于邻近全省中心城市，交通等基础设施相对而言比较完善，还有若干小城镇，人口素质也较高，又有比较稳定的农业基础，为甘肃工业化和城市化的推进提供了保证，也具有进一步吸引人口和产业聚集的条件，是甘肃最具有重点开发价值的地区。

目前由于总体上地方经济落后，城镇基础设施欠账较多，公共事业不发达，区域内2.4万平方千米的面积容纳了428万人口。如果国家和省级财政集中力量，加大基础设施建设力度，增加公共事业经费投入，这一区域可逐步形成较大都市圈，可容纳甘肃省人口的30%~40%左右。

因此，国家必须从战略角度，进一步加强对这一区域的投入，加大基础设施建设强度，特别要构建快速便捷的立体交通网络，发挥交通枢纽的功能。要科学规划土地利用，大力保证国家重点建设项目用地，搞好城镇内部挖潜改造；加快城市国有土地有偿出让、转让的步伐，不断提高土地利用的经济效益。为促进人口和产业的进一步集中，要增加绿地和休闲娱乐用地，增加绿色空间，改善人居环境，配套各种生活服务设施，增强对生活垃圾、污水的处理能力。努力改善商务区、文化教育、行政办公区域的条件。

（2）加大投入，集中建设天水重点开发区和人口聚集区，强化与关中和黄河上游两大经济核心区之间的联系，带动整个陇东南地区的人口聚集和经济发展。

天水重点开发区和人口聚集区包括麦积和秦州两区，位于西秦岭北部的渭河两岸，属大陆半湿润季风气候，年平均降水量600毫米，气候温和湿润，境内山峦叠翠，自然环境优美。该区是甘肃的东大门，区位优势突出，是西陇海—兰新线经济带甘肃段的重要组成部分，也是甘肃人口和城镇较多的区域之一，社会经济基础较好。20多年来，这一地区积极发展蔬菜、药材的生产和销售，商贸活跃，城镇迅速扩大，工业有一定基础，聚集了一些以机械制造、电子、建材、旅游以及农副产品加工为主的产业类型。宝兰二线的通车增强了运输能力，高等级公路的建设也将进一步增强与关中经济区的联系。其周边地区人口密度大，人力资源丰富。农业和旅游资源都有较大的开发潜力。因此，这一地区具有加快工业化和城市化、集中经济、吸纳限制区和疏散区人口的条件。

长期以来，城乡分离发展，城市工业的发展对周边农村的带动作用小，工业化程度不高。作为陇东南区域性的中心城市，在带动区域发展中的作用没有充分发挥出来。周边农村人口多，人均耕地少，劳动力富裕，但就业不充分，影响了农民增收。工业企业基本是在计划经济时期建立的国有企业，受体制的影响，机制不活，历史包袱较重，效益不高。一些地方工业、民营工业薄弱，难以有效地优化资源配置，全面提高市场竞争力。

本区的功能定位为：积极实施"工业强区"战略，不断深化企业改革，加大技术改造和新产品开发力度。重点发展装备制造、机械电子、医药、农副产品加工和旅游等产业，把结构调整与规模扩张相结合，增强经济实力。要统筹城乡发展，大力开发人力资源，提高城市化水平，促进社会经济结构根本性的转型。在陇东南地区发挥辐射、带动作用，并强化与关中、黄河上游两大经济核心区之间的联系，带动整个陇东南地区的人口聚集和经济发展。

要实现上述定位与目标，必须依靠国家和省级特殊政策的支持，加大对这一地区的财政投入，解决公共事业不发达、基础设施不足的问题；通过加强教育、培训提升人力资本水平；通过市场机制，引导外来资金，加快区域发展，这一区域容纳的人口由现在的5%左右增加到10%左右。

（3）建设陇东重点开发区和人口聚集区，吸引子午岭林区（禁止开发区）和黄土高原丘陵沟壑区（限制开发区）的人口向城镇集中。

陇东重点开发区和人口聚集区包括崆峒区、华亭县、西峰区，属陇东黄土高原沟壑区，气候温暖，土层深厚，水热条件与土地资源匹配良好，农业生产水平较高，也有能源、矿产和水土资源方面的优势。目前，华亭探明的煤炭资源储量较大；庆阳北部地区的油气资源比较丰富，现已进入大规模的开发阶段。现已探明，在正宁、宁县贮藏着丰富的煤炭资源，具有良好的开发潜力。依托这两大资源的开发和利用，本区可加快工业化和城市化的进程。

崆峒区和西峰区的城市建设已初具规模，但规模较小，而且产业基础单薄。崆峒区有一些机械电子企业和火电企业，西峰区有石油化工和农产品加工等，但实力不强。作为陇东地区的经济增长极，亟须扩大产业规模，创造劳动就业的机会。这一地区要通过国家和省级财政的支持，加大基础设施建设，增加公共事业投入，为能源、电力、石油化工、煤化工和农产品加工等产业的发展创造条件，为培育区域增长中心，参与关中经济区的区域经济分工，承接产业转移打好基础。同时积极吸引子午岭林区（禁止开发区）和黄土丘陵沟壑区（限制开发区）的人口向城镇集中。

（4）建设以金武、张掖、酒嘉为主的河西走廊重点开发区和人口聚集区，吸纳河西地区的人口聚集。

河西走廊是甘肃省经济较发达的地区，是国家商品粮基地，也是甘肃省重要的工业基地。河西走廊重点开发区和人口聚集区主要集中在三个区域：金（金昌）武（凉州）地区、张掖（甘州区和临泽县）地区、酒（酒泉市肃州区）嘉（嘉峪关市）重点开发区和人口聚集区。

金武地区包括金川区和凉州区，位于石羊河流域的中游。这里农业综合生产能力较强，凉州区的农副产品加工已形成了酒类酿造、玉米淀粉、调味品加工、小麦面粉饲料加工、亚麻纺织以及农机制造、建筑建材等支柱产业，食品工业已成为地方工业的主体。金昌市镍矿储量丰富，生产规模巨大，已成为我国有色金属工业的重要基地。储量居全省首位的有镍、铂、钯、钴、硒、膨润土、铜、伴生硫以及花岗岩材等20余种。本区内的绿洲、城镇及交通沿线为重点开发区域；而金川区北部、凉州区东部为戈壁、沙丘和半荒漠草原，与周边的民勤、古浪等县一样作为限制开发区；武威沙生植物园以及历史文化遗址划为禁止开发区。

这一区域存在的根本问题是水资源短缺。石羊河流域的上下游之间和产业部门之间用水矛盾突出。目前已建成"民勤调水工程"和"引硫济金工程"，未来南水北调西线工程的建设，有望从根本上解决水资源短缺的问题。这一区域按照"突出工业、提高农业、搞活第三产业，用工业经济带动农业经济，用城市经济带动农村经济"的发展思路，积极进行农产品加工业和酿造产业的升级和技术改造，进一步提高产品质量，增强竞争能力。在推广节水技术的同时，重视产业转型，将以高耗水的灌溉农业为主的产业结构转变到以低耗水的工业和服务业上来，减轻用水压力。作为重点开发区和人口聚集区，这里主要是吸纳周围人口限制区和人口疏散区的人口。

张掖重点开发区和人口聚集区包括甘州区和临泽县，位于河西走廊中段。这里地处黑河中游，灌溉水源充足，土地利用集约化程度高，是全国重点粮食、瓜菜和制种基地。农业综合生产能力较强，工业经济稳步发展，形成了农副产品加工、冶金电力、建筑建材、医药化工等优势企业群体。地方工业特色明显，集团经营初具规模。境内初步探明有可供开发的钨、钼等矿产。名胜古迹众多，旅游资源丰富。这里人口密度高于酒嘉地区，但低于石羊河中游。将中部绿洲、城区以及交通沿线划为重点开发区和人口聚集区；北部一线和祁连山自然保护区中的缓冲区为限制开发区；东大山为禁止开发区。在水资源保证程度低的绿洲边缘地区仍需要限制开发，把人类活动限制在适当的范围内。

酒嘉重点开发区和人口聚集区位于河西走廊西段，祁连山脉与合黎山脉南北相对，中间形成了著名的酒泉盆地，地形开阔平坦。盆地内戈壁、绿洲、河流相互交织，属于内陆河流域典型的戈壁绿洲景观地区。该区绿洲连片集中，灌溉便利，土地开发历史悠久，地广人稀，农业生产水平高。工业基础较好，已形成冶金、化工、电力、建筑建材、机械、矿产采掘、农副产品加工等产业部门，酒泉钢铁公司是这里最大的企业。境内名胜古迹富集，珍稀文物众多。交通运输方便快捷，基础设施配套相对完善。周边与敦煌莫高窟、玉门油田、四〇四厂、酒泉卫星发射中心相邻，被誉为西陇海—兰新线经济带上的"金三角"，区位独特，土地广阔，水资源的约束小，具有重点开发的优势。

酒嘉地区具备承接外来产业转移和吸纳祁连山地等自然保护区以及周边农业地区人口转移的条件。今后的发展指向是：肃州区和嘉峪关市相向发展，合并建市，整合资源，增强城市的经济实力和综合功能，形成兰新经济带上的一个重要支点；努力提升钢铁、石化等工业的科技含量，积极开发农副产品加工、商贸、旅游业和制种业，促进产业转型，推进城镇发展，吸引周边农村地区的人口集中。

河西走廊重点开发区和人口聚集区：金武、张掖、酒嘉的建设，对促进甘肃省形成人口的合理分布、人口与资源环境协调发展的格局有重要意义。通过国家和省级财政对基础设施、公共事业的大力投入，改善人居环境，这里将吸纳甘肃省15%的人口。

总的来看，甘肃省由于大部分地区生态环境不佳，适宜人类居住的地区有限，因此必须尽可能地使人口集中在经济相对发达、自然条件相对较好的地区，形成人口聚集区。这样才能够最大限度地使生态脆弱地区得到更好的保护。国家必须通过多种方式，如：专项资金、生态补偿、贴息贷款等增加对这些人口集聚区和稳定区的公共事业的投入，加快区内公共设施的发展，增强人口吸纳能力。

3. 彻底改革和完善户籍、教育、就业、住房、社会保障制度，推动人口分布向集聚区集中

第一，彻底改革和完善户籍制度，废除附加在户籍制度上的所有社会福利待遇，改变对本地人口和外来人口的区别政策。改革开放十多年来，我省和全国一样，二元分割的户籍制度已经有了相当大的改革，但是迄今为止，户籍制度仍然是束缚人口流动和农民进城的一道门槛。比如：许多地方特别是中心城市规定要有自己的住房，要有固定的工作，在本市居住满×年等。同时，在儿童入学、劳动力就业等方面，都和户籍有联系。所以，必须彻底改革户籍制度，最大程度地释放户籍制度的政策效应，吸引人口向聚集区和稳定区集中。

第二，加强人口集聚区的教育资源和基础设施建设，把人才培养重点向这些地区倾斜。目前，由于教育资源的限制，在保证教育公平的前提下，各地区尽可能地平均分配教育资源。这在一定程度上限制了人口向中心城市、人口集聚区的流动。所以改革现行的教育制度，向中心城市、人口集聚区集中教育资源，改善中心城市、人口集聚区的办学条件，让中心城市、人口集聚区容纳更多的入学人口，承担更多培养人才的责任。通过集中教育资源，发展优质教育，这是吸引人口集聚的重要途径之一。

第三，增加就业岗位，消除就业歧视，加强就业培训，保证外来人员就业的合法权益。在人口聚集区要通过经济发展，创造更多的就业机会，通过改进公共服务，使得流入的人口，特别是从限制区和疏散区流入的人口能够稳定下来。进一步完善劳动力市场建设，促进劳动力在人口聚集区和稳定区内部以及相互之间的充分流动，增加劳动就业机会。同时要消除就业歧视，使流入人口集聚区的外来人口和本市居民享受同样的就业待遇，使他们尽快适应人口集聚区和中心城市的生活，尽快和本地市民融入一体。另外，必须加强就业培训，提高劳动者的技能，增加他们的就业机会。

第四，解决人口集聚区的住房问题，让所有进入人口聚集区和稳定区的人都能够有房住，住得起房。目前，影响我省人口合理流动和分布的重要障碍之一是住房问题，由于中心城市（一般也是人口集聚区）住房价格过高，限制了许多有迁入需求的人口流入。政府必须对房地产市场进行顶层设计与干预，合理配置商品房、各类公租房、职工公寓的比例，解决流入集聚区的人口和本地低收入阶层的住房问题，吸引更多人口进入人口集聚区。

第五，进一步完善社会保障制度，为流入集聚区的人口解除后顾之忧。目前，社会保障制度的缺失和不完善是影响人口合理流动和分布的重要障碍之一。

没有统一的社会保障制度，许多中小企业不给农民工缴纳养老、医疗、失业、工伤等社会保险金，社保也不能在全国流动，严重影响了农民工在城市定居。我省由于经济社会发展水平的限制，社会保障制度的建设也远远落后于发达地区，影响了人口流入集聚区的积极性，限制了人口的集中。因此，彻底改革和完善社会保障制度，创造人口向集聚区集中的条件，已刻不容缓。

本文是2008年9月给甘肃省政府的咨询研究报告。

兰州市城关区人口与社会经济发展研究

甘肃省毗邻蒙、维、藏、回等少数民族聚集地区，连接新疆、内蒙古、宁夏三个少数民族自治区及广大藏区，在维护国土安全、促进民族地区共同繁荣发展等方面发挥着极其重要的作用。兰州市不仅是甘肃省的政治、军事、经济和文化中心，而且是陇海、兰新、宝兰、兰青和建设中兰渝等铁路干线的交通枢纽，因此成为西北地区连接内地、内地通向新疆、西藏以及中亚的必经之地，战略地位十分重要。

城关区是兰州市和甘肃省的政治、军事、科技、文化和经济中心。兰州市和甘肃省的所有政府机构都集中在城关区，我国七大军区之一的兰州军区和兰州空军的主要机构也集中在城关地区，城关区不仅集中了中央在兰州的科研院所和高水平研究型大学（例如中国科学院兰州分院的研究机构、中国航天科技集团公司510研究所、中国农科院兰州兽研所、教育部所属的"985"大学——兰州大学等），也集中了甘肃省所属的大多数科研院所。根据《甘肃年鉴2008》的统计资料，2007年，城关区的国内生产总值占兰州市总的1/3以上，占甘肃省的近10%。2007年，甘肃省地区国内生产总值超过100亿元的区县有6个，它们分别是：兰州市城关（262亿元）、金昌市金川区（187.21亿元）、兰州市西固区（157.63亿元）、兰州市七里河区（132.38亿元）、武威市凉州区（126.28亿元）和白银市白银区（100.6亿元）。城关区的地区生产总值占这6个区地区生产总值的27.12%。

毫无疑问，城关区作为兰州市乃至甘肃省的政治、军事（西北地区的中心）、科技、文化和经济中心，自然也是甘肃省和兰州市人口最密集的地区。根据统计局公布的抽样调查数据，2007年，城关区常住人口为98.25万人，占兰州市区人口的44.25%，占兰州市人口的29.82%。按照总面积计算，城关区的人口密度为4465.9人/平方千米，而按照城市建成区面积60平方千米计算，人口密度达到16375人/平方千米，是西北五省区人口密度最高的城区之一。同时，城关区是兰州市吸纳外来人口的主要地区，流动人口数量大，人口管理难度大。因此,由人口和计划生育部门管理户籍人口和流动人口的计划生育、由公安部门管理户籍和居住登记的现行的人口管理体制和机制,已经无法适应市场经济条件下由于社会经济发展而出现的新的人口形势,必须用创新的思维、发展的思路、改革的办法、探索建立符合时代要求、符合群众意愿、与社会主义市场经济体制相适应、统筹解决人口问题的新的管理体制和机制。

一、兰州市城关区的人口发展现状分析

1. 人口规模及分布

人口规模是一个不断变化的量,反映人口总体的量的规定性,泛指人口的数量、增长速度、构成等特征。如上所述,根据统计局公布的数字,2007年年底,兰州市城关区常住人口98.25万人,占兰州市人口的29.8%,人口密度远高于同期兰州市市区的平均值(1366.76人/平方千米)和其他区县的人口密度。

根据城关区人口和计划生育局提供的调查数据,截至2009年10月,城关区总人口达1104050人。按照户籍性质,城关区的人口分布在24个街道,其中人口在6万以上的有2个街道,它们是雁南路街道(78751人)和雁北路街道(63809人);人口在5万~6万之间的有10个街道,人口在4万~5万之间的有5个街道,人口在4万以下的有7个街道。人口最少的青白石街道只有12728人,而农业人口就有12045人。其次是伏龙坪街道,总人口为13317人。人口最多的雁南路街道与人口最少的青白石街道相比相差6.2倍。

从流动人口的分布来看,城关区的外来流动人口主要集中在雁滩地区、河北庙滩子地区、东岗地区、二热十字东西的嘉峪关路地区、火车站地区等。雁滩地区最为集中,共有8.86万人,其中雁南街道为50643人,雁北街道为37959人;其次是河北庙滩子地区和东岗地区,都达到了3.7万人;其余靖远路街道有19134人,草场街街道17922人,拱星墩街道20871人,东岗街道16317人,嘉峪关路街道28176人,火车站街道17079人,团结新村街道16762人,广武门街道16367人。

从各街道的流动人口和户籍人口的比例来看,雁滩地区的雁北街道和雁南街道都在50%以上(雁北街道为59.49%,雁南街道为64.31%),其次是嘉峪关路街道为50.49%,焦家湾街道为46.20%,东岗街道为42.08%,靖远路街道为37.39%,拱星墩街道为36.89%,临夏路街道为34.48%,草场街街道为34.15%,酒泉路街道为32.02%,团结新村街道为31.63%,火车站街道为31.53%等。也就是说城关区雁滩地区的流动人口是户籍人口的五分之三,嘉峪

关路、焦家湾、东岗、靖远路、拱星墩、临夏路、草场街的流动人口为户籍人口的三分之一以上，酒泉路、团结新村、火车站、广武门一带接近三分之一。整个城关区平均为34%。

总的来看，城关区作为兰州市乃至甘肃省的政治、经济和文化中心，人口规模也在迅速膨胀。根据第五次人口普查数据，2000年城关区总人口为936888人，其中人户同在的常住人口有582923人，流动人口数为308261人。而根据城关区人口和计划生育局提供的调查数据，截至2009年10月，城关区总人口达1104050人，其中人户同在的常住人口为658381人，流动人口375233人。九年间，城关区的总人口增加了167162人，增幅为17.8%，平均每年增加18573人，年增长速度为1.8%。其中人户同在的常住人口增加了75458人，增幅为12.9%，平均每年增加8384人，年增长速度为1.3%。流动人口增加了66972人，增幅21.7%。平均每年增加7741人，年增长速度为2.2%。而同期，兰州市的总人口年增长速度为0.4%，甘肃省总人口年增长速度为0.3%。可见，城关区人口的增长速度是兰州市的4.5倍，是甘肃省的6倍。

2. 人口年龄结构

人口年龄结构是人口自然结构的基本要素，年龄结构的类型不同，对未来人口再生产的影响也不相同。根据城关区人口和计划生育局提供的调查数据，城关区20岁以下的青少年和儿童占总人口的18.11%，20~60岁劳动适龄人口为68.08%，60岁以上老年人口为13.8%。从年龄结构来看，城关区从整体上看已经进入老龄化社会（国际标准为60岁及以上老人占总人口的10%或者65岁及以上老人占总人口的7%为老龄化社会），60岁及以上老年人口比重已经超过联合国公布的目前世界平均水平，也超过目前我国的平均水平（联合国公布的资料，2009年年中，60岁及其以上的人口占世界人口的11%，其中发展中国家和地区为8%，发达国家和地区为21%，中国为12%）。但是城关区少年儿童人口比例的下降，20~60岁劳动适龄人口比重大，总负担系数较小，因此，从整体上看，城关区正处在"人口机会窗口期"，是有可能收获"人口红利"的有利时期。

从地区分布情况来看，农业人口和流动人口较多的几个地区，20岁以下的青少年人口比例明显偏高，例如：青白石街道25.91%，雁北街道22.17%，东岗街道19.8%等都超过城关区的平均水平。同时流动人口较多的地区，20~40岁之间的青壮年劳动适龄人口也远远高于其他地区，如：雁南路街道（47.8%）、雁北路街道（45.73%）等。其他如嘉峪关路街道、焦家湾街道、靖远路街道、草场街街道等也都超过城关区35.93%的平均水平。与此相反，雁南路街道、雁北路街道、青白石街道60岁以上的老年人口比例较低，分别是6.85%、7.55%、8.88%，都还没有进入老龄化社会，属于成年型人口。而老龄化程度较高的都是一些本地户籍人口长期居住的一些老社区，如：铁路西村街道（18.03%）、铁路东村街道（17.63%）、皋兰路街道（17.08%）、东岗西路街道（17%）等，都远远超过城关区平均的13.8%的老龄化水平。

3. 人口受教育结构

城关区作为兰州市和甘肃省的政治、军事、科技、经济和文化中心，集中了甘肃省的大多数的科技人才和文化精英。根据城关区人口和计划生育局提供的调查数据，城关区大专以上学历的人才占总人口的23.35%，中专和高中学历人数占总人口的30.16%，初中和小学学历人数占总人口的42.18%，文盲和半文盲还有4.3%。但是从整体上看，城关区人口的学历构成存在分布不均衡、平均学历水平不高、低学历及文盲半文盲的比例较大的问题。

各个街道的人口学历构成也存在较大的差距。

①在大专及以上学历的总比例上，渭源路街道达到了46.14%，其研究生及以上为（3.09%）、本科（24.53%）、大专（18.52%）、中专技校（10.44%），均为各街道最高。除渭源路街道外，大专及以上学历的总比例较低的有伏龙坪街道（2.60%）、青白石街道（1.39%）。

②在中专技校和高中学历的比例上，城关区的平均水平为30.16%，最高的是铁路西村街道的40.89%，较低的是雁北街道的19.74%，而青白石街道只有1.91%。

③在初中和小学的比例上比例较高的有青白石街道（89.09%）、伏龙坪街道（72.72%）和盐场路街道（53.35%）等，其余除渭源路街道（23.94%）外，都在30%~50%之间。

④文盲和半文盲的比例较高的有东岗街道（11.68%）、青白石街道（7.61%）和火车站街道（7.22%）等，焦家湾街道（1.09%）、酒泉路街道（1.14%）等比例较小；城关区的文盲和半文盲的平均比例是4.30%。

流动人口最为集中的雁滩地区，雁南街道大专及以上学历和中专、技校和高中的比例分别为22.05%和25.56%，均低于城关区平均水平23.35%和30.16%，而初中小学和文盲半文盲的比例分别为47.74%和4.65%，均高于城关区的平均水平42.18%和4.30%；雁北街道表现出相同的现象，只是大专以上学历（24.41%）稍高于平均水平，但是其初中小学比例高达51.57%，在区内仅次于青白石街道、伏龙坪街道和盐场路街道。河北庙滩子地区的靖远路街道、草场街街道，东岗地区的拱星墩街道、东岗街道以及嘉峪关路街道和火车站街道都表现出类似的现象。可以看出，流动人口中，存在着低学历和文盲半文盲比例高，技术型人才、高学历人才匮乏的问题。

4. 人口的城乡结构

城关区是兰州市的中心地区，非农业户口人数占绝大多数，比例达到87.93%，但是户籍性质的分布是不均衡的：青白石街道非农户口比例最小，只有5.37%，是城关区城市化水平最低的地区，其"人在户不在"的流动人口比例也比较低，只有21.33%，远低于城关区流动人口的比例；此外还有7个街道的非农户口的比例低于90%，如雁南街道（63.91%）、雁北街道（60.49%）、伏龙坪街道（65.53%）等；其余的街道非农户口的比例都在90%以上，其中95%以上的街道有11个。

就流动人口较为集中的街道而言，流动人口的户籍性质方面，农业户口的比例：雁北街道（39.51%）、雁南街道（36.09%）、嘉峪关街道（17.92%）和拱星墩街道（16.50%），不仅流动人口的数量多，而且农业户口比重大，尤其是雁南街道和雁北街道流动人口有8.9万人，农业户口有5万多。虽然农业户口中也有一部分是本地居民，但是考虑到城关区本地居民的城市化水平极高，保守估计雁滩地区流入的农业户口人数也在3万~4万；靖远路街道、草场街街道、火车站街道和团结新村街道的流动人口虽然很多，但其非农户口比例都在90%以上，可见这几个街道的流动人口中农业户口少，非农户口多。

另外，"户在人不在"的人口比例较高的街道有：铁路西村街道（21.05%）、团结新村街道（13.01%）和铁路东村街道（12.57%）等，全区累计流出人口有65394人。

二、兰州市城关区人口发展存在的主要问题

1. 城关区核心区人口密度过高，城市过分"拥挤"，"大城市病"日益严重

城关区是兰州市乃至甘肃省的政治、经济和文化中心，虽然是甘肃省最发达的地区，但是相对于发达地区的省会城市的核心区而言，社会经济发展水平相对滞后，同时由于特殊的地理环境，城市的社会经济承载能力和环境容量相对有限。前已述及，城关区建成区人口密度达到16375人/平方千米，而城关区内西起雷坛河、东到大洪沟、南到红山根、北到黄河边的核心区大约只有17平方千米，却生活着近百万人口，人口密度达到了5.8万人/平方千米，人均占地面积仅为24平方米。而全国人口密度最大的上海黄浦区人口密度为5.5万人/平方千米，第二位广州越秀区人口密度为4.78万人/平方千米。按有关标准，2万人/平方千米的城市人口密度最有利于城市商业公务活动，而城市人口密度为

1万人/平方千米最适合居住。在很多城市，政治中心、商贸中心、金融中心、物流中心、文化中心等相对都比较分离，而在兰州，几乎是全甘肃省的所有功能中心都集中在城关区这个弹丸之地。据不完全统计，在城关区内，甘肃省和兰州市的各个职能部门以及中央驻甘单位，还有省内外各地驻兰办等，加上城关区自己的各职能部门，以及其他单位，城关区辖区有7000多个基本单位。可以说，城关区成了甘肃省的"全能"中心和"首都"。

一般来说，城市内部的人口密度以每平方千米一二万人为宜，太低浪费土地，还会影响集聚效应，增加公共设施的单位建筑成本；太高则会影响生活质量，增大拥挤成本。显然，城关区核心区人口密度过高，使得城市过分拥挤。有限的空间建筑物容积过高、空间狭小，加上城市基础设施建设滞后，造成了道路拥挤、交通阻塞以及脏、乱、差等问题严重。

2. 人口老龄化问题严重，特别是户籍人口的老龄化将是城关区面临的巨大挑战

前面的资料已经显示，城关区60岁以上老年人口为13.8%，已经超过联合国公布的目前世界平均水平（11%），也超过目前我国的平均水平（12%）。实际上，由于流动人口较多，部分稀释了户籍人口的老龄化程度。而从户籍人口的情况来看，城关区将面临严重的老龄化问题的挑战。如一些以户籍人口为主的老社区，老龄化问题已经相当严重，比如铁路西村街道，60岁以上老年人口已经达到18.03%（超过美国和俄罗斯目前的水平），铁路东村街道为17.63%，皋兰路街道为17.08%，东岗西路街道为17%，超过目前大洋洲（15%）而接近北美洲（18%）的水平。

我国进入老龄化社会时人均国内生产总值刚过1000美元，与发达国家大多在人均国内生产总值达5000~10000美元时进入老龄化社会相比，"未富先老"一直被视为我国老龄化社会的显著特征。城关区的人均国内生产总值虽然达到2.6万元（在3000美元左右），高于兰州市的平均水平，更远高于甘肃省的平均水平，但距离5000~10000美元还有很大的差距，"未富先老"同样制约着城关区养老事业发展，日益严重的老龄化将使城关区的社会经济发展面临严峻的挑战。

3. 流动人口规模大，比重高，与此相关的计划生育、居住、就业、社会治安等管理难度增加

根据城关区人口和计划生育局提供的调查数据，城关区目前户口不在本街道的人户分离人员共375233人，本次调查没有分离这些人员的来历，可能有一部分属于城关区内部各个街道之间人员的流动，以及兰州各个区县之间人员的

流动，但是可以肯定这30多万流动人员中的大多数是外省市流入的人员，城关区从外省市流入的人口也20万以上。绝大多数街道的流动人口都超过1万人，而雁滩地区集中了近9万的流动人口。

根据调查资料，兰州市流动人口的大部分来源于农村，农业户籍人员占相当比例，流入人口的育龄化和家庭化趋势决定了"传宗接代""重男轻女""多子多福"等旧观念较为普遍，甚至有个别人就是为了逃避计划生育才流动到城市，他们利用原居住地和现居住地的信息盲区，企图实现自己超生的目的。外来人员流动的频繁性、生育行为的隐蔽性、流向居住的动态性、管理对象的游离性，现行的管理体制难以实现对外来流动人口的有效管理和服务。

流动人口进入大城市后，其安身立命的第一需要就是住房。流动人口在居住方式上有三种类型：第一种类型是"村落型"聚居，即集中租住城市边缘地区，形成聚居区；第二种类型表现为集中居住在单位宿舍或工棚；第三种类型是分散居住在城市家庭中或分散于城中租房居住。前两种类型的聚居区都具有封闭、独立、与城市文明接触不多、游离于城市主流社会之外的特征，第三种类型也不代表流动人口融入了城市社区，相反他们心理上的漂泊感更强烈。

城关区流动人员多以租住房屋、建筑工棚和单位内部落脚居住，集中于城市的城乡接合部，并以地缘、亲缘、族缘或业缘关系结成与城市居民完全隔离的"二元社区"，如城关区雁滩乡南砖瓦窑、何家庄的私人旅社，红四村泄洪沟等地的私人出租房屋等，政府相关部门难以监督与管理。

兰州市专门服务于流动人口并取得明显效果的就业机构和劳动服务中心，还十分匮乏。绝大部分流动人员除了依靠朋友、亲戚和老乡传递工作信息外，只能是站在街头巷尾或蹲在大路边，手举招牌或携带劳动工具等待雇用。流动人员多为进城务工农民，社会经济地位较低，所以他们的初级社会关系大多数都处于社会中下层，信息来源范围小，数量少，层次低。他们从事的多为待遇较低、收入较少的行业。

城关区流动人口集中，人员复杂、流动量大、就业不充分，给治安管理也造成了巨大压力，"两抢一盗"、坑蒙拐骗、敲诈勒索等违法犯罪时有发生，沿街非法交易摊点和交易市场，摊点挡道、违章经营现象严重，严重影响了人民群众生命财产安全和兰州市的对外形象。一些地下商城及街边"录像厅"以播放录像、喝茶休闲为诱饵从事色情交易，甚至进行色相诱骗抢劫犯罪；无照经营的小招待所、大量出租房屋也成为容纳"三无"人员和"藏污纳垢"的地方，导致治安安全隐患十分突出。

4. 盲目的住房开发，造成周边人口向心发展，给经济发展、生态环境、城市建设和管理带来巨大压力

城关区今天的人口压力，与多年来盲目的住房开发有直接的关系。中华人民共和国成立以来，兰州作为中华人民共和国新兴的工业城市，除了在西固建立了中华人民共和国第一个石油化工基地以外，从"一五"到"七五"的30多年中，在狭长的黄河河谷，建立了众多的生产型企业，城关区自然也是这些企业的主要集中地之一。这些企业曾经是城关区也是兰州市的骄傲，是城市的主要经济支柱。但是，改革开放以来，这些企业逐渐失去了它们昔日的辉煌，倒闭、破产、改制、"退二进三"，使这些企业要么成为各种各样的批发市场，要么由原来的工业用地转变为商住区。大量的住房开发不仅吸引了本市人口的聚集，也吸引了周边地区人口（本省的周边市、县和青海的一些市县人口）的聚集，造成了今天城关区"中心组团""东岗组团"的过分拥挤。而雁滩地区，则是在城市化的进程中的盲目开发，使本来可以成为兰州"浦东"的这块风水宝地，成了今天这样杂乱无章的局面，成为兰州市流动人口的主要集中地。

为优化城市结构、完善城市功能、改善人居环境、提升城市形象，实现"旧城抽疏""老城优化"的城市发展战略，需要加强控制和协调城关地区的城市建设，实现全市经济、社会、生态的可持续发展。兰州市城乡规划设计研究院已经初步完成了《兰州市城关中心组团及东岗组团控制性详细规划》，提出对城关中心组团、东岗组团进行大量整合、梳理的规划方案。

三、实现城关区人口与社会经济协调发展的思考与建议

在学习和落实科学发展观的过程中，城关区提出了精心打造"和谐城关、人文城关、生态城关、文明城关和魅力城关"的口号，坚持民生为重，把以改善民生为主的社会建设作为落实科学发展观的重要任务列入议事日程，这是非常值得关注的。当然解决城关区与人口相关的"城市病"，仅仅依靠城关区本身是远远不够的，必须把城关区的人口与社会经济的发展放在兰州市和甘肃省整体发展的高度，通过省市的共同努力，"和谐城关、人文城关、生态城关、文明城关和魅力城关"才有可能真正实现。

1. 适当疏散人口，降低人口密度，是改善城关核心区社会、人文和生态环境，"建设首善之区"的必然要求

无论从哪个角度来看，城关核心区的人口密度都已经过高，这是造成"城市病"的重要原因。改善城关核心区社会、人文和生态环境，不是简单的减少人口，而是必须从明确城市定位、调整经济结构、改善空间布局入手。

第一，必须明确城关核心区的功能定位。从功能定位来看，城关核心区应该是：①政治中心，省市政府机构的集中地；②科学文化中心，高水平大学和科研机构的集中地；③兰州市的中央商务区（central business district，CBD）。

城关核心区作为政治中心，由于过分拥挤，市政府计划向安宁迁移；作为科学文化中心，由于缺乏必要的发展空间，兰州大学、西北民族大学、兰州商学院已经在榆中夏官营和和平镇建立了新校区。

而CBD是集中大量的金融、贸易、商业及中介服务的"商业汇聚之地"。现代意义上的中央商务区是指集中了大量金融、保险、贸易、信息及中介服务机构，拥有大量商务办公、酒店公寓等配套设施，具备完善的市政交通与通信条件，便于现代商务活动的场所。公司总部、金融中心和专业化服务构成了当今CBD的三大职能机构。

CBD作为一个城市的经济活动中心有着明显的特征，例如经济结构以第三产业为主导，以金融、保险、证券、中介等为主要产业，以聚集度高、中心性强的商务办公、金融和服务类为主要功能，以交通发达，人口流量大，区内建筑物的容量大、密度高，建筑形态呈垂直发展等为外在特征。

城关区已经提出要构建以现代服务业为主导的现代产业体系，这与建立区域CBD实际上是一致的。

第二，要构建以现代服务业为主导的现代产业体系，必须大力推进产业结构升级，加快核心区低端产业向外转移。城关核心区在20世纪80年代以来的改革过程中，由于"退二进三"，不少生产企业变成批发市场、物流中心和一些低端服务业。这在当时来看，解决了一些企业的困难，但是随着社会经济的发展，这些批发市场和物流企业已经严重影响到城关核心区的进一步发展，成为"脏、乱、差"和交通严重拥堵的重要原因。因此，必须要把这些低端产业尽快从核心区转移出去，腾出空间和环境容量，优化产业的空间布局，为"和谐城关、人文城关、生态城关、文明城关和魅力城关"的建设提供条件。

第三，随着低端产业的外移，城关核心区的大量人口，特别是相对集中的流动人口也随之外移，核心区的人口密度随之降低，特别是交通严重拥堵的状况会得到有效改善。

总之，城关核心区由于人口密度过高，已经没有发展空间，需要适当疏散城关核心区的人口，降低人口密度，外移低端产业，加快旧城改造，腾出空间，使城关核心区尽快成为空气清新、环境优美、交通顺畅、经济繁荣、社会和谐的科学发展的典范，成为西北地区省会城市核心区的样板。

2. 控制城关区的人口总量，使人口与城关区的土地承载力和环境容量协调发展

兰州市由于受到特殊的自然条件的限制，可发展的空间非常有限。兰州市已经提出了"东进西出，南伸北展"的空间开拓设想，并且已经在规划实施移山造地的"青什片""沙中片"。然而，移山造地成本巨大且工期很长，而且受到生态环境条件的制约，在可预见的一段时期内难以形成可利用的土地。在现有可利用土地的基础上，有关研究利用不同方法，从不同角度（基于人均建设用地指标、人均居住用地指标、水资源承载力、人均道路面积、环境人口容量等）进行预测，城关区适度的人口规模为70万~80万，常住人口最大规模2015年应控制在110万~115万之间，2020年应控制在120万左右。但是，前面的资料已经显示，截至2009年10月，城关区的常住人口已经突破110万，超过适度人口规模30万~40万，提前6年达到了2015年的应控制指标。因此，要实现"和谐城关、人文城关、生态城关、文明城关和魅力城关"的目标，其基本条件是要适当控制城关区的人口规模，使其与环境容量和承载力保持一致。

控制城关区的人口规模，必须因势利导，通过产业结构的升级和调整，大规模外迁低端产业，逐渐降低人口密度，才能适当控制人口规模。例如目前雁滩地区、嘉峪关路地区、东岗地区以及城关核心区的许多地方挤满了大大小小各种各样的批发、维修、物流企业和杂乱无章的摊铺乃至小摊小贩，严重挤占了城市有限的发展空间，出现了"脏、乱、差"的现象，使城关核心区的许多地方犹如某些县城的集贸市场。这样一方面缺乏发展空间，使一些大的企事业单位外迁，另一方面，一些低端商贸流通和维修企业不断向城关核心区渗透、蚕食有限发展空间，致使城关核心区许多地方形成一种恶性循环：这些低端产业的不断渗透，使人口密度越来越高，交通拥堵现象越来越严重，流动人口越来越多，乱搭乱建的现象越来越严重，社会治安越来越复杂，政府部门的管理难度越来越大，规划拆迁的成本越来越高，规划和建设部门也越来越难以下决心去改造。

因此，外迁低端产业，彻底改造旧城区，已经成为城关区产业调整和升级的关键。只有加快旧城区改造和产业升级，才能努力把城关区打造成区域性现代商贸中心、现代服务业中心、高新技术产业研发中心、特色旅游休闲中心四位一体的经济聚集中心，打造成经济最发达、就业最充分、保障最完善、社会最安全、教育最优化、文化最繁荣的现代化城区，打造成引领全省和全市科学发展的"首善之区"。

3. 以政府为主导，社会为依托，家庭为基础，实现政府、社会、家庭共同养老，应对日益严重的老龄化的挑战

所谓老龄化，是指一个国家或地区60岁或者65岁以上的人口在总人口中所占的比例不断上升的过程。通常把60岁以上的人口占总人口的10%或65岁以上的人口占总人口的7%作为一个国家或地区进入老龄社会的标准。人口老龄化是人口再生产过程中的一种人口现象，它是随着经济社会发展而出现的必然结果。发达国家或地区是随着社会经济发展，人口由年轻型人口、成年型人口而自然过渡到老年型人口，其过程是一个漫长的历史过程。因此，在发达国家或地区，当老年型人口社会到来时，其社会经济发展水平已经达到相当的高度，养老的社会保障水平高，老年产业也相对发达。

但是在中国，老龄化的过程是在严格的计划生育政策干预下大大缩短了其自然的历史过程，老龄化的进程远远超出社会经济的发展过程，因此"未富先老"便成为中国老龄化社会的典型特征。

城关区老龄化水平已经达到13.8%，60岁以上老年人口超过15万人。不仅如此，城关区的老年人口还以大约每年4%的速度快速增长，估计到2020年60岁以上的老年人口将超过20万人，老龄化水平接近18%。应对老龄化的挑战，必须有政府、社会和家庭等多方的参与，要以政府为主导，社会为依托，家庭为基础，实现政府、社会、家庭共同养老。

首先，就政府来说，必须发挥主导作用。由于社会的变迁和家庭规模的缩小，传统的以家庭养老为主的养老模式已经不能适应社会发展的需要，政府必须承担更多的责任。就目前的情况而言，从养老的经济保障来看，除机关事业单位和大企业有稳定的养老保障以外，城关区必须把所有居民目前的低水平全覆盖落到实处，让常住人口都能够享受不同层次的养老保障。同时，随着经济社会的发展，要逐步提高政府财政负担的比例，提高经济养老的保障水平，让老年人口能够同步享受经济发展和社会进步的成果。这就需要政府根据经济社会发展水平，制定规划，制定和调整相关的养老保障政策，形成政府、社会、家庭共同养老的政策体系。

其次，动员全社会的力量，发展老年事业、老年产业，为老年人口创造更多更好的养老环境。老年人口在衣、食、住、行、用方面，尽管不是社会消费的主体，但是由于老年人口的快速增加，他们在社会消费方面仍然是一个不可忽视的重要群体，特别是在医疗卫生、医药保健、老年服务等方面，老年人口则是一个绝对的消费主体。老年人口随着年龄的增加，身体机能的衰退，各种疾病明显增多，发病率明显高于年轻人，日常的医疗保健、生活服务和照料等

方面的需求急剧增加。因此，政府可以制定优惠政策，鼓励企业和社会力量大力发展适合于老年人口需要的各种服务性事业和产业，特别是在各个大的社区建立连锁式服务机构，为老年人口创造良好的生活和养老环境。

最后，建立和健全"虚拟养老院"的居家养老新模式，使这一新的养老模式得以规范、持久的运作和发展。"虚拟养老院"最早是由苏州市沧浪区区政府、区民政局于2007年10月正式提出的，通过"虚拟养老院"运作模式的探索，最终能够实现降低政府养老成本、减轻子女养老负担、提高老人生活质量、促进养老产业的发展。

城关区政府学习和引进"虚拟养老院"这一居家养老新模式，已经建成全省乃至西部首家"虚拟养老院"。"虚拟养老院"模式实行政府主导扶助、市场运作和社会参与等方式，由家政企业等承担具体服务职能，为加入"虚拟养老院"的老人服务。它与传统养老院的最大区别在于，不是让老人住在养老院接受服务，而是由养老院服务员主动上门服务。刚启动的城关区"虚拟养老院"坐落在城关区民政局院内（庆阳路132号），该机构下设呼叫指挥中心，平时通过电话系统及金色晚年服务中心和接待中心，负责收集辖区老年人信息，接待参与老人，关注老人健康和为他们展开各种维权活动。此外，还在城关全区分布设置了16处服务网点，并在每个网点设置了专业的服务机构，在老人有需求时，只要拨通965885，就能保证服务人员在最快时间内赶到老人家中。

"虚拟养老院"整合了许多社会资源，实现了居家养老的专业化。老人通过一个电话或网络的一个指令就可以在家享受到便捷的上门服务，服务标准也很翔实，加上有政府的社会化管理和监督，老人从心理上完全能够接受，更具安全感，人性尊严也得到了保障。"虚拟养老院"的规模化运作大大降低了运营成本，在市场竞争中无疑将占据主导地位。"虚拟养老院"作为一种政府主导、社会参与、居家养老的新的养老模式，是一种难得的创新，是在新的历史条件下养老模式的巨大进步。为了使"虚拟养老院"这一新的养老模式得以规范、持久的运作和发展，政府必须加强管理，制定相关的政策规定，使这一养老新模式能够规范、持续、健康和稳定的发展。

4. 统筹规划人口与产业的空间布局，全面解决交通拥堵问题

交通拥堵是"大城市病"的突出表现，兰州市虽然地处不发达地区，但是"汽车时代"已经提前来临。据有关方面统计，截至2009年9月20日，兰州市已经拥有32.491万辆汽车，而且车管所日上车辆牌照在300辆左右。按照这样的速度，年增车辆在10万辆左右。因此，平峰期交通拥挤、高峰期交通瘫痪等现象，在兰州市区已经较为频繁，而堵车路段主要在城关核心区内。

许多调查研究把兰州市的交通拥堵问题归结为：河谷地形的限制、资金短缺、投资不足、频繁的道路施工以及管理不善等等。应该说这些分析都是有道理的，也确实是造成兰州市、城关核心区交通拥堵的重要原因。因此，解决交通问题，必然要从多方筹集资金，加快道路建设，加强管理等多方面着手。但是，我们认为，解决兰州市和城关核心区的交通问题，一个重要的甚至是根本性的方面，是要统筹规划人口和产业的空间布局。如果按照前面已经论述的那样，把城关核心区作为政治中心、科学文化中心和中央商务区，就有大量的低端产业和相应的人口外迁，随着道路的建设，目前大量物流、批发货运而导致的交通拥堵就会得到根本性的改善。否则，仅仅从道路建设单方面是难以从根本上解决城关核心区交通拥堵的问题。

因此，在加大投入，加快道路建设的同时，要改善目前的交通问题，一方面要加强管理，通过科学设置交通信号，在一些路段实行单向行驶，限制载重车辆通行；另一方面要加强施工管理，科学设置公交线路，错开上下班时间等措施来缓解和改善交通状况。在经常堵车的东岗路到盘旋路十字、雁滩桥十字、东湖宾馆十字、五里铺桥、甸子街等地段加强警力进行疏导。而更重要的是尽快把城关核心区的大量批发、物流等低端产业向外迁移，疏散相应的人口，通过科学合理的人口和空间布局，最终从根本上解决城关核心区交通拥堵的问题。

5. 把"以房管人"作为抓手，加强流动人口管理与服务

前面已经指出，根据城关区人口和计划生育局提供的调查数据，目前城关区户口不在本街道的人户分离人员共375233人，由于本次调查没有分离这些人员的来历，可能有一部分属于城关区内部各个街道之间人员的流动，以及兰州各个区县之间人员的流动，但是可以肯定这37万多流动人员中的大多数是外省市流入的人员，因此，城关区从外省市流入的人口在20万以上。城关区人户分离人员约占总人口的34%。

流动人口为城市的发展做出了巨大的贡献，城市离不开流动人口。但是，不可否认，大量的流动人口也给城市带来了许多新的问题，给人口的管理和服务带来了新的挑战。传统的管理方式和管理机制已经不能适应大量流动人口和人口频繁流动的需要。于是，"以房管人"这种新的人口管理模式便应运而生。

(1) "以房管人"模式是以房屋为载体，实行"源头"管理的新模式

对流动人口管理和服务的难点在于其流动性，由于流动人口缺乏稳定的组织依托，但是流动人口居住场所在一定时间内相对稳定。"以房管人"是根据流动人口的分布情况，把私房出租户、用工单位、私营业主确定为流动人口管理责任人，将流动人口管理工作分解条块，责任到人，通过房屋管理达到掌握居

住者信息,通过房屋租赁管理对流动人口实施有效的管理与服务。"以房管人"的优越性可以从以下五个方面具体表现出来。

第一,它是一种"属地化管理"。"属地化管理"是相对"户籍地管理"而言的,它是指对辖区内所有居民的日常管理,不论是本地户籍人口还是外来流动人口,也不论是在职职工还是下岗职工,凡居住在辖区内的人口,均纳入计划生育管理的范围。"属地化管理"也基本上抛弃了传统的"双向管理"模式,因为双向管理不仅管理成本高,而且由于流入地和流出地经常互相推诿,形成"双不管"的尴尬局面,再加上双方信息沟通不及时、政策法规有一定的差别,也会造成很多的管理盲区。实行属地化单向管理既强化了现居住地对流动人口计划生育管理的责任,也减轻了对流出地人口和计划生育管理的负担,可集中精力管好现居住地人员。户籍地只承担配合提供流出人员相关信息的责任,不需要再对流出人口进行跟踪管理。

第二,它是一种"社区化管理"。所谓"社区化管理",是指在政府的统一领导和宏观调控之下,在相关职能部门的积极配合和指导下,基层社区以社区资源为基础,运用社区管理的机制与手段,促进社区整合与稳定,以达到管好流动人口为目的的一种管理模式。社区是流动人口居住和生活的载体,有责任对其进行管理,也有责任为其服务。街道、居委会进行社区管理的职能,扭转了过去流动人口管理上以条条为主,各自为政的局面。

第三,它是一种"服务型管理"。社区成员需要生活的物质基础和社会性服务设施,作为社区成员的流动人口也不例外。转变流动人口管理理念,必须把以人为本的服务理念根植其中,重管理、轻服务的传统模式已经不适应流动人口管理的现状。以社区和单位为依托,为流动人口提供一些迫切需要的服务与保障,使流动人口基本享有市民所拥有的一些权利,如计生服务、就业服务、教育服务、租赁服务、子女教育等。对本社区内租房居住的流动人口,主动上门为其提供优质服务,如:上门宣传计划生育政策及优生优育、生殖健康等相关知识;上门查验婚育证明,办理相关生育服务证件;上门对药具的使用进行随访,免费为流动人口发放避孕药具,落实避孕节育措施;流动人口可享受包括B超、乳透、妇检三项免费的生殖健康检查和国家规定的基本项目的计划生育技术服务。

第四,它是一种"参与式管理"。"参与式管理"是指流动人口在政府职能部门的指导下,以"流动人口协会"等自组织为载体,充分发挥其自我管理、自我服务、自我约束的功能,以更好地保障自身合法权益的新型组织管理方式。在社会转型时期,政府对流动人口的管理和服务难以到位,流动人口参与式管理就具有很强的现实意义，主要表现在：首先，能有效配合政府职能部门的管理，维护社会稳定；其次，能更好地表达流动人口的利益诉求，维护其合法权益；最后，参与式管理有利于提高流动人口的政治素质，推进我国基层民主化进程。

第五，它是一种"信息化管理"。"以房管人"涉及多个部门，信息繁杂，对信息提供的及时性、准确性、完备性有较高的要求。"以房管人"是建立在信息化、网络化的基础上，要求充分发挥信息的及时更新、计算机的存贮、检索、输出功能和迅速准确的分析等功能。也就是说"以房管人"是利用现代信息技术，实现科学化、现代化的管理。

(2) 建立人口协管员制度，保证"以房管人"模式的具体实施

流动人口协管员是街道办事处委派，协助政府部门开展流动人口综合管理和服务的工作人员。专职人口协管员以社区为单位，按辖区实有出租房屋每300户至500户配备1名专职人口协管员，以社区为单位实行网格化管理，落实流动人口出租房屋日常管理责任。人口协管员的招聘、录用、奖惩和辞退等，由各街道办事处及流管办负责管理，并按有关规定签订劳动合同。流动人口协管员的工资报酬，由区、街道财政纳入预算统筹解决。

兼职人口协管员由各街道流管办根据各社区的实际情况，按照不低于辖区专职流动人口协管员数量5倍的标准，从住宅小区、物管、院落门卫、企事业单位、保卫人员、居（家）委会负责人、楼栋长以及水、电、气抄表员中物色。以院落、小区为单位，兼职协管员负责本院落小区的流动人口、出租房屋的信息采集和向服务管理工作站通报相关信息。兼职协管员的日常工作由社区服务管理工作站负责指导、检查和管理，根据其工作实效，按照实际采集信息的数量给予一定的补贴，经费来源纳入区、街财政预算统筹解决。

流动人口协管员的上岗坚持先培训合格后上岗的原则，由区流管办负责组织开展流动人口管理的各项业务培训。流动人口协管员工作牌式样由市政府流管办统一设计，区政府流管办统一制发和管理。

流动人口协管员工作职责是受公安、计生等部门委托，做好社区内与流动人口相关的一切日常管理和服务工作，保证"以房管人"能够落到实处。

本文是2010年1月给兰州市城关区政府提供的咨询研究报告。